判例知的財産侵害論

判例知的財産侵害論

布井要太郎 著

〔学術選書〕

信　山　社

はしがき

本書は、特許法・実用新案法・商標法・不正競争防止法・著作権法の侵害理論の基本的問題に関する比較的最近の重要判例についての判例評釈を主として収載したものである。

判例評釈に際しては、論点の根本的究明に努め、法制度の淵源に遡って考究する必要性に鑑み、わが国の知的財産法の制定およびその解釈に強い影響力を有するドイツ連邦共和国の法制および判例を考慮し、さらにイギリスおよびアメリカの判例をも適宜参酌してその評釈を試みた。

とくに、「均等論および自由な技術水準の異議」についての侵害理論を採用した冒頭の最高裁判所「無限摺動用ボールスプライン軸受事件」判決は、かって「特許管理」誌に発表した「ドイツにおける『権利範囲解釈』についての最近の動向」と題する論文に収載したボック（Dr. Hans Bock）およびオール（Dr. Albert Ohl）の所説に依拠するところが多大であると推測せられるので、右論文も関連論文としてその全文を収載することとした。

また、巻末に［附録**4**］として収載した「ドイツにおける特許侵害事件の訴訟促進について」は、わが国の特許侵害訴訟の審理期間が、ドイツの実務に比し非常に長期間を要する実情を痛感し、当時ドイツ民事訴訟法改正に際し問題とされていた「シュトゥトガルト（Stuttgart）迅速審理方式」をウィンクラー（Winkler）の「ドイツにおける特許侵害訴訟手続事件の訴訟促進について」と題する論文との対比において論述し、「ＡＩＰＰＩ」誌に発表したものであり、最近の世論において問題とされている、わが国の特許訴訟の迅速化の要請にとって参考になるのではないかと思われる。

最後に、本書の出版に際し、元最高裁判所判事・園部逸夫氏および東京大学・中山信弘教授に種々ご配慮を、また信山社の袖山貴氏にお世話を頂き御礼申上げる次第である。

二〇〇〇年八月三〇日

布井要太郎

目　次

附　録

〈初出一覧〉

I　「自由な技術水準の異議」を包摂する均等論と「自由な技術水準の抗弁」
――最高裁平成一〇年二月二四日「無限摺動用ボールスプライン軸受事件」上告審判決――
……………（判例タイムズ一〇一七号）

［関連論文］

I―1　Dr. Hans Bock「特許侵害における新二分法理論への提案」……………（特許管理二一巻六号）

I―2　Dr. Albert Ohl「将来の特許侵害訴訟における自由な技術水準の異議」……………（特許管理二二巻一号、二号）

I―3　Karl Bruchhausen「ヨーロッパ特許の保護範囲について」………（特許管理二五巻四号、五号）

I―4　Dr. Carl Schramm「ドイツにおける特許解釈概念の簡易化について」……………（特許管理二六巻一号）

I―5　Christopher Robinson「英米の判例に見る特許請求の範囲の項について」……………（ＡＩＰＰＩ二〇巻二号）

II　実用新案（特許）侵害事件における技術的範囲の確定および測定の資料
――大阪地裁昭和五七年一〇月五日「石油燃焼器具用芯事件」判決――……………（特許管理三六巻九号）

III　改悪的実施形態
――東京地裁昭和五〇年五月二八日「写真植字機における間接採字装置事件」判決――
……………………（特許管理三〇巻六号）

［関連論文］

Ⅹ　手紙の法的諸問題について
——東京地裁平成一一年一〇月一六日「三島由紀夫——剣と寒紅事件」判決——
……………………（判例時報一七〇九号）

［附　録］

1　諸外国における特許制度の沿革　…………（工業所有権法の基礎一〇二頁以下、青林書院新社、昭和五五年）

2　特許制度の基本的諸原則　…………（工業所有権法の基礎一一〇頁以下、青林書院新社、昭和五五年）

3　特許制度の本質　…………（工業所有権法の基礎一一二頁以下、青林書院新社、昭和五五年）

4　ドイツにおける特許侵害訴訟事件の訴訟促進について
——所謂 Stuttgart 迅速審理方式との対比において——
……………………（ＡＩＰＰＩ一八巻一号）

I 「自由な技術水準の異議」を包摂する均等論と「自由な技術水準の抗弁」

無限摺動用ボールスプライン軸受事件・上告審判決

最高裁平成一〇年二月二四日第三小法廷判決、最高裁平成六年(オ)第一〇八三号

民集五二巻一号一一三頁

一 序説

本件最高裁判決が採用する均等論の要件は、故大江健次郎判事の論文等に依拠するところが多大であると推測せられるので、先ず同判事の所説(1)を左に引用して稿を進めることとする。

1 「私は、原則として、特許発明の本質的特徴については均等の主張を認めず、その余の特徴について均等で置換した技術にまで保護範囲とする見解をとってきたが、大きな発明には大きな保護範囲を、小さな発明には小さな保護範囲をという解釈法則をとることは、特許法一条の法意に副う必要な考慮であると考える。」

「私は、従来、特許発明の保護範囲は、原則として、特許請求の記載のうち、発明の本質的特徴（あるいは特許請求の記載から導き出せる発明的性格を有する解決原理）を基軸とし、本質的でない特徴につき、出願時平均的当業者が、特許公報による発明の開示を受ければ、これにより自己の専門的知識や当時の技術水準、公知例などから、推考容易な同一機能を果たす均等手段で置換した技術（置換した結果の全体の技術が公知の場合、あるいは出願人が権利放棄をしている場合を除く）にまで及ぶと解してきた。この見解によれば、上記の記載で示される領域が特許発明の保護の最大限ということになる。」

「アメリカ、イギリスでは、均等手段は優先日に既に知られていた手段たるを要しないというのが有力のようだし、ドイツでもモーゼル・フォン・フィルゼック（Moser von Filseck）氏は、特許発明のクレームから一般発明思想を導き出せる限り、均等手段それ自体優先日の後に知られたものでも、これと置換した技術は特許の保護範囲に属するとの見解を持っておられるようである。」

「出願人が出願に際し、模倣のおそれのある形態に備えんとしても、その形態は不特定且つ多数で、これを予想するのは不可能に近い程困難であるのに反し、模倣者は既に特許発明を承知の上、これを模倣するのであるから、模倣は容易である。特許発明と実質的に同一の技術を第三者が擅に用いる行為が侵害となるべき模倣であると評価されるのは、社会通念上明らかなところと解せられる。」

2　「以上、まとめますと、特許発明が保護される限界は、一応、『その特許発明の本質的特徴あるいは解決原理を基軸とし、本質的でない特徴につき、これを出願時平均当業者が特許公報における発明の開示から、推考容易な均等手段で置換した技術にまで及ぶ』といえるかと思います。右『基軸』としてとは、本質的特徴だけ他人が取り入れているが、本質的でない特徴も、クレームに記載して発明を特徴づけている以上、その特徴を全く度外視することは許されないので、これと同一ではないにしても、同一視すべき特徴は具わっていなければならないことも意味します。」

3　「出願時公知の技術、ならびにそれから当業者が容易に推考し得る技術（潜在的技術水準の技術）は発明者が発明した対象に入れることはできない。

均等の要件として、機能の同一、結果の作用効果の同一（同一の目的達成）、当業者が出願時特許公報により発明の開示を受けるときは発明的努力をしなくても機能を同じくする他の技術で特許発明の構成要件の一を置換しても同一の作用効果を発揮できることが容易に推考しうること、右他の技術で置換した結果も均しく特許発明と同一の技術思想（具体的解決原理あるいは発明の本質）に基づくものと認められること等が必要であると解する。以上の要件を充たす技術でなければ発明者のものと認めることができないからである。特許発明が意図する作用効果は課題解決の方法がもたらすものであるが、特許発明の対象は作用効果それ自体に存するものではなく、その作用効果を発揮すべき技術要素の選択にある。発明者が発明の構成要件としてクレームに記載の特徴を選択のうえ、これを必須要件として発明を構成したということは、発明の本質を認定する上においても重要なことであって、その基礎をなす。従って、発明の同一性を害しないとの認定のもとにその構成要件の一を他の技術に置換することが許される枠は、置換せんとする発明構成要素と同一視すべきもの、すなわち機能を同一にするものの範囲においてのみ許されると解すべきである。たとえ、結果の作用効果が同一で均しく目的を達しうる技術でも、その構成が特許発明と同一視することができないものは、特許発明とは別の解決方法というべきである。もしその方法が新規であり且つ進歩性のあるものであれば、別発明として特許になるであろう。」

「特許の保護範囲は発明の本質の枠内において決せられる。発明の本質を異にするものに対しては権利の保護は及ばない。発明の本質について、たとえ他に作用効果を同じくする技術が存しても、その技術を用いた結果に対しては権利の効力は及ばない。すなわち、発明の本質については均等の適用はない。」

右に引用した大江判事の所説（傍線は、筆者が付した）より明らかなように、右所説は、本件最高裁判決が均等論成立の要件として列挙する(1)ないし(5)の要件のすべてに言及されており、今より約二五年前に大江論文が発表されたにも拘らず、以後のわが国判例の傾向は、概して均等論の容認に消極的であったが、今回、均等論容認への国際的潮流をも勘案して、本件判決がその第一歩を画した意義は大きい。しかし、大江論文もその要件とする本件判決の均等成立の要件である「特許請求の範囲に記載された構成中の対象製品等と異なる部分が、特許発明の本質的部分ではないこと」を要するとの点は、本来の意味での均等論の成立を困難ならしめる要件であり、今後、十分な検討がなさるべき重要な論点であると思料せられる。

本最高裁判決については、判例時報[2]、判例タイムズ、特許研究[3]、ジュリスト[4]、知財管理[5]、ＡＩＰＰＩ[6]、パテント[7]、発明[8]などの各誌、その他の論文集等に、その紹介および論説が多数掲載せられ、近年における最重要判例として取上げられている。

以下の論述においては、伝統的に均等論を否定するイギリスと、これを広汎に肯定するドイツの実務を法制度的に考察し、判決の持つ意味を考究することとする。

二　最高裁判決の法制度的背景

(一)　イギリス法[10]における均等論

本件最高裁の均等成立の要件(1)の判旨とほぼ同様の実務を採る国として、イギリスの判例を挙げることができる[11]。

比較的初期の判例である一九一一年マルコーニ対英国ラジオ電信電話会社 "Marconi v. British Radio Telegraph & Telephone Co., (1911) 28 R. P. C 181" 事件において、パーカー (Parker) 判事は、次のように述べている。

「特許発明の本質（substance）を使用する者は、何人と雖も、非本質的な変更を加えることによって、特許侵害の責を免れることを得ない、とはイギリス特許法における有名な法原則である。……特許にかかる結合特徴のうちの本質的特徴を使用することによって、新規な結合または方法による効果と同一の効果を達成した者は、当該特許の侵害者である。この場合、侵害者が、特許にかかる結合特徴または方法を、その非本質的な部分または方法の非本質的な或る特定の段階を省略することによって、改変しているか否か、並びに、他の（本質的な）部分または方法の或る特定の段階を、これと均等な部分または段階によって置換しているか否かは問題とはされない。」

故ドイツ連邦裁判所部長判事ブルッフハウゼン（Karl Bruchhausen）は、右判決につき、次のように論評されている。

「特許の保護範囲を、発明の本質によって測定する法原則――すなわち、非本質的な特徴は省略することができ、本質的な発明的特徴は、これと同一の効果を有する特徴または手段によって置換され得る――は、ドイツおよびオランダの実務と殆んど異なるところはない。」

そして、右判例の法原則は、一九三六年ＲＣＡフォトフォーン対ゴーモント英国映画会社“RCA Photophone v. Gaumont-British Picture Corporation”事件において、ローマー（Romer）判事により引継がれた。

その後一九六三年Ｃ・ヴァン・デア・レリＮ・Ｖ対バンフォーズ有限会社“C. Van der Lely N. V. v. Bamfords Ltd.”事件（[1963] RPC 61）において、右判例の法原則とは異なる次のような見解が、レード（Reid）判事によって表明された。

「侵害判断においては、侵害対象が、特許と本質（substance）および効果（effect）において同一であるか否かが、重要であるとされる。しかし、この判断には非論理性が存在する。何故なれば、特許権者は、彼が特許請求した発明に厳格に拘束されなければならないのであり、この命題から論理必然的に、発明を僅かばかり改変するずる賢い第三者は、特許を侵害しないことになる。しかし、かような結論にも拘らず、イギリス法は、善い意味での厳格な論理性を優先させるのである。」

その後、イギリス特許法の改正に関するバンクス・レポート（Banks-Report）においても、特許の保護範囲に関する問題が取上げられたが、その際、前記“C. Van der Lely N. V. v. Bamfords, Ltd.”事件における前記レード（Reid）判事の次のような改正提案が指摘された。

「被告の行為が、特許請求の範囲の文言に該当する場合のみならず、右文言と被告の行為との若干の相違が、右文言の非本質的特徴の部分にのみ存在する場合には、特許侵害が成立する旨を、法規に明文の規定を設けるべきである。」

この提案に対し、トゥーキー（Tookey）は、「イギリスの一般的な実務は、特許請求の範囲には本質的特徴のみが記載せられることとされているが故に、右提案自体に矛盾を包含している」とし、「バンクス・レポートは、特許請求の範囲の解釈原則に何らかの変更を加えることを意図するものではなく、特許侵害法が満足のゆく形で成文化される前には、なお多くの慎重な作業が必要である」と反駁した。

最後に、イギリス法における特許請求の範囲の有する機能につき言及した伝統的な法思想を、若干の判例につき考究することとする。

1 一九三九年 "E. M. I. v. Lissen" 事件におけるラッセル(Russell)判事の説示

「特許請求の範囲の項の機能は、第三者に対し特許権の範囲の正確な限界線を知ることができるように、すなわち、その限界線の範囲内では特許侵害者になることを知り得る程度に、明瞭に且つ正確に特許の保護範囲を確定することである。その基本的目標は、保護範囲を限界づけることであって、保護範囲を拡張することではない。特許保護の請求がなされなかったものは放棄されたことになるのである。勿論、特許請求の範囲の項は、特許明細書全体の一部と見做されなければならない。……特許権者は、たとえその発明を特許明細書に記載したとしても、特許請求の範囲の項においてもその特許保護を請求していない場合には、これに対し排他権を及ぼすことができない。」

2 一九四七年ミネラルズ・セパレーション対ノランダ "Minerals Separation v. Noranda" 事件

「発明者は、その特許請求の範囲の項を以て、その独占区域の周囲に垣を張り巡らし、一般公衆に対し、その財産に対する不法な侵入に警告を与えるのである。したがって、その垣は、必要な警告的作用を発揮せしめるため、明瞭に設置されなければならないのであり、またその垣は、発明者に属しない土地に入り込んではならない。すなわち、発明者は、自分が発明していないものにまで特許保護を請求してはならない。何故なれば、発明者はかくすることにより、自己に属しない物までも取入れることになるからである。以上よりして次のように結論づけられる。すなわち、特許請求の範囲の項が、新規にして有用なものに付加して、公知であるか又

は有用でないものにも同時に、特許保護を請求している場合には、その特許請求の範囲の項は自滅すること
になる。」
以上の叙述より明らかなように、イギリス法における伝統的な法思想には、「発明の本質」「発明の核心」あるいは「最重要部分に関する法原理（Pith and Marrow-Doctrine）」等の柔軟性のある法概念が存在するにも拘らず――これらの概念は、保護範囲を制限する概念として使用されている――、これらを適用して特許請求の範囲の項の文言を拡張して均等判断に至るまでの実務は確立されていない。(11—1)

しかし、その後一九八〇年に至り、カトニック・コンポウネンツ有限会社対ヒル・アンド・スミス有限会社“Catnic Components Ltd. v. Hill & Smith Ltd.”判決において、従来の保護範囲についての判断に若干の進展が見られた。(12) すなわち、この判決においては、新たに「合目的解釈（purposive construction）」なる解釈方法が採用せられ、従来からの文言解釈の傾向が修正せられることになった。その法原則は、次のように要約せられる。(i) 特許明細書の解釈は、その文言に即した字義通りに解釈されるべきではなく、合目的的解釈に基づくものでなければならない。(ii) 特許の保護範囲の観点からする特許明細書の解釈に際しては、特許請求の範囲の項の特徴と異なった特徴が使用せられている場合に、この相違する特徴が当該発明の作用効果にさほどの影響も及ぼしていない場合には、当該相違する特徴の使用を排除するものではないことが、特許請求の範囲の項の文言（解釈）より、当業者に明白であるか否かがその基準となる。

右(ii)の要件の意味するところは必ずしも明瞭ではないが、特許請求の範囲の項の非本質的特徴についてのみ均等論の適用を認め、その本質的特徴についてはこれを否定した従来の実務からすれば、右均等成立の要件は、特許請求の範囲の項の合目的的解釈により、その本質的特徴についても均等論の適用があり得ることを示唆するものではないかと思われる。

(二) ドイツ法における均等論
――ヨーロッパ特許条約六九条との関連――

1 保護範囲理論の推移

ドイツ法における保護範囲理論は、過去半世紀以上も前から、学説ならびに実務は、特許の保護範囲を、一方では発明の正当な報酬を確保し、他方では十分な法的安定性についての一般公衆の利益を考慮して、限界づけようとする努力がなされた。そして、連邦裁判所は、ライヒ裁判所によって展開された、保護範囲を「発明の直接の対象」「発明の対象」「一般的発明思想」に三分する理論(三分法理論)を引継いだ。右「発明の直接の対象」とは、特許請求の範囲の項の文言を意味し、「発明の対象」とは、平均的専門的知見を有する当業者にとり、出願日の時点におけるその平均的専門的知見に基づき、特別の熱慮を要せず直ちに、想到し得る等価物(Gleichwerte)を意味し、また、「一般的発明思想」とは、当該特許の特許請求の範囲の項に表現せられた発明の構成と侵害対象とを包摂する抽象的一般的技術思想を意味するものであり、当該特許の有するかような一般的発明思想についての保護を認容することは、保護範囲の判断において極度の法的不安定性に導くことは明らかであるにも拘らず、判例は発明者の公正な保護のために、一般的発明思想による保護を必要なものと見做し、以下の三要件、すなわち、⑴特許請求の範囲の項からの一般的発明思想の抽出可能性、⑵特許明細書における一般的発明思想の十分な開示、⑶当該一般的発明思想が特許要件を具備していること、を充足する場合には、一般的発明思想による保護が認容せられた。

2　ヨーロッパ特許条約における保護範囲

ヨーロッパ特許条約六九条は、「ヨーロッパ特許……の保護範囲は、特許請求の範囲の項の内容によって確定せられる。ただし、発明の詳細な説明の項および図面は、特許請求の範囲の項の解釈につき斟酌されなければならない」旨規定し、また、右条約六九条の解釈に関する議定書は、「六九条の規定は、ヨーロッパ特許の保護範囲につき、⑴特許請求の範囲の項の正確な文言から明らかにされると解釈したり、また、発明の詳細な説明の項および図面は、特許請求の範囲の項において万一生ずることあるべき不明瞭な点を除去するためにのみ用いらるべきである、というように解釈されてはならない。前述したところと同様にまた、六九条の規定は、⑵特許請求の範囲の項は、単に原則的なものを示すもの（Richtlinie）としての意味しか有せず、特許の保護範囲は、発明の詳細な説明の項および図面を検討することにより、特許権者が特許保護を求めているものとして当業者に受け取られるものにも及ぼされるというようにも解釈せらるべきではない。⑶特許請求の範囲の項の解釈は、むしろ、上記両極端の見解の中間に存在しなければならないのであり、特許権者に対する相応な保護と第三者に対する十分な法的安定性の要求を結びつけるものでなければならない。」（本文中の数字符号は、著者が付した）と規定している。

右議定書(1)に記載の保護範囲解釈の実務は前記(一)において述べたイギリス法における実務を、また、(2)に記載の保護範囲解釈の実務は、一九六八年一月二日法律第六八—一号が公布されるまでの一八四四年七月五日制定のフランス旧特許法における実務、[13] および一九七八年一月一日以前に出願せられた特許の保護範囲としての前記「一般的発明思想」の保護によるドイツ法の実務を、それぞれ想定したものと解され、右議定書は、結論として、特許権者に対する相応な保護と第三者に対する十分な法的安定性の要求を結びつけるため、右(1)および(2)の両極端の見解の中間的な見解に基づいて、その保護範囲を定めなければならないとしている。しかし、右中間的な見解が何れの点に求むべきかは、右議定書には具体的に言及されておらず、各加盟国の実務に委ねられている。[14]

3　ボック（Bock）の「新二分法」理論

ドイツ弁理士時報（Mitteilungen der deutschen Patentanwälte）誌は、一九六九年一一月号および一二月号の合併号として、ナステルスキー（Prof. Dr. Karl Nastelski）の七〇歳祝賀論文集を編纂し、「工業所有権法におけるその展開」と題して、当時ドイツ工業所有権実務において直面する諸問題について、その最先端にたつ法曹がそれぞれの見解を発表したが、この記念論文集に元ドイツ連邦裁判所判事ボック（Dr. Hans Bock）は、「特許侵害における新二分法への提案」と題する論文[15]を執筆し、この論文での提案は、後述のカールスルーエ高等裁判所判事オール（Dr. Albert Ohl）の「将来の特許侵害訴訟における自由な技術水準の異議」と題する論文[16]における提案とともに、その後一九八六年四月二九日ドイツ連邦裁判所フォルムシュタイン異議（Formstein-Einwand）」として採用せられ、一九九〇年五月二三日アメリカ巡回上訴裁判所ウィルソン・ゴルフボール（„Wilson's Golfball"）判決[18]とともに、本最高裁判決とも関連する点が多大であると思料せられるので、左に敷衍することとする。

ボック（Bock）は、先ず、「新二分法理論」提唱の動機を次のように説明している。

「ヨーロッパ特許法が成立せる暁には、如何にして、特許はでき得る限り簡明な方法で、しかも効果的な保護――ただし、この保護は、一方において発明者の功績にふさわしいものであると同時に、他方においては就中、一般公衆の保護に奉仕する法的安定性の要求を、十分に考慮せられたものでなければならない――を達成し得るであろうか。私は……時期を見て二五ヵ年間実務を支配した『三分法理論』と訣別し、熟考のすえ到達した新二分法に復帰しなければならないと信ずるものである。」

と述べ、特許権の効力は、「発明の対象」と「保護範囲」に及ぶものとし、それぞれにつき次のように説明している。

「『発明の対象』とは、真意に即して理解された特許請求の範囲の項の文言によって確定される。(i) もしこの文言の技術的意味が明白である場合には、いわゆる「解釈」を必要としない。この場合、私法的意志表示のみならず公法的性質を有する意志表示（行政行為）にも適用せられる一般的解釈原理に基づいて、その意味内容を確定すべきであって、語句の文字通りの意味に拘泥すべきではない（ドイツ民法一三三条参照）。すなわち、重要なのは言語学的意味ではなくて特許請求の範囲の項の文言の技術的意味であり、この技術的意味は、当業者により特許明細書の特許請求の範囲の項以外の他の部分（発明の詳細な説明の項および図面）をも斟酌して理解されなければならない。(ii) 特許請求の範囲の項の文言が多義的である場合には、解釈の方法によってこの意味を探究しなければならないのであるが、これは当業者がその一般的専門知識ならびにその専門的能力に基づいて、特許明細書に記載せられている技術水準を斟酌した上、如何なる技術的意味を特許請求の範囲の項の文言に与えるべきかを探究することである。この解釈は、特許明細書の特許請求の範囲の項以外の内容、すなわち、発明の詳細な説明の項および図面を斟酌することによって得られた狭い意味あるいは広い意味を、特許請求の範囲の項の文言に与えるという比較的狭い限界内で、特許請求の範囲の項の文言の意味を明らかにすることである。しかし、先に述べたように、特許請求の範囲の項の文言の意味が明白である場合には、たとえ発明の詳細な説明の項または図面にこれと異なる記載があったとしても、特許請求の範囲の項の文言の制限あるいは拡張のいずれにも影響を受けないのである。」「この特許請求の範囲の項の文言によって確定せられた行政行為の内容が、特許明細書の（狭義の）公開内容を成すのである。」「この『発明の対象』に対する侵害は、侵害対象が『発明の対象』の当該発明に本質的な特徴の全部を、同一の態様で使用する場合に認められる。そして、この場合には、被告（侵害者）は『自由な技術水準』すなわち公知技術を使用しているものである、との抗弁を以て防禦することができない。」

次に、ボック（Bock）は、特許侵害訴訟において均等理論適用の必要性につき、次のように述べている。

「特許の対象を構成する発明を公開することによって、技術の豊富化に寄与したことに対し、発明者にその発明にふさわしい報酬を与えると同時に、その発明の模倣および迂回行為に対し効果的な保護を確保するためには、特許保護の効力は特許請求の範囲の項の文言のみに限定されてはならない。種々多様な侵害形態を爾前に予見し、発明の不正な使用をすべて、特許請求の範囲の項の文言によって特許侵害として確定し得る程度に広範に、しかも確定的に、特許請求の範囲の項の文言を起草することは到底不可能である。技術専門家が特許明細書を研究し、少なくとも多少熟考するならば、特許発明にかかる特徴を改変し、この改変された実施形態は特許請求の範囲の項の文言そのものにはカバーされないが、それにも拘らず当該特許発明の基礎になっている課題が、同一の解決原理に基づいて、機能的に同一の作業手段または機能的に同価値の作業手段を使用することによって、本質的に同一の作用効果をもたらす如く解決され得る場合が多いのである。このような均等の場合には、侵害構成要件が当該特許と宛も同一であるかのように取り扱われなければならないのである」とし、

特許請求の範囲の項による狭義の公開内容に対し、特許出願時の平均的知見ならびに平均的能力を有する当業者による、特許明細書から想到し得る広義の公開内容を以て、均等的保護範囲を限界づけるとともに、この限界づけによって生ずる不当な結果——すなわち、発明性の低い特許発明においては、均等的拡張により潜在的技術水準または公知の技術水準に喰い込み、侵害対象が潜在的技術水準または公知の技術水準に位置し、特許侵害を構成しないにも拘らず、特許侵害を構成すると判断される場合がある——を是正するために、潜在的技術水準の異議または自由な技術水準の異議を、均等論

認容の消極的要件として理論構成をなしている。以下、この点に関するボック（Bock）の所説を引用する。

「……特許侵害が成立するためには、特許出願時の平均的知見ならびに平均的能力を有する技術専門家により、その一般的専門的知識に基づいて、公知であると推測せられる技術水準――この場合には、特許明細書の記載に限定せられた技術水準ではなく、当該専門分野の全技術水準を意味し、場合によっては、この技術水準は、隣接技術分野の技術水準によって影響を受ける場合もある――を斟酌した上、侵害実施形態が、(i) 特許明細書から認識し得るものであること〔広義の公開内容〕―〔積極的要件〕(ii) 公知の技術水準に属さず、または、公知の技術水準から推測せられないこと、換言すれば潜在技術水準に属さないこと―〔消極的要件〕、である。上記二つの要件を必要とする理由は、特許権者は、(i)特許明細書から引き出され得るもの、および、(ii)技術の発明的豊富化をもたらしたものに対してのみ、その報酬と保護を受けるものであるとの簡明な考慮に基づくものである。」

さらに、「広義の公開」の問題すなわち均等判断に関し、ボック（Bock）は、次の一九六九年四月二四日のドイツ連邦裁判所シーシュティーフェルフェルシュルス „Skistiefelverschluß" スキー靴留め金判決を引用している。

「発明者がその発明として一般公衆に対し特許明細書に公開したものに対して、発明者にその保護が与えられるのである。したがって、特許明細書における発明の公開は、その公開により発明者が特許保護請求をなした範囲内で、排他的独占的地位が与えられるべきことを意味すると同時に、特許の保護が及ぶべき限界を確定するものである。それ故、特許の保護範囲は、均等（同価値）に関してもまた、平均的専門家（当業者）が特許出願時の知見に基づいて特許明細書から引き出し得るもの以上に及ぶことは許されない。特許に記載せられている作業手段の代わりに、この特許の作業手段と（課題の観点から）技術的機能において一致し、かつ、特許の作業手段の作用効果と同一の作用効果を目ざし、さらに特許に公開せられた発明思想の意味において特許の作業手段の作用効果と同一の作用効果を有する解決手段、換言すれば平均的専門家がその専門的能力に基づいて、特許の基礎になっている課題の解決のために、特許の手段と同一の作用効果を有するものとして、特許明細書から見出し得る解決手段を使用することが、特許侵害と見做されるのである。」

また、均等論の適用に際し問題となる主張ないし立証責任につき、次のように述べている。

「原告が、その特徴が特許請求の範囲の項に記載せられている特徴と同一でない特徴を使用する侵害形態が、平均的専門家にとって原告特許明細書から認識し得る（容易に想到し得る）程度に引き出し得るということを、立証するのに成功しない場合には、特許侵害の訴えは棄却されなければならないことになる。これに対し、侵害形態が特許明細書に公開（広義の）されていると判断される場合には、侵害形態が特許出願時において公知の技術水準または少なくとも潜在的技術水準に属するということを立証するのは、侵害者として訴えられている被告の責任である。したがって、被告がその侵害形態について、特許請求の範囲の項の文言から明らかにされた「発明の対象」を同一の態様で使用していない限り、自由な技術水準の抗弁または潜在的技術水準の抗弁を主張することができる。」（著者注、ボック（Bock）は、オール（Ohl）とは異なり、均等論適用に際しての立証責任の点から、「抗弁」の語句を用いているが、均等論適用に際しての「自由な技術水準」の主張または「潜在的技術水準」の主張は、その主張の法的性質よりして、「抗弁」ではなく「異議」の語句を用いるのがより適切であると考える。但し、特許との同一性による侵害の場合には、後述**五**「私見」で述べるように、「抗弁」の語句が適切である。）

以下に掲記する本論文の図式およびその説明は、ボック（Bock）の以上の所説および次に述べるオール（Ohl）の所説を理解するうえで、大いに役立つであろう。

第1図

(i) P_1は、誤認特許、すなわち公知の技術水準により新規性を喪失するものとして先取せられている。V_1は、特許P_1の特徴を同一の態様で使用している。この場合は、被告（侵害者）が無効訴訟を提起し、侵害訴訟手続中止の申し立てが認められない限り、訴えは容認せられることになる。

(ii) A_1は、特許P_1により公開（広義の）されているのみならず、公知の技術水準からも推測せられる場合。この場合は特許侵害を構成しない。

第2図

(iii) P_2は、誤認特許。この特許には発明の高度性が欠如している。したがって特許は潜在的技術水準の領域に存在している。V_2による同一態様の侵害については、(i)と同一の結論となる。

(iv) A_2は、特許P_2により当業者に（広義の）公開されているのみならず、公知の技術水準にも属している。したがって、特許侵害を構成しない。

(v) A_3は、特許P_2により、（広義の）公開されているが、特許P_2を均等的態様で使用しており、か

二　最高裁判決の法制度的背景

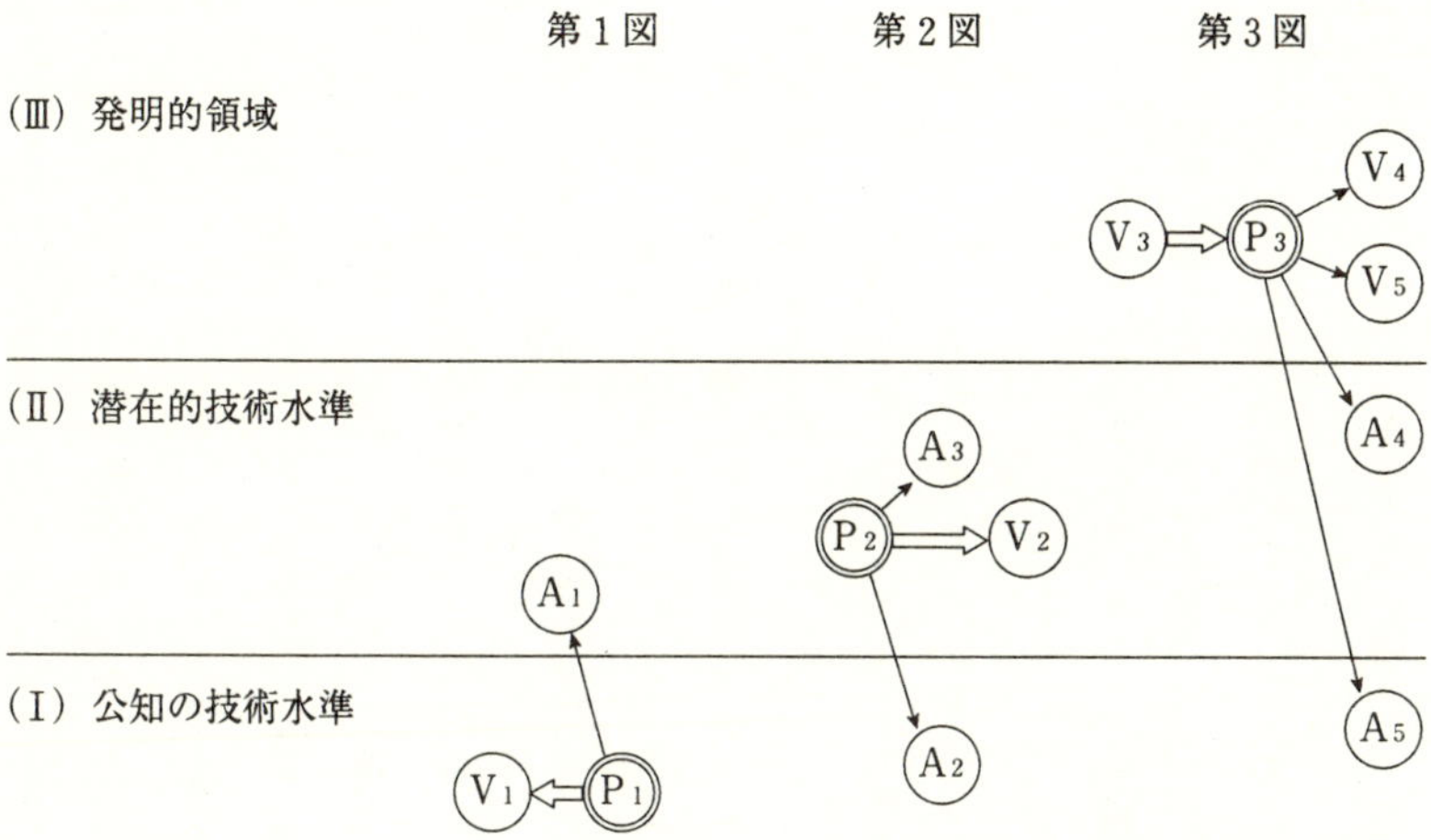

＊ 二重マル◎は特許，一重マル○は侵害形態，白抜き矢印 ⇨ は特徴の同一性に基づく侵害，一重矢印 → は均等的侵害実施形態が当該特許に公開（広義の公開）されていることを，それぞれ示す。

つ、公知の技術水準により推測されるが故に特許侵害を構成しない。

第3図

(vi) 特許P_3は、瑕疵のない特許であり、発明的領域に存在している。V_3は同一態様の侵害形態。特許侵害を構成する。

(vii) V_4は、特許P_3に比し改良的実施形態であるが、当業者はその本質的な特徴のすべてについて特許P_3から引き出すことができ、したがって、(広義の) 公開されているものとみなされ得る。この場合には特許侵害が成立する。V_4がP_3に比し、発明的剰余を有するような場合は稀であろう。

(viii) V_5は、特許P_3に比し改悪的実施形態であるが、なお発明的領域に存在している。したがって特許侵害を構成する。

(ix) A_4は、特許P_3に比し改悪的ではあるが、潜在的技術水準の領域に存する実施形態である。この実施形態は、一見明白な均等でもある。したがって無効訴訟はなんらの効果も有しない。新二分法理論によれば特許侵害を構成しない。これに反して、A_4が一見明白な均等と判断される場合には、通説である三分法理論によれば特許侵害として取り扱われることになる。

(x) A_5は、特許P_3により(広義の)公開され、かつ特許P_3に比し改悪的な実施形態であるが、公知の技術水準により先取せられている。したがって特許侵害は成立しない。

4 オール(Ohl)の「自由な技術水準の異議」

1 オールの提唱する、この「自由な技術水準の異議」は、「自由技術の抗弁」または「公知技術の抗弁」とも称されている。特許権者の特許侵害の主張に対する被告の訴訟手続上の対抗手段として認められているものであるが、その法的性質につき、次のように述べている。

「自由な技術水準の異議は、決して特許自体を問題とするのではなく、被告の侵害行為を技術水準との関係においてのみ問題とするにすぎない。従って、自由な技術水準の異議は、『当該特許は、法的に有効であるか、無効であるか』とか、『当該特許の保護範囲はどの程度まで及ぶか』とか、『被告の侵害行為はこの保護範囲に包含せられるか』とかいうことを問題とするのではなく、『被告の侵害行為は、公知の技術水準または潜在的技術水準を使用しているのであり、それゆえ当該特許にもとづいては、これを禁止することはできない』という点のみをその根拠とするのである。」

また、その訴訟手続上の性質――この点は、本件判決が、後述のように、上告人(被告)のこの点に関する主張がないにも拘らず、職権で「自由な技術水準の異議」を認容したという点で重要である――につき、次のように述べている。

「自由な技術水準の申立は、被告のなす単なる否認(Bestreiten)以上の内容を有する事実上の主張(tatsächliches Vorbringen)として、訴訟上の意味における『異議(Einwand)』又は『抗弁(Einrede)』である。しかし、自由な技術水準の主張は、私法上の意味においては決して抗弁ではなく、権利の発生を阻止する異議であり、従って、私法上の意味にも、また、訴訟上の意味にも妥当する『異議』という表現を用いるほうが好ましい。形式的にみれば、自由な技術水準の主張は、当該原告の有する権利を無効なものにせしめる対抗権の主張である。しかし、実質的にみれば、その主張の基礎になっている事情が、原告の権利の発生を阻止することになるのである。従って、もし訴訟においてこの事情が陳述された場合には、侵害訴訟裁判官は、被告の『抗弁』としての形式を備えていなくとも、この事情を無視することができないのである。」

また、この「異議」が申立てられた場合の審理の順序につき、オールは次のように述べている。

「被告が侵害訴訟において自由な技術水準の異議を主張した場合には、裁判所は、特許侵害の存在についての事情を審理する場合に検討しなければならない問題の順序を変更しなければならないことになる。すなわち、この場合には、裁判所は、当該特許および侵害対象の確定ならびに保護範囲の測定に代えて、公知の技術水準の確定から始め、次に、侵害対象が、当業者にとり当該特許についての認識ならびに自己の発明的関与なくして、この公知の技術水準から導き出し得るものの中に包含されるか否か、を審理しなければならない。この点について肯定的な結論が得られた場合には、訴えの請求原因の当否を審理することを要せずして、特許侵害の訴えを棄却することができる。これに反し、否定的な結論が得られた場合に初めて、特許侵害の主張の当否の判断に移ることになる。」

最後に、オールは、侵害形態が、公知の技術水準または潜在的技術水準を、当該特許と均等的態様で使用されている場合のみならず、同一の態様で使用されている場合にも、自由な技術水準の異議（または、潜在的技術水準の異議）が認容されるとしている（前出の**図式、第1図**および**第2図**参照）。

2　かつて右オールの所説に接し、以下のような短評をなしたことがあるが、特許侵害訴訟において、これが適切に——事案によっては、釈明権の行使により——機能する場合には、均等論の適用による不当な結果が回避せられ、「大なる発明には大なる保護範囲が、小なる発明には小なる保護範囲を」なる法理念が実現せられ、特許権者には適正な保護が、また、一般第三者すなわち競業者には法的安定性の要求が確保され得るのではないかと思料される。

「一八九一年四月七日のドイツ特許法は、その第二八条第三項に、『第一〇条第一号の場合においては、特許付与の公告（第二七条第一項）の日より起算して五年を経過した後は特許無効の審判請求をなすことを許さない』旨規定し、特許無効審判請求の除斥期間を五ヵ年と定めている。このため、特許付与公告後五カ年を経過した後は、何人も特許の無効審判の請求をなし得ず、仮に当該特許に無効事由が存在する場合にも、これを如何ともなし難い事態に立至るのである。この規定は、その後に行なわれた一九二三年一二月七日の改正法、さらには一九三六年五月五日の改正法にも引継がれ、戦後一九四一年一〇月二三日の命令により、初めて削除され現在に至ったものである。

自由な技術水準の異議は、前述のように、特許無効審判請求の除斥期間のために、最早その道を封ぜられた仮称侵害被告が、その救済を求めるため侵害訴訟手続において発した『必死の叫び（Notschrei）』が異議として化体したものであるということができる。もちろん、この自由な技術水準の異議は、判例の認むるところとはならなかったが、当時の大多数の学説が、その救済手段として、これを支持したところである。

しかし、その後、この除斥期間は廃止され、特許無効審判の請求または無効訴訟の提起についての障害が除去された後においても、自由な技術水準の異議の是非に関する論争は終わりを告げなかった。何故なれば、無効訴訟の提起によっても仮称侵害被告を特許侵害から救済し得ない場合が発見されたからである。すなわち、均等と判断される侵害実施形態が、公知の技術水準または潜在的技術水準の領域に存在し、しかも、当該特許自体は発明的領域に存在する場合がこれである（前出図式、**第3図** $P_3 \rightarrow A_5$及び$P_3 \rightarrow A_4$）。すなわち、特許無効手続においては、特許請求の範囲の項についてのみの審理がなされ、保護範囲すなわち均等部分については審理がなされないが故に、包括的な自由な技術水準の異議を許容することによってのみ、明らかに不公正な判決を避け得ることになるからである。

前記二つの事例は、自由な技術水準の抗弁または異議が適用される場合は異なるが――前者は、誤認特許より生ずる不公正の除去であり、後者は、均等理論の適用によって生ずる不公正の是正である――、いずれも特許法の枠内での理論的操作であり、特許法が企図する発明にふさわしい報償を発明者に与えんとする発明者中心すなわち特許権者中心の法思想をその基底とし、本来特許が付与されるべきでない発明から生ずる排他権を除去し、または、本来その排他権を及ぼすべきではない範囲を是正するものであった。

これに対し、オールの本論文は、『公知の技術水準は、万人に開放された万人共有の財産である』という自然科学の領域における一種の自然法思想ともいうべきものを大前提とし、これに独立の権利としての地位を与え、特許権者といえどもこの権利を侵犯することはできないとするのである。この意味において、オールの所説は、特許法の枠外からする、特許法の保障する個々の特許権と対等に対立する権利としての公知技術の利用の権利を認めたという意味において、画期的かつ野心的な論文であるということができる。

おもうに、技術的に未開拓な時代または分野においては、技術水準の程度が低く、これに反比例して特許法による発明の保護が大きな社会的意味を有し、これが産業の発展に寄与し、終局的には国民の福祉を増進させることになるのであるが、技術的開拓が頂点に達した時代または分野においては、技術水準は飽和状態を呈し、発明による新技術の開拓の余地は狭少となり、特許法による発明の保護はその重要性を喪失し、逆に、些細な発明特許の氾濫とその独占は、往々にして悪しき独占と化し、既存の技術水準を侵犯してまでも、その独占を主張せんとする。ために、公知技術の自由なる利用は阻害され、新技術開発の余地をますます狭隘化せしめるとともに、また一方において、自由なる競争を著るしく制限する結果を生来する。

以上の如き技術の発展段階においては、前述のような特許による悪しき独占から、一般公衆に開放された自由なる公知技術の利用を確保するために、この公知技術に対する利用を特許権に対立する権利として、独自の地位が認められるべきであるとする要請が生ずるのは自然の趨勢であるということができる。オールの本論文は、かかる社会的・技術的背景の下に理解されるべきものではないかとは考えるものである。

5　特許請求の範囲の項の「本質的特徴」部分と「非本質的特徴」部分

ドイツの判例においては、ドリルマシーネ„Drillmashine"条播機判決において、特許請求の範囲の項の特徴につき、本質的特徴と非本質的特徴との区別がなされ、その区別の出発点は、特許請求の範囲の項の文言の「合理的な解釈（verständige Auslegung）」にあるとせられた。この考え方は、同じく、特許請求の範囲の項の文言を本質的な特徴と非本質的な特徴に区別するフランスの実務にも一致するものであり、フランスの実務においては、当該発明の機能にとり不可欠の決定的に重要な条件を構成する手段ないし特徴が、本質的な特徴とされ、これに対し、表面上の意味または付随的な意味を有するに過ぎない要素が、非本質的な特徴とされる。(19) そして、この判断は、当該技術分野における平均的知見と平均的能力を有する当業者により、特別の熟慮を要することなくして（ohne besondere überlegungen）、行われなければならないのであり、かくしてなされた客観的基準により、当該発明により意図される結果（効果）が、特許請求の範囲の項の複数の特徴により達成せられている場合に、何れの特徴は取り去ることができ、何れの特徴は取り去ることができないかの選別の観点から、右非本質的特徴と本質的特徴の区別がなされなければならない。

以上により選別ないし抽出された特許請求の範囲の項の本質的特徴は、侵害対象において、同一の態様において使用されている場合のみならず均等的態様において使用されている場合にも、特許侵害が成立する。

三　最高裁判決およびその周辺

㈠　事案の概要

Xは、発明の名称を「無限摺動用ボールスプライン軸受」とする特許権（以下、右特許権を「本件特許権」といい、その発明を「本件発明」という）を有している。Xは、Yの製造販売する無限摺動用ボールスプライン軸受（以下「被告製品」という）は本件発明の構成要件をすべて充足するか又はこれと均等なものとして、本件発明の技術的範囲に属すると主張し、Yに対して、特許権の侵害を理由とする損害賠償を求めた。

一審は、被告製品は本件発明の明細書の特許請求の範囲に記載された構成と一部異なるところ、右のように置き換えることに本件発明の特許出願当時当業者が容易に想到することができたものとはいえないから（すなわち、置換容易とはいえないから）、仮に均等論が特許権侵害訴訟において採用できるものであるとしても、本件においては均等論適用の前提となる要件を欠く旨を判示し、一般的法理としての均等論の当否についての判断を明確に示さないまま、被告製品は本件発明の技術的範囲に属するとはいえないとして、本件特許権の侵害を否定し、Xの請求を棄却した。

一審判決に対してXが控訴したところ、原審は、一般的法理として均等論を肯定すべき旨を判示した上、被告製品は、本件発明の明細書の特許請求の範囲に記載された構成と一部その構成を異にするが、解決すべき技術的課題、その基礎となる技術的思想及びこれに基づく各構成により奏せられる効果において本件発明と変わるところがなく、本件発明との相違部分について置換可能性及び特許出願時における置換容易性が認められ、また、相違部分について特段の技術的意義が認められないから、被告製品は本件発明の技術的範囲に属するものと認められると判断し、本件特許権の侵害を認め、Xの請求を認容した。

そこで、Yが上告して、均等論を適用して本件特許権の侵害を認めた原判決には特許法の解釈適用を誤った違法があると主張した（判タ九六九号一〇六頁、一九九八年）。

㈡ 判旨

1 特許権侵害訴訟において、相手方が製造等をする製品又は用いる方法（以下「対象製品等」という。）が特許発明の技術的範囲に属するかどうかを判断するに当たっては、願書に添付した明細書の特許請求の範囲の記載に基づいて特許発明の技術的範囲を確定しなければならず（特許法七〇条一項参照）、特許請求の範囲に記載された構成中に対象製品等と異なる部分が存する場合には、右対象製品等は、特許発明の技術的範囲に属するということはできない。しかし、特許請求の範囲に記載された構成中に対象製品等と異なる部分が存する場合であっても、⑴右部分が特許発明の本質的部分ではなく、(2) 右部分を対象製品等におけるものと置き換えても、特許発明の目的を達することができ、同一の作用効果を奏するものであって、(3) 右のように置き換えることに、当該発明の属する技術の分野における通常の知識を有する者（以下「当業者」という。）が、対象製品等の製造等の時点において容易に想到することができたものであり、(4) 対象製品等が、特許発明の特許出願時における公知技術と同一又は当業者がこれから右出願時に容易に推考できたものではなく、かつ、(5) 対象製品等が特許発明の特許出願手続において特許請求の範囲から意識的に除外されたものに当たるなどの特段の事情もないときは、右対象製品等は、特許請求の範囲に記載された構成と均等なものとして、特許発明の技術的範囲に属するものと解するのが相当である。けだし、(一) 特許出願の際に将来のあらゆる侵害態様を予想して明細書の特許請求の範囲を記載することは極めて困難であり、相手方において特許請求の範囲に記載された構成の一部を特許出願後に明らかとなった物質・技術等に置き換えることによって、特許権者による差止め等の権利行使を容易に免れることができるとすれば、社会一般の発明への意欲を減殺することとなり、発明の保護、奨励を通じて産業の発達に寄与するという特許法の目的に反するばかりでなく、社会正義に反し、衡平の理念にもとる結果となるのであって、(二) このような点を考慮すると、特許発明の実質的価値は第三者が特許請求の範囲に記載された構成からこれと実質的に同一なものとして容易に想到することのできる技術に及び、第三者はこれを予期すべきものと解するのが相当であり、(三) 他方、特許発明の特許出願時において公知であった技術及び当業者がこれから右出願時に容易に推考することができた技術については、そもそも何人も特許を受けることができなかったはずのものであるから（特許法二九条参照）、特許発明の技術的範囲に属するものということができず、㈣また、特許出願手続において出願人が特許請求の範囲から意識的に除外したなど、特許権者の側においていったん特許発明の技術的範囲に属しないことを承認するか、又は外形的にそのように解されるような行動をとったものについて、特許権者が後にこれと反する主張をすることは、禁反言の法理に照らし許されないからである。

2　これを本件についてみると、原審は、本件明細書の特許請求の範囲の記載のうち構成要件A及びBにおいて上告人製品と一致しない部分があるとしながら、構成要件Bの保持器の構成について本件発明と上告人製品との間に置換可能性及び置換容易性が認められるなどの理由により、上告人製品は本件発明の技術的範囲に属すると判断した。

（判旨中の上告人製品と公知事実との比較判断の部分は、省略）そして、この組合せに想到することが本件発明の開示を待たずに当業者において容易にできたものであれば、上告人製品は、本件発明の特許出願前における公知技術から右出願時に容易に推考できたということになるから、本件明細書の特許請求の範囲に記載された構成と均等ということはできず、本件発明の技術的範囲に属するものとはいえないことになる。

本件で、前記のとおり、本件明細書の特許請求の範囲に記載された構成中に上告人製品と異なる部分が存するところ、原審は、専ら右部分と上告人製品の構成との間に置換可能性及び置換容易性が認められるかどうかという点について検討するのみであって、上告人製品と本件発明の特許出願時における公知技術との間の関係について何ら検討することなく、直ちに上告人製品が本件明細書の特許請求の範囲に記載された構成と均等であり、本件発明の技術的範囲に属すると判断したものである。原審の右判断は、置換可能性、置換容易性等の均等のその余の要件についての判断の当否を検討するまでもなく、特許法の解釈適用を誤ったものというほかはない。

右のとおり、原審の判断には、法令の解釈適用の誤り、ひいては審理不尽、理由不備の違法があるものというべきであって、この違法は原判決の結論に影響を及ぼすことが明らかである。

論旨は右の趣旨をいうものとして理由があり、原判決は破棄を免れない。そして、本件については、前に判示した点について更に審理を尽くさせる必要があるので、これを原審に差し戻すこととする。

(三) 最高裁判決以後の下級審判決の推移

伊東忠彦氏の調査[20]によれば、「平成一〇年二月の判決以後、一年間の均等に関する判決は目についてだけで一〇件あったが、これら一〇件は全て均等を否定されている。それらの判決文全体を調べたところ最高裁の五つの要件を引用して判示した判決は六件あった。均等を認めた判決は、平成一〇年二月以後平成一一年二月迄のところ出ていない」としている。なお、後出の平成一一年五月二七日大阪地裁判決「ペン型注射器等」事件においては、注射装置については均等の成立を否定し、注射液の調整方法については均等の成立を認容している。

以下、若干の下級審判決につき、本件最高裁判決が均等成立の一要件とする「特許発明の構成中、対象製品と異なる部分が特許発明の本質的部分でないこと」の点につき、その判旨を摘示することとする。

(1)　平一〇・九・一七民二一部判決、大阪地裁平八（ワ）八九二七号、棄却（控訴）

明細書の特許請求の範囲に記載された構成のうち、当該特許発明特有の作用効果を生じさせる技術的思想の中核をなす特徴的部分が特許発明における本質的部分であると理解すべきであり、対象製品等がそのような本質的部分において特許発明の構成と異なれば、もはや特許発明の実質的価値は及ばず、特許発明の構成と均等であるとはいえない。そして、右の特許発明における本質的部分を把握するに当たっては、単に特許請求の範囲に記載された構成の一部を形式的に取り出すのではなく、当該特許発明の実質的価値を具現する構成が何であるかを実質的に探究して判断すべきである。

本件特許発明において、被膜を特許請求の範囲記載の三種の腸溶性物質にすることは本質的部分というべきであり、右部分をＡＳに置き換えたイ号医薬品は、目的達成のための技術的思想としての同一性を欠くものというべきである。

(2)　平一一・一・二八民四六部判決、東京地裁平八（ワ）一四八二八号、一四八三三号、棄却（判決後に訴え取下げ）

特許発明の本質的部分とは、特許請求の範囲に記載された特許発明の構成のうちで、当該特許発明特有の課題解決手段を基礎付ける特徴的な部分、言い換えれば、右部分が他の構成に置き換えられるならば、全体として当該特許発明の技術的思想とは別個のものと評価されるような部分をいうものと解するのが相当である。すなわち、特許法が保護しようとする発明の実質的価値は、従来技術では達成し得なかった技術的課題の解決を実現するための、従来技術に見られない特有の技術的思想に基づく解決手段を、具体的な構成をもって社会に開示した点にあるから、明細書の特許請求の範囲に記載された構成のうち、当該特許発明特有の解決手段を基礎付ける技術的思想の中核をなす特徴的部分が特許発明における本質的部分であると理解すべきであり、対象製品がそのような本質的部分において特許発明の構成と異なれば、もはや特許発明の実質的価値は及ばず、特許発明の構成と均等ということはできないと解するのが相当である。

そして、発明が各構成要件の有機的な結合により特定の作用効果を奏するものであることに照らせば、対象製品との相違が特許発明における本質的部分に係るものであるかどうかを判断するに当たっては、単に特許請求の範囲に記載された構成の一部を形式的に取り出すのではなく、特許発明を先行技術と対比して課題の解決手段における特徴的原理を確定した上で、対象製品の備える解決手段が特許発明における解決手段の原理と実質的に同一の原理に属するものか、それともこれとは異なる原理に属するものかという点から、判断すべきものというべきである。

本件特許発明における腸溶性物質ＨＰに代えて腸溶性皮膜にＡＳを用いることは、前記のとおり、(1) 従来から放出遅延効果を有するものとして知られていた多数の皮膜物質のなかから、ジクロフェナクナトリウムという特定の有効成分に対してすぐれた徐放性を有する物質として特許請求の範囲記載の三物質を見いだしたという点が本件特許発明特有の解決原理であり、(2) 他方、ＡＳはＨＰとは化学構造が異なる別物質であることに照らせば、本件特許発明と同一の解決原理に属するものということはできない。

したがって、本件特許発明におけるＨＰに代えてＡＳを用いることは、本件特許発明の本質的部分について相違するというべきであるから、均等の成立を認めることはできない。

(3)　平一一・五・二七判決、大阪地裁平八（ワ）一二二二〇号

明細書の特許請求の範囲に記載された構成のうち、当該特許発明特有の作用効果を生じさせる技術的思想の中核をなす特徴的部分が当該発明の本質的部分であると理解すべきであり、対象製品等がそのような本質的部分において特許発明の構成と異なれば、もはや特許発明の実質的価値は及ばず、特許発明の構成と均等であるとはいえない。そして、右の特許発明における本質的部分を把握するに当たっては、単に特許請求の範囲に記載された一部を形式的に取り出すのではなく、当該特許発明の実質的価値を具現する構成が何であるのかを実質的に探究して判断すべきである。

とくに本件特許発明にいうネジ機構をどのように構成して多室シリンダアンプルの後側可動壁部材を押し込む構造とし、これを持ち運び、取り扱うのが容易となる構成とするかは、本件装置発明を実現するためには最も重要な部分であり、この部分の構成がまさに本件装置発明の特徴的な部分であるということができる。

被告装置は、このネジ機構の具体的構成において本件装置発明と構造を異にしていることは前記認定判断したとおりであるから、被告装置は、本件装置発明とは本質的部分において相違するというべ

きである。

四 最高裁判決への諸学説の対応

(1) 三村・判例解説（後出注(4)）

本判決は、相違部分が特許発明の本質的部分でないことを、均等を認めるための要件として挙げている（要件①）。仮に置換可能性及び置換容易性のみを要件としてその判断の基準時を侵害時とするときは、均等の成立する範囲が広範なものとなるが、対象製品等が特許発明特有の作用効果を生ずる本質的部分を備えていないときは、そのような対象製品等は当該特許発明と技術思想を異にするものというべきであって、特許発明の構成と実質的に同一なものということはできない。本判決は、このような考えから、特許発明中に占める相違部分の役割の点をも考慮して均等の成否を判断すべきことを明らかにしたものと解される。

(2) 設楽・論文の所説（後出注(9)）

本判決がいっている(1)の本質的部分の要件は、対象製品等が特許発明の技術思想の範囲内にあることと又は特許発明と課題の解決原理を同一にすることと解すべきである。

特許請求の範囲に記載された構成が特許発明の本質的な部分に関係している場合でも、当該構成に関する些細な差異あるいは非本質的な差異若しくは実質的に同一と認められる差異については、均等論の適用が認められるべきである。したがって、(1)の「右部分が特許発明の本質的部分ではなく」との要件は、「特許請求の範囲における対象製品と異なる構成が、特許発明の本質的部分ではない」あるいは「特許発明の本質的部分に関する構成については均等論は認められない」というように解釈すべきではなく、むしろ、本判決がいっている「特許請求の範囲に記載された構成と対象製品と異なる部分が、特許発明の本質的部分ではない」との要件は、「特許請求の範囲に記載された構成と対象製品との異なる部分、すなわち、両者の差異が、特許発明の本質的な部分ではない」との要件と解すべきであり、そして、特許発明の本質的な部分とは、当該発明における課題の解決手段であり、特許発明の技術思想であるから、「対象製品と特許発明の構成との差異が、特許発明の本質的な部分ではない」とは、換言すれば、対象製品が特許発明の技術思想の範囲内にあること、あるいは、特許発明の課題の解決原理と同一の原理を採用していることと同義であると解されるものである。右によれば、(1)の「右部分が特許発明の本質的部分ではなく」との要件は、「対象製品が特許発明の技術思想の範囲内にあること、あるいは、特許発明の課題の解決原理と同一の原理を採用していること」を同じ意味であると解することができるのであり、前記のとおり、(1)の要件と(2)の要件は、従前からいわれていた置換可能性の要件（技術思想の同一性ないし課題の解決原理の同一性と作用効果の同一性）を別な角度から表現したものと解すべきである。

(3)　牧野・判例紹介（後出注(3)）

「要件(1)の、置換された『部分が特許発明の本質的部分でない』ことは、置換された部分を含む対象製品等が全体として特許発明の技術的思想の範囲内にあることをいうものと解される。」として、吉井参也『特許侵害訴訟大要』四六頁の「その行為形態は、特許発明の構成要件の一部を他の異なる技術に置き換えられているけれども、実質的に機能を同じくし、その奏する作用効果も実質的に機能を同じくし、その奏する作用効果も実質的に同一であり、かつ、当該行為形態は特許発明の技術的思想の範囲内にあること」とする均等成立要件である置換可能性の定義を引用している。

(4) 中山・判例解説、同・工業所有権法上（第二版）三九七頁（後出注（4））

「特許発明の本質的部分が異なれば別発明となるのであり、判旨の要件(1)は、従来ことさら挙げられることは少なかったが、次に述べる置換可能性の中で吟味されてきたものと考えられる。」

「置換可能性とは、……具体的には、特許発明と発明思想が同一であり、かつ作用効果も同一の場合をさす。……発明の同一性と言い換えた方が判りやすいであろうし、最高裁の言う非本質的部分という要件を含む意味も鮮明になろう。」

四　最高裁判決の分析

㈠　最高裁判決が、職権で「潜在的技術水準の異議」を適用した点

中山信弘・前掲書四〇四頁注(11)（後出注（4））において、「この問題を公知技術の抗弁の問題として扱うならば、ボールスプライン事件においては被告からそのような抗弁は主張されていないので、最高裁は破棄差し戻すことはできないはずである。最高裁は公知技術の抗弁を正面から認めたとまで

は言えないが、公知技術の抗弁の考え方自体は認めたと言えよう。」との説明が付されているが、先に述べたように、特許権が本来保護範囲を有すべきであることは、特許権の本来の効力であるから、均等論の適用に際し、その効力の範囲を公知の技術水準または潜在的技術水準の側から制限することは、訴訟上の抗弁ではなく、異議である。[21] したがって、裁判所は、被告の抗弁としての主張がなくても、職権で公知技術を斟酌することができ、右公知技術に基づき「自由な技術水準の異議」または「潜在的技術水準の異議」の法理を適用して、当該特許の効力範囲を制限することができると解すべきであり、本件最高裁判決が、公知の技術水準を職権で探知し、これに「潜在的技術水準の異議」の法理を適用したのは、正当である。

(二) 最高裁判決の均等認定要件(1)

1 判旨は、「……特許請求の範囲に記載された構成中に対象製品等と異なる部分が存する場合には、右対象製品等は、特許発明の技術的範囲に属するということはできない。」とし、後述の(1)ないし(5)の要件を充足する場合には、例外的に均等論の適用を認め、その根拠として、「特許出願の際に将来のあらゆる侵害態様を予想して明細書の特許請求の範囲を記載することは極めて困難であり、相手方において特許請求の範囲に記載された構成の一部を特許出願後に明らかになった物質・技術等に置き換えることによって、特許権者による差止め等の権利行使を容易に免れることができるとすれば、社会一般の発明への意欲を減殺することとなり、発明の保護、奨励を通じて産業の発達に寄与するという特許法の目的に反するばかりでなく、社会正義に反し、衡平の理念にもとる結果となる……」と述べ、均等論適用の範囲すなわち保護範囲の及ぶ限界として、「……特許発明の実質的価値は、第三者が特許請求の範囲に記載された構成からこれと実質的に同一なものとして容易に想到することのできる技術に及び、第三者はこれを予期すべきものと解するのが相当であり、……」と判示し、均等論適用の具体的要件として、「特許請求の範囲に記載された構成中の対象製品等と異なる部分が、特許発明の本質的部分ではないこと」を、その要件として掲記している。しかし、特許発明の本質的部分に均等論の適用が否定される理由については、何らの説示も示されていない。

2 「**二**(二)ドイツ法における均等論」において考察したように、特許請求の範囲の項を構成する特徴のうち、当該発明の課題解決のための機能にとり不可欠の決定的に重要な条件を構成する手段ないし特徴が、本質的特徴とされ、これに対し、表面上の意味または付随的な意味を有するにすぎず、これを取り去っても当該発明の意図する効果に何らの影響も与えることがない要素が、非本質的な特徴とされるのであり、前者の本質的特徴につき均等論の適用を問題にするのが、ドイツ連邦共和国およびその他の多数のヨーロッパ諸国の実務であり、また「**二**(一)イギリス法における均等論」において考察したように、同国の実務およびイタリアの実務のみが、非本質的特徴についてのみ均等論の適用を認め、本質的特徴については均等論の適用を認めていない。

3 本件判旨が、特許請求の範囲の項の本質的特徴部分については、均等論の適用を認めず、非本質的特徴部分についてのみ均等論の適用を認めた理由は、次のような種々の見解が存すると想定せられる。(A)判旨の冒頭に「……特許請求の範囲に記載された構成中に対象製品等と異なる部分が存する場合には、右対象製品等は、特許発明の技術的範囲に属するということはできない。」とする原則論に基づき、例外的に、非常に狭い範囲についてのみ――したがって、実質的には、殆んど均等論の適用とは評価され得ない範囲についてのみ――均等論の適用を認めようとした、との見解である。しかし、この見解に依る場合には、前掲均等論適用の根拠についての説示――この点の説示は、特許請求の範囲の項を構成する特徴のすべてにつき妥当するものであり、均等論の適用を一般的に容認する論拠となるものであるが、同説示は、さらに特許出願後に公知となった物質・技術にまで、その保護範囲を拡張する必要性に言及している――、および、同均等論適用の範囲すなわち保護範囲の及ぶ限界についての説示――この点の説示は、保護範囲の拡張せられる限界を、特許請求の範囲の項における広義の公開に求めるものであり、均等論適用の一般的限界を示すものである――と、それぞれ矛盾することになる。また、さらに、本質的特徴部分を含むすべての特徴部分について均等論の適用を認めた場合にのみ、均等論適用の消極的要件としての意味を有することになる(4)の要件、すなわち、自由な技術水準の異議または潜在的技術水準の異議、ならびに、(5)の要件、すなわち、意識的除外事由（ドイツ法における「制限・放棄」、アメリカ法における「エストッペル」の法理）を、判旨がそれぞれ均等論適用の要件としている点とも、矛盾することになる。(B)判旨の均等論適用の要件(1)を無視し、特許発明の本質的特徴部分についても均等論が適用される、との見解を採る場合には、判旨冒頭の均等論の例外的適用に関する説示の部分を除き――特許法六八条に規定する特許権の効力は、均等的保護範囲を包含するものと解せられるが故に、判旨のように、例外的にのみ均等論の適用が認められるとすべきではない――、前掲均等論適用の根拠についての説示、および、同均等論適用の範囲すなわち保護範囲の及ぶ限界についての説示、ならびに、他の均等論適用の要件(2)ないし(5)のすべてにつき、矛盾は存在しないことになるが、右要件(1)を無視することは到底不可能であろう。したがって、前述「三㈣本件最高裁判決についての諸説」(2)に掲記した設楽論文の所説である「特許請求の範囲に記載された構成が特許発明の本質的な部分に関係している場合でも、当該構成に関する些細な差異あるいは非本質的な差異若しくは実質的に同一と認められる差異については、均等論の適用が認められるべきである。」とする本最高判決の分析は、右要件(1)を無視しない限り、困難であろう。また、同(3)および(4)の所説についても、右と同様であろう。

4 「三㈢本件最高裁判決後の下級審判決の推移」において掲記した(1)ないし(3)の下級審判決においては、何れも、特許請求の範囲の項における当該特徴が、当該発明の本質的特徴部分であるか否かが争点とせられ、何れの判旨も、「技術的思想の中核をなす特徴的部分が特許発明の本質的部分」であると判示し、何れの事案においても、被告対象物件の特徴は、当該発明の本質的部分において相違する、として原告の請求を棄却している。また、前掲伊東忠彦氏の調査に依れば、「平成一〇年二月の（本件最高裁）判決以後、一年間の均等に関する判決は目についただけで一〇件あったが、これら一〇件は全て均等を否定されている。」とのことであり、均等的保護範囲の限界を何れの点に画するかは別として、均等論の全面的採用には、右要件(1)が障害となることは否めない事実である。

(三)　最高裁判決の均等認定要件(3)において、均等の判断時点を侵害製品等の製造時点とした点

特許侵害訴訟事件は、特許出願の時点より比較的長い時間を経過した後に問題となるのが常であり、したがって、当該特許の出願の時点においては、未知の、または、十分に完成していない技術手段を、侵害時に侵害者が用いることができることになるため、均等判断の時点が問題となる。アメリカ合衆国のワーナー＝ジェンキンソン有限会社対ヒルトン・デイヴィス化学会社 "Warner-Jenkinson Co., Inc. v. Hilton Davis Chenical Co.," 事件についての最高裁判決によれば、侵害の時点が基準とされ、また、ヨーロッパ諸国の実務においては、統一的な見解は存在しないが、ドイツにおける通説および判例は、一貫して出願の時点を基準としている。特許制度の本質を公開理論に求める場合には、(22)出願の時点において特許請求の範囲の項における広義の公開内容が、特許権の及ぶ保護範囲を劃する外延であり、出願者は、出願の時点において認識可能な技術手段についてのみ、特許保護を求め得ることになる。したがって、均等の判断時点を侵害製品等の製造時点とする本件最高裁判決の均等認容要件(3)は、さらに検討を要する点ではないかと思われる。

五 私見

1 特許権者に対する適正にして迅速な保護と、一般競業者に対する法的安定性の要求を調和せしめるためには、特許制度の目的——これについては、種々の見解の対立があり、また、経済環境の変化に伴い流動的であり得るが——を基幹とする、単純にして明快な侵害理論の構築が不可欠である。

この点に関する過去および現在における各国の法制度およびその実務を通観するに、(1)一方において前述のイギリス法におけるように、営業の自由を侵害する独占を極度に嫌悪し、営業自由の原則を最優先の地位におき、特許による独占は、この原則に反し、営業の自由を制限する独占とみなされ、かような観点から、特許権の効力を極度に制限し、前述のラッセル（Russel）判事の説示にもあるように、

「特許請求の範囲の項の基本的目標は、保護範囲を限界づけることであって、保護範囲を拡張することではない。特許保護の請求がなされなかったものは、放棄されたことになる。」

とするものであり、この法原則による場合には、一般競業者に対する法的安定性の要求は十全に保障せられ、特許請求の範囲の項の構成が当該発明の成果を全て包含する程度に完全に作成せられるならば、侵害訴訟は迅速に処理せられ、これが実務に定着する場合には、侵害成否の判断が容易である

ことからする濫訴の防止にも作用することになり、優れた法原則であると評価し得る現代的意義を有する。

しかし、右の点につき問題となるのは、特許請求の範囲の項の構成が当該発明の成果を全て包含する程度に完全に作成せられ得るか否かである。この点を考慮して、均等論の適用が問題とされるのであるが、特許庁は、特許付与官庁として豊富な技術資料を所蔵し、技術的素養を有する多数の審査官を擁しているが故に、これらの審査官による綿密な審査手続を通じ、出願者と審査官の協働作業により真の発明対象を抽出し、これに将来の侵害態様を予測して、これを特許請求の範囲の項の特徴として構成することは、出願の対象である発明の内容によっては可能であり、また、望ましい。かかる作業は、特許庁による出願審査の負担を加重し、特許付与手続が長期化することも考慮せられるが、仮に、特許侵害訴訟において前述のように実務が定着する場合には、右のように特許庁における作業は不可欠となる。他面、右実務の採用により阻害されることがあるべき特許権者の利益は、一般競業者に対する法的安定性の要求の観点から、ある程度甘受されなければならないことになるのは已むを得ないであろう。

右のような観点から本件最高裁判決を考察すれば、前記「**四**　本件最高判決の分析㈡」において述べたように、右判旨が提示する均等論適用要件には相互に矛盾する点が存在するが、右要件⑴の「特許請求の範囲に記載された構成中の対象製品等と異なる部分が、特許発明の本質的部分ではないこと」の点を特に重視し、均等論を例外的に非常に狭い範囲についてのみ認め、後述の「自由な技術水準の抗弁」は、特許庁における審査の充実にも拘らず、生ずることあるべき誤認特許を是正するために、補完的に適用すべきことになる裁判実務の方向が考えられるであろう。

右の見解は、最近、特に特許侵害訴訟事件において訴訟促進が問題とされている社会的風潮よりして、[23]裁判所の負担を軽減し、侵害判断を容易にするための必要な選択ではないかと思料せられる。

(2) 他方、前述のイギリス法の実務とは異なり、フランス法においては、自然法理論および啓蒙主義哲学の思想的背景の下に、個人の精神的活動による思想的創造に対しては、有体物に対し絶対権としての所有権が認められるのと同様、自然発生的な権利が認められるべきであるとする法的確信が形成せられ、この知的所有権理論は、フランス革命を契機として最高潮に達し、一七九一年一月七日の法律は、「産業上の分野におけるすべての発見および新しい発明は、発明者の所有に属する。」との明文の規定を設けるとともに、この発明についての発明者に認められる自然発生的所有なる法思想に基づき、特許は、特許性についての事前審査を行なうことなしに付与せられ（出願無審査主義と称せられる）、その特許性についての判断は、侵害訴訟裁判所によりなされることとされた。[24]また、フランス法においては、特許請求の範囲の項に代わるものとして要約の項（résumé）が存在したが、これは特許の保護範囲を限界づける機能を全く有せず、特許明細書に記載せられているすべての特徴は、侵害対象の態様に応じ、種々さまざまな構成をなすことが可能であり、競業者は何をなすことが許されるか、また、何が禁ぜられているか、を正確に知ることができず、その法的安定性は極度に害され、逆に特許権者の利益は過度に保護せられた。[25]これに対し、ドイツ法においては、滝井朋子弁護士との共訳によるカール・シュラム（Carl Schramm）

『特許侵害訴訟』の序文において、故原増司先生が「本書によって私の理解した限り、ドイツ特許法における永い伝統は、脚注に引用された幾多の学説・裁判例を通じ、「発明の対象」、「一般的発明思想」、「保護範囲」、「保護領域」と、ドイツ法学者に特有な精緻絢らんたる、また同時に多分に難渋な法概念を駆使しつつ、二分説、三分説、更に新二分説と展開して、この課題〔個人の優れた創意に対して与えられる特許権による独占と、これの対抗を受ける企業ひいては最終の消費者である一般公衆の利益とを、いかに調和するかにある（著者注）〕の解明にたゆみのない精進を続けている。」と指摘されているように、ドイツにおける特許侵害理論は、右調和を実現するために、法律学徒にとっても魅力ある精緻な理論的体系の構築を目ざし、これはある意味で、裁判規範として法的安定性に奉仕するものであるが、特に右三分法においては、一般競業者にとっては難解にして、具体的事案についてこれを適用して侵害の有無を予測することは到底不可能であった(26)。

これに対し、前述のボック（Bock）の提唱にかかる新二分法は、右三分法理論を簡素化することにより、競業者に対する法定安定性の要求を充足せしめるとともに、均等論に対し自由な技術水準の異議、特に、潜在的技術水準の異議を容認することにより、特許権者に対する適正な保護が保障せられることになり、均等論適用要件(1)を除き、右新二分法理論を踏襲するものと推測せられる本件最高裁判決は、これが迅速かつ適切に運用せられる裁判実務が定着する場合には、特許による保護を極端に特許請求の範囲の項に限定する実務に比し優れていることは多言を要しない。

当面、均等論を例外的に非常に狭い範囲についてのみ認め、侵害訴訟審理期間の迅速性を勘案して、漸進的に、均等論を全面的に適用する方向に実務が推移することが望ましいと思料する。

右のように均等論が全面的に適用される場合には、審理の迅速化を図るため、原告による均等の主張がある場合には、職権により公知技術を探知するため、被告に対し公知資料の提出を求め、この公知資料により、被告の侵害形態が公知の技術水準または潜在的技術水準に属する場合には、原告による均等の主張についての審理に入ることなく、直ちに被告の侵害形態は当該特許を侵害しないとして、原告の請求を棄却すべきであり、右の点についての公知資料が存在しない場合に初めて、原告の均等の主張の審理に入ることになる。また、この場合、本件最高裁判決の均等要件(5)が[27]、被告により主張立証された場合には、均等の審理と並行して、右意識的除外事由につき審理さるべきことになるであろう。

右の点をさらに敷衍すれば、均等論の適用に際しては、被告の侵害形態は、前掲図式**第1図**P_1↓A_1、**第2図**P_2↓A_2・P_2↓A_3、**第3図**P_3↓A_4・P_3↓A_5のように潜在的技術水準または公知の技術水準の領域に位置する場合が存在するが故に、右公知資料の探知は、均等論適用における必須の消極的要件として職権によりなさるべきであるが――この場合における被告による「潜在的技術水準の異議」または「公知の技術水準の異議」の主張は、原告による均等の主張に対する被告の単純否認の主張があれば足りると解せられる――、これに対し、被告の侵害形態が原告特許と同一の態称での侵害である場合には、被告の侵害形態が、前掲図式**第1図**P_1↓V_1、**第2図**P_2↓V_2のように、公知の技術水準または潜在的技術水準の領域に位置し、したがって、特許権自体もその実体を有しない架空権にすぎないとしても、行政機関である特許庁により付与された形式的権利として、司法機関である裁判所によるも尊重されなければならないが故に、裁判所の職権により公知資料を探知することは許されず、被告による公知の技術水準または潜在的技術水準の主張および立証を俟って判断せらるべき抗弁、すなわち、「自由な技術水準の抗弁」としての法的性格を有するものと解せられる。

(1) 以下、**1**は、「特許発明が保護される最大限」特許管理二八巻九号九九六頁、**2**は、昭和五一年八月、日本弁護士連合会主催の研修会における「特許侵害事件における攻撃・防禦方法について」と題する講演、**3**は、「特許侵害訴訟における侵害成否の判断基準について」原増司判事退官記念・工業所有権の基本的課題(上)(一九七三、有斐閣)の各論文および講演よりの引用。

(2) 判タ九六九号一〇五頁(一九九八)、判時一六三〇号三二頁

(3) 牧野利秋「均等論適用の要件」特許研究二六号三三頁(一九九八)

(4) 三村量一「時の判例」ジュリ一一三四号一一五頁(一九九八)、中山信弘「均等論の要件」平10重判解(ジュリ一一五七号)二六二頁、中山信弘・工業所有権法上(第二版)三九三頁以下

(5) 田中成志「最高裁判所第三小法廷平成一〇年二月二四日判決」知財管理四八巻八号一二七三頁(一九九八)、本間崇「最高裁判決(無限摺動用ボールスプライン軸受事件)から見た二一世紀におけるわが国の特許権の権利範囲の解釈の動向」知財管理四八巻一一号一七九五頁(一九九八)

(6) 松居祥二「日米両国最高裁による、均等容認原判決破棄の判決が、日米の異なる特許制度の中で持つ意義」AIPPI四三巻七号三八六頁(一九九八)

(7) 宮園純一「スプライン事件最高裁判決とその評価」パテント五二巻二号五三頁(一九九九)、棚町祥吉「公知・公用性等の立証に関する諸問題——最高裁ボールスプライン判決が投げかけた波紋」パテント五二巻五号三頁(一九九九)、服部榮久「私説 均等論——ボールスプライン事件における最高裁判決をふまえて」パテント五二巻六号六五頁

五 私見

（一九九九）、渡辺功二「ボールスプライン事件最高裁判決における置換容易性（均等要件3）の判断基準時」パテント五二巻六号一〇六頁（一九九九）

(8) 田倉整「侵害成立と非侵害の相剋――二件の最高裁判所破棄判決」発明一九九八年一一月号九〇頁

(9) 松本重敏「特許権侵害訴訟と裁判所の職責――最高裁『無限摺動用ボールスプライン軸受事件』均等判決を中心として」牧野利秋判事退官記念・知的財産法と現代社会一六九頁（一九九九、信山社）、尾崎英男「均等論についての日米の比較的考察」同一八七頁、設楽隆一「ボールスプライン事件最高裁判決の均等論と今後の諸問題」同二九九頁、St. Catherine College (University of Oxford) Kobe Institute 主催の一九九九年四月一〇日になされた「日本法における特許権の範囲（Patent Scope）――均等論を中心として」と題するゼミナール要旨〔大瀬戸豪志〕。

(10) イギリス特許法の沿革は、一六二四年に制定せられた反独占法（Statute of monopolies）にその起源を有し、「独占は、原則として、普通法（コモン・ロー）に違反し、営業の自由を侵害するものであるが故に許されない。一般公衆のためにする発明者の功績のみが、独占を正当化し得るにすぎない。新しい産業上の製品または方法についての発明に対してのみ、真実にして最初の発明者に、最長一四年の期間に限って、特許が付与せられる。公序良俗または公共の福祉を害する発明に対しては、特許は付与せられない（独占理論と称せられる）。」とするものであり、その根底を貫く法思想は、営業自由の原則を最優先の地位におき、特許は、この原則に対する例外すなわち営業の自由を制限する独占とみなされるのであり、発明が一般公衆にもたらす利益の観点においてのみ、それが正当化せられるとするのである。この法思想は、模倣自由の原則（Grundsatz der Nachahmungsfreiheit）の法原則にも相通ずる。

(11) カール・ブルッフハウゼン〔Karl Bruchhausen〕「ヨーロッパ諸国における特許の保護範囲についての新判例」GRUR（国際版）六一〇頁以下（一九七三）参照。

なお、本書I—**5**〔翻訳〕ロビンソン著「英米の判例に見る特許請求の範囲の項について」を参照せられたい。

(11—1) Carl Zeiss Stiflung v. Rayner & Keeler (No. 2) 〔1967〕 1 A. C. 853, per Lord Reid privity of "blood, title or interest"

(12) Romuald Singer „Europäisches Patentübereinkommen" S. 207 (1. 8. 1989).

(13) 拙訳、G・ボー・ドゥ・ロメニー (G. Beau de Loménie)「フランス特許における特許の解釈」を参照されたい（シュラム『特許侵害訴訟』〔酒井書店、一九七三年〕〔付録11〕三九九頁以下に所収）。

(14) 本書I—3収載の〔翻訳〕ブルッフハウゼン（Karl Bruchhausen）著「ヨーロッパ特許の保護範囲について」三㈢C(ii)「発明の本質的特徴または非本質的特徴についての均等」の項において、次のように述べている。

「ヨーロッパ諸国における特許法についての比較法的観察によれば、均等論による特許侵害の分野における統一的な法適用の問題は、全く異なった基礎を有していることを示している。このことは、例えばドイツにおいては、ある手段（特徴）が均等であるか否かの問題は、その手段が当該特許の手段と同一の解決原理に従うものであるか否かによって判断せられるという点である。そして、このような考え方は、他のヨーロッパ諸国においては行なわれていないのであり、例えばイギリスおよびイタリアにおいては、均等論による侵害の判断に際しては、当該発明の本質的特徴が同一の作用効果を有する手段によって置換されているか、または、当該発明にとって非本質的特徴が同一の作用効果を有する手段によって置換されているか否かが問題とされるのである。そして、前者の場合には、特許侵害は否定せられ、後者の場合、すなわち、当該発明の非本質的特徴が均等物により置換されている場合にのみ、均等論による特許侵害が考慮の対象となるのである。」

(15) 本書I—1の論文（ボック（Dr. Hans Bock）著「特許侵害における新二分法理論への提案」）参照。

(16) 本書I—2の論文（オール（Dr. Albert Ohl）著「将来の特許侵害訴訟における自由な技術水準の異議」）参照。

(17) 一九八六年四月二九日ドイツ連邦裁判所フォルムシュタイン „Formstein" 判決（控訴審ブラウンシュヴァイク（Braunschweig）高等裁判所）

五　私　見

同判決は、ヨーロッパ特許条約六九条の解釈に関する議定書により、特許の保護範囲を、この点に関する従来のドイツの実務に比し、特許請求の範囲の項の内容に密接に依拠して解釈することにより、特許請求の範囲の項が、特許の保護範囲判定の出発点であるのみならず、その基準となる基礎を構成するものであるとし、他方、被告による「自由な技術水準の異議」を容認した。

同判決は、均等判断につき、次のような公式を設定した。①平均的当業者が、②特許請求の範囲の項に記載せられた発明に対応した熟慮に基づいて、③その専門的知見を用いることにより、④同一の作用効果を有するものとして、見出され得るものが、⑤当該特許の保護範囲内に、位置する、すなわち、均等である。

また、同判決は、自由な技術水準の異議の判断につき、次のような公式を設定した。被告は、「侵害対象は、技術水準により公知であるのみならず、技術水準を勘案すれば如何なる発明をも構成しない、すなわち、侵害対象は、技術水準より容易に想到し得る」という主張により防禦し得る。これを、「フォルムシュタイン異議」と称せられる（Dolder/Faupel „Der Schutzbereich von Patenten“ 1999, 172 ff.)。

なお、「自由な技術水準の異議」は、次のような論理的思考操作により行われる。

（ｉ）原告特許出願時点における公知技術は、何人にも開放された、自由に使用し得る技術である。

（ⅱ）問題とされている被告の侵害形態は、公知技術に一致する。または、原告特許の対象より公知技術の方に、より近接した位置にある。

（ⅲ）したがって、被告の侵害形態は、何人にも開放された、自由に使用し得る技術であり、特許侵害にはならない。

(18) ウィルソン・ゴルフボール判決の判旨は、ドイツ法の「自由な技術水準の異議」を、次のようなドイツ法とは異なる観点から構成した。いわゆる「仮想クレーム（筆者は、その内容よりして、「仮定的クレーム」と称する方が適切ではないかと思う）」と称せられる理論操作である。①先ず第一段階の操作として、原告特許の仮定的クレームの文言として、侵害対象を包含する仮定的クレームを構成する。②第二段階の操作として、右仮定的クレームを、原告特許の特許出願の時点における技術水準と比較し、右仮定的クレームの特許性を判断する、③右仮定的クレームが、原告特許の特許出願の時点において、特許性が存在すると判断せられる場合には、特許侵害が成立し、これに反し、特許性が存在しないと判断せられる場合は、特許侵害は成立しない。

フォルムシュタイン異議と仮定的クレームによる操作方法との差異は、後者が仮定的クレームと技術水準との間の距離を間接的に判断の対象とするのに反し、前者においては、侵害対象自体と技術水準との距離を直接的に判断する点に求められる。両者の判断方法による帰結は同一であるが、後者の方法に依る場合には、仮定的クレームの構成に誤謬がないか否かが問題になる可能性が存在する（注(17)前掲書二〇六頁以下参照）。

(19) Mathély, Le droit français des brevets d'invention, Paris, 1974, 581.

(20) 「最高裁ボールスプライン事件以後の均等の判例」パテント五二巻六号七九頁（一九九九）

なお、右報告は、「米国の一九九七年三月の最高裁判決・ワーナー＝ジェンキンソン（Warner-Jenkinson Co., Inc. v. Hilton Davis Chemical Co., 117 s. ct. 1040, 41U. S. P. Q 2d 1865（1997））事件（……米国でも均等論の歴史は一八五四年 Winans v. Denmead 事件（56U. S.（15HOW.）330, 14L. Ed. 717（1853））までさかのぼるとはいえ、改正された 35 USC 1952 年法のもとで均等論の米国最高裁判決としては初めてとはいわれる……）以後 CAFC で出た均等に関する判決数は筆者の調べた限りで少なくとも六〇件あり（USPQ-CDROM による）、均等と認められた数と認められなかった数の割合は、約一対二であった」としている。

(21) Creifelds „Rechtswörterbuch“ 1986, 8. Aufl., S. 324 には、「抗弁（Einrede）」と「異議（Einwendungen, Einwand）」との差異につき、次のように述べられている。「抗弁は、請求権の行使を阻止する対抗権であり、この対抗権を主張することにより、請求権自体が否定されることになるのではなく、その権利の実現に障害を及ぼす効果のみを有するにすぎないのに反し、異議は請求権の行使のみならず請求権自体を排除する効力を有する。また、異議は、請求権自体を否定する事情として、訴訟上、裁判所の職権を以て斟酌されなければならないのに反し、抗弁は、単なる対抗権として、抗弁権を有する者すなわち被告により、主張されなければならない。」

五　私　見

Gerhard Köbler „Deutsch-Deutsches Rechtswörterbuch" 1991, S. 140 には、「異議は、抗弁とは異なって、特別の主張を要せずして、職権で斟酌されなければならない。」と述べられている。Einwand または Einwendung を Einrede と表現上区別せず、ともに「抗弁」と翻訳されているドイツ法律用語辞典が存在するが（ベルンド・ゲッツェ・独和法律用語辞典八四頁（初版第二刷、一九九四年、成文堂）は、Einwendung を「異議」と表現されている）、両者が訴訟上の主張において異なる性質を有するが故に、別個の表現を用いるべきであり、「自由な技術水準の異議」または「公知技術の異議」という表現を用いる方がより適切であろう。

(22) わが国現行特許法は、その一条に、「この法律は、発明の保護及び利用を図ることにより、発明を奨励し、もって産業の発達に寄与することを目的とする。」旨の規定を設け、現行特許制度の合理的根拠が公開理論に基づくものであることを明文化している。この規定の意味するところは、発明者は、他人に先駆けて発明なる価値対象を国民経済にもたらすものであるが故に、この経済的財貨を一定の期間に限り独占的に利用することを保障し、これによって発明を奨励するとともに、他方、国民産業の振興なる公共の利益よりして、この発明について公開義務を課し、特許権の存続期間経過後は、何人も自由にこれを利用しうる国民的共有財産とすることにより、産業の発達に寄与せしめることを目的とする、ものということができる。

右規定は、特許法の基本的原則を示すものとして、特許法の各法条の解釈に際し、その指針を与える重要な規定である。

(23) 日本経済新聞一九九九・一〇・一八付記事において、「訴訟流出」と題し、ある米国連邦地裁の特許訴訟の審理期間につき、「法律解釈だけが争点の極端な例で提訴から二ヵ月、通常でも四―五ヵ月程度で紛争が処理できる。裁判所が強力な指揮権をふるう。厳格な期日管理などがスピード審理の秘密だ。NECもここで九七年末に韓国の現代電子産業を相手取った訴えを起こした。日本でも提訴できたが、米国の迅速さを優先した。」と述べている。

ドイツ留学した昭和四五年当時においても、ミュンヘン（München）第一区地方裁判所第七民事部（工業所有権部）を例にとると、事件は訴えの提起後約四週間で第一回口頭弁論が開かれ、判決は訴えの提起後約四ヵ月で言い渡され、証人尋問を要する事件においても五ヵ月乃至六ヵ月後には判決が言渡される。また、連邦特許裁判所の審理も、審理は原則として一回の口頭弁論期日を以て終結し、その判決も二〇分ないし一時間後には口頭で言渡される。また、カールスルーエ（Karlsruhe）所在のドイツ連邦裁判所の審理も一回の口頭弁論期日を以て終結し、その判決も数日中には言渡される。右当時は、特許侵害訴訟において三分法による均等論が適用されていた時期であったが、その審理期間は、非常に速い（本書附録**4**ウィンクラー（Winkler）「ドイツにおける特許侵害訴訟事件の訴訟促進について――いわゆるシュトゥトガルト（Stuttgart）迅速審理方式との対比において」参照）。

(24)　本書附録**1**「諸外国の特許制度の沿革」参照。

(25)　前掲注（13）の論文参照。

(26)　知財研フォーラム（一九九四年）一六号六頁（財団法人知的財産研究所）において、ミノルタ・カメラ知的財産部シニアスタッフ結束一男氏は、ドイツ侵害訴訟理論についての著作であるカール・シュラム『特許侵害訴訟』につき、次のような感想が述べられている。

「この本は、今読み返してみてもなかなか難解であり、当時の私の能力ではかなり手に余るところも多々有りましたが、必死に食いつき、これはと思った処は、Ｂ５判のカードに内容を整理してまとめながら、最後まで読み通しました。」

(27)　本件最高裁判決の要件(5)に「対象製品等が特許発明の出願手続において特許請求の範囲から意識的に除外されたものに当たる……」とは、「……特許請求の範囲の及ぶ均等的保護範囲から意識的に除外されたものに当たる……」と解すべきである。何故なれば、(5)の要件は、特許の均等的保護範囲を制限する要件であって、特許請求の範囲を制限する要件ではないからである。

I―1　ボック（Dr. Hans Bock）著

「特許侵害における新二分法理論への提案」

一　はしがき

ドイツ弁理士時報（Mitteilungen der deutschen Patentanwälte）誌は、一九六九年一一月＝一二月号の合併号として、ナステルスキー（Prof. Dr. Karl Nastelski）[1]氏の七〇歳祝賀論文集を編纂し、「工業所有権におけるその展開」と題して、現在ドイツ工業所有権実務において直面する問題について、その最先端にたつ法曹が、それぞれの見解を発表している。[2]この意味において本記念論文集は、現代ドイツにおける工業所有権法についての理論的水準を示すものとして注目に値いするといい得る。この記念論文集に掲載せられている前ドイツ連邦裁判所裁判官ボック（Dr. Hans Bock）[3]の執筆にかかる「特許侵害における新二分法理論への提案」という論文を紹介し、ドイツにおいて過去約一〇〇年にわたって展開せしめられた「権利範囲解釈」が現在いかなる問題に直面し、さらに今後いかなる方向に発展するかを考察しようとするものである。

二　旧二分法理論および三分法理論

ドイツにおける過去一〇〇年にわたり展開せしめられた「権利範囲解釈」の理論は、これを一言で要約すれば、ハルティッヒ（Hartig）理論の強い影響の下に、「特許の権利範囲は特許庁がその保護を与えた範囲内においてのみ保護される」とする時期から、「特許庁は単に発明の対象を確定するだけであり、その保護範囲は裁判所が確定すべきものである」とするイザイ（Isay）の提唱したいわゆる旧二分法理論に基づく一九一〇年二月九日のライヒ裁判所判決を経て、この旧二分法の修正理論ともいうべきリンデンマイアー（Lindenmaier）の創唱にかかるいわゆる三分法理論に至っている。したがって、これら前記旧二分法理論ならびに三分法理論について概観することは、本論の理論について欠くべからざる前提となるであろう。(4)

(一)　旧二分法理論(5)

旧二分法理論は後述するように権利範囲を「発明の対象（Gegenstand der Erfindung）」と「一般的発明思想（allgemeiner Erfindungsgedanke）」とに二分する理論であるが、ライマー（Reimer）はこの理論が誕生した背景並びにその内容について、次のように述べている。

「特許法六条は『発明の対象』という用語を用いている。同条は特許権者に対し、発明の対象を業として法規に規定された使用形態で利用する独占的権能を与えようとするものである。

ドイツ特許法が創設された初期においては、この規定は特許請求の範囲の文言に密接に依拠して解釈がなされた。したがって特許の保護範囲は狭く測定せられた。しかし、これでは特許権者に不公平であることが判明した。

特許が狭く解釈せられる場合には、多数の事案において特許の技術理論を迂回することは容易なことであった。このため発明の公開に対する報償を、特許権者から奪う結果となった。しかし、このような事態は一九一〇年二月九日の次にかかげるライヒ裁判所の判決(6)により除去せられた。

『特許請求の範囲はまず第一に、発明の対象を技術者に対して、でき得る限り正確に表示することを目的とするものであって、そこから生ずる特許保護をあらゆる側面にわたり、正確に限界づけることを目的とするものではない。この関係においては(特許保護を正確に限界づけること……筆者注)、多くのことが後の解釈に委ねられなければならない。特に多数の特徴によって特徴づけられなければならない発明においては、特許付与の段階において、どの特徴が特許保護にとって不可欠であり、どの特徴が不要であるか、あるいはどの個々のまたは一組の特徴が、それ自体特許保護を受けるかということを確定することは、原則として不可能である。』

この判決に基づいて、イザイ(Hermann Isay)は発明の対象と保護範囲を区別する理論を展開した。この理論は彼のコンメンタールのすべての版に、一貫して維持された。イザイ(Isay)は『発明の対象の探求(Ermittlung des Gegenstandes der Erfindung)』という語を用い、これに『保護領域の探求(Ermittlung des Schutzbereichs)——特許の拡張的解釈』なる語を対比せしめた。

後になって、判例および他のコンメンタールにおいて、『保護領域』なる語に代って『一般的発明思想(allgemeiner Erfindungsgedanken)』とか『より一般的な発明思想(allgemeinerer Erfindungsgedanke)』とかいう語が用いられた。そして保護領域は当該発明思想の波及範囲に基づいて決定せられるという点については、判例ならびに学説は一致している。」

この旧二分法理論は三〇年間以上も実務を支配することになった。

二　旧二分法理論および三分法理論

この旧二分法理論にいわゆる「発明の対象」とは特許請求の範囲の文言と同意義であり、その解釈については特許明細書の全体、したがって発明の詳細な説明の項および図面も斟酌せられなければならない。また「一般的発明思想」とは、ライマー(Reimer)によれば「特許の拡張的解釈において発明の核心(Erfindungskern)を抽出することによって見出され、この一般的発明思想の確定は、特許請求の範囲の文言が狭隘・不正確・不必要・表現の貧困などから救済されることを意味する。かかる一般的発明思想の抽出の前提条件は、(i)この発明思想が特許明細書中に公開されていること(この公開は発明的熟慮によって見出されるものであってはならないが、一見して見出されるものであっても熟慮を要するものであってもよい)、また、(ii)この一般的発明思想は課題の解決であること、したがって例外的に課題の設定自体が発明的である場合を除き、その一般的発明思想が単に課題の領域に存するものであってはならないこと、さらに、(iii)一般的発明思想が保護を受けるためには、特許付与手続における制限または放棄が存在したり、あるいは技術水準に属するものであってはならないこと等である。[7]」と説明し、さらに「二分法理論の下においては、拡張的解釈は常に一般的発明思想の確定に基づいてなされた。一見明白な均等とそうでない均等(筆者注、一見明白でない均等を意味する)との区別は、折にふれライヒ裁判所判決の表題に現われたが、しかし判決理由中においてこの区別がなされたことはなかった。したがって特許権的均等はすべての現象形態を通じ(著者注、一見明白な均等および一見明白でない均等を含めて)、一般的発明思想と同意味のものに解せられる。[8]」として旧二分法にいわゆる一般的発明思想は「一見明白な均等」および「一見明白でない均等」をともに包含するものであることを明らかにしている。

つぎに権限分配の点については、「特許請求の範囲の内容について生ずる特許の解釈、したがって特許請求の範囲の特徴の意味についての特許解釈に際しては、裁判所は特許庁の判断と異なって、発明の対象について新規性・進歩性・高度性が欠如していることを確定することは許されない。[9]」として、裁判所は「発明の対象」に拘束されることを明らかにすると同時に、旧二分法理論にいわゆる「一般的発明思想」については「特許権者が特許請求の範囲の文言を越える保護範囲を要求する場合、換言すれば特許の拡張的解釈を要求する場合には、つぎに述べる五つの条件が充足せられた場合にのみ、裁判所は特許権者に対し拡張的保護を与えることができる。

(1)　拡張せられた発明思想は、当該特許中に公開されていなければならない。

(2)　拡張せられた発明思想は、課題のみが保護せられる稀な事案を除き、単なる課題の領域に存するものであってはならないのであり、解決、すなわち少なくとも一般的解決原理を与えるものでなければならない。

(3)　拡張せられた思想は、新規なものでなければならない。したがって、技術水準によって先取されていてはならない。

(4)　拡張せられた思想は、進歩性を有するものでなければならない。

(5)　拡張せられた思想は、十分な発明の高度性を有するものでなければならない。[10]」

とし、「一般的発明思想」については、裁判所は独自の立場でその発明の新規性・進歩性・高度性について判断し得ることを明らかにしている。

㈡　三分法理論

前記旧二分法理論に対し、当時ライヒ裁判所部長裁判官であったリンデンマイアー（Lindenmaier）は、工業所有権・著作権（Gewerblicher Rechtschutz und Urheberrecht（GRUR））誌一九四四年三月＝四月合併号において「最近の判例における特許の保護範囲（Der Schutzumfang des Patents nach der neueren Rechtsprechung）」なる論文を発表し、そこで「発明の直接の対象（unmittelbarer Gegenstand der Erfindung）」、「発明の対象（Gegenstand der

Erfindung)」、「一般的発想思想（allgemeiner Erfindungsgedanke）」に分類する新理論を提唱した。それがいわゆる三分法理論（Dreiteilungslehre）と称せられるものであり、この理論は、その後一九四四年一月二一日のライヒ裁判所の判決[11]により、また、戦後では最初に一九四九年一〇月一四日の英国占領地区高等裁判所[12]によりそれぞれ容認せられ、この判例の立場は、ドイツ連邦裁判所にも引継がれることになり、現在まで約三〇年間通説としてドイツの実務を支配している。

このように三分法理論は、(i)「発明の直接の対象」、(ii)「発明の対象」、(iii)「一般的発明思想」なる三つの概念を認めているのであるが、三分法理論にいわゆる「発明の直接の対象」とは、旧二分法理論にいわゆる「発明の対象」と同一の概念であり、特許請求の範囲の文言を意味する。次に三分法理論にいわゆる「発明の対象」は「一見明白な均等」を意味するのであるが、これはリンデンマイアー（Lindenmaier）の関与の下になされた一九五二年一〇月二八日のドイツ連邦裁判所のつぎの判決[13]から認められるところである。

「発明の対象なる概念は、使用し得る解釈手段を斟酌した上、特許請求の範囲の文言から引き出され得なければならない。その際、とくに、特許明細書の発明の詳細な説明の項、一般的な専門的知識、反駁の余地のない推測が基礎となっている技術水準についての専門家の知識等が顧慮せられなければならない。特許の保護が直ちに拡張せられることになる上述の如き発明の対象は、いわゆる一見明白な均等をもまた包含する。」

さらに同判決は「一見明白な均等（glatte Äquivalente）」をつぎのように定義している。

「一見明白な特許権的均等とは、平均的専門家にとって、その専門知識に基づき、問題の事案において、その事案について問題になっている課題の解決のために、直ちにすなわち特別の熟慮を要することなしに、比較の対象になっている作業手段に代わり得べき作業手段である。」

最後に、三分法理論にいわゆる「一般的発明思想」とは、特許請求の範囲の文言に記載せられている発明形態と、問題になっている侵害形態とをともに包含する如き包括的な発明思想を意味し、これは、平均的専門家にとって特許明細書から引き出し得るものでなければならない（GRUR 一九四二年二六一頁掲載の一九四二年一月二三日のライヒ裁判所判決、GRUR 一九五五年二九頁掲載の連邦裁判所判決のノーベルト・ブント（Nobelt-Bund）判決参照。他に連邦裁判所のライトブレッヒェ „Leitbleche“ 判決、ブロックペダーレ „Blockpedale“ 判決等がある）。すなわち、一般的発明思想は、特許請求の範囲に記載せられた構成的特徴がその原則的機能に還元されるか、または、個々の作業手段または作業方法がその上位の一般的意味に置換えられることによって得られるのである（GRUR 一九四一年四六五頁掲載の一九四一年八月二六日のライヒ裁判所判決、GRUR 一九四三年一六七頁掲載の一九四二年一〇月一三日の同判決参照）。したがって、一般的発明思想なる概念は、抽象概念（Abstraktum）である。そして、この一般的発明思想なる概念の中に、さらに、三分法理論にいわゆる「発明の対象」に該当する「一見明白な均等」に対立する概念である「一見明白でない均等（nicht glatte Äquivalente）」――これは、平均的専門家にとって、その一歩立入った熟慮にもとづいて初めて、当該の課題の解決に至る如き同価値の作業手段を意味する――を包含せしめようという判例が、一九三九年末以来ライヒ裁判所により認められ、その後連邦裁判所に引き継がれた。そして、その理由としてGRUR 一九六九年五三四頁掲載の一九六九年四月二四日の連邦裁判所シーシュティーフェルフェルシュルス „Skistiefelverschluß“ スキー靴留め金判決は、要旨につぎのように説明している。

「一般的発明思想に基づいて判断すべきか、あるいは一見明白でない均等に基づいて判断すべきかの問題は、単に考察方法の相違にすぎない。何故ならば、一般的発明思想の場合には、その着眼点は、原告特許と侵害実態形態に共通する原理の把握に向けられているのに対し、一見明白でない均等の場合には、侵害とされる作業手段の機能に向けられているからである。」

しかし、その後、一九五八年出版のクラウセ＝カートルーン＝リンデンマイアー（Krausse/Katluhn/Lindenmaier）の『コンメンタール特許法 „Das Patentgesetz“〈第四版〉』一五九頁は、「一見明白でない均等は、一見明白な均等と同様に取り扱われるべきではないか」との疑問を提起したこともあって、一九六〇年三月一五日の連邦裁判所ラントカルテン „Landkarten“ 判決（GRUR 一九六〇年四七四頁掲載）は、「概念の簡素化のために、一見明白な均等のみならず一見明白でない均等も、発明の対象的保護範囲の中に包含すべきである」旨の判決を下した。しかし、この見解は、裁判所による一見明白でない均等の特許能力の審査について問題があるとされ、一九六三年七月一一日の連邦裁判所カッペンフェルシュルス „Kappenverschluß“ 判決（GRUR 一九六四年一三二頁掲載）により、「一見明白でない均等は、発明の対象に属しない」旨の判示をなし、再び従来の判例の態度に復帰した。

しかし、シュラム（Schramm）博士が、その著『特許侵害訴訟（Der Patentverletzungsprozeß）』（一九六五年）一五四頁において述べているように、

「特許特徴が、均等的態様で、かつ具体的に変形されている、いわゆる均等の場合においては、侵害形態において特許特徴全部の存在を前提とする。そして、この均等的実施形態は、直ちに実施に移し得る具体的解決方法を示している。

これに反し、一般的発明思想の場合においては、侵害形態において特許特徴のすべては存在しない。そして、一般的発明思想は、正にこのような場合に問題となるのである。一般的発明思想は、決して具体的解決方法を包含するものではなくて、解決原理を包含するものなのである。この解決原理に基づいては、発明は直ちに実施す

ることはできない。この解決原理から、特徴の補完ならびに一般化された特徴の具体化を通じて、具体的解決方法が展開せしめられなければならない。そして解決原理は、このような細部において異なる複数の解決方法を包含する。したがって、一般的発明思想は抽象概念である。」のであり、したがって本質的に異なる「一見明白でない均等」を、固有の一般的発明思想の概念中に包摂することは不当である。要するに、判例の結論は先に述べたように、裁判所による「一見明白でない均等」の特許能力の審査を、固有の一般的発明思想の場合と同様に取扱うための法的技巧にすぎないということができる。

さて、次に三分法理論適用の場合に、その権限分配はいかになるかの点について、ライマー（Reimer）のコンメンタール[14]におけるナステルスキー（Nastelski）執筆の部分にもとづき説明することにする。

(i)　純然たる特許請求の範囲の文言、すなわち特許庁により特許明細書に確定せられたいわゆる「発明の直接の対象」に、侵害訴訟裁判官は拘束せられる。

(ii)　通常、侵害訴訟裁判官は、いわゆる「発明の対象」に拘束される。すなわち、侵害訴訟裁判官は、原則として、発明の対象が、公知の技術水準に比し新規性・進歩性・発明の高度性を有するか否かについて審査することはできない。しかし、被告が、「発明の対象」が公知の技術水準によって完全に先取されていること、または分離可能な部分について技術水準によって先取されていること、あるいは先願権と完全にまたは部分的に同一であることを主張しかつ立証するときは、侵害訴訟裁判官は、特許の保護領域を、いわゆる「発明の直接の対象」に制限しなければならない。したがって、前記の各場合には、侵害訴訟裁判官は、新規性の問題に関しては特許庁の決定に拘束せられないのである。

(iii)　「一般的発明思想」の審査に際しては、侵害訴訟裁判官は、特許庁に拘束されない。侵害訴訟裁判官は、特許権者によって侵害訴訟で主張された発明の新規性・進歩性・発明の高度性の各々について常に審査しなければならない。

特許庁・裁判所間の権限分配は、前記(ii)に示したように、旧二分法理論の場合に比し、三分法理論においては、侵害訴訟裁判官は、「発明の対象」の新規性・進歩性・発明の高度性を、原則として審査し得ないという点で、その限界が移動していることになる。」

以上旧二分法理論および三分法理論について概観したのであるが、旧二分法理論が、いわゆる特許庁・裁判所間の権限分配の争いに端を発し、最終的には、保護範囲に関しては裁判所が独自の決定権を有することになったのであるが、この保護範囲決定に関する理論として従来より存在した均等概念が、判例を通じて理論的に精錬せられ、さらに三分法理論による「固有の一般的発明思想」なる概念の導入により、その保護範囲が拡大せられるにおよび、この均等理論はさらに精緻細分化され、他方、均等ならびに固有の一般的発明思想の適用による特許性の稀薄化ないし脱落を排除するために、「自由な技術水準の抗弁」あるいは「潜在的技術水準の抗弁」という概念が相次いで導入され、均等概念の分裂によるその限界の不明確性と相俟って、ドイツ特許侵害訴訟のプラクティスは益々複雑化し、法的安定性は極度に脅かされる状態に至った。こうしてこの複雑化したプラクティスを単純化すべきであるという意見は、すぐに早くから唱えられていたが、ここに紹介するボック（Bock）の所説は、一応それらの意見に彼自身の意見を加えて集約したものということができる。

三　新二分法理論

ボック（Bock）は新二分法理論の要旨を次のように述べている。

「特許侵害の法的判断を行なうに際しては、将来とも、特許法一四条第一項[15]にいわゆる発明の「対象（Gegenstand）」と、この発明の対象に該当する特許請求の範囲の文言を越える「保護範囲（Schutzumfang）」を区別しなければならない。そして、この発明の「対象」は、三分法理論にいわゆる「直接の対象（unmittelbarer Gegenstand）」に該当するものであり、特許法六条[16]にいわゆる特許権の効力（Wirkung）は、この発明の対象と保護範囲とを包含するものである。

I　侵害訴訟裁判所は、この発明の対象を探究確定し、侵害対象をこの発明の対象と比較することから始めなければならない。

(A)　発明の「対象」の確定にとっては、特許明細書の発明の詳細な説明の項および図面によって解明された特許請求の範囲の文言が、決定的に重要である。そして、侵害訴訟裁判所が、特許法六条一文にいわゆる特許の効力を判断するに際しては、この行政行為によって確定された「対象」に拘束せられるのである。そして、この拘束は、いわゆる行政行為の「構成要件的効力（Tatbestandswirkung）[17]」から生ずるものであり、したがって、特許付与の「内容」に関するものである。すなわち、侵害訴訟裁判所は、この特許明細書の内容に基づいて特許権者に与えられた権能を、いかなる場合においても尊重しなければならないのであり、侵害訴訟裁判所が特許の無効を宣言し得ないのは、ドイツ法の採る権限分配の結果である。再言すれば、侵害訴訟裁判所は、仮に特許が無効であったとしても、当該特許をその内容につき有効なものとして甘受しなければならないのであり、当該特許が、新規性・進歩性・発明の高度性等の欠如のために明らかに無効のものであることが当事者の立証により明らかになったとしても、当該特許により特許権者に与えられた排他的独占権を奪うことは許されないのである。

(B)　発明の「対象」は、真意に即して理解された特許請求の範囲の文言によって確定される。(i)もしこの文言の技術的意味が明白である場合には、いわゆる「解釈」を必要としない。この場合、私法的意思表示のみならず公法的性質を有する意思表示（行政行為）にも適用せられる一般的解釈原理に基づいて、その意味内容を確定すべきであって、語句の文字通りの意味に拘泥すべきでない（民法一三三条参照[18]）。すなわち、重要なのは言語学的意味ではなくて特許請求の範囲の技術的意味であり、この技術的意味は、専門家により特許明細書の特許請求の範囲以外の他の部分（発明の詳細な説明の項および図面）を斟酌して理解されなければならない。(ii)特許請求の範囲の文言が多義的である場合には、解釈の方法によってこの意味を探究しなければならないのであるが、これは専門家がその一般的専門知識ならびにその専門的能力に基づいて、特許明細書に記載せられている技術水準を斟酌した上、いかなる技術的意味を特許請求の範囲の文言に与えるべきかを探求することである。この解釈は、特許明細書の特許請求の範囲の項以外の内容、すなわち、発明の詳細な説明の項および図面を斟酌することによって得られた狭い意味あるいは広い意味（これは適切な表現の選択によって生ずる）を、特許請求の範囲の項の文言に与えるという比較的狭い限界内で、特許請求の範囲の項の文言の意味を明らかにすることができるのである。しかし先に述べたように、特許請求の範囲の項の文言が明白である場合には、たとえ発明の詳細な説明の項または図面にこれと異なった記載があったとしても、制限あるいは拡張のいずれにも影響を受けないのである。

以上要するに、発明の『対象』とは、特許請求の範囲の項の文言――これは真意に即して解釈されたものであるが、――に基づいて、明示的に特許庁により特許能力を有するものとして保護の下におかれたものを意味する。この特許請求の範囲の項が、特許として「公開（offenbart）」せられていることになるのである。この公開は、特許出願に対して特許庁により特許付与決定という形で表明せられた意思表示（行政行為）であり、この意思表示は、意思表示解釈の一般原則に則って、意思表示の受意者（ここでは平均的専門家）が理性的判断に基づいて理解した意味に解釈されなければならない。この場合、既述のように、特許明細書に記載せられた技術水準または一般的専門知識に属する技術水準のみが斟酌せられるべきであって、平均的専門家は全技術水準を知っているとの擬制に基づいて、全技術水準を斟酌することは許されない。換言すれば、平均的専門家にとって特許請求の範囲の項の文言から直ちに明らかであるものが、対象として「公開」されていることになるのであり、平均的専門家は、この文言を、その一般的専門的知識に基づき、かつ、特許明細書に記載せられた技術水準を斟酌して理解しなければならない。この特許請求の範囲の項の文言によって確定せられた行政行為の内容が、特許明細書の公開内容を成すのである。したがって、付随的に特許明細書の発明の詳細な説明の項に述べられていることは、たとえ「付随発明（Nebenerfindung）」として記載せられたものであっても、発明の『対象』には属さない。特許請求の範囲の項の文言により特許能力を有するものとして保護の下におかれたもののみが、発明の対象として特許法的に重要なものとして「公開」せられていることになるのである。

(C)　この発明の対象に対する侵害は、侵害対象が、発明の対象の当該発明に本質的な特徴を全部、同一の態様で有する場合に認められる。そして、この場合には、被告（侵害者）は「自由な技術水準（freier Stand der Technik）」を使用しているものであるとの抗弁を以って、防御することができない。被告が原告特許権の存立自体を否定することになる、かような抗弁は、確立された判例によれば、侵害訴訟においては認められないのである。この点については、三分法理論による判例が、いわゆる特許の「直接の対象（unmittelbarer Gegenstand）」について述べていることと同一の原則が適用せられる。この場合には、無効訴訟を提起することが被告（侵害者）に委ねられているのであり、もし無効訴訟が提起された場合には、侵害訴訟裁判所は訴訟中止の申し立てに基づいて、無効訴訟の成否の見透しについて審理しなければならないのであり、この場合の審理は、発明の新規性のみならず進歩性・発明の高度性についてもなされるのである。

II　特許の対象を構成する発明を公開することによって、技術の豊富化に寄与したことに対し、発明者にその発明にふさわしい報酬を与えると同時に、その発明の模倣および迂回行為に対し効果的な保護を確保するためには、「特許保護の効力 (die Schutzwirkung des Patents)」は、特許請求の範囲の項の「純然たる文言 (reiner Wortlaut)」に制限されてはならない。発明の不正な使用――種々多様な侵害形態を前もって予見することは不可能である――をすべて、特許請求の範囲の項の文言によって特許侵害として確定し得る程度に、広範に、しかも確定的に、特許請求の範囲の項を起草することは到底不可能である。技術専門家が特許明細書を研究し、少なくとも多少熟考するならば、特許発明にかかる特徴を改変し、この改変された実施形態は特許請求の範囲の項の文言そのものにはカバーされないが、それにも拘らず、当該特許発明の基礎になっている課題が、同一の解決原理に基づいて、機能的に同一の作業手段または機能的に同価値の作業手段を使用することによって、本質的に同一の作用効果をもたらすように解決され得る場合が多いのである。このような「均等 (Äquivalenz)」の場合には、侵害構成要件が当該特許と宛も同一であるかのように取り扱われなければならないのである。このような場合の他に、侵害対象が完全に特許請求の範囲の文言によってカバーされず、しかも当該特許によって公開された発明思想が用いられている場合がある。あるいはまた、侵害対象が、均等の外側に特許請求の範囲の項の文言から離れて、特許請求の範囲の項の上位概念に記載せられている「属 (Gattung)」を越えている場合もある。あるいはまた、侵害対象が、当該特許発明の複数の特徴の一つまたは結合発明の下位結合または部分結合のみを使用している場合もある。また、侵害対象が、当該発明の核心を構成する「一般的解決原理 (allgemeines Lösungsprinzip)」

を使用している場合もある。

前述のような場合をすべて、個々にいかに概念的に限界づけるかということは、新二分法理論の適用に際してはさほど重要ではない。前記のすべての場合を通じて特許侵害が成立するためには、特許出願時の平均的技術知識ならびに平均的能力を有する技術専門家にとり、その一般的専門的知識に基づいて、反駁の余地がない推定からすれば公知であると推測せられる技術水準——すなわち、この場合には、特許明細書の記載に限定せられた技術水準ではなく、当該専門分野の全技術水準を意味し、場合によっては、この技術水準は、隣接専門分野の技術水準によって影響を受ける場合もある——を斟酌した上、侵害実施形態が

(i)　特許明細書から認識し得る（erkennbar）ものであること〔積極的要件〕、ならびに、

(ii)　公知の技術水準に属さず、または、公知の技術水準から推測せられないこと、換言すれば、潜在的技術水準に属さないこと〔消極的要件〕である。

前記二つの要件を必要とする理由は、特許権者は、(1)特許明細書から引き出され得るもの、および、(2)技術の発明的豊富化をもたらしたもの、に対してのみ、その報酬と保護を受けるものであるとの簡明な考慮に基づくものである。

(A)　前記(i)の積極的要件は、「広義の公開内容（Offenbarungsgehalt im weiteren Sinne）」である。侵害訴訟において、「平均的専門家は、侵害実施形態を、特許出願時に、特許明細書から引き出すことができる」という事実を立証するのは、特許権者である原告の責任である。この場合、被告（侵害者）が、特許明細書からその知識を得たものであるか、あるいは、被告自身が知得した技術理論——この技術理論を、被告が容易に知得した場合も、熟考の上知得した場合も——によって実施形態に到達したものであるか、ということは問題ではない。この

場合、いわゆる「一見明白な（glatte）」均等または「一見明白でない（nicht-glatte）」均等の適用が問題になる。一九六九年四月二四日のドイツ連邦裁判所のシーシュティーフェルフェルシュルス „Skistiefelverschluß“ スキー靴留め金判決(19)（ミュンヘン高等裁判所一九六六年五四号事件）は、広義の公開の問題について、次のように述べている。

「特許侵害の問題を判断するに際し、判例は早くから、発明者に報われる報酬を完全なものとするために、同価値性（均等）の観点を踏襲してきた（ライヒ裁判所民事判例集一一九巻七〇、七四頁参照）。発明者がその発明として一般公衆に対し特許に公開したものに対して、発明者に十分な保護が与えられるのである。したがって、特許明細書における発明の公開は、その公開において発明者が特許保護請求をなした範囲内で、排他的独占的法的地位が与えられるべきことを意味すると同時に、特許の保護がおよぶべき限界を画するものである。それ故、特許の保護領域は、同価値（均等）に関してもまた、平均的専門家が特許出願時の知識に基づいて特許明細書から引き出し得たもの以上に及ぶことは許されない（GRUR 一九三五年二三二、二三三頁、一九三六年三一九、三二二頁、一九四二年三〇七、三一〇頁以下参照）。特許に記載せられている作業手段の代わりに、この特許の作業手段と技術的機能（課題の立場）において一致し、かつ、特許の作業手段の作用効果と同一の作用効果を目ざし、さらに、特許に公開せられた発明思想の意味において、特許の作業手段の作用効果と同一の作用効果を有する解決手段（Lösungsmittel）、換言すれば、平均的技術専門家が、その専門的能力に基づいて特許の基礎になっている課題の解決のために、特許の手段と同一の作用効果を有するものとして特許明細書から見出し得る解決手段を使用することが、特許侵害とみなされるのである（MuW 誌一九四一年一一、一二頁掲載のライヒ裁判所判決：GRUR 一九五七年二〇、二二頁掲載の連邦裁判所ライトブレッヒェ „Leitbleche“ 判決参照）。判例は、特許において問題になる価値の同一を、その発見に必要な思考活動の程度によって、「一見明白」な均等——この一見明白な均等は、平均的技術専門家にとって、特許明細書からその専門的能力に基づき、容易に個々の技術的問題を解決し得る場合を意味する——と、「一見明白でない」均等——この一見明白でない均等は、平均的技術専門家にとって、特許明細書からその専門的能力に基づき、特別に熟考した末に解決に至る場合を意味する——とに分類し、侵害訴訟における特許保護能力の前提条件についての審理の範囲について（但し、この点については、ここではこれ以上ふれない）、異なった結論を導き出したのである（GRUR 一九五七年二〇、二二頁掲載のライトブレッヒェ „Leitbleche“ 判決地図：GRUR 一九六四年一三二、一三四頁掲載の Kappenverschluß 判決：GRUR 一九六四年六〇六、六〇九頁掲載のフェルダーバント „Förderband“ ベルトコンベアー判決参照）。この上記二種類の均等は、平均的技術専門家がその専門知識に基づき、特許明細書から引き出し得る発明思想にもとづくものであるという点で共通している。この意味における同一の作用効果を有する作業手段の発見は、平均的技術専門家の専門知識で裏打ちされた認識能力に基づいて可能でなければならないのであり、換言すれば、平均的技術専門家にとって同一の作用効果を有する解決手段が、特許明細書から引出し得る発明思想によって公開されていなければならない。ドイツ連邦裁判所旧第一民事部の判決において、この思想は次のように表現された。すなわち、その解決手段の選択には、平均的技術専門家の専門知識を以ってすれば十分であるように作用効果を同じくする解決手段はすべて、特許侵害の判決にとって問題となる均等に包含されるということである（GRUR 一九六〇年四七四、四七六頁右欄掲載の連邦裁判所ラントカルテン „Landkarten“ 地図判決）。その解決手段の選択には、いかなる発明的思考過程をも必要とするものであってはならないという、前記の判決においてなされた限界設定は、均等は、平均的技術的専門家にとって「発明的努力なしに」得られるものでなければならないという表現（GRUR 一九五七年二〇、二二頁掲載の連邦裁判所ラ

イトブレッヒェ „Leitbleche" 判決参照）と同様、ここで問題にしている特許明細書における均等の公開の問題との関連で、誤解に導く可能性がある。特許侵害の判定にとって問題になる均等領域のこの消極的限界づけは、結局「平均的技術専門家にとり、その専門知識により特許明細書に公開せられた発明思想に基づき、特許の課題を解決するために、同一の作用効果を有するものとして使用せられ得る如き同一の作用効果を有する手段のみが、特許侵害を構成する」ということができる」。

何が特許明細書によって「公開されたもの」とみなされ得るかということは、前述したところから明らかになったものと信ずる。

したがって、被告が、あるいは特許明細書から「ヒント」を与えられた（angeregt）かも知れないが、しかし特許明細書からは、「推測され得ない（nicht nahegelegt）」新規な発明的解決は、公開されていることにならない。特許による解決に比して、見出された新規な解決が発明的剰余（erfinderischer Überschuss）を含んでいる場合には、独立した特許保護能力を有する従属発明が存在することになる。発明的剰余を有する均等の場合には、侵害実施形態の発明的でない部分が特許明細書から引き出すことができ、かつ、原告特許の発明思想を使用している場合に限り特許侵害が成立する。発明的剰余について特許が付与せられているような場合に、そのことの故に、先願特許の侵害が排除せられるということにはならない。しかし、侵害実施形態が特許の作業手段と技術的機能において一致しており、さらに、同一の作用効果を目ざしているものであっても、当該特許に公開せられている発明思想の意味において同一の作用効果を有しない場合には、特許侵害は、公開が欠如しているという理由から否定せられる。もちろん、かような発明思想と異なる解決は、それが新規であるのみならず発明性をも有する場合には、公開せられているものとはみなされない。このような場合によく用いられる「発明的均等（erfinderische

Äquivalenz）なる表現は、その表現自体の中に矛盾を含んでいるが故に、使用しないほうがよい。

均等的実施形態の認識可能性が、特許明細書の特許請求の範囲の文言を越える公開（広義の）の主要事例に属するものであるとするならば、その特徴が特許請求の範囲の項の文言とは異なる他の侵害実施形態も、平均的技術専門家がこの実施形態のもつ解決可能性を、当該特許から「容易に推測し得る（naheliegend）」限り拡張的保護を与えることができる。

原告が、特許請求の範囲の項に記載せられた特徴と同一でない特徴を使用する侵害実施形態を、平均的技術専門家により原告特許明細書から認識し得る（容易に推測し得る）程度に引き出し得る、ということを立証するのに成功しない場合には、特許侵害の訴えは棄却されなければならないことになる。

(B)　これに対し、侵害形態が特許明細書に公開（広義の）されているとみなされる場合には、侵害形態が特許出願時において公知の技術水準または少なくとも潜在的技術水準に属するということを立証するのは、侵害者として訴えられている被告の責任である。したがって被告がその侵害形態について、特許請求の範囲の項の文言から明らかにされた発明の対象を同一の態様で使用していない限り、自由な技術水準の抗弁（潜在的技術水準を含む）を主張することができる。この自由な技術水準の抗弁に基づいて侵害訴訟裁判所に課せられる審査は、法的になんら原告特許の法的存立の問題に介入するものではない。この審査はむしろ、侵害実態形態が公知の技術水準によって先取せられているか、あるいは、公知の技術水準から推測せられるか否かに限定せられるのである。したがって、特許庁と裁判所間の権限分配は、いかなる点よりするも、明らかに維持せられている。

(C)　ここに提唱する新二分法理論は、私の考えでは、実務を支配している三分法理論に比し、多くの点において著しい長所を有している。

(a)　「一見明白な均等」と「一見明白でない均等」との区別は、根拠がなくなることになる。この二つの種類の均等の要件の確定があまりにも不確実であるために、この均等の区別に基づいて全く異なる法律効果を付することは適切ではないが故に、この区別を撤廃することは特に望ましい。

ドイツ連邦裁判所の旧第一民事部は、すでにラントカルテン „Landkarten" 地図判決[20]において、リンデンマイアー（Lindenmaier）の説を引用して、一見明白な均等と一見明白でない均等を同等に取扱うことに賛成する判決を下した。リンデンマイヤーは、その繰返しなした主張を理由づけるため、二つの均等グループ間の限界が非常に流動的であり、かつ、主観的見解に依存することが強いという点、ならびに、これに加うるに、平均的専門知識に付せられるべき尺度が、技術の各部門において非常に異なるということのために、この限界設定は一層困難になるという点を指摘した。一見明白な均等と一見明白でない均等の区別は重要ではないという見解は、文献においても広くその賛同を得た。しかし、リンデンマイアーによってなされた「一見明白でない均等」を「対象（三分法理論の意味における）」に組み入れることにより、二つの均等を同等に取り扱わんとする試みは、技術水準が、「完全または部分的先取（völlige oder teilweise Vorwegnahme）」についてのみしか顧慮せられないという、好ましからざる法的結論に導くことになる。

一見明白な均等と一見明白でない均等との間の不安定な区別に鑑みるとき、三分法理論の結果生ずる二つの均等間の異なった法的結論は、疑問の余地あるものとなる。異なった審級において、ある事案が「一見明白な均等」であるか「一見明白でない均等」であるかの問題について、常に異なった判断がなされている事実は実務の経験が示すところである。実務においては、クヌェプフレ（Knöpfle）[21]も指摘しているように、裁判官は結果について、その各々の事案について合目的的と思う結論を認めるという印象を受ける。しかし、恣意的な取り扱いに導くおそれがあるという印象を生ぜしめるような法原則は、極力これを避けねばならないであろう。

(b)　本稿によって提案された新二分法理論は、既述のように特許庁と裁判所間の権限分配が厳格に守られているという長所を有するものである。すなわち侵害訴訟裁判所は、いかなる場合においても、原告特許自体が法的に存立しているか否かを審査することはできないのである。原告特許の「対象」が同一の態様で使用せられている場合には、特許侵害訴訟は、無効訴訟の提起を必要ならしめるのである。原告特許の「保護範囲」に対する侵害が問題になっているような場合はすべて、無効訴訟を提起すべきいかなる理由も存在しない。特許無効手続においては、特許の直接の対象についてのみ審理・決定がなされ、保護範囲については審理・決定がなされないことに鑑み、包括的な自由な技術水準の抗弁を許容することによってのみ、明らかに不公正な判決が避けられ得るのである。事案は稀であるかもしれないが、一見明白な均等と判断される侵害実施形態が、潜在的技術水準の領域に存在し、しかも、原告特許に対して提起された無効訴訟が、当該特許対象のなんらかの特殊性のために効果がないという場合が常に考えられる。「一見明白な均等」が認められる事案において、もし三分法理論が、原告特許は「完全または部分的先取」についてのみ審査することが許されるとする形での簡素化を行なう場合には、稀な事案であるにせよ、このような簡素化が、特許無効訴訟の提起によるも決して避けることができない不公正な判決をもたらす場合のあることを想定するならば、かかる審査方法は決して正しいものとはいうことができない。

(c)　新二分法理論によって、一九六一年七月一四日ならびに一九六二年二月九日のドイツ連邦裁判所旧第一民事部の判決の適用から生ずる不明確性が避けられることになった。これらの判決においては、ライヒ裁判所民事判例集一一九巻七〇、七四頁掲載のヴァッサーアップシャイドゥンク „Wasserabscheidung“ 判決および Krausse/Katluhn/Lindenmaier のコンメンタールを参照して、明らかな不公正を避けるために、侵害実施形態が原告特許による実施よりも技術水準の方に「近接している (näher steht)」場合には、特許侵害を構成しないという理論構成によって技術水準を大幅に斟酌することが適切であるとみなされた。したがって、これらの判決において、発明の対象と技術水準の間に「中間地帯 (Zwischenfeld)」を設けるという学説によって展開せられた理論が直接肯定されており、「中間地帯」に存する実施形態が発明の対象あるいは技術水準へ達する距離に応じて、あるいは侵害形態に属し、あるいは技術水準に属することになる。[22] しかし「近接 (Näherstehen)」なる概念は特許法的に十分把握し得る内容を有していない。したがって、この概念は、不明確であるが故に使用しないほうがよい。新二分法理論による均等の観点からすれば、侵害実施形態が、技術水準によって先取されていないか、技術水準から推測せられない場合にのみ、特許侵害を構成することになる。

(d)　新二分法理論――この新二分法理論は本質的にはクヌェプフレ (Knöpfle) により提唱せられた「比較方法 (Vergleichsmethode)」[23] に対応するものであるが――によれば、「一般的発明思想 (allgemeine Erfindungsgedanke)」なる概念――この概念構成ならびにその審査は、特許侵害訴訟において常に特別の、また、しばしば無用の困難に陥らしめたのであるが――は不要のものとなる。我々はもはや「より一般的または拡張せられた発明思想 (allgemeineren oder erweiterten Erfindungsgedanken) (旧二分法理論の意味における) なる概念に復帰する必要はない。ここに提唱する新二分法理論は、三分法理論も旧二分法理論も克服せんとしたものである。この新二分法理論により、当該発明の公開ならびに特許権者により構成せられるべき一般的発明思想についての特許要件につき、特許権者にその立証責任が課せられていたことから生ずる困難がすべて取り除かれることになる。多数の特許、特に化学物質特許においては、当該特許ならびに侵害実施形態を包括する一般的発明思想を構成することはほとんど不可能であろう。本、新二分法理論ならびに前記II(B)で述べたところよりすれば、「一般的発明思想」なる概念を要せずして、明確な結論に到達することができる。この理論は、他のすべての特許侵害の事案、たとえば、移行・均等・下位結合・個々の結合要素の事案にも適用し得る。

(e)　三分法理論の廃棄は、来るべきヨーロッパ特許法を顧慮するならば最早時間の問題である。シュラム(Schramm)[24]は来るべきヨーロッパ特許法においては、ドイツ判例の①侵害訴訟裁判官による発明の「対象」の拡張(一見明白な均等の編入)と、②「一般的発明思想」の二つの判例法が採用されないことは確実であると述べている。

以上がボック(Bock)の提唱する新二分法理論の大要であるが、彼は最後に次のように総括して本稿を閉じている。

「最後に総括として私が再度強調したいことは、本提案が、その基礎並びに目標において全く簡明にして、決して新しい熟慮を要するものではないという点である。すなわち

1　新規性・進歩性・発明性を有するものとして、特許明細書により客観的に技術専門家に公開されているもののすべてに対して、特許権者にその報酬と保護を与えることは、実体的正義の要求するところであると同時に、技術の促進なる一般公衆の利益にも奉仕するものである。特許明細書がこの要件を充足しているか、また、いかなる範囲で特許明細書がこの要件を充足しているかということは、必要により特許無効手続において明らかにされなければならない。以上は本新二分法理論の意味における発明の「対象」に関するものである。

2　特許が瑕疵なく存立する場合には、侵害訴訟における特許の効力にとっては、まず第一に真意に基づいて解釈せられた特許請求の範囲の項の文言から生ずるその内容が重要であり、これは法的安定性の要求でもある。

この場合にも、本新二分法理論の意味における特許の「対象」が問題になる。

3　侵害実施形態が特許請求の範囲の項の文言と異なり、かつ、これを超えている場合には、その保護は、事案に応じて実体的正義を勘案した上、IIに前述した「保護範囲」の限界内においてのみ認められることになる。この場合にも、法的安定性の要求は特に重視されなければならない。

4　本新二分法理論は、通説である三分法理論による審査方法に比し、かなりの法的ならびに実務上の簡素化なる長所を有している。すなわち、新二分法理論の審査方法は、あらゆる点で明確であり実用的でもある。ドイツ連邦裁判所の初代長官であったヴァインカウフ (Weinkauff) 博士は、一九六〇年その退任に際し、次のような訓戒を述べられた。

「特許部は、漸次、その判例理論を、詳密化しまた細分化することから脱しなければならない。さもなければ、判例は実務にとってその価値を失い、単に、少数の法律専門家による少数の法律専門家のためのもの、に堕するであろう。」ヴァインカウフ (Weinkauff) 自身は、この言葉を当時の特許部を意識して述べたものではないであろうが、特許事件における実務にとっても留意すべき言葉である。私の提案は、三分法理論が展開した種々な法的細分化を廃棄し得るという長所を有している。

5　技術問題の把握とその評価は、今後とも、特許侵害訴訟においては困難にしてかつ重要な作業であることには変わりはない。しかし、これらの作業は、私の提案によれば、裁判所・特許庁間の権限分配を厳格に尊重しつつ行なわれるのである。すなわち、公開せられた発明理論が、技術水準に比し新規性・進歩性・発明性を有するか否かの特許保護要件の審査は、特許無効手続においてのみ行なわれるのであり、これに対し、侵害訴訟裁判所は、保護範囲の範囲内において、侵害実施形態が技術水準によって先取乃至技術水準により推測せられるかについてのみ、審査することができるのである。」

以上が、ボック（Bock）の提唱による新二分法理論である。

（1）ナステルスキー（Karl Nastelski）は一九五三年一月五日ドイツ連邦裁判所裁判官に任命せられ、その第一民事部において工業所有権の審理を担当し、一九五八年二月一五日には同裁判所商事部部長判事に、また一九六三年一月一日には同裁判所工業所有権部部長判事を歴任の上、一九六七年九月三〇日退官した。在職中、彼は、工業所有権法の分野の発展に影響を与え、特に、自然科学ならびに哲学にも精通せる裁判官として、その堅実にして卓越せる判断能力により、新しい道標を判例に打ち立てた。特にわが国には、ライマー（Reimer）のコンメンタールとして著名な一九六八年発行の〈第三版〉には、その侵害訴訟関係における最も重要な部分（一条・四条・六条・四七～五五条）の執筆を担当している。

（2）本記念論文特集号は工業所有権関係の論文が集録されているが、特許法関係ではここに紹介するボック（Bock）の論文を除いて、次のようなものがある。

Moser von Filseck, Der Patentschutz für chemische Stoffe im Lichte der Rechtsprechung des Bundesgerichtshofs.

Eggert, Patentschutz für Arzneimittel auf Basis bekannter Stoffe.

Trüstedt, Analogieverfahren nach Einführung des Stoffschutzes.

Beil, Die Patentierbarkeit des zweiten neuen Wegs.

Hesse, Vorrichtungsansprüche in Verfahrenspatenten.

von Falck, Durchschnittsfachmann und Stand der Technik.

Wilde, Die sogenannte Einrede des freien Standes der Technik im Verletzungsprozeß.

Breuer, Der Gegenstand der Erfindung und der Stand der Technik.

Winkler, Beschleunigung der Patentprozesse.

von Stein, Zur vorläufigen Durchsetzung von patentrechtlichen Unterlassungsansprüchen.
Bruchhausen, Der Meinungsaustausch über Patentverletzungen.

（3）　ハンス・ボック（Hans Bock）はドイツ特許法実務家の間で、「特許法のバイブル」として常に座右に置かれているベンカート（Benkard）のコンメンタール（第四版、一九六三年）、（第五版、一九六九年）の編集責任者であり、侵害訴訟についての重要部分（一条より一〇条まで）を執筆している。

（4）　一八七七年から一九三〇年までの歴史的展望については、シュラム『特許侵害訴訟』（酒井書店、一九七三年）［附録1］の拙稿参照。

（5）　GRUR 一九五六年三八七頁（三九三頁）掲載のリンデンマイアー（Lindenmaier）の七五歳誕生祝賀論文として執筆されたライマー（Reimer）の「理論と実務における均等・発明の対象・一般的発明思想」参照。

（6）　ライヒ裁判所民事判例集第八〇巻五四頁以下掲載の同判決参照。

（7）　ライマー（Reimer）『特許法・実用新案法コンメンタール』（第三版、一九六八年）二六九頁。

（8）　注（5）の論文三九四頁左欄参照。

（9）　注（7）のコンメンタール二七九頁。

（10）　同コンメンタール二八〇頁。

（11）　Gewerblicher Rechtsschutz und Urheberrecht（GRUR）一九四四年七二頁以下。

（12）　GRUR 一九五〇年一四〇頁以下。

（13）　GRUR 一九五三年一一二頁以下。

（14）　注（7）のコンメンタール二八一頁、二八二頁。

（15）　ドイツ特許法二六条一項「発明につき特許の付与を受けるためには、書面により特許庁に出願しなければならない。各発明ごとに別個の出願を必要とする。願書には特許の付与を請求する旨、ならびに、特許により保護を受くべき対象（Gegenstand）を正確に表示しなければならない。……」

(16)　ドイツ特許法第六条「特許権は、特許権者が業としてその発明の対象を製作・拡布・販売・使用する権利を専有する効力（Wirkung）を有する。特許が方法に対して付与されているときは、その効力（Wirkung）はその方法により直接製造せられた製品にも及ぼされる。」

(17)　ワルター・イェリネック（Walter Jellinek）『行政法』„Verwaltungsrecht"（neudruck: 再刊・一九四八年（初版・一九二八年））一七頁に、構成要件的効力につき次のように述べている。「裁判所は行政行為を、また行政官庁は裁判所の判決を、それぞれその決定の基礎として尊重しなければならない。このことは、仮に一方が他方の判断を事実状態または権利状態の誤認に基づいて下されたものであることを確信した場合も、同様である。すなわち、裁判所および行政官庁は、相互にその行為を所与の事実として、すなわち、構成要件として甘受しなければならない義務を有するものである。これを司法行為および行政行為の「構成要件的効力」と称する。」

(18)　ドイツ民法一三三条「意思表示の解釈に際しては、真意を探究すべきであって、字句に拘泥してはならない。」

(19)　GRUR 一九六九年五三四頁以下。

(20)　GRUR 一九六〇年四七四頁以下。

(21)　ロバート・クヌェプフレ（Robert Knöpfle）「特許保護範囲の確定」„Die Bestimmung des Schutzumfangs der Patent"（一九五九年）五九頁。

(22)　GRUR 一九六二年二九頁以下掲載のドレーキップベシュラーク„Drehkippbeschlag"判決に対するハイネ（Heine）の注解参照。

(23)　注(21)記載の文献四三頁以下参照。

(24)　前掲注(4)・シュラム（Carl Schramm）『特許侵害訴訟』（一九六五年）一三二頁以下参照。

I—2　オール[1]（Dr. Albert Ohl）著　「将来の特許侵害訴訟における自由な技術水準の異議[2]」

一　はしがき

自由な技術水準の抗弁（Einrede）または異議（Einwand）は、ハイデゥ（Heydt）が「除斥期間と自由技術の抗弁（Präklusivfrist und Einrede der freien Technik）」という論文[3]において、「除斥期間と自由技術の抗弁に関する論争は、一八九一年四月七日の特許法の成立と時を同じくし、その見解は常に対立を続けていた」と述べているように、これに関する論文は、賛否両論を含め、既に早くから数多く執筆されている[4]。しかし、オール（Ohl）が本稿において述べているように、戦前においてはライヒ裁判所また戦後においてはドイツ連邦裁判所は、わずかな例外を除いて一貫してこの抗弁を認めず、わずかに下級裁判所が間接的にこれを認めたにすぎなかった。また、これに関する前記諸説も種々異なるニュアンスを有し、特に最近の学説では、侵害形態が特許を同一的態様で使用している場合には、ライマー（Reimer）[5]を除き、ほとんどすべての学説は、自由な技術水準の抗弁を認めることに反対している[6]。

オールの本論文は、あらゆる事例を通じ網羅的に自由な技術水準の抗弁を認めようとするものであり、これを裏付ける論拠として、各国法制の比較法的考察より始まる詳細にして広範な視野よりする法理論が展開されている。もっともオールの本理論は、未だ学界の承認を受けるに至っていないが、[7] 近い将来その成立が予定されているヨーロッパ特許法の観点、ひいては世界統一特許法への指向の過程において、一つの指標を与えるものということができるであろう。

〔追記〕 冒頭Iの論稿注（17）に述べたように、一九八六年四月二九日ドイツ連邦裁判所は、そのフォルムシュタイン „Formstein“ 判決において、「自由な技術水準の異議」を認めるに至った。これを、「フォルムシュタイン異議」と称している。

紹介にあたっては、オールと反対の立場を採るヴィルデ（Wilde）の最近の論文[8]を適宜脚注として末尾に引用した。大阪地方裁判所第二一民事部において下された判決[9]を契機として、活発な議論が展開された本問題[10]に、幾分なりとも寄与するところがあることを念願するものである。

二　オール（Ohl）の所説

(一)　異議の概念とその法的性質

(1)　発明に対する特許の付与は、理論的にこれをみれば、一方において、特許発明の排他的利用が与えられた特許権者の利益圏（特許法六条一項）と、他方において、一般公衆の利益圏、——特に、特許出願時に既に技術水準に属する技術理論、すなわち、公知の技術理論（公知の技術水準）または、技術専門家にとって当該特許についての認識並びに自己の発明的関与無くして公知のものから引出し得る技術理論（潜在的技術水準）を利用する可能性が留保されている競業者の利益圏、——とに截然と分離させることになる。公知のものを越える発明的歩幅を有する技術理論のみが、特許能力を有することになるが故に、前記二つの利益圏が交錯することは実体法上あり得ない。

しかしながら、もし特許庁が技術水準に照らし特許能力を有しない発明に対し特許を付与した場合には、この「誤認特許（Fehlpatent）」(11) のために、技術水準の利用についての一般公衆の自由は、形式的に制限を受けることになる。特許侵害訴訟において、被告が誤認特許の存在を容易に推考せしめる事実に対し異議を有するというような事案については、特許法は、特許能力を阻止する事実についての異議を審理し、場合によっては形式的な法的状態を実質的な法的状態に一致させ得る手続規定を設けなければならないことになる。かかる手続規定は、一般公衆に好都合なように、有効な特許の排他的効力を不必要に制限するものであっても、あるいは特許権者に好都合なように、技術水準の利用についての一般公衆に与えられた自由を不必要に制限するものであってもならない。上記要件を充足させる本問題の解決が、侵害訴訟において、いわゆる自由な技術水準の異議を認めることにほかならない。

(2) 自由な技術水準の異議は、技術水準の自由なる使用についての一般公衆の利益を特許侵害訴訟において主張することであり、更にそれは単に形式的には存在するが、実質的に空虚な誤認特許から生ずる権利に対抗して、形式的に前記誤認特許から生ずる権利と同列のしかも独立の構成要件にもとづく対抗権（Gegenrecht）という形で主張することである。

二　オール（Ohl）の所説

自由な技術水準の異議は、決して特許自体を問題とするのではなく、被告の侵害行為を技術水準との関係においてのみ問題にするにすぎない。したがって、自由な技術水準の異議は「当該特許が法的に有効であるか、無効であるか」とか、「当該特許の保護範囲は、どの程度まで及ぶか」とか「被告の侵害行為は、この保護範囲に包含せられるか」とかいうことを問題とするのではなく、「被告の侵害行為は、公知の技術水準、または、潜在的技術水準を使用しているのであり、それ故、当該特許にもとづいてはこれを禁止することはできない」という点のみを、その根拠とするのである。

自由な技術水準の申立は、被告のなす単なる否認（Bestreiten）以上の内容を有する事実上の主張（tatsächliches Vorbringen）として、訴訟上の意味における「異議（Einwand）」又は「抗弁（Einrede）」である。しかし、自由な技術水準の申立は、私法上の意味においては決して抗弁ではなく、権利の発生を阻止する異議であり、したがって、私法上の意味にもまた訴訟法上の意味にも妥当する「異議（Einwand）という表現を用いるほうが好ましい。形式的にみれば、自由な技術水準の申立は、当該原告の有する権利を無効なものにする対抗権の主張である。しかし、実質的にみれば、その申立の基礎となっている事情が、原告の権利の発生を阻止することになるのである。したがって、もし訴訟においてこの事情が陳述された場合には、侵害訴訟裁判官は、被告の「抗弁（Einrede）」としての形式を備えていなくとも、この事情を無視することができないのである。自由な技術水準の異議のこのように分裂した法的性質は、誤認特許が一方において実質的には無権利（Nichtrecht）であるにもかかわらず、形式的には有効な権利とみなされるという法的性質に対応するものである。

被告が侵害訴訟において自由な技術水準の異議を申立てた場合には、裁判所は、特許侵害の存在についての事情を審理する場合に検討しなければならない問題の順序を変更しなければならないことになる。すなわち、この場合には、裁判所は、特許の対象及び保護範囲の確定に代えて、公知の技術水準の確定から始め、次に、侵害対象が、技術専門家にとって、当該特許についての認識並びに自己の発明的関与無しに、この公知の技術水準から引出し得るものの中に包含されるか否か、を審理しなければならない。この点について肯定的な結論が得られた場合には、訴えの請求原因の当否を審理することを要せずして、特許侵害の訴えを棄却することができる。これに反し、否定的な結論が得られた場合に初めて、特許侵害の主張の当否の判断に移ることになる。

(3) 自由な技術水準の異議の適用範囲は、侵害行為に対し誤認特許が主張される次に掲げる事案[12]をすべて包含する。

(a) 侵害行為の徴表である侵害形態は、一方において、公知の技術を同一の態様で使用しており、また、他方において、この公知の技術と同一の特許を使用している。すなわち、侵害形態は、当該特許の直接の対象を侵害しているが、その特許は公知の技術水準によって先取されている場合。[13]

(b) 侵害形態は、一方において、公知の技術を均等的態様で使用しており、また、他方において、この公知の技術と同一の特許を均等的態様で使用している。すなわち、潜在的技術水準を使用する侵害形態は、当該特許の対象を侵害しているが、その特許は公知の技術水準によって先取されている場合。[14]

(c) 侵害形態は、一方において、公知の技術を同一の態様で使用しており、また、他方において、公知の技術と均等な特許を均等的態様で使用している。すなわち、侵害形態は、当該特許の対象を侵害しているが、その特許は公知の技術水準により推考容易である場合。[15]

(d) 侵害形態は、一方において、公知の技術を均等的態様で使用しており、また、他方において、公知の技術と均等な特許を同一の態様で使用している。すなわち、潜在的技術水準を使用している侵害形態は、当該特許の直接の対象を侵害しているが、その特許は公知の技術水準により推考容易である場合。[16]

(e) 侵害形態は、一方において公知の技術を均等的態様で使用しており、また他方において公知の技術と均等な特許を均等的態様で使用している。すなわち、潜在的技術水準を使用する侵害形態は、当該特許の対象を侵害しているが、その特許は、公知の技術水準により推考容易である場合。[17]

(4)　自由な技術水準の異議は、（訴訟上の意味における）他の異議――この異議の構成要件は、自由な技術水準の異議の基礎となっている構成要件と交錯する場合がある――と区別されなければならない。

(a)　特許の（完全な）先取の異議（Einwand der völligen Vorwegnahme des Patents）は、上記(3)(a)及び(b)に挙げた事例について、逆の視点から認容されることになる。何故ならば、完全なる先取の異議は、技術水準との関係において侵害行為を問題にするのではなくて、当該特許を問題にするからである。

(b)　特許無効の異議（Einwand der Nichtigkeit des Patents）は、先取の異議と同一の観点に基づくものである。しかし、特許無効の異議は、当該特許の無効が発明の高度性の欠如を理由とする上記(3)(c)乃至(e)の事例を包含するのみならず、特許の無効を根拠づけるその他の構成要件、たとえば、産業上の利用可能性または技術的進歩性の欠如・二重特許・違法な冒認及び特許付与手続又は特許制限手続における許されざる拡張をも包含する。

(c)　公序良俗に反する行為であるとの異議（Einwand der Arglist）は、上記(3)に挙げたすべての事例について可能であるが、故意ある公序良俗違反行為なる主観的付加的要件を必要とする。

(d)　私的先使用権の抗弁（Einrede des privaten Vorbenutzungsrechts）――特許法七条一項[18]――は、次の二つの要件が存在する場合には、上記(3)に挙げたすべての事例について可能である。(1)特許の発生を阻止する技術水準が、侵害訴訟の被告による国内における公然の先使用に基づくものであること、(2)その先使用行為は、直接的または間接的にもせよ、特許付与がなされた後の発明に起因するものでないこと、（または、侵害訴訟の被告が、特許付与がなされた後の発明から「善意の」知見を得たものでもないこと）である。先使用行為の公然性は、私的先使用権の成立にとって重要ではない。

(二)　現行法下における異議並びに改正問題

(5)　特許侵害訴訟における被告に、いかなる範囲で、また如何なる形で、特許の発生を阻止する技術水準についての主張が許さるべきかの問題について、諸外国の法律制度が見出した解決について比較法的考察をすることにする。

発明を登記方式によって特許を付与し、その特許能力についての審査を、民事裁判所に委ねている諸国においては、特許の無効は、ベルギー・フランス・イタリア・ルクセンブルグ・スイスにその例を見るように、民事裁判所において、選択的に、侵害訴訟における異議により、または、特別の無効訴訟によって主張することができ、また、ギリシァのように、侵害訴訟を中止の上、無効訴訟のみによって、その無効を主張することができることになっている。

発明を、その特許能力についての審査後に特許付与する国についても、その大多数の国においては、被告は、侵害訴訟において原告特許の無効の異議を提起することができ、侵害訴訟裁判所は、この点についての判断をなす旨の規定を設けている。すなわち、アメリカ合衆国においては、侵害訴訟における異議は、特許の発生を阻止する事実を主張するため通常取られるべき方法であり、特別の無効訴訟については、その権利保護の必要性が例外的に認められるにすぎない。イギリス・オーストラリア・インド・アイルランド・イスラエル・カナダ・ニュージランド・ローデシア・南アフリカは、侵害訴訟における無効の異議を明文をもって認めており、これと併行して選択的に、民事裁判所への無効訴訟の提起を認め、また、そのほとんどが一定期間内に補完的異議申立(nachgeholter Einspruch)として、通常の異議理由と同一の理由に基づく特許無効の申立を特許庁に提起し得る旨の規定を設けている。イギリスでは、侵害訴訟において、これ以外に自由な技術水準の異議が許され、それは一種の簡易な無効異議と考えられ、それ故に、新規性を阻害する技術水準のみをその理由とすることができることになっている。オーストリアでは、特許の無効は、選択的に、侵害訴訟における異議または特許庁に対する無効宣言の申立によって主張することができる。

他方、オランダ・デンマーク・フィンランド・ノルウェー・スウェーデン等の北欧諸国及び日本では、特許侵害訴訟の被告は、特許の有効性を否定する異議を、侵害訴訟手続の中止の申立との関連において、無効訴訟の方法においてのみ主張することができ、侵害訴訟においては、特許の有効性について判断することは許されない。これと同一の規定は、ヨーロッパ特許法に関する条約の予備草案にみられ、ただここではヨーロッパ特許の侵害を理由とする訴えは、協約締結国の国内裁判所の、また、無効訴訟は、ヨーロッパ特許庁の管轄とする旨の配慮をなしている。ユーゴスラビアでは、被告は、特許の有効性を否定する旨の異議によっては、侵害訴訟を中止せしめることはできない。すなわち、被告は、その防御手段として、特許庁による無効宣言を得、それから場合により侵害訴訟の再審を請求することが許されるだけである。日本においては、外国における刊行物による公知を理由とする場合については、なお無効訴訟の除斥期間に関する規定が存在する。

特許侵害を理由とする刑事手続については、若干の国では民事手続と異なった規定が存在する。すなわち、フランスでは、特許侵害の存在並びに特許の存立を否定する異議についての判断は、民事裁判所に留保されているのに反し、逆に、ギリシアでは、刑事裁判官のみが無効の異議につき独自に判断することが許されることになっている。また、スイスでは、刑事裁判官が特許無効の異議について独自に判断するか、それとも、刑事手続を、民事裁判所に提起され訴えについての判断がなされるまで中止するか否かについては、刑事裁判官の裁量に委ねられている。

(6) ドイツ連邦共和国においては、特許の無効宣言は連邦特許裁判所への訴え——この訴えについては、もはや除斥期間は存在しない——の方法によってのみなされ得るのであり（特許法三六条b[19]、三七条[20]）民事裁判所（特許法五一条[21]）には、特許の保護範囲の確定のみが侵害訴訟において義務づけられているにすぎない。しかし、かような厳しい権限分配は、いわゆる三分法理論——一九四四年以来、判例は、この三分法理論に基づいて特許の保護範囲を確定してきたのであるが——により、立法者の当初の意図に反して、特許の発生を阻止する事実を、侵害訴訟において部分的に斟酌するという意味において、次のように緩和せられるに至った。

(a) 侵害形態が当該特許の一般的発明思想に包含せられると考えられる場合には、被告は、無効（特許能力の欠缺）の異議（Einwand der Nichtigkeit）を提起することができる。何故ならば、侵害訴訟裁判所は、この一般的発明思想の特許能力を独自の立場で審査しなければならないからである。

(b) 新規性を阻害する先取の異議（Einwand der neuheitsschädlichen Vorwegnahme）は、侵害形態が特許の対象——この特許の対象には、特許請求の範囲の項の文言に該当する場合を除き、一見明白な均等・改良的実施形態・改悪的実施形態が包含せられる——に抵触する場合、したがって、前記(3)(b)の事例[22]に該当する場合にも認められている。しかし、その形式的な面よりこれをみれば、侵害訴訟裁判所は、決してその判決理由において、完全な先取を理由とする特許の無効を判示するのではなく、当該特許の保護範囲は、侵害形態を包含しないという形での特許の保護範囲の制限だけをなし得るにすぎない。

前述したところと関連して、判例は、当該特許の結合特徴のそれぞれが、先行比較対象のそれぞれの特徴と、一部同一の態様で、また、一部均等的態様で使用せられている場合にも、完全な先取が成立するとみなしている。

また、判例は、当該特許の請求の範囲の項のただ一個の顕著的特徴部分が均等的態様で先使用せられている場合[23]、したがって、前記(3)(c)及び(e)の事案[24]においてさえ、同様に取扱っている場合がある。

(c)　前記(a)(b)の事例においては、自由な技術水準の異議が、無効の異議乃至完全な先取の異議と共に同様に主張し得る事例であるにもかかわらず、判例はこの点について考慮を払うところがなかった。何故ならば、判例がとる三分法理論の立場からすれば、保護範囲の確定の段階において特許侵害が否定されることになるからである。

以上に述べた事例以外の事例、すなわち、侵害形態が、公知の技術水準により先取せられていないが、公知の技術水準よりすれば推考容易である特許の対象に抵触する場合[25]（前記(3)(c)(e)）、または、侵害形態が公知の技術水準により先取せられた特許の直接の対象に抵触する場合[26]（前記(3)(a)）および、公知の技術水準よりすれば推考容易である特許の直接の対象に抵触する場合[27]（前記(3)(d)）については、判例は、その判決において自由な技術水準の異議を明示的に認めたことはなかった。すなわち、ある一群の判例は、自由な技術水準の異議を直接否定し、また、他の一群の判例では、事実上自由な技術水準の異議に言及することを避け、さらに、他の一群の判例では、自由な技術水準の異議を認めるか否かについては判断をするところがなかった。

しかし、判例は、個々の事案においては、事実上自由な技術水準の異議を認めてきた。すなわち、前記(b)において引用したプラッテンシュピーラー „Plattenspieler“ レコードプレーヤー事件[28]において、連邦裁判所は、侵害形態は公知の技術——当該特許は、この公知の技術と均等であったのであるが——を使用しているにすぎないという理由で原告の訴えを棄却した。換言すれば、連邦裁判所は、この公知の技術を三分法理論により当該特許を制限的に解釈する方法によって斟酌すべきであったにもかかわらず、この公知の技術を当該特許の新規性を阻害するものとして評価しないで、公知の技術水準に近接するものと評価することによって原告の訴えをしりぞけたのである。また、ドレーキップベシュラーク „Drehkippbeschlag“ 判決[29]において、連邦裁判所は、侵害形態は当該特許よりも公知の技術水準の方に近接しているという（補足的）理由で、当該特許と侵害形態の均等を否定した。この判決につづいて、デュッセルドルフ（Düsseldorf）高等裁判所は、そのシャールンクストレーガー „Schalungsträger“ 判決[30]において、当該特許の不完全使用又は均等的使用の場合に、もし侵害形態が公知の技術水準によって先取されているか、または、公知の技術水準に近接している場合には、特許侵害が否定されると判示した。この最後に挙げた二つの判決は、自由な技術水準の異議を斟酌する場合に用いられる方法であり、すなわち、当該特許権の存立に関する問題に立ち入ることなく、侵害形態と公知の技術水準とを比較することによって侵害問題を判断したものである。

比較的新しい学説では、そのあるものは、自由な技術水準の異議を原則として否定している。また、他のあるものは、公知の技術水準を使用している侵害形態が、公知の技術と均等な特許を均等的態様で使用している場合[31]（前記(3)(c)(e)の事例）、または、この特許が公知の技術水準を同一の態様で使用している場合[32]（前記(3)(b)の事例）に限ってのみ、自由な技術水準の異議を斟酌することに賛意を表している。ただ、ライマー（Ed. Reimer）[33]のみは、侵害形態と公知の技術水準との一致が「明白である（klar auf der Hand liegt）」場合に限って、一般的に、したがって、侵害形態が当該特許を同一的態様で使用する場合にも、自由な技術水準の異議を認めようとした。

自由な技術水準の異議を認める必要性は、公知の技術水準を均等的態様で使用する特許を公知の技術水準または潜在的技術水準を使用する侵害形態により均等的態様で使用されている事例[34]（前記(3)(c)(e)の事例）について、次のような理由から理由づけられている。すなわち、特許無効手続においては、発明自体の特許能力のみが審査の対象となるにすぎず、均等物（訳者注：特許を均等的態様で使用している侵害対象を意味する）の特許能力は審査の対象とはならないが故に、上記の事案においては、被告は特許無効訴訟の提起により充分防御し得ないとするのである。[35] しかし、このような議論は、公知の技術水準を均等的態様で使用している特許は、発明の高度性を欠き、したがって、被告による無効訴訟の提起は十分に成功を収めるであろうことを看過しているものであり、さらに、三分法理論は、このような事例においては、公知の技術水準に近接せる特許を均等的態様で使用する被告に、無効訴訟を提起するよう提示していることをも看過しているものである。[36]

(7)　立法論として、当該特許が、公知の技術水準により先取せられている事実または公知の技術水準より推考容易である事実（訳者注：先行公知事実を意味する）を、特許侵害訴訟において、特に自由な技術水準の異議の形で、どの程度斟酌すべきかという問題は、特許法改正についての討論において、既に早くから最も議論の多いテーマの一つであった。この問題は、当時一九一三年の特許法草案との関連において、また、その後再び一九二九年及び一九三二年の特許法草案の提案に際して論ぜられ、また、時には当時未だその規定が存在した無効訴訟についての除斥期間を維持すべきか否かの問題との関連においても、論ぜられたことがあった。一九一三年の特許法草案は、除斥期間の規定を修正したが、自由な技術水準の異議を認めることについてはその態度を表明するところがなかった。また、一九二九年及び一九三二年の各草案は、除斥期間の廃止の提案および自由な技術水準の異議を認めるべきであるとする提案を共に拒否し、その理由として、これらの提案は、未だ十分に説明されたとはいい得ないとし、特に後者の提案については、特許庁と侵害訴訟裁判所との権限分配を顧慮すべきであるとの点を挙げた。

現在準備されつつある特許法改正は、保護範囲の確定との関連において、本問題についての議論を回避することはできないであろう。すなわち、来たるべき特許法改正は、「(1)従来の三分法理論の妥協的解決を維持し、でき得ればこれを立法化すべきか、あるいは、(2)三分法理論に代わって、侵害訴訟裁判所に特許の発生を阻止する事実を斟酌することを、すべて明示的に禁ずるか、または、(3)侵害訴訟裁判所に自由な技術水準の異議についての判断を許すべきか、の問題に直面することになるであろう。三分法理論の利害得失は、これまでの実務にもとづき、十分知られているところであり、また、ヘッセ（Hesse）[37]は、最近前記(2)の解決に賛意を表明しているが故に、本書においては、可能な限り包括的な討論のための基礎を提供するため、前記(3)の解決の問題点について述べることにする。

本研究においては「発明特許実体法の概念統一のための一九六三年一一月二七日付ヨーロッパ条約」[38]の批准によって発効することになる絶対的新規性概念に関する条項（四条二項）および特許の保護範囲に関する条項（八条三項）もまた、考慮に入れなければならないであろう。

本研究の結果は、将来のドイツ特許法にとり有意義であるのみならず、立案中のヨーロッパ特許法[39]にとっても重要である。何故ならば、ヨーロッパ特許法においても、訴訟手続の円滑化のためには、厳格な権限分離は、自由な技術水準の異議を認めることによって緩和されるべきではないか否か、が問題とされるからである。そして、権限の完全なる分離と侵害訴訟裁判所による特許の自由な爾後審査との中間の道を示す本解決は、法制度の国際的統一化のための基礎を提供することになるであろう。

(三)　異議認容に対する反対論

(8)　発明に対する特許の付与は、行政行為として[40]、一般的行政法の根本原則により当該行政官庁以外の行政官庁および裁判所により尊重されなければならない。このいわゆる行政行為の構成要件的効力[41]は、誤認特許についても妥当する。この結論は、一方において、特許の付与・特許の無効宣言・特許の解釈についての管轄を、特許庁・特許裁判所・通常民事裁判所に夫々分配していることからも明らかであり、他方、無効宣言には形成的効力が与えられており、この無効宣言が確定力を有するに至るまで当該特許は有効なものとみなされる、という点からもまた明らかである。

しかし、誤認特許の構成要件的効力は、単に無効宣言の申立がなされている特許裁判所以外はいかなる行政官庁ならびに裁判所も、その無効をその法律効果として判示する判決を下す権限を有しないということを意味するにすぎない。侵害訴訟裁判所または行政官庁が、瑕疵ある行政行為の内容すなわち特許発明の特許能力についての誤った確定にも、拘束されるか否かの問題、換言すれば、侵害訴訟裁判所または行政官庁が、当該特許の無効の理由となっている事情にもとづいた判断を下すことが許されるか否かの問題は、上述の構成要件的効力とは区別して考えなければならない[42]。誤認特許に対する内容的拘束に関する本問題に関しては、以下(9)の項で述べることにする。

誤認特許の構成要件的効力が、侵害訴訟裁判所を形式的に拘束する以外の何物でもないということは、内容的拘束力が認められない次の事例からも明らかである[43]。すなわち無効訴訟に対する除斥期間が存在していた当時、侵害形態が当該特許のいかなる保護範囲に抵触するか否かに関係なく、侵害訴訟において、不正手段による特許付与又は特許保持を理由とする異議[44]（der Einwand der erschlichnen Erteilung oder Aufrechterhaltung des Patents）（ドイツ民法八二六条[45]）が認められていた。同様に、違法な冒認（特許法四条三項一文[46]、同一三条一項三号[47]）を理由とする特許無効の異議も、特許侵害訴訟において認められている[48]。さらに、一九六七年九月四日の改正特許法では、これに加うるに特許付与手続における出願対象の許されざる拡張（特許法第二六条第五項第二文[49]）を理由とする部分的無効の異議を認めしめるに至っている。すなわち、この場合には、「権利は導き出され得ない（können Rechte nicht hergeleitet werden）」という条文の表現、ならびに、特許法第一三条におけるこれに対応する無効理由が欠如している点からして、この構成要件は、もっぱら侵害訴訟における異議により、または、少なくとも無効訴訟の提起と選択的に、侵害訴訟における異議という形で主張することができると結論づけられ得るのである。[50] さらに、連邦カルテル局は、実施契約における競争制限（競争制限禁止法第二〇条）[51]を判断するにあたって、独占権がその形式的存立とともに技術的ならびに経済的内容をも有するか否か、すなわち、単なる架空の権利にすぎないか否かを審査することになっている。最後に、商標侵害訴訟においても——この商標侵害訴訟においては、商標抹消の形成的効力ならびに特許庁および通常民事裁判所間の管轄分配に鑑み、同様に、保護権（筆者注：商標権）の構成要件的効力が問題になるのであるが——形式的には存在するが抹消に値する商標に対し、かような架空権（Scheinrecht）の主張は権利の濫用であるとの理由で、その保護が否定されている。[52]

侵害の訴えを、自由な技術水準の異議を理由あるものとして棄却する場合には、侵害訴訟裁判所は、その法律効果として、特許の無効を確定するものではない。このことは、三分法理論——この三分法理論のもとにおいて、これまで特許尊重義務に対する違反が問題にされたことはなかったのであるが——による特許の完全なる先取を斟酌して、特許の制限的解釈をなす場合と同様である。すなわち、前者の場合においては、裁判所は、もっぱら侵害形態を公知のもの（Vorbekannten）との関係において考察し、その異議を理由ありとみなす場合には、私的先使用権を承認する場合におけると同様に、当該特許の存在ならびにその法的存続性の問題には触れないのである。また、後者の場合においては、裁判所は、公知の技術水準を斟酌の上、当該特許の保護領域は、均等的実施形態を包含しないということを確認するにとどまり、少なくとも特許の直接の対象が特許能力を有するか否かは不問に付されるのである。以上のように、当該特許能力の欠缺は、いかなる形においても、侵害の訴えの棄却の前提として、判決理由に判示される必要が存しないことにより（特許能力の欠缺が、確定的事実から導き出された場合においても同様である）、この場合においては（筆者注：侵害の訴えを自由な技術水準の異議を理由あるものとして棄却する場合）、特許の形式的存立は、前段に述べた事例または特許能力の欠缺を理由として無効の異議が認められる場合に比し、害されることが少ないであろう。

(9)　特許付与行為の内容、すなわち、特許発明の特許能力の確定について侵害訴訟裁判所が拘束されるということは、二つの側面から——すなわち一つは、侵害訴訟裁判所は、特許の有効性を爾後審査することは許されないということ、また他の一つは、侵害訴訟裁判所は、特許の発生を阻止する事実をいかなる形においても斟酌することは許されないということ——考察することができる。前者の場合においては、たとえそれが判決理由における先決問題としてであっても、特許の無効の確定を前提とする判決を下すことはできない。したがって、この場合には、いかなる理由にせよ、特許無効の異議は認められない。これに対して、たとえそのために同一の法的効果すなわち侵害の訴えの棄却なる結果が導き出されたとしても、侵害訴訟裁判所は、それ自体特許の無効を理由づける事実を、他の法的観点の下において斟酌することを妨げられることはない。何故ならば、内容的拘束は、一方において特許庁・特許裁判所と、また、他方において侵害訴訟裁判所との特許発明の特許能力についての意見の背反のみを排斥するものであって、侵害の訴えの棄却の可能性をも制限するものではないからである。それはまた、本来裁判所に与えられた権限を制限する規範を狭く解釈することは、法的安定性の要求にも合致するものである。したがって、自由な技術水準の異議ならびに先取の場合における特許の制限的解釈は、前記特許発明の特許能力の確定についての二つの側面の前者の場合には認められないのに反し、後者の場合には認められることになるであろう（この点の原文は、逆の表現になっているが、誤植であると思われる：筆者注）。

前記において述べたように、侵害訴訟裁判所に対する内容的拘束は、特許の構成要件的効力の中には包含されない。したがって、侵害訴訟裁判所に対する内容的拘束は、他の法的根拠からのみ導き出され得ることになろう。しかし、自由な技術水準の異議を斟酌すること——したがって、必然的に特許を制限的に解釈することになるが——を禁ずる規定は、現行ドイツ法からは引出すことはできない。

また一部には、侵害訴訟裁判所に対する内容的拘束を否定することになれば、特許付与行為は「言葉の遊戯のために、実際上空虚なものとなるであろう」という補足的考慮から、これを理由づける者がある。(53) しかし、このような不明瞭な論拠は、侵害訴訟における裁判所の任務を誤認しているものである。すなわち、侵害訴訟裁判所は、訴えにより問題にされている行為が特許侵害になるか否か、のみを審理することができるのであり、この場合、被告に私的先使用権が認められる場合、または、技術水準を斟酌すれば特許の保護範囲は侵害形態にまで及ばない場合、あるいは、侵害形態が自由な技術水準を使用している場合には、裁判所は、これらを理由として、否定的な結論（筆者注：特許侵害を構成しないという結論）に到達することができるのである。しかし、侵害訴訟裁判所には特許能力の爾後審査権は与えられていないという正にその理由からして、侵害訴訟裁判所は、その判決が特許——形式的には侵害訴訟裁判所は特許には触れていない——の法的存立又は経済的存立にいかなる結果をもたらすことになるか否か、を考慮してはならないのである。

特許庁と侵害訴訟裁判所間の管轄についての限界設定は、前記(8)において述べた意味における形式的構成要件的機能としてのみ是認されるのであり、侵害訴訟裁判所についてこれをみれば、同裁判所を、特許付与行為に内容的に拘束するという観点から判断されてはならないのである。このような観点は、特許庁の職務は、侵害訴訟裁判所の職務とは本質的に異なるという点をその理由とされてきた。しかし、特許庁の職務が侵害訴訟裁判所の職務である判決（筆者注：すなわち「法の適用」）から根本的に区別され得るとする特色、すなわち、裁量可能性は、特許庁の拘束的行政職務には欠如しているのである。さらに、特許庁は、その特許付与手続ならびに無効手続において、特許の対象についての新規性及び発明の高度性について判断しなければならないのみならず、三分法理論によれば、侵害訴訟裁判所もまた同裁判所に委ねられた一般的発明思想の特許能力についての審査を行なうに際し、または、特許庁と競合して行なわれる新規性を阻害する先取についての審査に際しても、その新規性及び発明の高度性について判断しなければならない。他方、侵害訴訟における通常裁判所とならんで特許庁もまた、二重特許付与の禁止（特許法四条二項）[54]を顧慮して、当該特許の保護範囲を確定するのである。

また、特許能力の審査および特許侵害の判断は、均等についての審査を必要とする。すなわち、特許能力を審査する場合には、当該発明は、公知のものとの均等物を越えるものであるか否かが問題とされ、また、特許侵害を判断する場合には、逆に、侵害形態は、特許発明と少なくとも均等であるか否かが問題とされるからである。

(10)　次に、自由な技術水準の異議は、特許の保護範囲確定のために三分法理論により展開せられた図式には適合しないということである。すなわち、この三分法理論の採用する解釈方法[55]（Auslegungsmethode）によれば、特許請求の範囲の項の拡張的解釈により、侵害形態と特許の対象を包含する一般的発明思想が探究せられ、この一般的発明思想を斟酌して均等が判断せられる。さらに、この拡張には、特許出願者の放棄・特許庁の制限又は侵害訴訟裁判所が斟酌しなければならない技術水準が存在しないか否か、が審理されるのである。これに対し、自由な技術水準の異議は、当該特許については一切触れず、特許の発生を阻止する技術水準をその根拠とする。すなわち、三分法理論では、まず無効手続が行なわれなければならないのに反し、自由な技術水準の異議は、上記

(3)に掲げた(a)、(c)、(d)及び(e)の事例においても、直ちに侵害の訴えの棄却に導くことができることになる。

前述の帰結から、自由な技術水準の異議は、許されるべきではないと結論づけるべきではない。このような結論を引き出す前に、未だ成分法化されたものではない三分法理論に基づく解釈――この三分法理論に基づく解釈が、特許無効の訴えについての除斥期間の廃止以来、判例に多少の変動があったとはいえ、一貫して行なわれてきた。しかし、学説の強力な批判に直面したため慣習法的適用に達したとはいうことができない――が維持さるべきか否かが問題にされるべきである。

一九六三年一一月二七日のヨーロッパ協定が批准されることにより、その特許の保護範囲の規定（第八条第三項）[56]からして、一般的発明思想は、将来その保護が否定されることになるであろう。しかし、自由な技術水準の異議の観点から問題になる事案、すなわち、侵害形態による特許の直接の対象または対象の使用に対し、誤認特許が主張される事案に関しては、三分法理論の正当性は、今日といえども直ちに、否定されるべきである。何故ならば、侵害形態により特許の直接の対象が使用されている事案において、特許の発生を阻止する事実を斟酌しないのは、「特許の構成要件的機能は、侵害訴訟裁判所をして特許の内容についても拘束せしめることをも包含する」との誤った前提に基づくものであるからである。侵害形態が特許の対象を使用している事案において、特許を先取する事実を斟酌することは、無効訴訟提起についての除斥期間が廃止されたことにより、その基礎が失われたことになる。何故ならば、特許を先取する事実についての斟酌を正当づけるために挙げられる他の論拠、すなわち、経済的理由または契約上の理由により無効訴訟の提起が阻まれている侵害者に対する保護の必要性からする論拠は、一方において、訴額の引下（特許法五三条）[57]および貧困者訴訟救助の許可（特許法四六条ａ）[58]の可能性により、また他方において、不攻撃協定[59]（Nichtangriffsabrede）による法的効果のために、その根拠を欠くに至るからである。また、侵害形態が特許の対象を使用している事案において、特許発明を技術水準よりして容易に推考せられる事実を斟酌しないのは、発明の高度性の判断にあたり、特許庁のなす裁量可能性を不当に容認することに、その端を発するものである。他方、特許を先取する事実と、特許発明を技術水準よりして容易に推考せしめる事実との区別よりする論拠も、上記の取扱いを正当化しないであろう。

侵害訴訟の被告が、特許の発生を阻止する事実を主張するためには、すべての事案を通じて、無効訴訟の提起を要求されることがないとするならば、特許法の体系から論理的に導き出し得る保護範囲確定のための唯一の方式は、（Knöpfle）のいう意味における比較方式（Vergleichsmethode）の採用である。比較方式による場合には、侵害訴訟裁判所はまず、侵害形態の採る技術的問題の解決が、技術専門家にとって当該特許を認識することなく、かつ、自己の発明的寄与（発明的努力）なくして、公知の技術水準より認識し得るか否かが問題とされ、これが否定された場合には、さらに、侵害形態の採る解決が、特許を認識せる技術専門家にとって発明的寄与（発明的努力）なくして認識し得るか否か、が問題とされなければならない。[60] 上記二つの問題の前者が、まさしく自由な技術水準の異議について審理される場合に問題とされる点である。[61] かくして、自由な技術水準の異議は、これまで欠けていたその位置を、特許法の体系の中に見出すことになるのであり、そして、それは特許解釈についての原則を国際的に統一せしめる可能性を開くことにもなるのである。

⑾　特許法中には見出されないが文献では慣用されている「技術水準（Stand der Technik）」なる概念は、特許の保護範囲の確定のために用いられる場合にそうであるように、新規性を阻害せしめる事実（特許法二条）[62] のみを包含する。[63] しかも、特許法二条に規定する新規性概念は、絶対的新規性概念（absoluter Neuheitsbegriff）に比し、三つの点において制限を受けている。すなわち、それは、対象の面においては、公開された刊行物ならび

に公然の先使用行為に、また、時間的には、過去一〇〇年以内の刊行物に、さらに、空間的には、国内における公然の先使用に、それぞれ制限せれている。この点からして、特許権者のためにする技術水準の独占化の危険性が生ずる。したがって、特許権者の不当な独占権が及ぶ限り、現行法の下においても自由な技術水準の異議を封じることはできないことになる。

一九六三年一一月二七日のヨーロッパ協定の批准は、その四条二項(64)に規定する無条件新規性概念を、ドイツ特許法へ導入することを必要ならしめる。これにより、新規性を阻害する技術水準と一般公衆に開放されている真の技術水準との間に存在する矛盾が、除去されることになる。この場合には、技術水準はすべて、「自由な技術水準（freier Stand der Technik）」を意味することになる。前記発明の新規性に関する規定は、技術水準の概念を明文を以て定義しているが故に、新規性概念の不明確性を理由として曽て表明された概念(65)も、その根拠を失うことになるであろう。

後願特許の出願日後に出願公告がなされた先願特許を擬制的に技術水準に組入れること――これは一九六三年一一月二七日のヨーロッパ協定（四条三項(66)）に選択条項として規定されている――は、自由な技術水準の異議を認める上において、派生的な問題を生ぜしめない。何故ならば、何人も、後願特許発明の使用を正当づけるために、後願特許の出願日前には未だ出願公告がなされていない単に技術水準としてのみ存在する先願特許の技術理論を、主張することはできないからである。

(12)　誤認特許の「侵害者」は公衆の利益のために当該誤認特許の無効宣言をもたらすべく強制されなければならない、とする法政策的見地は(67)、自由な技術水準の異議を認めることに反対するのみならず、三分法理論の下において新規性を阻害する事実を斟酌することにも反対する(68)。すなわち、この見解によれば、上記の場合には、侵

二　オール（Ohl）の所説

害者は実際上不法に特許せられた発明について一種の無償共同使用権を保持することになり、また、特許権者と共に、競争上の優位――すなわち、形式上存在する誤認特許は、事情に通暁しない競業者との関係で、競争上の優位を生ぜしめることになる――により利得を受けることにもなるとするのである。

前述のように形式的に存在する誤認特許による競争制限の危険は、過重に評価されてはならない。経験上、特許侵害の理由により訴えられている被告が調査した特許の発生を阻止する技術水準は、侵害訴訟が提起されている事実と同様に、その競業者に長くは隠匿され得るものではない。したがって、侵害訴訟に際し調査せられた特許の発生を阻止する事実に関する情報の入手を容易にするだけで十分であろう。

さらにまた、無効訴訟の提起を強制したとしても、無効手続を支配する処分権主義[69]のために、特許権者と無効訴訟原告とが誤認特許の存続について合意することにより、他の競業者を不利な立場におくことまで防止することはできないであろう[70]。誤認特許によるこの種の競争制限を防止するためには、同時に、無効手続は職権手続に改正されなければならないことになるであろう。

(四)　異議認容についての他の論拠

(13)　自由な技術水準の異議を斟酌することは、技術水準の自由な使用に対する権利と主観的特許権の実体的対等性を、訴訟法の分野においても実現し、かつ、訴訟において相対立する両当事者に、平等な訴訟上の地位を保障せんとする平等の原則（Gleichheitsgrundsatz）から生ずる要請に対応するものである。

前記(3)において挙げた(a)、(c)、(d)及び(e)の事案[71]において、三分法理論に基づき、自由な技術水準の異議を斟酌しないならば、当該特許が誤認特許である場合にもまた、特許の法的存立が問題になっている侵害訴訟において、自由な技術水準の使用者に比し、特許権者に優位な地位を与えることになる。すなわち、特許権者は、侵害の訴えを理由づけるためには、問題の侵害形態が特許の対象に抵触することのみを立証すれば足りるのに反して、仮称侵害者は、公知の技術水準を使用しているにすぎないということ、あるいは、当該特許は公知の技術水準によって先取せられているか、または、公知の技術水準よりして推考容易であるということ、などを立証することによっては訴えの棄却に導くことはできないのである。仮称侵害者は、さらに第二の手続において、当該特許は無効である旨の訴えを提起しなければならないのであり、無効訴訟が確定するまでは、侵害訴訟においては当該特許は——特許の発生を阻止する事実の立証があるにもかかわらず——有効なものとして取扱われ、また、仮称侵害者は当然には侵害手続の中止すら請求することができないのである。[72] 侵害訴訟手続においては、勝訴当事者は必要費用の償還請求権（民事訴訟法第九一条第一項第一文）[73]を有するのに反し、無効手続においては、訴訟費用につき、公平な裁量により判決において定められることになっている（特許法第四〇条第二項）[74]。したがって、侵害訴訟手続における被告は、特許権者より訴訟費用請求の点において不利な立場におかれていることになる。[75]

前述のように特許権者の優位は、立法上、特許の付与は、特許権者に主観的な権利を与えるという建前を取るに反し、技術水準の使用に対する自由は、自然的な行為の自由の発露として、単に単純多数決による立法者の肆意に任された「処分事項（Fakultätsbefugnis）」[76]であるにすぎないという建前をとることに起因するものである。そして、特許の付与には、特許の由来である君主の発明免許——これは、特許権者に職業組合への加入強制から開放し、発明の利用に対する許可を与えた——の思想が残存しているのである。

前述のような事情は、少なくとも基本法（憲法）の発効を以て終了した。技術水準の使用に対する自由は、競争の自由・契約の自由・消費の自由と並ぶ生産の自由として、広義における営業の自由の構成要素である。この営業の自由は、基本権として、今や基本法一二条一項[77]または直接的には基本法二条一項[78]により、憲法上の保障を得ているのである。したがって、これにより、特許権者の競業者が技術水準を使用する自由は、主観的権利にまで高められたことになるのである。換言すれば、このことはまず国家に対して適用されることになるのであり、特許権者の競業者が技術水準を使用する自由は、「誤認特許は、一定期間の経過をもって取消し得ない」とする単純多数決による立法によっては、もはや、制限せられ得ないのである。さらに、基本法による価値評価は、私法上の分野についても、その解釈上の原則として用いられることになる。したがって、自由な技術水準を使用する権利は、主観的特許権と同一の地位を有することになるのであり、この主観的特許権は、基本法一四条一項[79]の意味における所有権として、他の所有権と同様に、基本法二条一項後段に規定せる一般的公益留保条項に服し、他人の権利によってその制限を受けることになるのである。

前述したところから、全法体系にとっての根本規範として、基本法三条[80]に規定せられた「両者の権利、すなわち特許権者の権利と一般公衆の権利は、実質的な正当理由なくして別異に取扱われるべきではない」とする平等の原則が導き出されるのである。しかるに、三分法理論は、主観的特許権と技術水準を自由に使用する権利とが相抵触する場合に、ある場合には別異に取扱い、他の場合には同等に取扱っている。このように部分的に別異に取扱うことは、前記(10)において述べたように、実際上正当なものとはいうことができない。したがって、三分法理論は憲法上の観点から維持することはできないというべきである。他方、三分法理論にしても特許権と技術水準を自由に使用する権利とを別異に取扱うことは、すべての場合を通じて必要であるとはしていないが故に、またさらには、自由な技術水準の異議を認めることにより、上記両権利を完全に同等に取扱うことも可能であるが故に、特許の発生を阻止する事実を主張するためには無効の訴えを提起すべきであると一般的に要求することは、実際上の見地ならびに平等の原則の観点からして、憲法上も正当とはいうことができない。[81]

⒁　侵害訴訟において自由な技術水準の異議を認めることは、訴訟経済の要求にも合致する。すでに一八七七年の特許法の立法者は、発明の特許性を阻止する事実を審査の段階で完全に調査することは、ほとんど不可能であることを明らかにしている。技術文献の急速な増加は、最も近代的な文書整理法（筆者注：Dokumentationsmethode——コンピュータ等を用い、技術についての最新の知識を、確実かつ迅速に調査・収集・伝達する方法・組織・技術をいう）を利用しても、特許の発生を阻止する印刷刊行物のみについてさえも、完全に把握することを困難ならしめるであろう。さらに、無条件新規性概念の導入（一九六三年一一月二七日のヨーロッパ協定四条二項）は、新規性を阻害する事実——この新規性を阻害する事実は、特許庁による職権調査の方法では、ほとんど確定的に把握することはできず、異議（Einspruch）によってのみ、初めて知り得ることになるのが通常であるが——の範囲を国内および外国における口頭ならびに図形による記述および外国における公然の先使用行為をも包含せしめることによって、従来より以上に拡大せしめることになるであろう。

前述のような新規性を阻害する事実は、わずかに部分的にのみ異議手続においても主張されるが、原則としては、侵害訴訟提起の警告又は侵害訴訟の係属が、右事実に関する調査を実施する機会を与え、かくして新規性を阻害する事実は、侵害訴訟またはこれと平行して審理される無効訴訟において主張され得ることになるのが通常である。

以上よりして、特許発明は、審査手続においては技術水準から完全に限界づけることができず、特許の発生を阻止するものとして評価され得るであろう事実は、原則として侵害訴訟において初めて主張されるものであるという事実を基礎として、法規の解釈がなされなければならない。そして、この特許の発生を阻止するものとして評価され得る事実を斟酌するために、法規は、経済的な訴訟遂行の要請――これは最小の労力及び費用をもって、しかも、迅速に、可能な限り公正な最終的判断に導くことを意味する――を充足せしめる手続を配慮しなければならないことになる。

したがって、特許の発生を阻止する事実を主張するためには、侵害訴訟の被告は無効の訴えを提起しなければならないとするならば、それは、前述の訴訟経済の要求に背くことになるであろう。何故ならば、これにより通常の場合にはせいぜい三審級の審理で足りるにもかかわらず五審級の審理を経なければならないことになり、裁判所ならびに訴訟当事者に著しい過重労働と費用の負担を強い、さらに、無効訴訟手続の継続中侵害訴訟手続が中止される事案では、侵害訴訟手続の判決を遅滞させることにもなり、無効訴訟手続と侵害訴訟手続とが平行して審理される事案では、下級審での相矛盾する判決の危険に曝らされることにもなる。この場合、正しい判断を得るための比較的有力な保証は、特許裁判所と直結せる特許庁の技術上の特殊専門知識を利用することによって得られる。何故ならば、無効訴訟手続と侵害訴訟手続の最終審は、いずれも連邦裁判所であるからである。しかし、このための特許庁の侵害訴訟に対する関与は、連邦裁判所において行なわれるのみで十分であろう[82]。そして、この程度の特許庁の侵害訴訟に対する関与は、法律紛争を実際上遅滞せしめることにはならないであろう。

他方、自由な技術水準の異議を認めるならば、侵害訴訟裁判所の職務をその本質において変更することなく、侵害訴訟裁判所での一つの訴訟手続において、係争問題全部を解決することを可能にする。もちろんこれにより、第三者による無効訴訟提起の可能性は無くなることにはならないが、もし侵害訴訟において明らかにされた技術水準を知る機会が競業者に与えられる場合には、単に理論的な意味を有するにすぎないことになる。

(15)　さて最後に、来たるべきヨーロッパ特許法が提案しているように、私的先使用権が二重発明の先使用の場合に限定せられる場合には、自由な技術水準の異議は、この私的先使用権を補完する役割を演ずることになる。ヨーロッパ特許法の提案するところは、先使用者が、特許権者またはその前権利者による無条件の公開により、先使用後に特許が付与された発明から、その発明についての知識を得て、その発明を使用したような事案においては、先使用権の成立を排除せんとするのである。

特許権者またはその前権利者による発明の無条件公開は、刊行物以外の形式による場合であっても、絶対的新規性概念（一九六三年一一月二七日のヨーロッパ協定四条二項）[83]を採用する場合には、新規性を阻害するものとみなされるが故に、先使用者に対しても、またその他の何人に対しても特許権を主張することはできないことになる。しかし三分法理論による場合には、先使用者が特許発明を同一の態様で使用している場合であって先使用者に先使用権が存在しない場合には、侵害の訴えの棄却を得るためには、まず特許無効の訴えを提起しなければならないことになる。これに対し、自由な技術水準の異議を認める場合には、先使用者は、侵害訴訟において、あたかも先使用権を有しない先使用者に、私的先使用権の抗弁が認められると仮定した場合と同一の訴訟上の地位を、特許権者に対し有することになる。

(五)　異議認容に伴う法律規定

(16)　以上の考察よりして、自由な技術水準の異議を認めることは、すでに現行法の下においても可能であり、かつ指向されているにもかかわらず、ライヒ裁判所および連邦裁判所の一貫せる判例および大部分の文献の見解は、これを認めることに反対している。それ故、特許法の大改正においてかかる状態を打破せんとするならば、立法者は、明文の規定により、直接その意思を表現しなければならない。

一九六三年一一月二七日のヨーロッパ協定八条三項(84)は、有効な特許を前提とするものであり、誤認特許については、単に異なる規定を有するオランダ法(85)を顧慮して無効宣言の遡及効を規定している（一条第三文）(86)にすぎないが故に――この規定のために特許の発生を阻止する事実の主張が、形式的な無効手続に制限せられることはない――、前記ヨーロッパ協定は、自由な技術水準の異議を認めているものということができる。

自由な技術水準の異議は、これを形式的にみれば、独立の構成要件にもとづく対抗権（Gegenrecht）であるが、これを実質的にみれば、権利の発生を阻止する異議（Einwendung）であるが故に、立法上の規定についても二つの接合点が示されることになる。すなわち、技術水準の異議を、先使用権と同様――技術水準の異議は、この先使用権とは、独立の実質的内容を欠いている点において区別されるのであるが――独立の形式的抗弁権として構成することができるが、また他方、特許の保護範囲の制限として――当該特許自体は、技術水準の異議によっては、形式的には影響を受けることはない――規定することもできる。誤認特許の付与によって惹起された形式的権利状態と実質的権利状態の矛盾は、無内容の形式的権利を排除することにより、無内容の形式的抗弁権を付加的に発生せしめることによるよりも、より容易に除去され得るが故に、上記後者の解決の方が望ましい。

したがって、技術水準の異議の規定の適用は、立法上の規定を設ける場合には、特許権者の排他的独占権が及ばない領域の消極的限界として、一九六三年一一月二七日のヨーロッパ協定八条三項(87)による発明的領域における特許の保護範囲の積極的確定の規定の適用より、優先せしめなければならない。

(17)　侵害訴訟において自由な技術水準の異議を提起することは、特許の存立に触れる事実を確認することにはなるが、この確認から生ずる結果、すなわち対世的効力を有する当該特許の無効なる判決を言渡すことにはならない。したがって、特許権者が、この状態を利用して、その誤認特許が競業者を妨害するために濫用することを防止するためには、一般公衆に対し、この特許を阻止する事実を知る可能性を与えなければならないことになる。

このためには、第三者が訴訟記録を閲覧するにつき正当な利益が存すると信ぜしめるに足る場合には、裁判長は、その第三者に訴訟記録の閲覧を許可することができるが（民事訴訟法二九九条二項）[88]、この規定による訴訟記録の閲覧のみでは、上記の特許の発生を阻止する事実を知る可能性にとって不十分である。何故ならば、民事訴訟法二九九条二項に基づく訴訟記録の閲覧は、一般公衆には関係のない通常の訴訟手続に関して規定されたものであるからである。[89] 特許侵害訴訟手続における訴訟記録の閲覧についての利害関係は、少なくとも特許を阻止する事実の確定に関する限り、特許無効手続における利害関係と同一であるが故に、特許法第四一条第三項[90]がその適用規定に該当するということができる。この場合、前記特許法四一条三項の適用に際しては、その訴訟両当事者の相対立する保護利益が考慮されなければならないであろう。

侵害訴訟記録の確認——侵害訴訟記録は、上記により大幅に閲覧し得ることになるのであるが——を容易にするために、特許庁に対して特許争訟手続の開始について報告をなす義務を、以前のように特許争訟裁判所に課し、特許庁は、特許記録にこの報告を編綴することにしなければならないであろう。[91] ただし、上記特許記録の閲覧の可能性に鑑み、上記報告を、特許登録簿に記入することは無用であろう。
(18) 自由な技術水準の異議を認めることにより、第一審及び第二審裁判所がその異なった侵害訴訟手続において、また特許裁判所がその無効手続において、同一の特許を別異に解釈する可能性は、現在の法的状態に比し増大または減少することはない。すなわち、特許の解釈の統一は、侵害訴訟手続においては上告により、また、無効手続においては控訴により、すべての事案につき、それぞれ連邦裁判所に上訴の道が開かれている限り、保証せられることになる。自由な技術水準の異議が認められると否とに関係なく、この連邦裁判所への上訴の道は、現在計画せられている民事訴訟法の改正に含まれている上告権の改革に際しても、工業所有権の争訟事件については その道が閉ざされてはならない。

⒆　自由な技術水準の異議が認められる場合には、被告は、侵害訴訟において——技術水準により先取せられた特許を均等的態様で使用している事案については、三分法理論により、すでに以下に述べるところと同様に取扱われている——自由な技術水準の異議を提起するか、または、無効訴訟の提起に付帯して侵害訴訟手続の中止の申立をなすか、を選択することができる。すなわち、被告が、自由な技術水準の異議を提起するか、または、無効訴訟を提起するか、あるいは、念のためにこの両者の防御手段を使用するか否かは、それぞれ被告の自由に任されている。自由な技術水準の異議は、比較的簡単にしてかつ安価な手段であるが故に、実務上は、第一審では自由な技術水準の異議のみを提起し、この自由な技術水準の異議が理由がないものとして棄却せられた場合に初めて、無効訴訟を提起するというような形で運用することができるであろう。このような場合には、事実審による侵害訴訟の中止は、いずれにしても行なわれ得ない。

㈥　結　論(92)

自由な技術水準の異議は、特許侵害訴訟手続における誤認特許に基づく訴えに対する防御手段として、来たるべきドイツならびにヨーロッパ特許法において、無制限に認められなければならない。自由な技術水準の異議は、特許の保護範囲の確定のために将来採用せられるであろう比較方式 (Vergleichsmethode) の重要な一部である (本論⑽参照)。自由な技術水準の異議を認めることは、誤認特許の構成要件的効力 (本論⑻参照) にも、また、ヨーロッパ特許法協定草案に規定せられている特許の効力の爾後的審査の禁止にも、矛盾しない (本論⑼参照)。さらに、自由な技術水準の異議を認めることは、平等の原則（Gleichheitsgrundsatz）よりして、特許侵害争訟における仮称侵害者に特許権者と同一の訴訟上の法的地位を与えるために、要請せされるところであり（本論⒀）、それはまた、訴訟経済の原則（der Grundsatz der Prozessökonomie）にも合致する（本論⒁）。判例は、技術水準の異議を認めていないが故に、明示的な立法によりこれを規定する必要がある（本論⒃、⒄）。

（1） オール博士（Dr. Albert Ohl）は、カールスルーエ（Karlsruhe）高等裁判所工業所有権部判事の職にあったが停年退官され、その論文として次のものがある。

„Der Sitz des Rechtsinhabers als Gerichtsstand der unerlaubten Handlung bei Streitigkeiten wegen Verletzung gewerblicher Schutzrechte“（GRUR 一九六一年五二一頁）

„Der Rechtsschutz gegenüber unberechtigter Geltendmachung gewerblicher Schutzrechte“（GRUR 一九六六年一七二頁）

„Gegen den Zwang zur Klagekonzentration（§ 54 Pat G）“（GRUR 一九六八年一六九頁）

„Die Vorbenutzung einer Doppelerfindung als Voraussetzung des Vorbenutzungsrechts“（GRUR. AT. 一九六八年三三三頁）

（2） 本論文は「工業財産権法・著作権法」誌（Gewerblicher Rechtsschutz und Urheberrchht（GRUR））一九六九年一頁掲載の „Der Einwand des freien Standes der Technik im Patentverletzungsstreit nach künftigem Recht“ である。

（3） GRUR 一九三五年七七四頁参照。

（4）（i） 自由な技術水準の抗弁を認容するものとして次のものがある。

(イ) Isay, Die einschränkende Auslegung von Patenten（GRUR 一九一二年二四一頁以下）

(ロ) Osterrieth, Materielles Recht und formales Recht im Patentrecht（GRUR 一九一三年一八九頁以下）

(ハ) Mittelstaedt, Ein Vorschlag zur Reform des Patentgesetzes（GRUR 一九一三年二三三頁以下）

(ニ) Adler, Der Entwurf eines Patentgetzes (GRUR 一九一三年三〇五頁以下)

(ホ) Mittelstaedt, Ist eine Reform des Verfahrens in Patentstreitsachen erwünscht? (GRUR 一九二七年七五八頁以下)

(ヘ) Wirth, Der Einwand der alten Technik im Patentverletzungsprozess (GRUR 一九二七年七六四頁以下)

(ト) Pietzcker, Einrede der freien Technik und Nichtigkeitsverfahren (GRUR 一九二八年二頁以下)

(チ) Magnus, Das Nichtigkeitsverfahren und die Reform des Patentgesetzes (GRUR 一九二八年六頁以下)

(リ) Axster, Der zu starke Stand der Technik (GRUR 一九三〇年四七六頁)

(ヌ) Isay, Patente ohne Erfindungsgedanken und ihre Behandlung (GRUR 一九三三年九七頁以下)

(ル) Heydt, Die Einrede der freien Technik, insbesondere die Patenterschleichung (GRUR 一九三四年九五頁以下)

(ヲ) Heydt, Präklusivfrist und Einrede der freien Technik (GRUR 一九三五年七七四頁以下)

(ii) 自由な技術水準の抗弁を否定するものとして次のものがある。

(イ) セリグソン (Seligson) の見解 (ただし GRUR 一九二八年四四頁掲載の一九二七年一一月一七日開催の工業所有権保護に関するドイツ部会集会の報告書記事)

(ロ) Ed. Reimer, Der Schutz der Aequivalente im Patentverletzungsstreit (GRUR 一九三〇年四六一頁)

(ハ) Pinzger, Die einschränkende Auslegung von Patenten (GRUR 一九三五年七〇七頁)

(5) ライマー (Reimer)・コンメンタール (一九五八年、第二版) 二三一頁以下参照。

(6) ベンカート (Benkard)・コンメンタール (一九六九年、第五版) 五一四頁第六条側注162 (Bock-Bruchhausen)、ライマー (Reimer)・コンメンタール (一九六八年第三版) 三一七頁側注41 (Nastelski)、クラウセ＝カートルーン＝リンデンマイアー (Krausse/Katluhn/Lindenmaier)・コンメンタール (一九七〇年、第五版) 一九三頁第六条側注22 (Weiss) 各参照。

（7）　注(6)引用のクラウセ=カートルーン=リンデンマイアー（Krausse/Katluhn/Lindenmaier）・コンメンタール一九三頁は次のように述べている。

「これに対し、最近オール（Ohl）（GRUR 一九六九年五頁以下）によって主張された『誤認特許の構成要件的効力は侵害訴訟裁判所を単に形式的に拘束する以外の何物でもなく、したがって、侵害訴訟裁判所を内容的に拘束することは包含されない』という見解には、決してくみすることはできない。たとえ、裁判所が行政行為の理由および行政行為においてなされた確認には拘束されないとしても、このことは、技術水準によって完全に先取せられた誤認特許は侵害訴訟裁判官によって考慮されるには及ばないという立場を取ることが許されるということを意味するものではない。法律上有効に付与された特許は、所与のものとして甘受されなければならないものであり、その法的存立について審査することは許されないのである。」

「ドイツ弁理士時報」誌（Mitteilungen der deutschen Patentawälte（Mitt））誌一九六九年一一月一二月号合併号記載のボック（Bock）「特許侵害における新二分法理論への提案」二七〇頁（本書Ⅰ—1）及び同誌掲載のヴィルデ（Wilde）「侵害訴訟手続におけるいわゆる自由な技術水準の抗弁」二五九頁も同旨。

（8）　Wilde, Die sogenannte Einrede des freien Standes der Technik im Verletzungsprozess（Mitt. 一九六九年二五八頁以下）

（9）　大阪地方裁判所昭和四五年四月一七日判決（昭和四二年(ワ)第四一二号事件）（特許ニュース二七三四、二七三五号所収）。

（10）　この判決に賛成するものとして、野口秋男「最高裁の公知技術除外説の下級審における適用について」パテント二三巻一〇号三二頁、秋山武「判例研究ならびに現在特許法学説所論概観XV」パテント二四巻六号二九頁、この判決に反対するものとして、播磨良承「権利範囲の公知事項をめぐる問題点」パテント二四巻二号三〇頁、同「登録請求範囲の記載の公知事項と技術的範囲の判断の許否」企業法研究一八五輯四九頁、馬瀬文夫「特許対象と公知事項」企業法研究第一九八輯（昭和四六年一一月号）。

(11) この「誤認特許」(Fehlpatent)」なる名称は、従来より使用されていた「架空特許（Scheinpatente)」又は「構成特許（Konstruktionspatente)」なる名称に代えて、ハイデゥ（Heydt）がGRUR一九三四年九五頁掲載の „Die Einrede der freien Technik, insbesondere die Patenterschleichung" なる論文において初めて提唱したもので、その動機につき、ハイデゥ（Heydt）は次のように述べている。

「裁判所の不正な判決を誤認判決という如く、発明的内容を有せざる特許を、誤認特許と名付けることを提唱する。」

ヴィルデ（Wilde）は、前掲書二六一頁において、このハイデゥ（Heydt）がなした誤認判決との比較に関連して、彼の主張を裏付けるため、次のように述べている。

「GRUR一九三五年七七四頁（これは前記GRUR九五頁の誤りである——筆者注）において、ハイデゥ（Heydt）は、否認さるべき特許を誤認特許と名付け、不正な判決を、誤認判決と名付けられていることと対応させている。この言語上の用法にもとづいて、彼は同時に、誤認特許と誤認判決との間の大きな実質的類似性が存在することを明らかにした。すなわち、誤認判決はそれが正規の方法により、取消されない限り、一般原則として、関与者により、また、形成判決においては何人によっても、尊重されなければならない。このことは誤認特許——誤認特許の場合には、これに加うるに他の行政部門たる特許庁によって付与されているものである——に対する尊重についても異なるところはない。」

(12) 本稿二(一)(3)(a)乃至(e)の各事案の理解のため、本書一九頁掲載の図式を対照することが望ましい。

(13) 本書一九頁掲載の図式第1図、$P_1 \to V_1$参照。

(14) 同　　第1図、$P_1 \to A_1$参照

(15) 同　　第2図、$P_2 \to A_2$参照

(16) 同　　第2図、$P_2 \to V_2$参照

(17) 同　　第2図、$P_2 \to A_3$参照

(18) ドイツ特許法七条一項「特許権の効力は、出願の時に既に国内においてその発明を実施し又は実施のため必要な準

訳文による）

備をしていた者には及ばない。（以下略）」（以下、日本発明新聞社発行、後藤晴男著『欧州諸国の改正特許法』（掲載の

(19) ドイツ特許法第三六条b第一項「特許庁の審査課の査定または特許部の審決に対する抗告、ならびに、特許の無効宣言または取消しを求める訴えまたは強制実施権の許与を求める訴えについて判決をするため、独立の連邦裁判所として特許裁判所を設置する。特許裁判所の所在地は特許庁の所在地とする。特許裁判所は「連邦特許裁判所」と称する。」

(20) ドイツ特許法第三七条第一項「特許の無効宣言、取消しまたは強制実施権の許与に関する手続は、訴えにより開始する。訴えは、特許原簿に特許権者として登録されている者に対してしなければならない。」

(21) ドイツ特許法第五一条「本法に規定する法律関係の一から生ずる請求権を主張する訴え（特許争訟）は、訴額にかかわらず、すべて地方裁判所の専属管轄とする。」

(22) 注(14)参照。

(23) GRUR 一九五三年二九頁、三二頁掲載の一九五二年六月二四日の連邦裁判所プラッテンシュピーラー „Plattenspieler" レコードプレーヤー判決参照。

(24) 注(15)及び注(17)各参照。

(25) 注(15)及び注(17)各参照。

(26) 注(13)参照。

(27) 注(16)参照。

(28) 注(23)参照。

(29) GRUR 一九六二年二九頁掲載の一九六一年七月一四日連邦裁判所判決参照。

(30) GRUR 一九六二年五八六頁、五八七頁掲載の一九六二年三月三〇日のデュッセルドルフ（Düsseldorf）高等裁判所判決参照。

(31) 注(15)及び注(17)参照。Bernhardt, Lehrbuch des deutschen Patentrechts（一九六三年、第二版）一四三頁参照。

(32) 注(14)参照。Hubmann, Gewerblicher Rechtsschutz（一九六二年）一三二頁、Trüstedt, Bl. f. PMZ（一九五二年）二六五頁、二六八頁、GRUR 一九五六年一二頁、一五頁掲載のフェルプ（Völp）„Die Einrede des freien Standes der Technik und ihr Verhältnis zur Einrede der völligen Vorwegnahme des Klagpatents“ 各参照。

(33) ED. Reimer, Kommentar zum Patentgesetz（一九五八年、第二版）第六条側注42（二三四頁）参照。ただし同書（一九六八年、第三版）第六条側注41（三一七頁）では、ナステルスキー（Nastelski）は連邦裁判所の立場に同調している。

(34) 注(15)及び注(17)各参照。

(35) ベルンハルト（Bernhardt）前掲書、フェルプ（Völp）前掲書、前記デュッセルドルフ（Düsseldorf）高等裁判所判決各参照。

(36) GRUR 一九四四年四九頁、五四頁掲載のリンデンマイヤー（Lindenmaier）„Der Schutzumfang des Patents nach der neueren Rechtsprechung“, GRUR 一九五六年三八七頁、四〇一頁乃至四〇三頁掲載のライマ（Reimer）„Äquivalenz, Erfindungsgegenstand, allgemeiner Erfindungsgedanke in Theorie und Praxis“, GRUR 一九六四年六〇六頁、六〇九頁掲載の一九六四年一〇月一八日の連邦裁判所フェルダーバント „Förderband“ ベルトコンベアー判決各参照。

(37) GRUR 一九六八年二八七頁掲載のヘッセ（Hesse）„Die Einrede der völligen Vorwegnahme“ 参照。

(38) GRUR 国際版一九六四年二五九頁参照。

(39) GRUR 国際版一九六二年五六一頁参照。

(40) GRUR 国際版一九五九年四三五頁掲載のドイツ連邦行政裁判所一九五九年六月一三日付判決参照。

(41) 構成要件的効力については、本書〔I—1〕掲載の論文注(17)参照。

(42) この点に関しヴィルデ（Wilde）は前掲論文二六〇頁において、次のように述べている。

二　オール（Ohl）の所説

「行政行為に対する拘束すなわち行政行為の構成要件的効力とは、当該行政行為は、法規が規定する正規の方法により除去せられない限り、すべての国家的行政各省ならびに裁判所により尊重されなければならない、ということを意味する。ただ、行政行為の重大な誤謬が問題になる顕著な例外的な事案についてのみ、その拘束が否定せられるにすぎず、単なる不正確性が存在するのみでは行政行為の拘束を排除するには不十分である。フォルストホフ（Forsthoff）は、その著『行政法総論』一九六六年第九版一〇一頁において、行政行為の重大な誤謬が問題になる事例として、少年後見庁（Amtsvormund）がその権限を踰越して、扶養義務者により支払われるべき扶助料を一種の『裁判所決定』により確定した例を、引用している。イェッシュ（Jesch）の学位請求論文である『民事裁判官の行政行為に対する拘束』をまつまでもなく、これまで疑問を差挿む余地が存在しなかった『裁判所の行政行為による事実に対する拘束』が、最近オール（Ohl）によって問題にされている。すなわち、オール（Ohl）は、この拘束は単に形式的な意味（formale Bedeutung）を有するにすぎず、侵害訴訟裁判官は、当該特許を無効である旨宣言することはできないが、それ以上に、その判決にあたって、特許付与行為の内容にまで拘束せられるものではない、旨主張する。しかし、行政行為の実質的内容（materiale Gehalt）が行政行為の理由（Gründe）または基礎に対する拘束の問題と混同されていることにより、上記主張には、根本的な誤解が存在するということができるであろう。もちろん、後者すなわち行政行為の理由または基礎については、いかなる拘束も存在しない。しかし、特許付与の事実、すなわち、特許存立の事実は甘受されなければならないのであり、このことは、直接、上記拘束から生ずる結果なのである。この点に関し、フォルストホフ（Forsthoff）は、『ある省の行為は、他の省によって尊重（respektieren）されなければならない。ある省が他の省の諸行為によって生ぜしめられた法的状態を基礎として行為をなす場合、これを称して、前記諸行為の構成要件的効力（Tatbestandswirkung）という。すなわち、上記諸行為は、構成要件を形成することになり、他の省――したがって司法機関もまた――この上記諸行為を所与の事実として、この構成要件を基礎としなければならない』と述べている。以上よりして、侵害訴訟手続においては、根本的に、特許存立の構成要件をその基礎としなければならないのであり、裁判官といえども、係争特許はすでに無効に等しく単に形式的にのみ存在するにすぎず、顧慮に値しないものであるとの単純な理由でもって、訴えを棄却することは許されない。」

(43)　本文以下に引用されている事例について、ヴィルデ（Wilde）は前掲論文二六〇頁、二六一頁において、次のように論評している。

「オール（Ohl）は、その命題を裏付けるために、さらに他の論拠、すなわち、(1)係争特許の違法な冒認における場合と同様、侵害訴訟裁判官は、不正手段による特許付与または特許保持を理由とする異議についても、斟酌しなければならなかった点、(2)一九六八年一月二日付特許法により行なわれた改正によれば、出願対象の許されざる拡張に反して付与された特許からはいかなる権利も主張し得ず、当該特許に対する侵害訴訟裁判官の拘束は脱落するという点、さらには、(3)競争制限禁止法二〇条において、連邦カルテル局は、実施権が設定せられた保護権（特許又は実用新案）について、当該保護権が単なる架空の権利にすぎないか否かを審査するとになっている点、そして、最後に(4)これまでの判例によれば、裁判所は、一般的解決思想が主張された場合にも、その新規性・進歩性ならびに高度性について審査しなければならないことになっている点、の諸点を指摘している。

周辺部に関する上記の論拠に対しては、手短な反論で足りるであろう。不正手段による特許保持又は違法な冒認等が問題になる事案においては、公序良俗違反なるすべての法領域において他の法規定に優先して適用せられる法思想が判断の基準となる。これに関しては、後に詳細に論ずることにする。裁判所は、上記各事案においては特許付与行為に拘束されないが故に、その他の事案についてもそれに拘束さるべき義務は存在しないという意味における帰納法的推論は、正当であるということはできない。また、さらに、立法者自身が、許されざる拡張から生ずる権利の主張を出願者から奪っている場合に、抗弁についていかなる結論が導き出さるべきかを吟味すべきではない。そして、最後に、連邦カルテル局に関する点については、この場合、特許に基づくいかなる権利も主張されておらず、むしろカルテル法に基づく特殊な観点よりして、特定の契約が許されたる競争制限の範囲を逸脱していないか否かが審査されるのである。この場合、連邦カルテル局が、特定の保護権は単に『架空特許（Scheinpatent）』にすぎないか否かを審査する場合においても——連邦カルテル局が、実際上かような審査をする権限を有するか否かは未解決であるが——その手続の目標設定は根本的に侵害訴訟手続における立場とは異なるのである。」
（44） ライマー＝ナステルスキー（Reimer/Nastelski）前掲書第四七条側注80、81参照。
（45） ドイツ民法八二六条「善良なる風俗に反する方法により、故意に他人に損害を加えたる者は、その損害を賠償する義務を有する。」
（46） ドイツ特許法四条三項一文「特許出願の要部が、他人の同意なしに、その他人の明細書、図面、ひな形、器具もしくは装置、または、他人の使用する方法を用いたものであって、その他人からこの理由をもって異議の申立があったときも、特許出願人は、特許付与請求権を有しない。」
（47） ドイツ特許法一三条一項三号「特許が次の各号の一に該当するときは、訴え（三七条）に基づき、無効宣告される。
1 （略）
2 （略）
3 出願の要旨が、他人の同意なしに、その他人の明細書、図面、ひな形、器具もしくは装置、または、その使用されている方法を、その他人から違法に盗用したものであるとき。」
（48） ベンカート＝ボック＝ブルッフハウゼン（Benkard/Bock/Bruchhausen）・コンメンタール〈第五版〉第六条側注164、ライマー＝ナステルスキー（Reimer/Nastelski）・コンメンタール〈第三版〉第四条側注32、第四七条側注89各参照。
（49） ドイツ特許法二六条五項二文「出願の対象を拡張する補正からは、何等の権利も生じない。」
（50） 最初の解釈を示したものとして、ベンカート＝バールハウス（Benkard/Ballhaus）・コンメンタール第二六条側注74、最近のものとしては、ライマー＝トリュステット（Reimer/Trüstedt）・コンメンタール第二六条側注40（九八九頁）各参照。ただし、GRUR 一九六八年六六八頁掲載の Schramm/Henner, Der Patentprozess nach dem Vorabgesetz（II 3）は「侵害訴訟裁判所は、この場合にも、特許請求の範囲の項の文言に拘束される」としている。
（51） 競争制限禁止法二〇条一項および三項「(1) 特許・実用新案・植物品種保護権の取得または使用に関する契約は、それが、取得者または実施権者に保護権の内容をこえる取引上の制限を課する場合には、無効である。保護権行使の種

二 オール（Ohl）の所説

類・範囲・数量・地域・期間に関する制限は、保護権の内容をこえる制限ではない。

(2)　(略)

(3)　カルテル庁は、取得者・実施権者または他の企業の経済的活動の自由が不公正に制限を受けることがなく、かつ、当該競争制限の程度に鑑み、市場における競争が本質的に阻害せられない場合には、申立にもとづき、第一項の契約につき許可を与えることができる。第一一条第三項乃至第五項の規定は、これを本項に適用する。」

(52)　GRUR 一九三五年六七七頁掲載の一九三五年三月二六日のライヒ裁判所エスクラープ „Aeskulap“ 判決、GRUR 一九六一年三三頁、三六頁掲載の一九六〇年三月二九日の連邦裁判所ドライタネン (Dreitannen) 判決各参照。なお、ブッゼ (Busse) フォン・ガム (von Gamm) ライマー＝トリュステット (Reimer/Trüstedt) テッツナー (Tetzner) の各コンメンタールはこれに同調しているが、バオムバッハ＝ヘーファーメール (Baumbach/Hefermehl)、シュトルケバウム＝クラフト (Storkebaum/Kraft) の各コンメンタールは異説である。

(53)　GRUR 一九六四年六一一頁掲載の一九六四年六月一八日の連邦裁判所フェルダーバント „Förderband“ ベルトコンベアー判決に対するファルク (Falck) の注釈、GRUR 一九一二年二四一頁、二四二頁掲載の Isay „Die einschränkende Auslegung von Patenten“ 各参照。

(54)　ドイツ特許法四条二項「後願にかかる発明が、先願に基づいて与えられた特許の対象と同一であるときは、その後願は、前項の規定にかかわらず、特許付与請求権を有するものとすることができない。発明の一部について上記の理由があるときは、出願人は、これに応ずる制限を受けた特許付与請求権を有する。」

(55)　クヌェプフレ (Knöpfle) のいう意味における解釈方式を意味する。(„Die Bestimmung des Schutzumfangs der Patent“ (一九五九年) 四三頁参照)。

(56)　ヨーロッパ協定八条三項「特許の実体的保護範囲は、特許請求の範囲の項の内容によって決定せられる。ただし、発明の詳細な説明の項及び図面は、特許請求の範囲の項を解釈するために用いられる。」

現在審議中の「ヨーロッパ特許付与手続に関する協定の第一、第二予備草案」にも、その第二〇条に同趣旨の規定が設けられている。

(57)　ドイツ特許法五三条一項「特許争訟事件において当事者の一方が、全訴額により訴訟費用を負担させられる場合に、その者の経済状態を著しく危殆ならしめるおそれがある旨を疎明したときは、裁判所は、申立てにより、その当事者が納付すべき訴訟費用の額は、その経済状態に応じた訴額の一部をもって定める旨を命ずることができる。この命令により利益を受けた当事者は、弁護士の手数料も、同様に訴額中の当該部分に応じて支払わなければならない。その当事者が訴訟費用を負担させられまたは引き受けたときは、相手方が納付した訴訟費用およびその弁護士の手数料は、訴額の当該部分のみに応じて弁償しなければならない。相手方が訴訟外の費用を負担させられまたはこれを引き受けたときは、利益を受けた当事者の弁護士は、相手方から、相手方に定められた訴額に応じて、その手数料を徴収することができる。」

(58)　ドイツ特許法四六条a「特許庁、特許裁判所および連邦裁判所に対する手続に関しては、当事者に対し第四六条bから第四六条Kまでの規定に従い、貧困者救助の許可をしなければならない。」

(59)　特許権実施契約における不攻撃協定の効果は、実施権者をして無効の訴えの提起を許さないものとするのみならず、侵害訴訟においても、無効の訴えを理由あらしめる事実にもとづく異議の提起も、禁ぜしめるものにする。

(60)　クヌェプフレ（Knöpfle）前掲書五九頁参照。

(61)　クヌェプフレ（Knöpfle）は、意外なことに、前掲書五九頁において、自由な技術水準の異議を明示的には認めていない。

(62)　ドイツ特許法二条「発明が、出願（二六条）の時において、すでに、最近一〇〇年間の刊行物において、他の当業者により実施できる程度に記載され、または、国内において公然用いられたものであるときは、その発明を新規であるとはみなされない。ただし、出願前六カ月以内に行なわれた刊行物の記載または公然実施であって、出願人またはその前権利者の発明に基づくものであるときは、この限りでない。」

(63)　ライマー＝ナステルスキー（Reimer/Nastelski）・コンメンタール第六条側注33、古くは、すでにピーツェッカー

(Ed. Pietzcker)・コンメンタール（一九二九年）第四条側注40、二六〇頁において「技術水準」をこの意味に使用している。

(64) 同ヨーロッパ協定四条二項「本条第四項の規定に該当する場合を除き、国内特許出願又は有効な優先日を有する外国特許出願の提出日前に、記述もしくは口述によって、実施によってまたはその他の方法で、公知のものとなったすべてのものは、技術水準を構成する。」

現在審議中の「ヨーロッパ特許付与手続に関する協定の第一、第二予備草案」にも、その一一条二項に同趣旨の規定が設けられている。

(65) 一九一三年の特許法予備草案について、述べられたライヒ裁判所第一民事部意見書参照。

(66) 同ヨーロッパ協定四条三項は次のごとき規定である。

「当該協約締結国の受理にかかる第二項に規定された時点またはその時点以後に公開された特許出願または特許の内容にして、その内容が先願の優先日を有する場合には、各協約締結国は、その内容を技術水準に属するとみなす旨の規定を設けることができる。」

現在審議中の「ヨーロッパ特許付与手続に関する協定の第一、第二予備草案」にも、その第一一条第三項に同趣旨の規定が設けられているが、選択条項にはなっていない。

(67) ベルンハルト（Bernhardt）前掲書、テッツナー（Tetzner）一九五一年コンメンタール第六条七七項二五九頁以下各参照。

(68) GRUR 一九六八年二九二頁掲載の Hesse „Die Einrede der völligen Vorwegnahme“ 参照。

(69) ベンカート=ロェッシャー（Benkard/Löscher）・コンメンタール〈第五版〉第一三条側注28（七五七頁）、同ベンカート=バルハオス（Benkard/Ballhaus）第四一条b側注23（一二三五頁）参照。

(70) オール（Ohl）は「このことを、前記注(66)、注(68)に挙げた著者等は看過している」としている。

(71) 前記注(13)、注(15)、注(16)、注(17)各参照。

(72)　ベンカート＝ロェッシャー（Benkard/Löscher）・コンメンタール第四七条側注70（一五一五頁）参照。
(73)　旧ドイツ民事訴訟法九一条一項一文「敗訴当事者は、訴訟費用を、特にそれが合目的な訴訟遂行または防禦のために必要な費用であった限り、相手方が蒙った費用をも、負担または償還しなければならない。」
(74)　ドイツ特許法四〇条二項「特許裁判所は、公平な裁量により、判決において、当事者が負担すべき手続の費用の割合を定めなければならない。第三六条q第一項第二文及び第四項を準用する。」
(75)　この点に関連してヴィルデ（Wilde）は、前掲論文二六二頁右欄において、次のように述べている。
「係争特許が技術水準によって先取せられていることが一目瞭然であり、さらに、無効訴訟を提起した場合には、特許権者が無資力であるため、勝訴判決に伴う訴訟費用の償還を受けることができないことが確実であるような事案については、特に注意が払われなければならない。このような場合には、信義誠実の原則が侵害訴訟の被告のために強く働き、公序良俗に反する行為（arglistiges Vorgehen）の場合と同様に取扱われるべきである、というのが私の見解である。ただし、この場合においても、誤認特許が新規性を欠き、かつ、ライマー（Reimer）がその『特許法コンメンタール〈第二版〉』において述べているように、侵害形態と公知事実との一致が『明白である』ことを条件とする。前述の事案以外の事案においても、前記条件すなわち誤認特許が新規性を欠きかつ侵害形態と公知事実との一致が明白であり、さらに、被告に、明らかに無効である特許に基づいて特許侵害の判決を下すことが信義誠実の要求に強く反するという場合が考えられる。」
(76)　Kohler, Handbuch des deutschen Patentrechts（一九〇〇年）四二六頁参照。
(77)　一九四九年五月二三日・ドイツ連邦共和国基本法一二条一項「すべてのドイツ国民は、職業・労働の場所・職業教育の地を、自由に選択する権利を有する。」
(78)　基本法二条一項「何人も、他人の権利を害せず、かつ、憲法により認められた秩序または道徳律に違反せざる限り、自己の個性を自由に伸長させる権利を有する」
(79)　基本法一四条一項「所有権および相続権は、保証せられる。その内容および制限は、法律によって定められる」

(80)　基本法三条「すべて人間は、法の前に平等である。」
(81)　この点に関し、ヴィルデ（Wilde）は、前掲論文二六一頁において、次のように反論している。
「オール（Ohl）は、基本法の規定に基づいて、侵害訴訟裁判官による自由な技術水準の抗弁の参酌が許され、かつ、要求されてさえいるとするのである。彼は、基本法一四条一項の所有権の保証に関する規定により保証されている主観的特許権と同一の地位を有する基本権である営業の自由（基本法一二条一項および二条）に関する規定を指摘する。このような基本法にその根拠をおく権利の順位づけの考え方は、否定されるべきではないであろう。しかし、基本法は、これらの権利がいかなる訴訟法上の手段によって主張さるべきかという点に関しては、その規定を有しないのである。この問題は、むしろ単純多数決による立法者の自由に委ねられ、無効手続と侵害訴訟手続の根本的分離という形で、特許法にその明文の規定を見出すのである。」
(82)　一九三六年五月五日の旧特許法五二条には、次のような規定が存在した。
「特許争訟事件において、裁判所は、一切の書類、調書、処分及び裁判の謄本を、特許庁長官に送付しなければならない。当事者は、その書類の必要な謄本を裁判所に提出しなければならない。

特許局長官は、特許局の職員および補助職員にして当該訴訟事件に関係ある技術領域につき特別の専門的知識を有する者の中より、一名の代理人を選任することができ、代理人は、裁判所に対し書面による説明をなし、期日に列席して説明の敷衍をなし、当事者、証人、及び鑑定人に質問をなす権能を有す。書面による説明は、裁判所より当事者にこれを通知しなければならない。

裁判所が、特許付与手続の経過に関する代理人の詳細な報告により技術関係の判断を是正し、または、それの正当な法的評価をなし得るものと認むるときは、請求によりまたは職権をもって、特許局長官に対し、第二項に定むる資格を有する一名の代理人を口頭弁論に派遣することを請求することができる。この請求には、裁判所が説明を必要とする点を指摘しなければならない。特許局長官が、代理人として選任すべき者に特許付与手続の経過に関し自己の知識にもとづく報告をなし得る者がないと思料するときは、代理人の派遣に代え、書面をもって請求に対する意見を述べることができる。

裁判所は、特許局長官の選任した代理人を合議に列せしめることができる。

司法大臣は、総統代理の同意の下に、鑑定人による立証に関し特別の規定を定めることができる。」

現行競争制限禁止法（Gesetz gegen Wettbewerbsbeschränkungen）九〇条にも、同趣旨の規定が存在する。

(83)　注(64)の同条項参照。

(84)　注(56)の同条項参照。

(85)　GRUR 国際版一九六二年五四五頁掲載クラウス・ファナー（Dr. Klaus Pfanner）の „Vereinheitlichung des materiellen Patentrechts im Rahmen des Europarats“ には、その五四七頁左欄に、次のように述べられている。

「特許の無効宣言は、草案によれば、遡及的効力、すなわち、特許は初めから無効である旨規定せられている。この規定は、ヨーロッパ会議の大多数の構成国の法律状態と一致している。ただ、オランダのみは、無効宣言は宣言の時から（ex nunc）効力を発生する旨規定している。」

(86)　同ヨーロッパ協定一条「産業上利用し得べき発明にして、新規かつ発明的行為にもとづくものについては、協定締結国において、特許が付与せられる。前記要件を具備せざる発明は、有効な特許の対象であることはできない。発明が前記要件を具備せざるにより、特許の無効宣言がなされた場合には、当該特許は、初めから無効なものとみなされる。」

(87)　注(56)の同条項参照。

(88)　旧ドイツ民事訴訟法二二九条二項「裁判所の長は、正当な利益が存在すると信ぜしめるに足る場合には、訴訟当事者以外の第三者に対し、訴訟当事者の同意なくして、訴訟記録の閲覧を許可することができる。」

(89)　GRUR 一九六七年、四九八頁掲載の記録閲覧に関する一九六七年四月二七日の連邦裁判所決定についてのウルリッヒ・クリーガー（Ulrich Krieger）の評釈参照。

(90)　ドイツ特許法四一条o三項「第三者に対する記録閲覧の許可に関しては、第二四条第三項を準用する。申請については、特許裁判所が決定する。特許権者が、保護されるべき利益に反することを証明した場合には、その範囲においては特許の無効宣言に関する手続記録の閲覧は許可されない。」

なお、ドイツ特許法二四条三項「特許庁は、請求に基づき、正当な利害関係が証明された場合には、その利害関係を有する範囲において、記録並びにその付属のひな形および見本の閲覧を、何人にも許可する。ただし、次に掲げるものならびに記録に付属するひな形および見本についての閲覧は、何人にも自由とする。

1　原　簿

2　出願公告がされていない特許出願の記録であって、出願の提出日から、または、出願について最先の出願時を基準とする旨の主張がなされているときはその時から、一八カ月を経過し、かつ、第四項に規定する指示が公告されているもの。

3　出願公告された特許出願の記録

4　減縮手続（三六条ａ）の記録を含む付与された特許の記録

発明者の記載（二六条六項）の閲覧については、出願人により記載された発明者が請求したときは、第一文によってのみ閲覧ができ、第三六条第一項第四文および第五文を準用する。第三〇条ａの規定により、すべての公告が中止されている特許出願または特許に関する記録にあっては、特許庁は、閲覧請求人に閲覧の許可を与えるに足る保護さるべき特別の利益があると認められ、かつ、その閲覧によってドイツ連邦共和国またはその一州の安寧を害するおそれがない場合およびその範囲において、権限ある最高連邦官庁の意見を徴した後においてのみ、閲覧を許可することができる。」

(91)　侵害訴訟が提起された場合に、侵害訴訟裁判所によって通常行なわれる特許付与記録の取寄せは、本文に述べたところと同一の目的を果たしているものといい得る。

(92)　ヴィルデ (Wilde) は、前掲論文二六四頁右欄において、自由な技術水準の抗弁に関し、結論として次のように述べている。

「侵害訴訟裁判官による自由な技術水準の抗弁の認容は、特許付与なる行政行為に対する侵害訴訟裁判官の拘束、ならびに、特許庁と通常裁判所間の権限分配の規定に抵触する。したがって、侵害者は、無効訴訟の方途によらなければならない。

原告の特許侵害の主張が、公序良俗に違反しかつ故意を有することが立証せられた場合、または、新規性の欠如による特許の無効が明らかであり、かつ、事案の性質上無効訴訟の提起が信義誠実の原則に照らし被告に期待し得ない場合にのみ、例外的に、侵害訴訟の被告は、侵害の訴えの棄却を求めることができる。」

二　オール（Ohl）の所説

I—3 〔翻訳〕ブルッフハウゼン（Karl Bruchhausen）著「ヨーロッパ特許の保護範囲について」

一　ヨーロッパ諸国の法原則

ヨーロッパ諸国における立法と判例は、技術の豊富化についての発明者の貢献に対して、独占的排他権を以て報われるべきであるとする発明者の要求と、特許権の保護範囲は、できうる限り予測可能であるような特許権として構成されるべきであるとする競業者の要求との、利益衝突を種々様々な態様により解決してきた。すなわち、それらの立法と判例は、ある時期ある国では発明者の利益を、また他の時期他の国では最大限の法的安定性についての利益あるいは競争の自由を強く斟酌した。

(一)　特許明細書と保護範囲

この利益相反を解決するために、ヨーロッパにおいては早くから、出願者により特許明細書に記載された発明がすべて問題とされ、特許明細書の全体（表題、発明の詳細な説明の項および図面）に公開された発明が、第三者による使用から保護されるとされてきた。ヨーロッパの若干の国、たとえは、ベルギー(1)およびギリシャ(2)は、現今に至るまでこの制度を堅持している。このような保護の範囲の測定は、特許の効力範囲を特許明細書に公開された発明したがって技術の真実の豊富化に、最も広く適合することを可能にする。しかし、この制度は、他面、競業者に対し少なからざる不安定要因――すなわち、大多数の事案において、特許明細書に記載された発明のいずれの特徴に基づいて、競業者は、最終的に特許権者により特許侵害の故を以て提訴されることになるかを確実に予測し得ないという――をもたらした。(3)

(二)　特許請求の範囲の項についての成文法上の原則

ヨーロッパの他の諸国は、漸次、最初にアメリカ合衆国で実施に移された特許請求の範囲の項を特許明細書中に設けるという制度に移行した。(4) その際、若干の諸国の立法者は、特許出願の起草に関する規定を設けるに際して、「特許請求の範囲の項には、特許能力を有するものとして特許保護の下におかれるべきものについての記載を包含しなければならない」旨を規定するに留め、(5) また、他の諸国の特許法は、法規の条文中に、特許保護範囲について、特許請求の範囲の項のもつ意味を積極的に強調した。たとえば、新フランス特許法一三条は「求むべき特許保護の範囲を示す特許請求の範囲の項」の記載を、イギリス特許法四条三項Cは「特許保護が求められた発明の範囲を明瞭ならしめる特許請求の範囲の項」の記載を、また、アイルランド特許法九条三項Cは「特許保護が求められた発明の保護範囲を確定する特許請求の範囲の項」の記載を、それぞれ要求している。上記の規定以外にさらに、フランス特許法二八条、スカンジナビア諸国特許法三九条、および、スイス特許法五一条二項は、「特許の実質的保護範囲は、特許請求の範囲の項によって確定せられる。」旨の規定を設けることによって、上記の関連を再度明確に強調した。ヨーロッパ特許条約のこの点に関する規定は、明らかにアングロサクソン法領域から由来するものと認められる。すなわち、ヨーロッパ特許条約は、イギリスおよびアイルランドにその範をとり、「特許保護が求められる対象が示され（同条約八四条一文）、かつ、発明の詳細な説明の項に基づいて明確かつ簡潔に起草された特許請求の範囲の項（同条二文）」なる規定を設け、さらに、スカンジナビアおよびフランスの新規定に依拠して、「ヨーロッパ特許の保護範囲は、特許請求の範囲の項の内容によって確定せられ、その解釈のために、発明の詳細な説明の項および図面が斟酌せられなければならない（同条約六九条）」旨規定している。

(三) ヨーロッパ特許条約における法原則についての予測

以上述べたように、各国内法はその内容が異なる上に、それらの国内法は、侵害問題について管轄を有する国内裁判所により、その時期を異にするに従い、異なった適用がなされた(6)。この点について、ドイツにおける判例の展開は(7)、印象に富む事例を提供している。

ヨーロッパ諸国におけるこれまでの判例に想到するとき、ヨーロッパ特許条約が効力を発生していない現在において、将来のヨーロッパ特許の保護範囲についてある程度確実な予測を敢えて行なうことが危険であることは、明らかである。この場合、同条約の規定に対する深い洞察と各国内特許の保護範囲についてこれまでに存在しているヨーロッパに共通の法意識に基づいてのみ、将来のヨーロッパ特許の保護範囲についての慎重な予見がなされ得ることになるのである。条約に加盟したすべての国において、出願発明についての包括的な保護を得るためには、ヨーロッパ特許出願の特許請求の範囲の項は如何に起草さるべきであるかを予想することは、目下のところ未だ不可能である。これについては、ヨーロッパ特許条約を実務において運用する者の見解に俟たれなければならない。そして、その中で表明されることになるかもしれない法外な見解は、ヨーロッパ統一特許制度がこれを利用する全関係者に提供する著しい利点によって補われることになるのである。

二 ヨーロッパ特許条約における特許請求の範囲の項と保護範囲に関する法原則

ヨーロッパ特許付与手続に関する条約は、その前文その他より明らかなような、ヨーロッパ特許付与手続によって付与された特許についての、一定の統一的規定を創設することを目的とするものである。

(一) 特許請求の範囲の項

ヨーロッパ特許出願は、七八条一項C号により、単数または複数の特許請求の範囲の項を含まなければならない。既に述べたような、この特許請求の範囲の項は、特許保護が求められる対象を示し（八四条一文）、かつ、明確簡潔に起草し、発明の詳細な説明の項に裏付けられなければならない（八四条二項）。ヨーロッパ特許条約施行規則二九条は、特許請求の範囲の項の記載方式と内容を、詳しく規定している。これによれば、特許保護を求める対象は、特許請求の範囲の項に、発明の技術的特徴を示すことによって特定されなければならない（規則二九条一項一文）。そして、発明の本質的に重要な特徴を描出する独立特許請求の範囲の項（規則二九条二項）と、この発明の特定の実施態様に関する特許請求の範囲の項（規則二九条三項）とが、定められている。特許請求の範囲の項の数は、特許保護が求められる発明の態様を顧慮して、適度の数に限定されなければならない（規則二九条五項）。一〇箇以上の特許請求の範囲の項については、特別の手数料が徴収されることになる（規則三一条）。特許請求の範囲の項は、発明の技術的特徴に関して、それが緊急に必要でない限り、発明の詳細な説明の項または図面に関連づけて記載すること、特に、「詳細な説明の項のXの箇所に記載されているような」特徴とか、「図面

Y図に描かれている」特徴というような記載方法は許されない（規則二九条六項）。特許請求の範囲の項は、化学式または代数式を、または、一覧表をも包含せしめることができるが、図面を包含せしめることは許されない（規則三五条一一項）。

㈡　審査手続と特許請求の範囲の項

ヨーロッパ特許付与手続は、特許請求の範囲の項の枠内において処理される。先ず、ヨーロッパ・サーチ・レポート（der europäische Recherchenbericht）は、発明の詳細な説明の項および図面を適宜斟酌して、特許請求の範囲の項に基づいて作成せられる（九二条）。審査は、ヨーロッパ特許出願およびヨーロッパ特許出願の対象となっている発明が、条約の定める要件を充足しているか否か、についてもなされる（九六条）。特許付与手続中においては、特許請求の範囲の項の変更が許される（一二三条一項）。ヨーロッパ特許の付与がなされるまでは、特許請求の範囲の項の変更は、ヨーロッパ特許の対象が当初の出願内容を越えない限り、保護範囲が拡張されることになる場合においても許される。このことは、保護範囲を拡張することになる特許請求の範囲の項の変更は、異議手続の場合にのみ禁止している一二三条三項の規定から明らかである。したがって、特許付与前になされた、保護範囲を拡張することになる特許請求の範囲の項の変更は、その変更が当初の出願中に公開されている内容を越えない限り、異議理由（一〇〇条）にも、また、無効理由（一三八条）にもならない[8]。

㈢　特許保護の効力

特許保護の効力、すなわち、当該特許により特許権者に与えられた権利および特許侵害に関しては、条約は、原則として、各締結国の法律を適用すべきものとしている。二条二項によれば、条約中に別段の定めがない限り、ヨーロッパ特許は、各指定国において、当該指定国において付与された国内特許と同一の効力を有する、としている。このことは、六四条――この規定は、特許権者の法的地位および侵害問題の面から規定されているのであるが――に次のような表現を以て規定されている。すなわち、

「(1)　ヨーロッパ特許は、当該特許権者に対し、各指定国において、各指定国で付与された国内特許により与えられる権利と同一の権利を与える。

(3)　ヨーロッパ特許の侵害は、国内法によって判断される。」

前記規定に条約の条項の優位が定められていないが故に、同規定は、二条二項後段の上位規定によって補足されなければならない。したがって、特許保護の効力、すなわち、ヨーロッパ特許から生ずる特許権者の権利の問題およびヨーロッパ特許の侵害の問題は、条約中に別段の定めがない限り、国内法が適用されることになる。特許保護の効力、すなわち、特許権者の権利およびヨーロッパ特許の侵害等に関して国内法に優先する規定は、先ず、六九条の規定に見出される。この規定によれば、

ヨーロッパ特許……の保護範囲は、特許請求の範囲の項の内容によって確定される。ただし、発明の詳細な説明の項および図面は、特許請求の範囲の項の解釈につき、斟酌されなければならない。

旨指定している。

この六九条の規定は、ヨーロッパ特許の実質的保護範囲の考察のとっての中心点を構成するものである。すなわち、本規定は、ヨーロッパ全特許制度にとって、中心的な意味を有するものである。この規定は、保護範囲の測定に際して、特許請求の範囲の項に決定的な役割を与えようとするものであり、ヨーロッパ特許の魅力と評価

にとっての多くは、一つに本規定の運用にかかっている。

二次的ではあるが、上記の規定以外の実質的保護範囲に関する規定は、八五条の規定に見出される。この規定には、七八条一項e号の規定により特許出願に際して記載しなければならない「要約（Zusammenfassung）」は、もっぱら技術説明のためにのみ用いらるべきであって、保護範囲の確定のために斟酌されてはならない、旨を規定している。さらに、施行規則二九条七項二文は、ヨーロッパ特許の保護範囲に関する規定であり、かつ、国内法に優先する規定でもあるが、同条は、特許請求の範囲の項に記載された図面の関連符号は、特許請求の範囲の項を制限的に解釈するために斟酌されてはならない旨規定している。

(四)　特許請求の範囲の項の構成

特許請求の範囲の項の構成については、その起草に際して、八四条二文および規則二九条一文の規定に基づき、常に特許請求の範囲の項は、すべての締結国において、当該出願に公開された発明についての十分な特許保護を発明者に与えるよう、出願発明に適した構成をするように注意が払われなければならない。特許請求の範囲の項は、明確かつ簡潔に起草すべきであるとする要件（八四条二文）については、この要件は、一方的に発明者の負担となるように適用さるべきではなく、むしろ予測可能な特許保護についての効力なる一般公衆の要求と、発明の十分な保護についての発明者の利益とを衡量して、適用さるべきであるという点に注意されなければならない。(9)同一のことは、特許請求の範囲の項は、発明の詳細な説明の項によって裏付けられなければならない（八四条二文）という規定についても妥当する。この規定は、イギリス特許法四条四項および三二条一項・i号、ならびに、アイルランド特許法九条四項二文および三四条一項・i号に由来する。これらの法規に関してなされた判例は、上記新規定を理解するうえでのよりどころを提供する。イギリスおよびアイルランドにおいては、出願者は、出願者に知れた当該発明の最良の実施方法を公開すべく義務づけられている。[10] この点を顧慮して、イギリス特許法は、出願者に、当該発明の最良の実施方法から離れて、当該発明の保護範囲を特許請求の範囲の項の一つに限界づけることを許容している。[11] すなわち、イギリスの実務は、出願者に、出願者が特定の効果を達成する新規な方法を公開した場合には、広く起草された特許請求の範囲の項を設けることを許容している。[12] この点についての有名な事案は、British United Shoe Machinery Co. Ltd. 対 Simon Collier Ltd. 事件である。[13]

上記事件において、問題の特許は、靴底のへりを滑らかに切り磨く機械に関するものである。切磨刃の位置は、靴底のへりに沿った箇所で支持された案内によって、機械の操作中常に、自動的に保持されている。このようにして、靴底の幅は、この靴底のへりに沿った箇所に応じて変えられるよう設計されている。したがって、特許請求の範囲の項は、次のように構成された。

「靴底のへりを滑らかに切り磨く機械において、切磨刃、切磨刃の支持は、上述の目的を達するため、切磨中、切磨刃および案内の相対位置の自動的変更をもたらすための自動的作業手段を、備えている。」

この事件において、パーカー（Lord Parker）は、「新しい原理およびその原理に基づくある実施方法を公開した者は、この原理に基づく他の実施方法に対しても、その保護を受けるが、その原理と異なった解決原理が使用せられている実施形態に対しては、保護が及ばない。したがって、特許請求の範囲の項が上述と異なった解決原理をも包含している場合には、その特許請求の範囲の項は、同一の結果に導くすべての手段を包含するが故に、広く起草されすぎたことになる」と述べている。[14]

ヨーロッパ特許付与制度のように、特許請求の範囲の項によって保護範囲を測定する特許付与制度においては、特許請求の範囲の項の構成の手法については、その取扱を寛大にしなければならない。この理由から、ヨーロッパ特許条約においても、出願者に当該発明の最良の実施方法を公開すべきことを要求せず、ドイツ法に則り、専門家に実施可能な程度の発明の公開を以て十分であるとしている（八三条）。また、ヨーロッパ特許条約は、イギリスおよびアイルランドの特許法とは異なり、特許請求の範囲の項の発明の詳細な説明の項による裏付けが不十分な場合にも、これを異議理由または無効理由とはしていない。しかし、特許請求の範囲の項は、ヨーロッパ特許の実質的保護範囲の確定にとって基準となるが故に、発明の詳細な説明の項に具体的に記載された発明的特徴のすべてを抽象化しまた一般化することを軽視してはならない。発明の詳細は説明の項と特許請求の範囲の項は、ともに異なった目的に奉仕するものである。すなわち、発明の詳細な説明の項は、技術専門家が当該発明を実施し得るための、当該発明の十分な情報を提供するものでなければならない。これに対して、特許請求の範囲の項は、保護範囲の確定を目ざすものであり、したがって、特許請求の範囲の項の言葉遣いが十分な法的安定性の要求を考慮したものである限り、出願に公開された発明の第三者による使用に対して、発明者に十分な保護が保証せられる程度に広く起草され得るものでなければならない。(9) しかし、特許請求の範囲の項に使用せられる概念の想定せられる一般化は、他の課題による解決手段を包含する余地がある程度に、広く行なわれてはならない。何に特許保護を求めようとしているか判別し得ない不明瞭な概念構成は、その記載の意味内容が当該技術分野の専門家にとって不明瞭である漠然とした記載と同様、許されない。(15) また、イギリス法に則り、出願者が公開された発明に何らの説明をも与えていない部分を包含するような、広く起草された、不特定な、思弁的性格を伴う特許請求の範囲の項もまた、許されない。しかし、発明は、具体的な形態中に描出し尽くし得ない精神的表象であるが故に、合理的な程度の範囲内で、解決原理に基づいて発明思想を限定して描出することが必要となる。施行規則二九条一項一文によって要求されている発明の技術的特徴の記載による特許保護対象の特定は、機能的描出を伴う発明の記載を全く排除するものではない。このような機能的描出は、課題が、技術専門家に多種多様の代替手段を示唆する手段によって解決され得るような新規な出願対象を描出するために用いられる。また、例えば、〝最低または最高X％〟または、〝Y（量単位）からZ（量単位）まで〟というような特許請求の範囲の項中の数または量の記載――これらの記載は、その表示内容を健全な社会通念により評価すれば、権利を限界づけるものと理解されるのであるが――に際しては、特許の保護範囲を予測可能なものにせんとしているヨーロッパ特許条約六九条の意図を無視してはならない。この測定基準については、いずれのヨーロッパ諸国においても、ソーセージ包装事件(16)についてイギリス占領地区最高裁判所によって行なわれたような、発明者に有利に寛大な取扱がなされることは期待され得ないであろう。ヨーロッパ特許出願の公開内容を完全に包含し、かつ、予測可能な特許権を起草すべきであるという要請を十分に考慮した、公開された発明に適合した特許請求の範囲の項の起草に、ヨーロッパ特許庁および出願者が成功する場合には、当該ヨーロッパ特許の保護範囲の測定に際し、国内裁判所の困難は軽減されることになるであろう。

三　不完全な特許請求の範囲の項の修正

(一)　問　題　点

この点に関し、出願者およびヨーロッパ特許庁に、何か目新しいことを期待すべきではない。そして、最上級裁判所および著名な専門家の経験――すなわち、既に特許付与の段階において、後に生ずる特許侵害事件における実質的保護範囲の限界づけに際して、問題になる多くの問題点を予測するには、人間の思考力は余りにも貧困であり[17]、また、特許付与の時点においては、特許にかかる技術思想の使用・迂回・構成に際して生ずる多種多様の可能性を予測することも、ほとんど不可能であるとする[18]――を無視することは許されない。規則三五条一一項は、――若干の例外を除いて――、特許請求の範囲の項は、特許保護が求められる対象を描出するためには、言語による表現手段を用いなければならない旨、規定している。しかし、言語は、ある限られた程度でしか、発明思想を、その十分な範囲について完全かつ明確に描出することができるにすぎない。上述のことは、特に、発明の範囲を明確ならしめる言語的手段が欠如し、その言語的手段では不十分にしか描出し得ない技術的新分野を、発明者が開拓した場合に妥当する[19]。そして、発明者は、余りにも当該発明の具体的な現象形態に固守し、技術専門家にとっては容易に認識し得る当該発明の基礎になっている新しい解決原理を無視し勝ちであることは、経験の教えるところである。発明者は、発明を描出するに際し、しばしば公知のもの――発明者は、この公知のものを発明的方法で変形したことになるのであるが――から出発するのであるが、この場合、その発明が技術水準を過去のものにしたものであり、かつ無用のものにしたことに注意を払わないことがある[20]。技術水準に基づいて発明対象を描出するに際して、出願者は、多くの場合、当該発明を綿密に限定しようとする努力がなされる。そして、正確に考察すれば、当該発明の本質を特徴づけるのには、不必要な技術水準に属する技術的特徴の羅列が行なわれていることが多い。また、多数の特徴を有する装置を発明した発明者が、その特徴の全部を当該発明にとって重要であると見做し、したがって、そのすべてを特許請求の範囲の項に取り入れたが、発明にかかる新しい装置の機能および本質についてはほとんど変更をもたらすことなく、それらの特徴のうちのいずれかを省略しうるという場合も稀ではない[21]。特許侵害の問題を感情的に非難しようというわけではないが、侵害者は、その模倣を隠蔽するために、特許にかかる発明を巧妙に改変することを心得ている、ずる賢い人々であることが多い。

彼等は、特許請求の範囲の項の起草に当たり、賢明な人でさえ予想もしないか、または、特に言及する必要を認めなかった発明の形態に迂回しようとするのであり、特に、規則二九条五項が出願者に義務づけているように、特許請求の範囲の項の数を合理的な限界内に止めようとする場合には、前記のような事態が起こり得るのである。

㈡ 解決方策

しかし、上述のような事情によって生ずる特許請求の範囲の項の起草における不備は、国内裁判所の侵害争訟においてヨーロッパ特許の保護範囲を測定するに際して、修正され得るか否かが問題になる。この場合、いずれにしても、各国家の伝統に基礎づけられた考え方から解放され、したがって、「保護範囲についてヨーロッパ特許条約を適用するに際しては、すべて信頼のおける国内的慣行によって行なわれるであろう。」との希望的観測から脱却することが必要である。問題はむしろ、ヨーロッパ特許の保護範囲に関する六九条の規定の成立過程、および、これについて合意された一六四条一項の規定により条約の構成部分とされる解釈基準(22)を斟酌の上、さらには、関係ヨーロッパ諸国において保護範囲に関し現在すでに存在している共通の考え方を考慮して、条約を基礎として、回答が与えられなければならない。

(a) 保護範囲の狭い測定

特許の保護を特許請求の範囲の項において使用された言葉の文字通りの意味によって測定する制度が、特許保護の限界についての予測性を最大限に達成せしめるものであることは、疑う余地のないところであろう。

しかし、侵害事件において、特許保護を特許請求の範囲の項の文言についてのみ主張することを許す上記のような制度は、特許保護を全く架空のものにすることになる。特許権者に対する十分な保護は、この制度によっては、達成せられない。真剣な利害関係者にとっては、多くの場合、公開された発明を使用してはいるが特許請求の範囲の項の文言からは潜脱することは、容易な業であろう。何故ならば、特許権者は、特許請求の範囲の項の起草に際して、特許権者が立向わなければならない侵害がどのようなものであるかを、前以て知ることができないのに反し、侵害者が迂回しようとする特許請求の範囲の項の文言は、侵害者には、前以て知られているが故に、侵害者は、特許権者に比し、著しく有利な立場にあることになるであろうからである。[23] ヨーロッパ特許が、特許請求の範囲の項の文言によって測定される保護範囲のみしか有しないことになるとするならば、それは魅力の薄いものとなるであろう。

六九条の成立過程、六九条について合意された解釈基準[22]およびヨーロッパ諸国における共通の法意識よりすれば、特許請求の範囲の項の文字通りに理解された文言のみによって測定されたヨーロッパ特許の保護範囲の限界づけは、ヨーロッパ特許条約の規定の意味するところでないことは明らかである。

(b)　ヨーロッパ特許条約六九条の起源

六九条は、発明特許の実体法の概念の統一に関する条約（いわゆるシュトラスブルク条約）にその起源を発し、この規定をそのまま採用したものである。周知のごとく一九六〇年の初めに、ヨーロッパにおける国内特許法の統一のためのヨーロッパ審議会の事業として、シュトラスブルク条約八条三項が成立したのである。当時、ヨーロッパ諸国において付与された国内特許の実体的保護範囲の統一的規定を設けるに際して、特許請求の範囲の項を文言の文字に即して狭く解釈する制度と、特許請求の範囲の項の文言を超えて広く解釈する制度との中間的な制度を見出すということに、その目標がおかれたのである。[24] 特許の保護範囲は、もっぱら特許請求の範囲の項の文言によって測定されるという考え方は、特許にはいかなる場合にも特許請求の範囲の項の文言と異なった保護範囲が与えられるべきではないという結果となるため、シュトラスブルク条約八条三項を討議した審議において、採用されるに至らなかった。そして、むしろ、この審議においては、八条三項の解釈は、特許請求の範囲の項の範囲を明確にするためには、「特許請求の範囲の項の文言解釈を超えて、発明の詳細な説明の項および図面にまで遡る」ことが許されるということが明らかにされたのである。[25] 上述のことは、「特許請求の範囲の項の解釈に関する六九条二項の意味についても妥当する。ヨーロッパ特許の保護範囲は、文字通りに理解された特許請求の範囲の項の文言によって測定さるべきであるとするならば、上述したところのことは、実務上許されないことになるであろう。

(c)　共通のヨーロッパ法意識

特許の保護範囲を特許請求の範囲の項の文言によって測定しようとする制度は、これまでにヨーロッパ関係諸国において、既に存在している共通の法意識とも一致しない。何故ならば、いかなるヨーロッパ諸国においても特許保護の範囲を限界づけるに際して、硬直した制度は実務上行われておらず、出願者によって起草された特許請求の範囲の項の正確な文言のみが特許保護の範囲を限界づけ、したがって、特許請求の範囲の項の文言とは異なる実施形態は、何人にも自由に解放された技術領域に属するとする純論理的帰結——時に、実際の法の適用に際し、上記のような結論に近い例外的な事例も存在するが、——は、特許の保護範囲の判断について権限を有する裁判所の採用しないところである。上記のような論理的な帰結は、実務上行なわれているというよりも、しばしば議論の対象とされるにすぎない。あるイギリスの裁判官は、特許の保護範囲の測定に際する厳格な論理と実務的感覚との背反を取り上げ、後者すなわち実務的感覚の優位を認めた。[26] このことは、特許の保護範囲に関する全ヨーロッパ諸国の法についても、一般的に妥当するところである。[27]

最後に、六九条のために合意された解釈基準[22]も、その第一文において、再度、明示的に、ヨーロッパ特許の保護範囲は、特許請求の範囲の項の文字通りの文言からのみ明らかにされるのではない旨、および、発明の詳細な説明の項ならびに図面は、特許請求の範囲の項における万一生ずることあるべき不明確性を除去するためにのみ使用さるべきでない旨を明らかにしている。

(d)　保護範囲の広い測定

他方、特許の保護範囲が最大限にまで拡張された場合には、特許明細書中に公開された一般的発明思想によって測定され、特許請求の範囲の項の文言を遙かに超えて拡張されるドイツの制度は、既にシュトラスブルクにおいて拒否せられた[28]。もちろん、この拒否が、ライヒ裁判所の判例の具体的な事案、すなわち、ライヒ裁判所が、特許明細書中に公開された一般的発明思想を承認するに際して、全く特許請求の範囲の項から離れようとした事案に関するものか[29]、あるいは、ライヒ裁判所によって行なわれた特許請求の範囲の項の具体的な特徴から導き出される抽象的解決原理に関するものか、あるいはまた、「一般的発明思想（allgemeiner Erfindungsgedanke）」なる一般的名称の下に、連邦裁判所によって行なわれてきた特許請求の範囲の項から導き出される下位結合（Unterkombinationen）および一見明白でない均等（nicht glatten Äquivalenten）の保護に関するものであるかは、明らかにされていない。

(e)　ドイツにおけるその検討

以上の次第で、ドイツにおいては既に何年も以前から、従来からドイツの侵害訴訟裁判所において行なわれてきた保護範囲の測定は、シュトラスブルク条約八条三項の規定との関係で、維持され得るか否かが検討されてきた。私の忘れ得ない同僚であるシュペングラー（Spengler）は、同条約の成立過程の分析および比較法上の研究に基づいて、ドイツにおいては、「一般的発想思想」を認める実務から訣別しなければならない、と確信されるに至った。[30] また、ある人達は、一般的発明思想なる複合した実務を細分し、その個々の部分（たとえば、要素保護、部分結合または下位結合、解決原理の保護、一見明白でない均等）がシュトラスブルク条約の八条三項に適合するか否かを検討し、[31] ファルク（v. Falck）およびオール（Ohl）も、工業所有権ドイツ協会の「保護範囲・実施契約・侵害」に関する分科委員会の作業についての報告において、これに同調した。[32] それらの論議においては、特許請求の範囲の項の具体的な内容[33]またはその完全な内容のみが、[34] 特許の保護範囲を確定することになるか否かが問題にされた。この問題設定は、六九条が、ヨーロッパ特許の保護を、均等物・特許請求の範囲の項から導き出さるべき解決原理の使用・特許請求の範囲の項の特徴をその全部について使用していない実施形態（たとえば、下位結合の場合）等に及ぶことを許しているか否かの問題に関連するものである。

（f） 分離された審査

保護範囲の測定に関するドイツの制度は、特許の審査を、保護範囲の異なった部分領域に分離するものであるが故に、[35] 特許請求の範囲の項の具体的かつ完全な内容を超える保護範囲の測定を許すことになる。このドイツの制度は、侵害訴訟裁判所に、その固有の審査権限に基づき、特許発明の保護範囲を判断するための十分な審査の可能性を与えるものであるが故に、認容し得るものである。ヨーロッパ特許の特許請求の範囲の項および保護範囲に関するヨーロッパ特許条約八四条および六九条の規定により、ヨーロッパ特許庁によるヨーロッパ特許出願の審査は、特許請求の範囲の項において特許保護を求めた対象に関してなされる、ことを明らかにしている。ヨーロッパ特許については、ドイツ連邦裁判所がドイツ特許について述べたように、[36]「保護範囲をあらゆる側面にわたり限界づけることは、特許請求の範囲の項の目的ではない」という原則は、妥当しない。また、「ヨーロッパ特許庁は、保護範囲の一部のみについて、すなわち、特許請求の範囲の項によって限界づけられたヨーロッパ特許の対象のみについて審査を行ない、それ以上のことについては、ドイツにおいて一九一〇年のライヒ裁判所の判決(37)以後実務において常に行なわれてきたように、国内裁判所が、侵害訴訟において、保護範囲の特許能力について、独自のまたは補充的審査を行なわなければならない」とすることもできない(38)。上述のような国内裁判所による審査権限は、ヨーロッパ特許条約の規定からは導き出され得ないのみならず、逆に、ヨーロッパ特許条約の規定に矛盾することになるであろう。特許の保護範囲を顧慮して、発明について分離した審査をなす制度は、ヨーロッパの共通の法意識によっても支持せられない。このような制度については、オランダの判例に、ある手がかりが見出されるのみである(39)。オーストリーの特許裁判所は、ドイツにおいて行なわれてきた「発明特徴（Erfindungskennzeichen）と保護範囲との極端な区別」を、一九六三年の判決において、明示的に否定した(40)。

以上よりして、次のように結論づけることができるであろう。すなわち、従来よりドイツ特許の保護範囲に関して実務上行なわれてきた保護範囲について分離した審査をなす制度は、ドイツ侵害訴訟裁判所によりヨーロッパ特許の保護範囲が判断される場合には、適用することはできない。ドイツ特許に関する従来の実務の国内的正当性の脱落とともに、ドイツ連邦共和国においては、ヨーロッパ特許の保護範囲の判断に際して、時に、余りにも広くまた予測が困難であると感ぜられた保護範囲の測定の理由も消滅したことになる。

㈢　特許の保護範囲に関する共通の法意識

ヨーロッパ特許の実質的保護範囲の判断に際しては、既に述べたように、国内特許の保護範囲についての関係締約国における共通の法意識が役立つことになる。ヨーロッパ特許条約の関係諸国において、これまでに既に、この点についての一致した見解が存在している場合には、この見解をヨーロッパ特許の保護範囲の測定に際しても考慮されなければならないであろう。何故なれば、条約は、この共通のヨーロッパ法意識を成文法として確定したものに外ならないからである。

(a)　特許付与がなされた特許請求の範囲の項

特許の実体的保護範囲の探究についての判断の基礎となるものは、既に述べたように、ヨーロッパ特許庁によりその発明についての審査がなされた発明であり、そして、この審査がなされた発明に対して、当該発明の権利範囲に適合した特許請求の範囲の項について、ヨーロッパ特許が付与せられることになる。したがって、侵害訴訟においては、特許請求の範囲の項に表明せられた当該発明の権利範囲が確定せられることになる。この原則に基づいて、既に大多数のヨーロッパ諸国において、特許の保護範囲が探究せられているのである。ヨーロッパに統一的関係をもたらすために、その保護範囲について種々の関係において多かれ少なかれ制限を受けなければならないとしても、本質的にはこれまでドイツにおいて承認されてきた保護範囲を廃棄することなしに、ドイツの実務を上述の原則に適合せしめることができる。

(b)　平均的専門知識

国内特許の保護範囲の判断における最初の、かつ、最も重要な共通のヨーロッパ法意識として、平均的専門家の専門知識の斟酌が挙げられる。筆者が知り得たヨーロッパ諸国の判例によれば、保護範囲の判断に際しては、当該専門領域における平均的専門家の理解が前提とされている。(41) この着眼は、一見したところ、些細なものであるように見えるが、仔細に観察すれば、いかにしてすべての関係諸国に甘受され得るヨーロッパ特許の保護範囲の測定、および、特許請求の範囲の項に限定せられ、かつ、特許明細書に公開せられた発明についての適正にして妥当な保護に到達し得るかについての若干の展望を、提供するものである。すなわち、今日既にヨーロッパにおいて、特許請求の範囲の項において使用せられている概念は、侵害争訟事件において、次のように理解せられるべきであるという点についての一致が存在している。それは、特許明細書の全体的内容を顧慮した上、専門家が発明の基礎となっている技術的問題を観察し、特許請求の範囲の項に揚げられている当該技術的問題の解決に発明的に役立っている手段（特徴）を偏見なく考慮して、その概念が、特許明細書の名宛人である当該専門分野の平均的専門家により理解せられるように、解釈されるべきであるという点である。六九条は、ヨーロッパ特許の保護範囲にとって、他と切離して特許請求の範囲の項が決定的である旨規定しているのではなくて、その第二文において、その解釈のために、発明の詳細な説明の項および図面を斟酌することを許容している点において、上述の特許明細書の全体的内容を取り入れているのである。したがって、特許請求の範囲の項に用いられている概念または特徴の意味の不明瞭な点は、専門家が発明の詳細な説明の項および図面に描出されている発明から引出し得る意味を斟酌して、解明することができる。六九条に関する解釈基準は、[22]この点に関し、発明の詳細な説明の項および図面は、特許請求の範囲の項に存在する不明瞭な点を除去するためにのみ用いられる――このことは、結局、特許請求の範囲の項において、それ自体不明瞭な概念が使用せられている場合にのみ、発明の詳細な説明の項および図面が斟酌せられるという結論になるのであるが――べきではなく、むしろ、侵害実施形態との関係で特許請求の範囲の項の権利範囲が不明瞭である場合には常に、その疑点を除去するために、発明の詳細な説明の項および図面を斟酌することが許される、ということを明らかにしているのである。

(c)　均　等

そのすべての専門知識をかたむけて特許明細書の研究に取りくむ専門家は、ときに、当該特許の基礎に存する問題およびその問題の解決のために、特許請求の範囲の項に掲げられた手段（特徴）が、一見して特許明細書に記載せられているところのものより以上の、一般的意味を有することに気づく場合がある。すなわち、専門家は、その技術的問題についての専門的知識よりして、個々の事案において、特許請求の範囲の項に記載せられた発明の限定は、範示的ないし例示的なものに依拠したものであり、そこに挙げられた手段（特徴）は、より一般的な問題に応用されることも、他の同一の作用効果を有する手段（特徴）にも置換せられ得ることを知るのである。この事実が、筆者が知り得たすべてのヨーロッパ諸国の判例および学説において、国内特許の保護範囲の判断に際して、原則として、均等理論を容認する理由となっているのである。(42)

(i)　必要な思考支出の程度

個別的にみれば、保護範囲の測定における均等理論の適用に際して、各国の国内侵害訴訟裁判所の実務には、著しい差異が存在する。この差異は、専門家が、特許請求の範囲の項に記載されていない代替手段の同一作用効果性を認識するに要する思考程度の多寡の点に求められるというよりも、むしろ、均等物による発明の特徴の使用が、如何なる範囲まで特許侵害と認められるかという点に存するようである。したがって、代替手段についての作用効果の同一性の認識に際して、いかなる程度までの精神的支出を特許侵害を構成する均等物と認めるべきか、という点について、ヨーロッパ諸国に共通の限界設定を見出すことに努力が向けられるならば、技術専門家が直ちに同一の作用効果を有するものと認められ得る均等物と、そのために特別の（立入った）熟慮を必要とする均等物との間に、良識的にして実用的な限界設定が容易に見出され得ることになるであろう。この場合、専門家がある程度の熟考を要した場合（bei einigem Nachdenken）に初めて同一の作用効果を有するものと認められ得る均等物が、特許侵害と見做されるというように限定して限界づけることが考えられる。このように限界づけられた場合には、ヨーロッパ特許における特許侵害を構成する均等物の範囲は、従来の一見明白な均等物の範囲を超えて、一見明白でない均等物にまで及ぶが、後者の全範囲を包含することにはならないであろう。

(ii)　発明の本質的に重要な特徴または本質的に重要でない特徴についての均等

しかし、ヨーロッパ諸国における特許法についての比較法的考察によれば、均等物による特許侵害の分野における統一的な法適用の問題は、全く異なった基礎を有していることを示している。このことは、例えば、ドイツにおいては、ある手段が均等であるか否かの問題は、その手段が当該特許の問題の手段と同一の解決原理に従うものであるか否か、によって判断せられるという点である。(43) そして、そのような考え方は、他のヨーロッパ諸国においては行なわれていないのであり、例えば、イギリスおよびイタリアにおいては、均等物による侵害の判断に際しては、当該発明の本質的に重要な特徴が同一の作用効果を有する手段によって置換されているか、または、当該発明にとって本質的に重要でない特徴が同一の作用効果を有する手段によって置換されているか、が問題とされるのである。(44) そして、前者の場合には、特許侵害は否定せられ、後者の場合、すなわち、当該発明の本質的に重要でない特徴が均等物によって置換されている場合にのみ、イギリスおよびイタリアにおいて、均等物による特許侵害が考慮の対象となるのである。ドイツにおいては、当該発明の基礎となっている解決原理が、また、イギリスおよびイタリアにおいては、特許保護にかかる発明の置換せられた特徴の意味が、それぞれ均等物による特許侵害の判断基準として斟酌されるのは、単に考察方法のニュアンスの問題にすぎないであろう。この問題については、さらに、具体的事例に基づく立入った検討を必要とする。

(d)　部分保護

平均的専門家の専門知識による、特許請求の範囲の項において特許保護の下におかれた発明の判断は、他の点においてもまた、その意味を有する。専門家が特許明細書を詳細に検討した場合に、出願者が特許請求の範囲の項において当該特許の保護範囲を限定するために記載した特徴のすべてが、同一の意味を有するものではないということを見出すことが多い。特に、出願者が当該発明の限定を過度に技術水準に則して記述し、技術水準からの限定のために、多くの特徴が特許請求の範囲の項に取り入れられているような場合には、その内の一部の特徴のみが当該発明の意図する効果を達成するために本質的に重要であり、これに対し、その他の特徴は、非本質的にして、副次的または第二次的な意味しか有しないことが容易に確認せられる場合が多い。このような場合においては、専門家は、当該特許の意図する効果を全く阻害することなく、当該発明にとって本質的に重要でない特徴の使用を放棄し得ること、換言すれば、本質的に重要でない特徴を省略する場合にも、全く完全なものとはいえないにしても、当然特許の意図する効果を達成し得ることを見出すことがある。

前述のような事案に対し、ヨーロッパ諸国においては、部分保護（Teilschutz）により、対処した。アイルランド共和国においては、この点について、明示的に特許法に規定を設けた。[45] 他のヨーロッパ諸国においても、部分保護は判例によって承認せられた。[46] また、その他の諸国においても、個々の事案において、侵害者が発明の特徴を全部使用していない場合においても、特許侵害が肯定せられている。[47] 但し、この点に関しても、発明の特徴の部分的使用が、如何なる範囲において特許侵害と見做されるか、という点についての一致した見解は存在しない。ドイツにおいては、特許請求の範囲の項の特徴の捨象の態様の判断に際して、捨象により脱落した特徴が本質的に重要な特徴であるか否かについて、明示的に区別を設けていない。しかし、大多数のヨーロッパ諸国においては、特許保護にかかる発明の本質的に重要でない特徴が脱落している場合にのみ特許侵害が認められ、侵害者が当該発明の本質的に重要な特徴を使用していない場合には、特許侵害は否定せられている。[48]

特許請求の範囲の項の特徴の抽象によって探究された発明思想――この場合には、特許請求の範囲の項の個々の特徴が欠除している――による保護範囲の測定、あるいは、発明の本質的に重要な部分による保護範囲の測定は、ともに密接な関連を有するものであり、単に考察方法が異なるにすぎず、結局は同一のものに帰することになるとの見解がある。(49) この見解は、確かに極端にすぎるきらいがあり、特許発明を本質的に重要な特徴によって判断することは、いわゆる抽象方式（Abstraktionsmethode）による結論とは異なった結論に導く場合があることは確かである。しかし、ヨーロッパに法統一をもたらそうとする目標に鑑みるときは、この結果を過大視すべきではないであろう。

理論的説明において、しばしば次のような事例について論ぜられることがある。特許請求の範囲の項は、A、B、C、Dの特徴で発明を限定しているが、被告は、AないしCの特徴は使用しているが、Dの特徴は使用していない。この場合、問題は、算術的方法では解決され得ないということである。上記のような簡単な事例において、すべてのヨーロッパ諸国で、「侵害者」に対する保護が与えられるか否かは疑わしい。この場合には、多分、出願者自身が、六九条に基づいてAないしCの特徴結合についてもまた特許保護を求めることにより、これに対応する特許請求の範囲の項の起草を行なうことによって――これは、特許付与がなされるまで行なうことができる――相応の保護を配慮しなければならないことになるであろう。特許請求の範囲の項に限定された発明の個々の要素または下位結合についての保護は、侵害者がAないしCの特徴を実施可能な形に変形して使用し、同時に、四番目の特徴Dの使用を省略している場合にその意味を有することになる。特許請求の範囲の項の起草の段階において既に、その中に包含せしめるのが困難な上述の事案においては、大多数のヨーロッパ諸国において行なわれているように、判例に基づいて満足のゆく解決が見出されることになるであろう。

(e) 一般的発明思想

最後に、ヨーロッパ特許では、均等および部分保護の問題で論ぜられる原則によっては把握され得ない一般的発明思想の保護が、容認されるか否かの問題に関しては、この点に関する統計的データが役立つであろう。戦後公表された二二年間の特許および実用新案侵害争訟事件に関する連邦裁判所のすべての判決を通覧すると、総計四五の判決が見出される。その内、二一の判決において、一般的発明思想に関する問題に言及されている。その内、一〇の事案では一般的発明思想の特許保護能力が否定されており、その保護が肯定されている四つの事案の内、三つの事案が下位結合に関するものであり、一つの事案が一見明白でない均等に関するものである。その他の七つの事案は、一般的発明思想の審理のため、事実審に差戻されている。しかし、それらの事案において下位結合および均等についての判断が、争訟事案の判断として不十分である事案は一つも見出すことができなかった。この法律事実は、この問題をこれ以上検討する実務上の必要性が存在しないことを物語っている。

(f) 解釈基準による保護範囲の最大限の限界

六九条についての解釈基準[22]は、その第二文において、ヨーロッパ特許に適用される保護範囲の限界について規定している。同基準は、国内裁判所に対し、発明の詳細な説明の項および図面の公開内容を全面に立たせ、特許請求の範囲の項には単に指針的機能のみを与えるような、ヨーロッパ特許の保護範囲の測定を禁じている。すなわち、同基準は、保護範囲の測定に際して、先ず発明の詳細な説明の項および図面に基づき、専門家の専門知識を斟酌の上、特許権者の特許保護要求を確定し、しかるのち、特許請求の範囲の項に基づいて、発明の詳細な説明の項および図面から引き出された特許保護要求が、指針ないし基本線（Leitlinie）として理解される特許請求の範囲の項によってカバーされているか否かのコントロールを行なうというような方法で、ヨーロッパ特許の保護範囲を探究することを排除しているのである。以上よりして、ヨーロッパ特許明細書の発明の詳細な説明の項および図面は、ヨーロッパ特許の実体的保護範囲の測定に際しては、特許請求の範囲の項よりも比重が置かれてはならない、ということが結論づけられるのである。換言すれば、特許保護の実体的範囲の探究に際しては、特許請求の範囲の項が、発明の詳細な説明の項および図面より優位に立つことになるのである。

しかし、前述のことは、発明の詳細な説明の項および図面に特許請求の範囲の項よりも優位が与えられるものでない限り、特許請求の範囲の項の記載内容を、発明の詳細な説明の項および図面によって専門家が知り得た内容に基づいて、考察することを妨げるものではない。特許請求の範囲の項が単に指針（Richtlinien）として理解されてはならないということは、発明を限定するために特許請求の範囲の項中に使用せられている技術的特徴は、実体的保護範囲の測定に際して、常にその具体的（直接的）記載内容についてのみ斟酌することが許され、特許請求の範囲の項に使用されている特徴（概念）の抽象化的考察をすべて排除する、ということを意味するものではない。概念的一般化の限界は、むしろ、それが指針的（指導的）性格を失わない範囲内に設定せられなければならないのであり、そして最終的には、解釈基準[22]第三文においてヨーロッパ特許の実体的保護範囲の測定についての指導原則として規定せられているように、第三者に対する十分な法的安定性が害されることなしに、特許権者に対しその発明に対する相応な保護が与えられるか否かが、その判断の基準となるのである。

四　ヨーロッパにおける法統一

最後に、ヨーロッパ特許の保護範囲の判断に際しては、法統一（Rechtseinheit）の思想を無視してはならないであろう。もちろん、初期においては、これに大きな期待をかけることはできないであろう。我々は、ドイツにおいて、ドイツ特許がドイツの裁判所によって統一的に解釈されることについて疑問をいだかない。このことは、判例の統一についての配慮が義務づけられている最上級裁判所（カールスルーエ所在のドイツ連邦裁判所…筆者注）を、我々がドイツにおいて有していることに存するのみならず、なかんずく、この最上級裁判所が特許の解釈についての権限を有し、ドイツ特許の統一的解釈に配慮することになる点に存する。ヨーロッパのすべての諸国においては、そのように行なわれてはいない。例えば、オランダの最高法院（Hoge Raad）は、特許解釈――保護範囲の確定は、特許の解釈であると解される――を、上告手続における審理に服さない事実問題と見做している。(50)フランスの破毀院も、特許明細書中の不明確な箇所（「金属から成立っている半硬の舌状物が、自動車のドアの開閉によって、アンテナ線の差込みのみぞの形状に達する」なる不明瞭な記載）の解釈および侵害実施形態における個々の相違点が侵害を排除するか否かの判断を、事実審裁判所の専権であると判示した。しかし、事実審裁判所が特許を誤認したか否かについては、破毀院が自ら審理を行なった。(51)ヨーロッパ裁判所が、どの程度、個々のヨーロッパ諸国のためにヨーロッパ特許の統一的解釈のために配慮するかは、将来に俟たれなければならない。ヨーロッパ裁判所が、個々のヨーロッパ特許の解釈を行なわないことは確かであろう。しかし、ヨーロッパ裁判所が、――たとえ抽象的な法律問題としてのみであれ――解釈基準(22)を斟酌して、六九条の解釈を取り扱うであろうことは十分に期待されうるところである。EC諸国の共同体特許に関する条約草案は、共同体特許に関する条約の解釈についてのヨーロッパ共同体裁判所の判断について規定を設けている（共同市場のためのヨーロッパ特許に関する協定七六条）。したがって、ヨーロッパ共同体裁判所のこの管轄規定が、共同市場のためのヨーロッパ特許に関する協定二条三項二文の従来の規定の趣旨を越えて、ヨーロッパ共同体裁判所が、少なくともヨーロッパ共同体諸国に限り、保護範囲に関し、ヨーロッパ特許付与手続に関する協定六九条の統一解釈について配慮し得る、という解釈がなされる余地があることが見込まれるのである。

さらに、国内裁判所もまた、ヨーロッパ特許の解釈に際して、先ず最初に統一的解釈原則に注意を払うことになるであろう。しかし、このことは、先ず特許の保護範囲の問題に関する国内裁判所の判例を、一般に知る機会が与えられることを前提とする。この場合、先ず第一に、国内裁判所が他の国の判例について概観をなし得るように、国内裁判所の重要な判決についての完全な情報が得られるように配慮がなされなければならない。この場合、国内裁判所は、関係諸機関の助力に依存しなければならないであろう。また、国内的次元を越えての解釈問題についての共同の討議により、その概観が容易にされ、その漸進的統合の過程において、国内裁判所によるヨーロッパ特許の保護範囲の統一的判断に導くことを可能にするであろう。さらにまた、共通の基礎理論ならびに実務上の基本原則を考究するために、多くの研究作業が行なわれなければならないであろう。また、既存研究機関の研究計画による有益な支持および共同の研究討論の催しは――この場合、実務上の経験が無視されてはならないのであるが――、すべての関係諸機関にとって、その統合の過程を促進し、新しいヨーロッパ特許付与手続の危惧を軽減することになるであろう。

（1）　ライマー（Reimer）「特許法のヨーロッパ統一について」（一九五五年）二二頁。「ベルギー特許法は、特許請求の範囲の項を有しているが、これは特許の解釈にとって決定的な意味を有しない。」

（2）　Gewerblicher Rechtsschutz und Urheberrecht (GRUR)（国際版）（一九七〇年）一四二頁掲載のシミティス(Simitis)「ギリシャの特許法について」一四四頁右欄「出願者は、その発明を、特許請求の範囲の項において限界づける必要を有しない。……何が、特許能力を有するものとして、特許保護の下におかれるかは、明細書に特許請求の範囲の項が記載せられている場合においても、この特許請求の範囲の項から明らかにされるのではなくして、発明の詳細な説明の項および添付図面の全体から明らかにされるのである。」

（3）　GRUR（国際版）一九五六年四六五頁掲載のG・ボー・ドゥ・ロメニー（G. Beau de Loménie）「フランス特許訴訟における特許の解釈について」参照。この論文については、シュラム『特許侵害訴訟』（酒井書店、一九七三年）〔附録11〕三九九頁以下に拙訳がある。。

（4）　例えば、ドイツでは一八九一年、スイスは一九〇七年、オランダは一九六三年、フランスは一九六八年。

（5）　例えば、ドイツ特許法二六条一項五文「明細書の末尾に、特許能力を有するものとして特許保護の下におかれるべきもの（特許請求の範囲の項）が記載されなければならない。」

オーストリー特許法九一条一項二号「明細書の末尾には、特許権の対象を構成する新規なものを、一以上のクレーム中で簡潔に限定しなければならない。」

オランダ特許法二二条A一項三文「明細書には、その結論として独占権を要求する対象について、定義を記載しなければならない。」

（6）　GRUR（国際版）一九七三年六一〇頁以下掲載のブルッフハウゼンの「ヨーロッパ諸国における特許保護範囲についての最近の判例」参照。

（7）　この点については、クラウアー＝メーリンク（Klauer/Möhring）『特許法コンメンタール』一九七一年、第六条注五—七、クラウセ＝カートルーン＝リンデンマイアー（Krausse/Katluhn/Lindenmaier）『特許法』〈五版〉一九七〇年第六条側番号三；ブルッフハウゼン（Bruchhausen）GRUR（一九七三年）六一〇頁、六一六頁以下各参照。

（8）　特許付与後になされた保護範囲の拡張に関しては、一三八条一項(d)参照。

（9）　この点については、一六四条一項により条約の構成部分となった六九条の解釈に関する議事録の最終文に指摘されている。

（10）　イギリス特許法四条二項b「完全明細書はすべて、出願者に知られ且つ出願者が保護を求める権利をもつ発明を実施するための、最良の方法について開示しなければならない。」

アイルランド特許法九条三項b「明細書には、発明実施の方法で、出願者が知り且つその保護を求めることができる最良のものを記載しなければならない。」

(11) テレル（Terrel）『特許法』〈一二版〉1971, Nr. 179 参照。

(12) テレル（Terrel）前掲書 Nr. 234 から Nr. 237 参照。

(13) 26 R. P. C. 21 参照。

(14) 前掲書四九頁参照。

(15) テレル（Terrel）前掲書 Nr. 233 参照。

(16) 英国占領地区最高裁判所判例集三巻六三頁七一頁、オーストリー特許広報一九二二年七四頁、同一九二九年一七七頁掲載の特許裁判所判決、Präs. Rechtsbank Arnheim B. I. E. 1962, 6. GRUR-Ber. Nr. 960162 各参照。

(17) Markenschutz und Wettbewerb (MuW) 誌一九四〇年九四頁、九五頁掲載のライヒ裁判所判決参照。

(18) MuW 誌一九四一年一六二頁、一六三頁掲載のライヒ裁判所判決参照。

(19) マッター（Matter）「特許法および特許訴訟法の分野において生ずる実際上の問題点について」Verhandlungen des Schweizerischen Juristenvereins, Heft 1 (1944), S. 1, 55 a 参照。

(20) GRUR 一九六四年五二五頁掲載のウィンクラー（Winkler）「特許の保護範囲について（特に、ヨーロッパ審議会およびヨーロッパ特許に関する協定を顧慮して）」五二八頁参照。

(21) ウィンクラー（Winkler）の前掲引用箇所参照。

(22) 条約六九条の解釈に関する議定書（「六九条の規定は、ヨーロッパ特許の保護範囲は、特許請求の範囲の項の正確な文言から明らかにされると解釈したり、また、発明の詳細な説明の項および図面は、特許請求の範囲の項において万一生ずることあるべき不明瞭な点を除去するためにのみ用いらるべきである、というように解釈されてはならない。上述したところと同様にまた、六九条の規定は、特許請求の範囲の項は、単に原則的なものを示す指針（Richtlinie）としての意味しか有せず、特許の保護範囲は、発明の詳細な説明の項および図面を検討することにより、特許権者が特許保護を求めているものとして専門家に受け取られるものにも及ぶ、というようにも解釈せらるべきではない。特許請求の範囲の項の解釈は、むしろ、上記両極端の見解の中間に存在しなければならないのであり、特許権者に対する相応な保護と第三者に対する十分な法的安定性の要求を結びつけるものでなければならない。」）

（23） GRUR（国際版）一九五六年四六五頁掲載のG・ボー・ドゥ・ロメニー（G. Beau de Loménie）「フランス特許訴訟における特許の解釈について」同頁右欄参照。

（24） GRUR（国際版）一九六二年五四五頁掲載のクラウス・プファナー（Klaus Pfanner）「ヨーロッパ審議会における実体的特許法の統一について」五五三頁左欄参照。「六条の重要な規定は、その三項である。この項において、ヨーロッパ特許の実質的保護範囲の確定についての統一的規定を設けるという試みがなされた。その際、特許請求の範囲の項はすべて、その語句に即して狭く解釈するという制度と、――ドイツにおける一般的発明思想のように――特許の解釈に際して特許請求の範囲の項の文言を遙かに越えるような制度との中間的な解決が求められた。その基本原則は、特許の実質的保護範囲は特許請求の範囲の項の内容によって確定せられる、ということである。したがって、特許請求の範囲の項は、実質的保護範囲の探求に際して、主たる機能（Hauptfunktion）を有するものである。しかし、この特許請求の範囲の項は、アメリカ合衆国の特許法におけるように、それが単独で決定的な意味を有するものではない。発明の詳細な説明の項および図面も、一定の範囲において、実質的保護範囲の探求のために斟酌せられるのである。その範囲がどの程度であるかについては、争いが存在した。ある代表、特にスカンジナビアの専門家は、発明の詳細な説明の項および図面は、特許請求の範囲の項自体から理解し難い不明瞭な特許請求の範囲の項の解釈のためにのみ斟酌せらるべきである、という主張をなした。これに対し、ドイツを含む他の代表は、不明瞭な特許請求の範囲の項についてのみ発明の詳細な説明の項を斟酌して解釈されるだけでなく、それ自体明瞭な特許請求の範囲の項の場合にも、その範囲（Tragweite）を明確にするために、発明の詳細な説明の項および図面に依拠し得る可能性を与えるような融通性のある案文にすべきであると主張した。この後者の見解は、特に六カ国のEC諸国代表によって主張された。これに即応して、ブラッセル条約案二一条一項では、純然たる文言通りの解釈と理解され勝ちな「特許請求の範囲の項の解釈（Auslegung der Ansprüche）」という表現は用いず、「発明の詳細な説明の項および図面は、特許請求の範囲の項の範囲（Tragweite）を明確にする（Verdeutlichung）ために用いられる」という表現にせられた。シュトラスブルクにおける会期中に、六条三項の案文は、スカンジナビア代表によって希望せられた狭い解釈にも、EC諸国専門家によって主張された広い解釈も、共に可能である旨が明示的に確認された。また、EC諸国専門家の要請に基づいて、六条三項の規定は、ブラッセル草案二一条一項の案文の意味における、文言解釈を越えて発明の詳細な説明の項および図面に依拠することが許されるということが明確にせられた。したがって、シュトラスブルクにおいては、法規の完全な統一にまでは至らなかった。」GRUR（国際版）一九六四年二四七頁掲載の同著者の同一題名による論文参照。

(25) プファナー（Pfanner）前掲引用箇所（GRUR 一九六二年五五三頁）参照。

(26) Lely 対 Bamfords 事件におけるレイド卿（Lord Reid）の意見（一九六三年 R. P. C. 六一頁、七五頁）参照。GRUR（国際版）一九七三年六一〇頁、六一二頁右欄掲載のブルッフハウゼンの論文「ヨーロッパ諸国における特許保護範囲についての最近の判例」参照。

(27) 例えば、ドイツにおいては、GRUR 一九五二年五六二頁（五六三頁）、一九五四年一一一頁（一一四頁）、一九五九年三二〇頁（三二二頁）、一九六〇年四七八頁（四八〇頁）各掲載のドイツ連邦裁判所判決。オランダにおいては、N. J. 一九六二年二九号掲載の高等裁判所判決。オーストリーについては、GRUR（国際版）一九六七年ゾン＝ヘルマン（Sonn/Hermann）「オーストリー法における特許侵害の判断」に引用の判例（一一〇頁、一一二頁、一一三頁、一一四頁）。

(28) 注(25)掲載の引用箇所参照。

(29) GRUR 一九四三年七三頁右欄掲載の一九四二年一一月一〇日のライヒ裁判所判決参照。

(30) GRUR 一九六七年三九〇頁掲載のシュペングラー（Spengler）「一般的発明思想からの訣別」三九三頁参照。「いずれにしても、シュトラスブルク条約八条三項の起草に際しては、上述のような特殊な場合（一般的発明思想）については顧慮されるところがなかった。何故ならば、八条三項の規定は、次の二つの要件から構成せられているからである。

すなわち、

(a) 特許請求の範囲の項の内容は、特許の実質的保護範囲を確定するものでなければならない。

(b) 「特許請求の範囲の項の内容」を解釈するためには、発明の詳細な説明の項および図面を斟酌することができる。

この解釈基準は、プファナー（Pfanner）の報告にかかる成立過程に鑑みれば、純然たる文言通りの解釈をすべきものと理解されてはならないのであって、保護範囲の測定をなす裁判所に対し、「特許請求の範囲の項の範囲を明瞭ならしめるために」発明の詳細な説明の項および図面に依拠すべき権能を与えるものと解しなければならない。しかし、この権能は、発明の詳細な説明の項または図面の公開内容が特許請求の範囲の項の公開内容より広い場合には、発明の詳細な説明の項に対し特許請求の範囲の項以上の優位を認める程、広汎なものではない。何故なれば、もし裁判所にこのような広汎な権能が与えられたものとするならば、特許請求の範囲の項の内容が保護範囲を確定するのではなくて、発明の詳細な説明の項が保護範囲を確定することになるからである。

「一般的発明思想」についてもまた、八条三項の解釈基準に適合するものということができない。何故なれば、以前から、一般的発明思想が特許請求の範囲の項から「導き出されうる（herleitbar）」ものでなければならないということが、一般的発明思想の保護の要件とされたからである。この場合、この要件は、特許保護対象と一般的解決思想との間の思考法則的関連（denkgesetzlicher Zusammenhang）が形成せられうる場合に充足されるのである。しかし、このような思弁的思考過程（spekulative Gedankenbrücke）は、特許請求の範囲の項からの思考的抽象として、八条三項の規定にいう具体的な「特許請求の範囲の項の内容」と同一の意味を有するものとすることはできない。

さらに、拡張された保護範囲を認めることは、特許付与官庁によって審査されていない一般的発明思想が特許能力を有するか否か、についての裁判官による完全な審査を必要とせしめることに想到するとき、「一般的発明思想」とヨーロッパ特許法の意図する統一との不一致は、決定的なものとならざるを得ないのである。また、一般的発明思想を認めることは、場合によっては、裁判官による新しい特許の付与にも比せらるべき、かような裁判官による審査は、法形成的性格（rechtsgestaltender Charakter）を有するものであるが故に、もはや八条三項の意味における特許請求の範囲の項の「解釈」とはいうことができない。これに加うるに、新規性、進歩性および発明の高度性についての裁判官による審査は、他の諸国にとっては、これまで未知のことに属するのである。したがって、かような革命的ともいうべき性格を有する新しい事柄が、八条三項により黙示的にその規定に含まれているとか、少なくとも許容されているものであるとか、ということは到底考えられないところである。」

クラウアー＝メーリンク（Klauer-Möhring）前掲書第六条注56およびテッツナー（Tetzner）『ドイツ実体特許法』第六条注77。

(31)　ウィンクラー（Winkler）前掲書五二五頁以下（五三一頁）参照。「以上要約すれば、シュトラスブルク条約案によれば、一見明白な均等物（glatte Äquivalente）および改悪的実施形態（verschlechterte Ausführungsformen）は、特許の保護範囲に包含される。これに対し、一見明白でない均等物（nicht-glatte Äquivalente）は、特許の保護範囲には包含されず、また、部分結合の保護（Teilkombinationsschutz）および要素保護（Elementenschutz）が認められるか否かは、私には、特に疑わしいように思われる。しかし、私は、私の実務上の経験よりして、部分結合の保護および要素保護を望ましいものと考えるのに反し、一見明白でない均等物に保護を与えることは、断念してもよいという見解を持つものである。」

「ウイルヘルム・ウェンデル（Wilhelm Wendel）部長裁判官記念論文集（一九六九年）」三五頁掲載のクラウス・シュトルヒ（Klaus Storch）の論文「現在および将来の法律における特許の保護範囲について」四三頁以下参照。

「このような規定（シュトラスブルク条約）は、ドイツ特許の保護範囲にいかなる影響を及ぼすことになるであろうか。

1　いわゆる不完全使用形態（unvollkommene Benutzungsformen）を含めて、一見明白な特許権的均等物（die glatten patentrechtlichen Äquivalente）が、将来とも特許の保護範囲に包含されることについては、何等言及する必要がしない。何故ならば、この場合には、専門家にとって、特許請求の範囲の項に記載せられた具体的な発明思想の意味において同一の作用効果を有するものとして、直接公開せられている実施形態が問題となるからである。

2　その保護が、一見明白でない特許権的均等物（die nicht-glatten patentrechtlichen Äquivalente）にも及び得る

か否かについては問題がある。ウィンクラー（Winkler）は、これを疑わしいとしている。しかし、一見明白な均等物および一見明白でない均等物は共に、平均的専門家にとって発明的熟慮なくして、具体的発明思想の意味において同一の作用効果を有するものとして示されている解決手段が問題とされているのであるから、何故に特許保護が一見明白でない均等物に対して拒否されなければならないかを理解することができない。特許付与手続において、一見明白でない均等物は審査に服していないという観点は、考慮外におかれなければならない。何故ならば、ここでは、一見明白でない均等物が技術水準との関係で占める距離が問題となっているのではなくて、公開の問題すなわち特許請求の範囲の項が平均的専門家に一見明白でない均等物の使用を明らかにしているか否かが問題となっているからである。

3　将来の法律によってもまた、下位結合の保護および要素保護は、認められることになるであろう。下位結合または個々の要素は、特許請求の範囲の項から「導き出され得る（herleitbar）」だけでなく、概念必然的に特許請求の範囲の項に記載せられているのである。したがって、その限りにおいては解釈を必要としないのである。また、下位結合または個々の要素が、平均的専門家にとって、残余の特徴から独立した分離し得る技術的理論を開示しているか否かの審査は、発明の詳細な説明の項および図面、ならびに、出願時における専門知識を斟酌の上、通常さしたる困難を伴うことなく、可能であることが実務上示されている。」

右論文については、シュラム『特許侵害論訴訟』（酒井書店、一九七三年）〔附録7〕三五五頁以下に著者の拙訳がある。

(32)　GRUR（一九七一年五四一頁掲載のファルク＝オール（Falck-Ohl）「特許の保護範囲および侵害に関する規定の改正のために（ドイツ工業所有権協会、特許および実用新案法専門委員会「保護範囲・実施契約・侵害」小委員会報告書）」五四三頁以下参照。

「シュトラスブルク条約の八条三項二文は、有力な見解によれば、「一般的発明思想からの訣別」を要求していると解せられている。この結論は、原則として歓迎されている。特許の保護範囲をやや狭く測定することは、法的安定性なる経済界の要求に即応するものである。出願者は、その外国への並行出願のために、その特許請求の範囲の項を、その出願する各国において十分な保護を得られる程度に広く起草しなければならない。したがって、出願者がそのドイツ出願を国際的標準に一致せしめなければならない場合には、出願者にとって不利となることはない。」

「一見明白な均等物と一見明白でない均等物との区別は、廃棄されなければならないことになるであろう。そして、均等物はすべて、特許の対象的保護範囲の中に包含せしめることになるならば、その保護範囲は、シュトラスブルク条約八条三項の意味における保護範囲と一致することになるであろう。上述の一見明白な均等物と一見明白でない均等物との区別は、実務上ほとんど実行し得るものではなく、余りにも技巧的であり、肆意的な適用に陥りやすいように思われる。」

「結合発明における下位結合および要素の部分保護は、維持さるべきであり、それは、特許の対象的保護範囲に組み入れられるべきである。部分保護は、特許付与手続中における特許請求の範囲の項が不完全であることの認識に基づく、特許付与手続の結果の修正として必要であるように思われる。そして、それを正当づける根拠として、無意味な過剰定義（Überbestimmung）の場合の取扱からも斟酌することができる。しかし、従属特許請求の範囲の項として独立の保護が認められるためには、従来より以上の厳しい基準が要求されることになるであろう。」

(33)　注(30)引用のシュペングラー（Spengler）の論文三九三頁参照。
(34)　注(20)引用のウィンクラー（Winkler）の論文五二六頁右欄参照。

「このこと（シュトラスブルク条約八条三項一文が、部分結合または要素保護を容認しているか否かの問題）は、私は非常に疑問のように思われる。私のように、「内容（Inhalt）」という言葉を、「文字通りに（wörtlich）」ではなく、「実質的に（sachlich）」解するとしても、これを「（本来の）全内容（vollständiger Inhalt）」の意味に理解すべきであると考えるものである。例をとって説明すると、菓子箱の中身が、マルチパン入りのチョコレートキャンデー・ヌガー入りのチョコレートキャンデー・焼きアーモンド入りチョコレートキャンデーおよび桜桃酒入りのチョコレートキャンデーであるとしよう。私が、今、桜桃酒入りのチョコレートキャンデーを取出したとすると、残りの物は菓子箱の本来の中身ではないが、なお中身の一部ではある。同様に、特許請求の範囲の項の部分結合は、特許請求の範囲の項の本来の内容ではない。しかしさらに、菓子箱の本来の中身の一部が菓子箱の中身に属するように、部分結合は、いかなる場合にも、特許請求の範囲の項の本来の内容に属する、とはいうことができない。その限りにおいて、菓子箱との比較は当を得ないものである。再言すれば、三箇のチョコレートキャンデーは、四箇のチョコレートキャンデーよりも少なく、したがって、四箇のチョコレートキャンデーに包含されるが、これに反し、三箇の特徴を有する結合の保護は、四箇の特徴を有する結合の保護よりも、狭いのではなくて広いのである。何故なれば、四箇の特徴を有する結合の保護は、四箇の特徴をすべて有する実施形態のみを包含し得るにすぎないのに反し、これらの特徴の内の三箇の特徴のみを有するにすぎない結合は、この三箇の特徴を有する実施形態のすべてに、したがって、例えば、四箇目の特徴を全く有しない実施形態または四箇目の特徴として全く異なった特徴を有する実施形態、さらに、四箇目の特徴の代わりに一連の異なった複数の特徴を有する実施形態にまで、その保護が及ぶのである。したがって、部分結合の保護は、本質的に広く、特許請求の範囲の項の内容すなわち当該結合全体を越えることになるのである。」

(35) 注(6)引用の著者の論文六一七頁参照。
(36) 連邦裁判所一九六三年六月一八日の判決（第１a民事部一九六三年一三号事件）参照。
(37) ライヒ裁判所民事判例集八〇巻五四頁（五七頁）参照。
(38) GRUR 一九六〇年四七八頁（四七九頁以下）および GRUR 一九六四年一三二頁（一三四頁）掲載の連邦裁判所判決参照。
(39) Rechtsbank Den Haag B. I. E. 一九四三年六六頁、Gerechtshof s'Gravenhage NJ. 一九四四年四五頁 Nr. 704 参照。
(40) オーストリー特許公報誌一九六三年五五頁参照。
(41) 原文（注）には、ヨーロッパ諸国の判例、文献が豊富に引用されている。
(42) 原文（注）には、ヨーロッパ諸国の判例、文献が豊富に引用されている。
(43) GRUR 一九六九年五三四頁（五三六頁）掲載の連邦裁判所 "Skistiefelverschluss" スキー靴留め金判決参照。

(44) Lord Reid 一九六五年 R. P. C. 四六一頁（四七七頁）、Lely v. Bamfords（一九六三年）R. P. C. 六一頁、Cortedi Cassazione Riv. Prop. int. e ind.（一九五八年）一七九頁（一八一頁、一八三頁）参照。

(45) 一九六六年特許法二五条一項C号参照。

(46) GRUR 一九六四年二二一頁（二二四頁）掲載の連邦裁判所ロルラーデン ”Rolladen“ スライディングシヤッター判決、同一九六四年一三二頁（一三五頁）掲載の連邦裁判所カッペンフェルシュルス ”Kappenverschluss“ 判決各参照。

(47) 原文（注）には、ヨーロッパ諸国の判例、文献が豊富に引用されている。

(48) 同上

(49) GRUR（国際版）一九五四年一八九頁掲載のE・マッター（E. Matter）「スイスにおける特許の解釈」一九三頁右欄参照。

(50) テルダー・クローン（Telder-Croon）「判例紹介」一九四六年〈二版〉Nr. 273 および Nr. 324 に引用の判決、N. J. 一九六九年五九三頁掲載の高等法院の判例参照。

(51) Propriété industrille〔Prop. ind.〕一九六九年三四頁、三五頁、三六頁掲載の注釈、Prop. ind. 一九六一年二五九頁掲載の注釈参照。

Ⅰ—4　［翻訳］シュラム（Dr. Carl Schramm）著「ドイツにおける特許解釈概念の簡易化について」

抄録　一九六三年一一月二七日の「特許実体法の若干の要素の統一に関する条約（いわゆる、シュトラスブルク条約）」および一九七三年一〇月五日の「ヨーロッパ特許付与手続に関する条約（いわゆる、ヨーロッパ統一条約）」の調印に伴い、ヨーロッパ条約加盟諸国の特許法制度は、これとの調整を迫られることになり、特にドイツにおいては、その権利範囲解釈について、他のヨーロッパ諸国と異なった特異の理論的発展を遂げたため、その修正をめぐって数多くの論文が発表されてきたが、本論文は、著者シュラム（Schramm）博士が、その著書『特許侵害訴訟』Der Patentverletzungsprozeß――Patent- und Prozeßrecht（2. Aufl., 1966；4. Aufl. 1999）において展開された侵害理論を、上述のヨーロッパ統一特許法の制定に伴い、理論的再検討をなされたものであり、特に、「発明の本質」と「均等理論」との関係、「均等理論」と「一般的発明思想」を統合する共通の理論的基盤等の諸点を解明された点で、注目に値いする労作である。前記「特許侵害訴訟」（酒井書店発行）とあわせ一読されんことを切望する次第である。なお、シュラム（Schrarmm）博士は、一九八四年一二月一二日に逝去され、右『特許侵害訴訟』は、他の著者の共同執筆により一九九九年〈第四版〉が発行され、全面的改訂がなされている。

I―4 [翻訳]シュラム (Dr. Carl Schramm) 著
「ドイツにおける特許解釈概念の簡易化について」

一 テーマ

最近、ドイツ連邦政府は、ヨーロッパ特許法を閣議に付するため、その検討をなした。その際、「シュトラスブルク条約(Straßburger Übereinkunft)」および「ヨーロッパ特許条約(Europäische Patentübereinkommen)」についての討議がなされた。この討議を通じ、帰趨の定まらないドイツ特許法概念について、どの程度、わが特許法概念が簡明化せられ、かつ、ヨーロッパ特許法の概念構成に資することができるか、ということについての検討がなされたことは有益であったように思われる。

上記各条約には、三種類の特許法概念が存在する。すなわち、

(i) 特許付与要件のための概念(新規性・産業上の利用可能性・シュトラスブルク条約一条三条四条五条による自明性を有しない発明的所為)

(ii) 特許の解釈およびその保護範囲のための概念(たとえば、ヨーロッパ特許条約六九条、八四条の規定、および、ヨーロッパ特許条約六九条の解釈に関する議定書)[1]:上記ヨーロッパ特許条約の規定は、一般的な表現で起草せられており、これらの概念を個々的には説明していない。

(iii) 特許侵害の確定のための基準としての均等概念。ヨーロッパ特許条約六九条の規定以外には、この点に関する規定が欠如している。

残念ながら、わがドイツの判例には、非常に異なった取扱いがなされる多くの紛糾に導くような概念が、存在する。たとえば、次のような概念である。

保護範囲の三分法(2)
発明の直接の対象
一般的発明思想

さらに、これらに加うるに、解決方法・解決原理・発明思想・発明の本質または核心・一見明白な均等物および一見明白でない均等物等である。ドイツの判例において用いられている上述の一連の概念を、簡易化することを望むならば、——その結果に本質的な変更をもたらすことなくして——、可能となるであろう。しかし、これは、将来のヨーロッパ特許の判例についても妥当するものでなければならない。そのためには、結局、これまでの複雑化された概念を廃棄しなければならないことになる。(3)

二 解釈概念

(一) 発明の対象 (Gegenstand der Erfindung)

わが国の判例は、イザイ (Isay) によって提唱せられた二分法（対象・保護範囲）を廃棄して、(4) これに代わるものとして、三分法を採用した。(5) すなわち、以前の簡明な概念である「対象」から、「直接の対象」と「(間接とも称すべき？) 対象」が設定された。ヨーロッパ特許法においては、私見によれば、以前の概念と同様の

対　象（=特許請求の範囲の項）
発明思想（=保護範囲）

を包含する二分法に依拠すべきであると考える。

これによれば、発明の対象とは、特許請求の範囲の項の文言、すなわち、場合により発明の詳細な説明の項および図面により説明せられる特許請求の範囲の項の文言以外の何物でもない（ヨーロッパ特許条約六九条、八四条）。したがって、発明の対象とは、特許請求の範囲の項に記載せられている作業手段およびこれから明らかにされる解決方法の総合的結合である。[6] オーストリアおよびスイスの判例も、解釈概念としての二分法に関し、これと同様の簡明な見解を採っている。[7] この見解によれば、「発明の対象とは、解決課題との関連において、特許請求の範囲の項において特定せられた解決方法であり、それは、特許の保護範囲を確定するものである」。

以上よりして、発明の対象とは、特許請求の範囲の項の文言である、との簡明な考え方を採るべきことになる。このような明快な概念を採用することにより、ヨーロッパ特許条約の採る見解、特に、その六九条および八四条の規定と、かなりの一致を見ることになるのである。

(二) 発明の本質（Wesen der Erfindung）

特許請求の範囲の項には、通常、本質的に重要な作業手段と本質的に重要でない作業手段が含まれている。しかし、この発明の本質的に重要な作業手段のみを集括するならば、この集括したもの（Konzentration）は、発明の「本質的に重要なもの（Wesentliche）」を示していることになる。したがって、発明の本質という場合には、それは、特許請求の範囲の項の文言、すなわち、発明の対象の具体的領域内に止まるのであり、単に発明を「本質的に重要なもの」に集括したにすぎない。この場合には、未だ拡張的解釈は、それに関連づけられていないのである。

(a)　本質的に重要な作業手段と本質的に重要でない作業手段

ドイツの判例および学説は、外国におけるとは反対に、この有用な区別を使用することがほとんどない。[8] それ故、「発明の対象」なる概念と「発明の本質」なる概念は、不分明なものとなりがちである。特許請求の範囲の項を、符号を付した特徴に分解すべきであるという私の提案（いわゆる特徴分析）[9] は、それが個々の特徴の厳密な表現を要求することになるが故に、本質的に重要なものと本質的に重要でないものとの区別を容易にするものである。

前述した諸外国においては、既に部分的に、本質的に重要でない特徴が欠如しているにもかかわらず、本質的に重要な特徴が使用せられている場合には、特許侵害を構成するものであると判示せられている。「特徴の全部が使用せられていなければならない」とするドイツの法原則[10] は、外国においては、わが国におけるほど厳格には適用せられていない。わが国においては、本質的に重要でない特徴が欠如する場合には、「部分特許保護（Teil-patentschutz）」として把握しなければならないことになる。部分特許保護は、わが判例によれば、その特許能力についての審査を必要としている。しかし、本質的に重要でない特徴のみが欠如している場合には、残余の本質的に重要な特徴の集括（結合）についての特許能力には、何らの影響をも与えていないのである。したがって、その本質的に重要な特徴についての部分特許保護が有用性を有することは、疑を容れないところである。[11] たとえば、ある特徴が、当該特許の意図する課題および効果にいかなる影響をも及ぼさない場合には、その特徴は、本質的に重要な特徴とはいい得ない。[12] ミュンヘン高等裁判所に係属した事件の例[12a] は、この区別を明らかにしている。この事案によれば、係争特許は、ハム切断機械において、切断装置についての特別の技術的構造を、その保護の内容としている。加うるに、上記の点とは関係なく、その特許請求の範囲の項には、円形の切断盤には、左右から各一個の研摩装置が取付けられている旨、の記載がなされている。このことは、係争特許の課題・その解決・効果にとって、特別の意味を有しない。したがって、この特徴は、本質的に重要なものではない。問題になっているイ号においては、単に、二つの研摩装置の内の一つが欠けているにすぎない。原告は、侵害の判断に際して無視しても差支えのない本質的に重要ではない作業手段が欠如しているにすぎない、旨を主張した。ミュンヘン高等裁判所は、この原告の法的見解を採用はしなかったが、「改悪的実施形態」であるとの理由により、特許侵害を構成する旨の判断をなした。原告によって主張された、本質的に重要でないもの (Unwesentlichkeit) とする見解の方が、前記高等裁判所の見解よりも、より単純にして明快であるように思われる。本質的に重要でない特徴については、場合により、「過剰定義 (Überbestimmung)」なる概念にも該当する場合があり得る。(13)

また、時として、特許庁は、既に特許付与手続の段階において、本質的に重要な特徴と本質的に重要でない特徴とについて判断すべきことになっているではないか、との説がなされることがある。この説は、確かに正当ではある。しかし、そのことからして、特許請求の範囲の項に取り入れられたすべての特徴が、本質的に重要なものであるとは限らない。この点についての検討は、侵害訴訟手続において、特許の解釈と同様、必要である。発明者が、特許付与手続において、ある特徴を本質的に重要なものと見做していたか否かは、重要ではない。課題もまた、客観的に評価されるのであって、発明者の所見によって評価されるのではない。

(b)　「発明の本質」なる概念について

この概念は、説明を要する。発明の「核心」とか、発明思想・解決方法および解決原理・発明の対象・発明理論とかいう表現も用いられる。これらの概念はすべて、どのように区別せられるのか。

発明の本質とは、既に前述したように、特許請求の範囲の項の文言の内、本質的に重要な特徴を集括したものであり、発明の具体的な対象である。この場合には、発明思想における場合のように、作業手段を一般的なものに変形する一般化の操作はなされていない。したがって、この「本質」なる概念は、侵害の有無の検討に際しては、非常に容易に適用せられ得るのである。そして、この場合には、発明理論の一般化による詮索を必要としないのである。筆者は、「発明の本質」なる概念をこのように取扱うことによって、概念の複雑化を避け得る、との見解をもつものである。

(三) 発明思想 (Erfindungsgedanke)

「発明思想」は、発明の具体的対象を一般化したものである。この発明思想の一般化とともに、保護範囲が初めて登場するのである。これとの関連において、この発明思想の一般化は、どの程度おこなうべきであり、また、おこなうことが許されるか、という問題が生ずる。オーストリア高等裁判所の判決が取扱った一事案(14)は、発明の純然たる対象を越えてなされるこの一般化について、明瞭に説明している。係争特許は、平面上を滑走するための「器具 (Gerät)」、たとえば、スキーをその保護の対象としている。その特許請求の範囲の項の特徴部分には、その発明課題を解決し、かつ、特許の意図する効果を達成している滑走面 (Gleitfläche) の構造が記載せられている。判決は、正当にも、発明思想は器具 (Gerät) たとえばスキーにではなくて、滑走面の特殊な構造にある、ということを強調した。侵害対象は、特徴部分に記載せられた滑走面と等しい構造を有する薄片層であった。発明思想は、判決の見解によれば、器具から滑走面に一般化することを、それ自身の中に内包している。それ故に、侵害対象の薄片層は、当該発明思想に包含せられることになる。侵害者が特許侵害を構成すると判示されたのは正当である。

前述の事案から明らかなように、発明思想は、発明の対象（特許請求の範囲の項の文言）と同一ではなくて、その一般化により、これから導き出されるものでなければならない(15)。一般化せられた思想は、特許請求の範囲の項に記載せられている具体的作業手段の結合の如くには、即座にそのままの形で、実施に移すことはできない。発明思想とは、置換せられた作業手段が、均等物として当該特許に包含せられるか否か、特に、特許の意図する効果を使用に耐え得る程度に達成しているか否か、を確定するための比較基準（Vergleichsmaßstab）である。

前述したところから、発明思想のこの一般化、したがって、保護範囲は、拡張せられ得るものであることが看取せられたことと思う。そして、この拡張は、われわれが現在「一般的発明思想」と称している、保護範囲の程度にまでも拡げることができるのである。この点に関しては、次の項において詳細に述べることにする。

拡張せられることになる保護範囲の測定の基準として、次のような原則が考慮せられなければならない。すなわち、

発明が、大きく重要なものであればある程、その保護範囲は、その程度に応じて、大きくなる(16)。

この原則は、ヨーロッパ特許条約六九条の解釈に関する議定書とも、一致するものである(1)。バイヤー（Beier）教授は、ニース大学においてなされたヨーロッパ特許条約の特許概念に関する討議の総括において、この原則を強調し、適切な方途であることを指摘した。この原則はまた、スイスの判例とも一致するものである。

以上よりして、われわれは、前述のような考察方法を行なう場合には、一般的発想思想なる概念を別個独立に使用することを必要としない、ということが理解せられるであろう。

(四)　一般的発明思想（Der allgemeine Erfindungsgedanke）

一般的発明思想とは、概念的には、上述した通常の発明思想（normaler Erfindungsgedanke）と同一のものであることがわかるであろう。その相違点は、一般化の程度、すなわち、保護範囲の拡張の程度に存するにすぎない。したがって、通常の発明思想なる概念のほかに、一般的発明思想なる独立の概念を必要としなかったのではないかと思われる。

一般的発明思想は、通常の発明思想の場合と同様、発明の対象から導き出されなければならないものである。しかし、現在の実務上の取扱では、むしろ、一つの新しい別の特許のような、新しい独立の請求権の基礎（neue selbständige Anspruchsgrundlage）であるとされている。(17) 一般的発明思想は、それが特許から導き出され得る場合には、発明的にして、新規であり、かつ、進歩性を有するものである。一般的発明思想は、当該特許が無かりせば「誕生する（geboren）」ことがなかったのであり、その意味で、当該特許の「血と肉」から成り立っているのである。(18)

独立の概念である「一般的発明思想」が認容せられる場合には、この一般的発明思想が技術水準に属するとの抗弁を提起するのは、侵害者すなわち被告側のなすべき事柄である。このことは、侵害者が、同人の使用にかかる均等的実施形態が公知である、旨の立証をなし得るのと同様である。通常の発明思想の場合においても、現在において既に、この立証は、侵害者によってなされなければならないのである。このように、一般的発明思想を通常の発明思想と同一の地位におくならば、「一般的発明思想」なる概念は、今日のような混乱と特許法上の意味の喪失に立ち至ることがなかったであろう。(19) また、特許法のヨーロッパ化の観点からする一般的発想思想からの「訣別」なる問題に直面することもなかったであろう。[20] ヨーロッパ諸国の判例は、いずれも一般的発想思想を認めることを拒否しているのである。[21]

以上に述べたような簡略化した考察方法を用いるならば、より広い保護範囲が、ヨーロッパ特許法においても認容せられ得ることになる。そして、この場合、この発明思想の通常の保護範囲と拡張せられた保護範囲は、均等的作業手段が当該特許に包含されるか否かについて検討するための基準（Maßstab）と一致することになるのである。そして、このようにして簡略化された取扱は、特殊の事案（たとえば、開拓発明）において、場合により課題自体に特許能力が与えられる場合があると同様、一般的技術理論を保護することを可能にするのである（前述の「特許が大きいものであればある程、その保護範囲は大きい」なる原則参照。注16）。かくして、ヨーロッパ諸国において排斥せられてきた、特許庁と裁判所間の権限の攪乱も免れることになるのである。

(五) 解決方法（Lösungsweg）：解決思想（Lösungsgedanke）：解決原理（Lösungsprinzip）

解決方法は、発明の課題[22]・特許請求の範囲の項に記載されている作業手段および特許の意図する効果を、包含している。この場合、方法とは、発明者が、課題から解決へと歩まなければならない「道程（Weg）」を意味する。

発明の対象（=発明に本質的に重要なもの）

発明思想

一般的発明思想

等の解釈概念は、この「道程」での、増大を続ける集括、すなわち、発明の一般化および拡張（=拡大する保護範囲）を示すものである。

しかし、同様の変形および拡大は、発明思想における場合と同様、解決方法についても行なわれる。すなわち、解決方法は、解決思想ないし解決原理に至るのである。それ故、通常の解決方法には、課題および効果と並んで、特許請求の範囲の項に記載されているすべての対象的作業手段も包含されていることは明らかである。(23) したがって、当該発明は課題を機械的または電子的に解決しているということが確認されたにすぎない場合には、それは、単に解決方法の分類をなしたにすぎず、作業手段を結合することによって得られる具体的解決方法ではない。拡大した一般化が行なわれた場合にも、たとえ一般化せられた表現が採られるにせよ、作業手段は存在しなければならない。したがって、解決方法とは、通常、実施可能性の叙述すなわち課題から効果に至る道程の叙述以外の何物でもない。

以上よりして、解決方法・解決思想ないし解決原理は、それぞれの特許法上の解釈概念と相対応する関係に立つことになるのである。すなわち、次のようである。

発明の対象（特許請求の範囲の項の文言）	解決方法
発明思想	解決思想
一般的発明思想	解決原理

この場合、「解決方法」なる概念を維持すべきか否かが問題となる。しかし、均等物である否かの判断に際しては、特許特徴のみならず、課題および特許の意図する効果が問題とされなければならないが故に、この概念を維持することが望ましい。以上よりして、均等物に関する問題を、解決方法なる観点から判断すべき必要性が明

らかにされたことと思う。かく解することにより、二個の作業手段が置換されている場合に、その均等物の判断をなすに際し、双方の作業手段または作業手段の部分結合のみを考察の対象とすることから回避され得るのである。すなわち、——以下の項において、詳述されるように——、この作業手段の置換は、その置換にもかかわらずなお、当該解決方法の範囲内に存するか否かの検討が問題とされることになる。そして、解決方法ないし解決思想に基づいて、侵害対象において置換せられた作業手段が、これと対応する特許特徴と均等であるか否か、すなわち、当該特許の意味において機能的に同価値であるか否か、が確定せられ得るのである。

三　均等物

(一)「均等物」とは何か

発明の対象は、種々な態様に変形せられることがある。すなわち、

(i) 作業手段の脱落による変形。
(ii) 作業手段自体の変形による変形。
(iii) ある作業手段を他の作業手段（または、結合）と置換することによる変形。
(iv) 別個の作業手段を付加することによる変形。この場合には、既存の作業手段が化学的に変形せられていることがあり、また、付加された作業手段が別の新しい機能を有する場合がある（たとえば、従属特許の場合）。

上記のすべての場合を通じ、均等物であるか否かが検討されなければならない。特許が二ないし四%のキセロ

ゲルの添加を規定している場合に、一・五ないし四・二%のキセロゲルの使用は、均等であるといい得る。

しかし、類似方法（Analogieverfahren）[24]は、この均等物の領域には属しない。それは、むしろ、特許付与手続において、特許出願にかかる方法が、既知の方法と類似であることを確定することを意味するにすぎない。この場合には、作業手段が比較対照せられるのではなくて、方法全体が比較対照せられるのである。したがって、類似方法の場合は、一般的発明思想の場合と類似している。すなわち、一般的発明思想の場合には、二つの方法（特許に係る方法と侵害方法）は、一般的発想思想によって包含せられる。それは、均等物の場合とは異なる考え方である。したがって、一般的発明思想は、特別の原則でもある。

均等物はまた、特許法上の解釈概念にも属さない。すなわち、特許の解釈がなされた後に、均等物の場合には、対応する作業手段が当該特許の枠内に当てはまるか否かが検討せられるのである。

三 均等物

1 種々の均等的態様

均等物とは、他のものに置換または変形された作業手段が、特許の作業手段と完全に同一ではないが、同一のものとして評価されることを意味する。この場合、この作業手段の機能に着眼し、その作業手段が、特許に開示された解決方法ないし解決思想の範囲内において、特許の解決思想に変更を斎らすことなく、特許の作業手段と同一の機能を有するか否かが問題とされるのである。

しかし、既に初めの段階で、誤解を冒すことが往々にしてある。すなわち、特許と同一の最終効果は、侵害形態にも常に存在しなければならないが、特許と同一の効果を侵害形態が有するというだけでは、均等的特許侵害の存在を結論づける徴表としては不十分である。特許の意図する効果は、それのみについて単独に特許保護を与えられない[25]。

特許法上の置換可能性は、この置換によって均等的に変形せられた侵害対象の技術的構造が、技術水準に照らし公知であるか、または、特許付与手続において、それが明示的に放棄がなされている場合には、何らの意味も有しないことになる。

2　機能的に同一の作業手段および機能的に同価値の作業手段

純然たる技術機能的に同一の作業手段の場合には、問題は存しない。二枚の薄板を、釘またはネジで接合することができ、また、（たとえば、歯車について）電子的または機械的に操作することができる。機能が、解決方法の範囲内において同一である場合には、接合または操作の方法（種類）は、問題とはされない（いわゆる技術的均等物）[26]。しかし、他方、上述の意味における機能的同一性は存在しないが、解決方法の意味において機能的に同一と評価せられるものとして（funktionsgleichwertig）取扱われ得る作業手段が存在する。すなわち、その機能（性質、効果）は、特許に係る作業手段と同一ではないが、当該特許権上の根拠から、同一のものとして評価される（いわゆる特許権上の均等物）ものである[27]。

そして、上記の単なる技術機能的に同一の作業手段の場合には、特許の作業手段と侵害対象の作業手段とのみを、技術的に比較対照すれば足りるのに反し、機能的に同価値の作業手段の場合には、解決方法ないし解決思想の全体が検討されなければならないのである。したがって、解決方法ないし解決思想の全体は、いわば、特許との同価値性を確定するための尺度なのである。

3　一見明白な均等物と一見明白でない均等物

判例によれば、上記の意味において機能的に同一である場合には、その均等物は、一見明白な（glatt）ものであるとされ、「一見明白でない（nicht-glatt）」という概念は、機能的同価値性が問題とされるような困難な事案に用いられている。しかし、このような区別は必要ではない[28]。すなわち、単純に、解決方法の範囲内において、機能的に同一か同価値であるものはすべて、均等であるとすべきである。

わが国の判例においては、特別の熟慮を要することなく明白な場合には、その均等物は「一見明白である(glatt)」と称せられる。これに対し、一見明白でない均等物の場合には、より鋭敏な熟慮を要するとされる。しかし、この区別は必要であろうか。この区別のために、一見明白でない均等物の場合には、その特許能力についての審査を必要とする[29]、という誤った結論を導くに至ったのである。商標権の侵害または著作権の侵害の場合にも、一見明白な事案と一見明白でない事案が存在する。しかしこれ等の場合には、法律の意味(たとえば、取引通用)または、著作者の寄与(Urheberleistung)によって判断せられるのである。ヨーロッパ特許法においては、この区別は廃棄されなければならない。

(二) 解決方法の範囲内における均等物

前述したように、この問題は、いわゆる特許権上の(機能的に同一の価値を有する)作業手段が問題になる場合に初めて、登場する。この場合には、当該作業手段(または、置換せられた結合)が、解決方法ないし解決思想の範囲内に存するか否か、が検討されなければならないことになる。すなわち、この場合には、置換せられた作業手段の同一性または同一価値性の検討のみでは十分ではない。また、前述したように、特許の意図する効果と同一の効果が存するのみでも十分ではない。

特許は、効果をその保護の対象とするのではなくて、同一の効果に導く道程(Weg)および手段(Mittel)を保護するのである。したがって、均等物概念の適用に際しては、機能的に同価値の作業手段の置換によって変形せられた構造が、その変形にもかかわらずなお、特許にかかる解決方法ないし解決思想を使用しているか否かを確定することが必要となる。機能的に同一の置換手段の特許能力についての審査は、不必要である。

四　総　括

ヨーロッパ特許法の導入までに予想される短期間の間に、わが国の判例を変えることは、もちろん不可能であろう。しかし、ヨーロッパ特許の導入された暁には、ドイツ特許とヨーロッパ特許とは、同一の法原則によって解釈されることになるということを、現在において予め考慮に入れることが肝要である。そのためにも、その法原則に基づく概念の解釈について裁判例を拘束することになるヨーロッパ特許条約六九条の解釈に関する議定書は、有意義なものとなるであろう。しかし、その場合においても依然として、例えば発明思想の拡大に関して、各国々内裁判所の裁量の余地が十分に残されているのである。この場合、この確立を要するヨーロッパ特許の諸概念は、ドイツ特許の解釈についても適用せられることになるであろう。そして、縷々前述した意味において、ドイツの従来からの解釈概念が、たいして変更を加えられる必要なくして維持し得る可能性が極めて大きいのであり、注(7)に引用した会合において行なわれた討論の如く、結論づけ得るのではないかと思われる。

(1)　GRUR（国際版）一九七四年七九頁以下掲載のヨーロッパ特許条約参照。

(2)　GRUR 一九五九年三二〇頁掲載のモーペット＝クップルンク „Moped-Kupplung" 連邦裁判所判決、同一九六〇年四七八頁、四七九頁右欄掲載のブロックペダーレ„Blockpedale"連邦裁判所判決、ベンカート（Benkard）・コンメンタール〈六版〉・六条側番号一〇五、各参照。

（3）GRUR 一九七四年五〇六頁右欄掲載のモーゼル・フォン・フィルゼック（Moser v. Filseck）「均等的手段の使用による特許侵害の問題について」なる論文、シュラム（Schramm）『特許侵害訴訟』三頁（邦訳、酒井書店、三頁）各参照。

（4）シュラム（Schramm）『特許侵害訴訟』一頁以下（邦訳、酒井書店、一頁以下）参照。

（5）前掲（2）参照。

（6）ベンカート（Benkard）・コンメンタール〈六版〉第六条側番号一一〇、一一五、ベルンハルト（Bernhardt）『特許法教科書』〈三版〉一三一頁、一一五頁、クラウアー＝メーリンク（Klauer/Möhring）・コンメンタール〈三版〉二二八頁、二八三頁、ブッセ（Busse）・コンメンタール〈四版〉一八七頁、各参照。

（7）一九七三年四月二八日、ラ・コロシュール・ルー（La Collesur-Loup）において行なわれた、ニース・リヨン・モンペリエ各大学の共同主催にかかる「特許の解釈（l'interprétation des brevets）」なる演題についてのコロキウムの総括報告がなされた。

（8）シュラム（Schramm）『特許侵害訴訟』一〇六頁脚注における引用（邦訳、酒井書店、一六五頁）、最近においてはGRUR（国際版）一九七四年二八一頁掲載のオーストリー最高裁判所判決および同誌二八三頁右欄掲載のデュッセルドルフ（Düsseldorf）高等裁判所判事ヘッセ（Hesse）の判例批評、GRUR（国際版）一九七三年六一〇頁掲載のブルッフハウゼン（Bruchhausen）連邦裁判所判事の「ヨーロッパ諸国における特許保護範囲に関する最近の判例」という論文にはこの点に関するヨーロッパ諸国の法制度の比較がなされている。

（9）シュラム（Schramm）『特許侵害訴訟』一七二頁以下、一八三頁参照。

（10）シュラム（Schramm）『特許侵害訴訟』一〇三頁（邦訳、酒井書店、一五五頁以下）参照。

（11）部分特許保護（Teilpatentschutz）が成立する場合の本質的に重要でない特徴の欠落については、シュラム（Schramm)『特許侵害訴訟』一〇七頁以下（邦訳、酒井書店、一五七頁以下）参照。

(12) バイアー（Beier）教授は、「本質的に重要でない（unwesentlich）」という表現を用い、無条件に不必要とされる特徴を意味するとされる（前記注(7)参照）。

(12a) シュラム（Schramm）『特許侵害訴訟』一〇六頁（邦訳、酒井書店、一五七頁、一五八頁）の引用例参照。

(13) 過剰定義については、クラウアー＝メーリンク（Klauer/Möhring）・コンメンタール〈三版〉七六九頁側番号一四および七八七頁側番号二一参照。

(14) GRUR（国際版）一九七四年二八一頁掲載のオーストリー最高裁判所判決参照。

(15) GRUR（国際版）一九七四年二八一頁掲載のオーストリー最高裁判所判決、ベルンハルト（Bernhardt）『特許法教科書』〈三版〉一五二頁以下、クラウアー＝メーリンク（Klauer/Möhring）・コンメンタール〈三版〉五五頁、ビュッセ（Busse）・コンメンタール〈四版〉一〇七頁以下、各参照。

(16) GRUR 一九六四年右欄掲載の連邦裁判所ロルラーデン „Rolladen“ スライディングシャッター判例についてのシュラム（Schramm）の判例批評およびシュラム（Schramm）『特許侵害訴訟』八四頁（邦訳、酒井書店、一一三頁）、GRUR 一九七四年五〇九頁右欄掲載のモーゼル・フォン・フィルゼック（Moser v. Filseck）「均等的手段の使用による特許侵害の問題について」なる論文、暗示的にではあるが GRUR 一九六二年三一頁掲載の連邦裁判所ドレーキップベシュラーク „Drehkippbeschlag“ 判決には「開拓的寄与（erstmalige Leistung）」なる表現が用いられている、各参照。

(17) 判例の展開については、GRUR（国際版）一九七三年六一六頁右欄掲載のベルッフハウゼン（Bruchhausen）「ヨーロッパ諸国における特許保護範囲に関する最近の判例」なる論文参照。

(18) GRUR 一九六四年（四一三頁）四一四頁右欄、四一五頁左欄掲載のシュラム（Schramm）「さまよえる一見明白でない特許権的均等について」なる論文参照。

(19) 一般的発明思想に関する裁判上の統計については、GRUR（国際版）一九七四年（一頁）六頁左欄、九頁左欄掲載のブルッフハウゼン（Bruchhausen）「ヨーロッパ特許の保護範囲について」なる論文（本書Ⅰ—3〔翻訳〕）、GRUR 一九六四年（二二一頁）二二六頁左欄および右欄掲載の連邦裁判所ロルラーデン „Rolladen" スライディングシャッター判決についてのシュラム（Schramm）の判例批評および同誌一九六四年四一五頁掲載の Schramm「さまよえる一見明白でない特許権的均等について」なる論文、GRUR 一九六四年二〇一頁掲載の連邦裁判所ミッシュマシーネ „Mischmaschine" 判決についての Moser von Filseck の判例批評、各参照。

(20) GRUR 一九六七年三九〇頁掲載のシュペングラー（Spengler）「一般的発明思想からの訣別」なる論文（特許管理第二五巻第五号四九一頁注（30）参照。

(21) 最近においては GRUR（国際版）一九七四年（二八一頁）二八三頁右欄掲載のオーストリー最高裁判所判決、GRUR（国際版）一九七三年六一六頁掲載のブルッフハウゼン（Bruchhausen）「ヨーロッパ諸国における特許保護範囲に関する最近の判例」なる論文、各参照。

(22) ベルンハルト（Bernhardt）『特許法教科書』〈三版〉三九頁、四〇頁参照。

(23) ライマー（Reimer）・コンメンタール〈三版〉二七頁、三二八頁、七五一頁参照。

(24) シュラム（Schramm）『特許侵害訴訟』一三八頁ないし一四四頁（邦訳、酒井書店、二〇二頁ないし二〇八頁）参照。

(25) クラウアー＝メーリンク（Klauer/Möhring）・コンメンタール〈三版〉第六条側番号三五参照。

(26) 機能的同一性に関する技術的事例として、GRUR 一九六二年二九頁、三一頁掲載の連邦裁判所ドレーキップベシュラーク „Drehkippbeschlag" 判決、GRUR 一九六二年五七五頁右欄掲載の連邦裁判所シュタントタンク „Standtank" 判決、各参照。

(27) 機能的同一性と機能的同一価値性との差異については、シュラム（Schramm）『特許侵害訴訟』一一八頁、一二五頁、一二六頁（邦訳、酒井書店、一七六頁、一八五頁ないし一八七頁）クラウアー＝メーリンク（Klauer/Möhring）・コンメンタール〈三版〉六条側番号三五、各参照。

(28) 同説のものとして、GRUR 一九六四年二〇一頁左欄掲載の連邦裁判所ミッシェマシーネ „Mischmaschine" 判決についてのモーゼル・フォン・フィルゼック (Moser von Filseck) の判例批評、同誌一九七四年五〇六頁左欄五〇九頁右欄掲載のモーゼル・フォン・フィルセック (Moser von Filseck)「均等的手段の使用による特許侵害の問題について」なる論文、GRUR 一九六四年四一三頁掲載のシュラム (Schramm)「さまよえる一見明白でない特許権的均等について」なる論文、各参照。

(29) クラウアー＝メーリンク (Klauer-Möhring)・コンメンタール〈三版〉八八頁、二九七頁、三一六頁、ベンカート (Benkard)・コンメンタール〈六版〉第六条側番号一四五、一五〇、ブッセ (Busse)・コンメンタール〈四版〉一一八頁、一九一頁、二一四頁、各参照。

I―5　［翻訳］ロビンソン（Christopher Robinson）著「英米の判例に見る特許請求の範囲の項について」

一　本　論

異なった国の国民は、ある概念、例えば「自由」という概念を異なった意味に用い、そのため、誤解を生ずることが往々にしてあることは、周知のところである。特許制度の分野におけるこの種の誤解が生ずる例は、「特許請求の範囲の項」という言葉である。特許制度の分野における国際的協力に関する協定（PCT協定）六条は、「特許請求の範囲の項には、特許保護が求められる対象を記載しなければならない」と規定している。また、ヨーロッパ特許付与手続に関する協定六九条は、「ヨーロッパ特許により保護が与えられる保護範囲は、〝特許請求の範囲の項の内容によって（ドイツ語条文）〟、〝クレームの文言によって（英語条文）〟確定せられる」旨、規定している。イギリスおよびアメリカの読者は、おそらく、この言葉をイギリスまたはアメリカ特許に当嵌まるものと見做し、また、ドイツの読者は、ドイツ特許に当嵌まるものと見做すであろう。しかし、この言葉は、各国の判例が認める意味についてこれを見れば、かなり異なった結果が生ずる限りにおいて、異なった意味を有するものということができる。

本論文の目的は、英米の判例における特許請求の範囲の項の解釈ならびにその有効性およびその範囲の確定に関する原則についての概観を与えることにある。引用にかかる判決の大部分はイギリスの判決であるが、ここでは、英連邦諸国の判例と表示した。その理由は、本テーマに関する限り、イギリスと立法上本質的な相違点を有しないカナダおよびその他の英連邦諸国においては、原則的にイギリスの判例に追随しているのが実情であるからである。また、本論文は、特に、英連邦またはアメリカの判例、あるいは、その双方が、場合によりドイツの判例と異なっている側面を論じようと試みた。

二　特許請求の範囲の項の機能

特許請求の範囲の項は、それのみが特許の保護範囲を確定するのである。特許請求の範囲の項の正しく解釈された文言にはいるものが、特許の保護範囲に属し、特許保護の請求がなされていないものは、放棄されたものとされるのである。特許の有効性（Gültigkeit）は、正しく解釈された特許請求の範囲の項の文言に基づいて確定せられ、均等理論の適用せられる場合は別として、侵害訴訟手続においても、これと同様に行われるのである。

英連邦特許法の分野における権威者として著名なモートン（Lord Mouton）は、特許請求の範囲の項の任務と発明の詳細な説明の項の任務を区別して、次のように述べている。

「特許請求の範囲の項は、権利を確定することを目的とするのであって、一般公衆に教えたり、発明の実施についての必要な情報を伝達することを目的とするものではない。これらのことは、発明の詳細な説明の項の任務である。」

ラッセル（Lord Russell）によって起草された貴族院の判決中の屢々引用せられる一節に、特許請求の範囲の項の機能が、次のように述べられている。

「特許請求の範囲の項の機能は、第三者に対し、特許権の範囲の正確な限界線を知ることができるように、すなわち、その限界線の範囲内では特許侵害者になることを知り得る程度に、明瞭に且つ正確に特許の保護範囲を確定することである。その基本的目標は、保護範囲を限界づけることであって、保護範囲を拡張することではない。特許保護の請求がなされなかったものは、放棄されたことになるのである。勿論、特許請求の範囲の項は、特許明細書全体の一部と見做されなければならない。……特許権者は、たとえその発明を特許明細書に記載したとしても、特許請求の範囲の項においてもその特許保護を請求していない場合には、これに対し排他権を及ぼすことができない。」

ほぼ同様のことを、アメリカ合衆国最高裁判所が述べている。

「特許の保護範囲は、特許明細書の詳細な説明の項に照して理解された特許請求の範囲の項に限界づけられた発明に、制限せられる。したがって、何が、発明の対象――その排他的使用が、法律に規定された特許付与によって、発明者に保証せられているのであるが――であるかを確認しようとする場合には、我々は、特許請求の範囲の項に目を向けなければならないことになる。」

二　特許請求の範囲の項の機能

特許の保護範囲の限界を確定するという特許請求の範囲の項の任務、および、この限界を余り広く確定した場合に生ずる効果について、次に引用するカナダの判決は、英米の判例の基礎をなす特許請求の範囲の項の限定機能（Abgrenzungsfunktion）を明瞭に表現する文章で説明されている。

「発明者は、その特許請求の範囲の項を以て、その独占区域の周囲に垣を張り巡らし、一般公衆に対しその財産に対する不法な侵入に警告を与えるのである。したがって、その垣は、必要な警告的作用を発揮せしめるため、明瞭に設置されなければならないのであり、また、発明者に属しない土地に入り込んではならない……。すなわち、発明者は、自分が発明していないものにまで特許保護を請求してはならない。何故なれば、発明者は、かくすることにより、自己に属しない物までも取入れることになるからである。以上よりして次のように結論づけられる。すなわち、特許請求の範囲の項が、新規にして有用なものに付加して、公知であるか又は有用でないものにも同時に、特許保護を請求している場合には、その特許請求の範囲の項は自滅することになる。」

三 特許請求の範囲の項の解釈

前記最初の二つの引用が示すように、何れの法制度によるも、特許請求の範囲の項は、特許明細書全体の一部として読み取られなければならないことは明らかである。ラッセル（Lord Russell）が、以下に述べているように、特許請求の範囲の項の文言が、

「明細書の他の箇所で使用されている言語の用法により、または、専門家の技術的知識によれば特殊の又は異例の意味を有する場合が存在する。このような特殊請求の範囲の項の文言は、前述のような言語の用法または技術的知識を考慮して、これを理解するならば、特許請求の範囲の項の文言の推定的意味（Prima facie-Bedeutung）が、その真実の意味と一致していないものと理解することができる。このようにして解釈された特許請求の範囲の項は、上述のような事情の下においては、前述のような補助手段が存在しない場合に有する意味とは異なった意味を有することになる。文書のこのような解釈は、一般に認められた解釈原則にも適合するものである。」

しかし、特許権者は、その独自の言語用法を定めるために、

「先ず、明細書の一部の箇所に、本明細書では特定の語句を特許権者自身によって定められた意味に用いるということの

説明文を挿入することができるにしても、このような方法は、明細書を起草する上での妥当な方法とはいい得ず、……また、如何なる場合にも、このような記載法を選択する特許権者は、その記載の意味を明細書の読者に明確に伝達する義務を有するものである。」

アメリカ合衆国においても、上記と同一の原則が妥当する。すなわち、

「特許権者はすべて、自己独自の辞書編集者であることは許される……。裁判所が特許権者に要求することは、特許権者が自己独自の辞書編集者である場合には、その語句に明確な定義を与えることである。」

ラッセル（Lord Russell）は、他の箇所において次のように述べている。

「私は、特許請求の範囲の項に含まれていない語句を特許請求の範囲の項からこじつけて読み取ったり、または、特許請求の範囲の項の明確な文言によって確定された保護範囲を縮少または拡張するために、発明の詳細な説明の項中の各所に散在する表現を使用することを正当づけるような語句を、特許請求の範囲の項からこじつけて読み取ることによって、特許請求の範囲の項の明確な意味および文法上の意味から離れて、特許請求の範囲の項の範囲を制限したり又は拡張したりすることを正当づける原理原則を知らない。」

アメリカ合衆国においても、最高裁判所は、次に引用する一節から明らかなように、前述したところと類似の見解に立つものである。

「発明の詳細な説明の項に依らざるを得ないような非常に漠然とした特許請求の範囲の項は、発明の詳細な説明の項が比較的明確に起草されているとの理由により、無効を免れ得ることはできない。」

英連邦諸国の判例によれば、裁判所は、無効または侵害の問題を審理する前に、先ず最初になすべきこととして、特許を解釈しなければならない。この解釈は、

「先行技術による先取として主張された公知資料を斟酌することなしに、なされなければならない。したがって、先行技術としての公知刊行物に記載せられている作用効果が如何にして回避せられ得るかを顧慮して、特許請求の範囲の項を解釈することは絶対に許されない。かような公知資料は、このような目的のためには考慮外におかれなければならないのである。」

また、特許は、主張にかかる侵害形態に関連づけることなしに、解釈されなければならない。すなわち、

「被告が登場する前に、我々は特許を解釈しなければならなかったとすれば……」

ということになるのである。

特許請求の範囲の項が解釈された後に初めて、解釈によりその範囲および意味が確定された特許請求の範囲の項の有効性およびその侵害の問題が審理されることになる。

アメリカの判例は、論理的ではあるが、かような厳格な取扱を定着させることはなかった。技術水準および発明的寄与の意味は、特許請求の範囲の項の解釈に際して斟酌せらるべき要因であり、特に、以下に述べるように、侵害行為を顧慮して解釈がなされるべきであるとするのである。アメリカ合衆国においては、特許庁における特許付与手続が、特許請求の範囲の項を解釈するに際して、重要な手がかりを与えるものとされるのである。アメリカ最高裁判所は、最近、この原則を次のように再確認している。

「認容された特許請求の範囲の項は、排斥された特許請求の範囲の項および技術水準を斟酌し、解釈されなければならない。特許付与を得るために、技術水準の劃する限界によって制限せられた特許請求の範囲の項は、さきに制限により特許から除外された部分の保護を主張することができない。」

このいわゆる“file wrapper estoppel”と称せられる原則は、特許出願記録が一般に公開せられないイギリ

スにおいては、採用せられていない。また、カナダにおいては、特許出願記録は、一般に公開せられることになっているが、特許請求の範囲の項を解釈するために斟酌することは許されないと判示せられている。

四　特許請求の範囲の項と特許の有効性

特許請求の範囲の項は、排他権の及ぶ範囲を可能な限り確定的に（abschließend）決定するものでなければならない。イギリスにおいて、ローバン（Lord Loreburn）は、何年か前に、屢々引用される非常に著名な一節において次のように述べている。

「如何なる対象を如何なる範囲において、特許保護を求めるのかということを、直接の記載により、または、明瞭で一義的な関連符号により明確に表現するのは、特許権者の義務である。若し、特許権者が相応な判断を払った場合には避け得たであろうような不明瞭な点または多義的な点を包含するような表現を使用している場合には、その特許は無効であり、その場合、それが故意・過失または行為能力の欠缺に基づくものであるか否かには関係しない。発明が説明に困難なものである場合には、もちろん、それから生ずる言語上の困難性はすべて、それ相応に考慮せられることになる。」

アメリカ合衆国の最高裁判所は、この特定性の要件を、これとほぼ同様に説明している。

「産業界および研究機関が、侵害訴訟による訴求を受ける危険を冒してのみ踏み入ることができるような不確定に起草せられた特許請求の範囲の項は、その範囲が明確に劃されている場合に比し、発明者の発明活動を弛緩せしめることになるであろう。特許請求の範囲の項が不特定なものとなった原因が、語句の選択に帰せられるか、または、主張にかかる技術的進歩性の不特定な性質のためであるか否かということは、重要ではない。そして、特許付与がなされ得るためには、発明は、正確に特定し得るものでなければならない。」

控訴裁判所は、前記の引用判決の最終文を、次のように説明している。

「特許請求の範囲の項に許されざる不特定性が存在するか否かは、個々の事案によって判断さるべきであって、抽象的な原則によって判断さるべきではない。」

とし、さらに、

「（特許請求の範囲の項の）文言が、発明の対象として許される限り正確に記載されている場合には、裁判所は、それ以上のことを要求することはできない。」

と述べ、また、

「不明確な点が不可避的に存在することによって、特許権者にその発明の成果を拒む十分な理由とすることはできない。」

以上のように、英連邦諸国およびアメリカ合衆国の立場は、この点において殆んど同一である。事実、両国の最上級裁判所は、発明に対する相応な保護を達せしめるため、ある程度の不明確な起草が已むを得なかったと認められる特許請求の範囲の項を有効と見做し、また、平均的専門家が、当該特許の保護範囲の中に入るか否かを実験によって確認し得る程度に起草された特許請求の範囲の項を有効と見做した。

特許の有効性の問題は、正しく解釈された特許請求の範囲の項に基づいて判断される。特に発明の詳細な説明の項に記載せられているものが、たとえ、新規にして有用であり自明でないとしても、発明の対象としてその範囲に包含されることになるべき特許請求の範囲の項に、この発明の対象に必要な特許性を有する特徴の一つでも欠除している場合には、その特許請求の範囲の項は無効である。したがって、特許請求の範囲の項は、当該特許の対象となるべきものがすべて、請求にかかる保護範囲の中に、特許性を有するものとして必要な特徴全部を包含している場合にのみ、有効である。このため、広く起草された特許請求の範囲の項が、例えば公知のものを包含しているために無効とせられた場合に、なお依拠し得るやや狭いが、予想される問題の侵害形態を包含するに十分な特許請求の範囲の項が残存するように、英連邦諸国およびアメリカ合衆国の特許では、様々な範囲を持つ複数の特許請求の範囲の項が設けられる。

特許請求の範囲の項によって確定された保護範囲の内の一部分について、その有用性が存在しない場合（すべての有用性ではなくて、当該特許によって約束された特定の有用性を意味する）には、新規性が存在しない場合と同様、その特許請求の範囲の項にとって致命的なものとなることに留意しなければならない。英連邦諸国およびアメリカ合衆国の判例によれば、正しい解釈をすれば、ある一群の化学物質を含む特許請求の範囲の項について、その一群の内の若干の部分が特許の意図する目的にとって有用でないということが立証せられた場合には、有用性の欠缺を理由に、その特許請求の範囲の項は無効とせられる。英連邦諸国の判例によれば、如何なる専門家も問題の目的にとって有用でないとせられるある物質を使用しようとはしない場合にも、無効とせられる。

イギリスおよびカナダにおいては、類似方法に立つ広範囲の一群の新規物質――これらの広範囲の一群の新規物質の内、個々的に開示された特定の部分のもののみが、医療目的にとって非常に有用であったのであるが――の製造を内容とする特許請求の範囲の項は、主張にかかる有用性の証明が殆んどすべての群の物質に欠けているとの理由で、無効とせらせた。

また、アメリカ合衆国においても、同系の組み合わせを有する広範囲の一群を内容とする特許請求の範囲の項は、

「そのすべての一群が、明細書に記載せられた目的のために有用な、共通の特性を有するということが証明せられていな

い」

が故に、余りにも広範にすぎ到底認容され得ない旨、判示した。

五　特許請求の範囲の項と特許侵害

被告が、特許請求の範囲の項全部に記載せられた対象に合致する行為をなした場合には、特許侵害が成立する。特許請求の範囲の項の部分についての侵害は成立しない。したがって、結合発明についての特許請求の範囲の項は、その結合中のある要素の使用により特許侵害となることはない、というのがアメリカ合衆国および英連邦諸国の判例である。アメリカ最高裁判所は、この見解を、次のように述べている。

「原告特許は、その結合についてのみ有効である。結合を構成する個々の要素は何れも、特許権者により発明として特許保護が求められていない。したがって、これらの個々の要素の何れもは、それ自体単独で特許の排他権に包含されることはない。」

以上のように、特許能力を有する下位結合または要素が、特許の保護範囲に包含されるためには、それらについて個別的に、特許保護が求められなければならない。

英連邦諸国およびアメリカ合衆国においては、特許侵害および特許無効は、同一の裁判所によって審理・判断せられ、殆んどすべての特許侵害訴訟において、特許不侵害の抗弁および特許無効の抗弁が提起せられる。したがって、特許権者は、殆んど常に、被告の係争行為を包含するに足るだけ十分に広く、しかし、公知のもの自明のもの又は有用でないものを包含する程広くない程度に、特許請求の範囲の項を起草すべきジレンマに立たされることになる。

被告が、有効な特許請求の範囲の項の正しく理解された文言に包含される行為をなした場合には、いわゆる文言による侵害が存在することになる。アメリカ合衆国の判例によれば、文言による侵害のみでは、常に訴が成功するに十分であるとはいい得ない。アメリカ合衆国最高裁判所は、次のように述べている。

「侵害対象が、特許にかかる物品の機能原理と、次の点において異なる場合——すなわち、侵害対象は、特許にかかる物品と同一又は類似の課題を本質的に異なる方法で達成しているが、それにも拘らず、係争特許の特許請求の範囲の項に包含されている場合——には、特許請求の範囲の項を制限して、特許権の侵害の訴を棄却するために、均等理論を用いることができる。」

文言による侵害が立証せられた場合には、英国法によれば、事件は判決に熟することになる。特許請求の範囲の項が、発明に属しない対象にも及ぶ程度に広く起草せられている場合には、その理由により無効と見做されることになる。

とくに、文言による侵害が存在しない事案において、いわゆる均等理論が適用せられる場合には、最近の英連邦諸国とアメリカ合衆国の判例との間には、実務上顕著な差異が存在する。この均等理論は、近代的な構成を有する精密な特許請求の範囲の項が未だ一般に行われていなかった時期に、発展された理論である。特許に記載せられたものと「原告の権利主張の対象となっているもの」とは異なるが、それにも拘らず、後者すなわち侵害対象が、特許と本質的に同一の態様で特許と本質的に同一の結果を達成している場合には、特許侵害すなわち特許にかかる発明の核心を包含するものと見做されるのである。

五　特許請求の範囲の項と特許侵害

英連邦諸国の判例において、貴族院（House of Lords）は、過去一〇年間において、通常「発明の本質（Wesen）

および核心（Kern）」とか、「最重要部分（pith and marrow）」に関する原則とか称せられる理論が、依然として適用せられる旨を明確に判示し、また、次に掲げる同院の説示は、機械の分野における事案において、均等理論が適用せられるためには、如何なる条件が充足されなければならないかの問題に答えたものである。

「被告の器具に含まれている各部分が、個々的に又は合体して、原告の特許にかかる器具の各部分によって個々的に又は合体して達成せられている課題と同一の課題を達成しているということ、または、被告の器具が、原告の器具が齎らす効果と同一の効果を齎らすということ、が確認せられるだけでは十分ではない。むしろ、被告による各部分の選択と配置が、本質的に原告による各部分の選択と配置と同一であることが立証されなければならない。何故なれば、この選択と配置こそが、控訴原告の発明を構成するものに他ならないからである。」

それにも拘らず、この「最重要部分」に関する原則は、被告の器具が、その構造上の形態——この被告の器具の構造上の形態は、機械工学上からは説明され得ない理由で、特許にかかる器具の構造とは異なってはいるが——によって特許権者の器具と同一の効果を達成する場合においても、常に特許侵害の判断を受けるとは限らなかった。事実、イギリスにおいては、過去三五年間において、均等論のみを適用して特許侵害を確認した判決は一件にすぎない。そして、その事案においては「本質的には、ここに（発明の詳細な説明の項に）記載せられているように」に構成された装置に関する特許請求の範囲の項が問題にされたのである。一方、カナダにおいては、これと同期間内において、均等論を特許侵害の主たる理由として認めたものは、上訴審においては一件にすぎず、また、第一審においても三件にすぎなかった。その内、最も新しいものは、「本質的（wesentlich）」という言葉の解釈をめぐるものである。

以上のような状況であるため、英連邦諸国の法制度の下においては、特許請求の範囲の項の正しく解釈された文言に包含され得ないような侵害対象に対して、特許侵害の判決を得る見込みは、特許権者には極めて薄いように思われる。

これに対して、アメリカ合衆国においては、事情は全く異なっている。均等理論は、十分に、かつ、さきに引用した英連邦諸国の判例において最後にあげた例において認められた範囲よりも広範囲に適用せられている。アメリカ合衆国最高裁判所は、この問題を取扱った最も新しい事案――この判決は、指導的な意味を有する基礎的判決として、屢々引用されている――において、次の如く述べている。

「特許権者は、侵害者の製造する器具が、特許にかかる器具と同一の結果を達成するために、特許と本質的に同一の態様で、特許と本質的に同一の課題を充足している場合には、その器具の製作者に対抗するために、均等理論を主張することができる。均等理論は、開拓発明または基本発明の特許権者のために有効であるのみならず、継承発明または後発発明(Nachfolgerfindung)――新規にして有用な結果を齎らす公知の要素の結合から成り立っており、その均等範囲は、事情に応じて異なることにはなるが、――の特許権者のためにも適用せられるのである。」

現在アメリカ合衆国において適用されている均等理論によれば、主張にかかる均等物自体は、特許付与の時点において公知である必要はなく、侵害せられた特許請求の範囲の項に記載せられている要素の改良（さらに進んで特許が付与されている改良）であっても差支えない。

裁判所も認めている如く、判例に認められた均等理論は、法律が禁じようとしている特許保護範囲についての不安定性を生ぜしめるものであるにも拘らず、この理論の効力範囲を制限せんとする徴候も、また、その適用を制限せんとする徴候も、ともに存在しない。そして、特許請求の範囲の項の文言による侵害が成立しない場合には、上訴審裁判所は、第一審裁判所において、文言による侵害が成立すると思われるような広く起草された特許請求の範囲の項が、無効と宣言された場合、または、特許付与手続中において減縮せられた場合、さらには、特許請求の範囲の項に記載せられている意味の不明瞭な語句は被告の器具には及ばないとされた場合にも、均等理論を侵害判断の基礎原理として適用した。以上のように、アメリカ合衆国においては、均等理論は、広汎な適用範囲を有する活きた理論として存在しているのである。

〔なお、本文には側注が存在する。〕

II 侵害事件における技術的範囲の確定及び測定の資料

石油燃焼器具用芯事件

大阪地裁昭和五七年一〇月五日判決、昭和五二年(ワ)第四九七九号・損害賠償請求事件

特許管理別冊判例集II二一一頁、請求棄却

一　判決要旨

1　実用新案権の付与、無効等の処分は特許庁の専権に属するところであり、ひとたび特許庁がその専権に基づき、ある考案に新規性・進歩性等の登録要件を認めて実用新案権設定の登録をした以上、それが実用新案法所定の無効審判手続（及びこれに続く行政訴訟）で無効にすべき旨の審決がなされ、その審決が確定しない限り、侵害訴訟裁判所においてみだりにこれを無効と判断し、無効を前提として訴を断ずることは許されない。但し、右にみた特許庁と裁判所との権限分配の点や登録出願人と一般社会公衆との基本的な利益衡量関係を考慮するとき、登録実用新案の登録請求の範囲に記載された技術思想が、その出願前既にそのまま公知、公用である、いわゆる全部公知、公用のような例外的な場合にのみ、その技術的範囲につき限定解釈をなすべき余地が存在するにすぎない。

2　一般に、実用新案登録請求の範囲を解釈するに際して、単にその文字のみに拘泥することなく、考案の性質、目的、詳細な説明、添付図面をも斟案して実質的に考えるべきであり、ことに出願当時既に公知公用の事項を含む事項については、当該部分を除外して解すべきである、といわれるのも、右の趣旨に出たものにほかならない。

3　ある考案の出願から登録に至る過程において、登録出願人が、特許庁による拒絶理由通知、拒絶査定に対する意見、登録異議申立に対する答弁、さらには補正書などで、右拒絶理由、異議の理由等に対応して、意識的に登録請求の範囲に限定を加えた場合には、出願までに存していた公知公用の技術、出願から登録に至る過程で特許庁が示した見解などとともに、登録出願人が示した限定的意図をも参酌した上で、当該考案の技術的範囲を定めるのが相当である。

二　事案の概要

1　原告Aは、実用新案登録請求の範囲の項の特徴分析により分説すれば、次のような構成要件的特徴を有する実用新案権者である。

石油燃焼器具芯に関するものであって、

(一)　所要の繊維にて織成し、円筒状に形成して下部芯体1を形成していること。

(二)　下部芯体1の上部並びに下端部を緯糸経糸にて、また中央部より下部にわたり経糸のみで織成していること。

(三)　所要の繊維にて緯糸経糸により織成し、円筒状に形成して上部芯体2を形成していること。

(四)　下部芯体1の上端縁に上部芯体2の下端縁を突き合せ、これを一体に縫合していること。

(五)　上部芯体2と下部芯体1の縫合部3の外周部に、補強テープ4を添着して一体になしていること。

2　原告Aは、被告X及びYが、右実用新案権を侵害するとして訴求したのであるが、被告Xの侵害対象であるイ号物件、及び被告Yの侵害対象であるロ号物件は、ともに前項掲記の(二)ないし(五)の構成要件的特徴を具備していたが、(一)の構成要件的特徴に対し、イ号物件及びロ号物件は、ともに下部芯体下端部に切れ目が一箇所設けられていた。この点につき、原告は「設計上の微差」に過ぎずとし、他方、被告らは、右(一)の構成要件的特徴である「円筒状」とは、「切れ目のない円筒形のもの」を意味するから、イ号、ロ号物件は、右構成要件的特徴を具備しないと反論し、この点が本件における主要な争点とされた。

三　判決理由

判決は、被告らが提出した本件実用新案の出願より登録に至る実用新案付与記録を検討の上、次のように判示した。

「右事実によれば、原告が出願当初に意図していた下部芯体の下端縁とは、縫綴により、又は帯片で筒状に縫着する、というものであったところ、原告は、前判示の異議申立から審決に至るまでの過程で、下部芯体下端部を切れ目のない円筒状にしたものに限定して、本実用新案の登録請求の範囲をはじめ明細書の記載を補正することにより、本件考案が前判示の公知公用技術とりわけ公用技術①とは相違するものであることを強調して、その実用新案登録を求め、特許庁もまた、芯が上部芯体と下部芯体とを縫合して形成され、下部芯体が円筒状である点に本件考案の新規性・進歩性を認めて、実用新案権設定の登録を許したものと解することができる。してみると、本件考案の㈠の構成要件にいう「……円筒状に形成して下部芯体1を形成していること」とは、文字どおり円筒形の下部芯体を形成していることを意味し、このなかには、イ号、ロ号物件のごとく下部芯体の下部に切れ目が設けられているものを含まない、と解するのが相当である。」

四　研　究

1　〔判決要旨1〕について

特許の効力の判断についての侵害訴訟裁判所と特許庁の権限分配に関する判示であり、当然の帰結である。

裁判所が、特許庁の行政行為である特許付与によって確定せられた発明の「対象」に拘束せられ、独自の判断により、これを無効となし得ないのは、いわゆる行政行為の「構成要件効力（Tatbestands-wirkung）に基づくものである。イェリネック（Walter Jellinek）『行政法』„Verwaltungsrecht“（再刊・一九四八年〔初版・一九二八年〕）一七頁は、これにつき次のように述べている。

「裁判所は行政行為を、また、行政官庁は裁判所の判決を、それぞれその決定の基礎として尊重しなければならない。このことは、仮りに一方が他方の判断を事実状態又は権利状態の誤認に基づいて下されたものであることを確信した場合も、同様である。すなわち、裁判所及び行政官庁は、相互にその行為を所与の事実として、すなわち、構成要件として甘受しなければならない義務を有するものである。これを司法行為および行政行為の『構成要件的効力』と称する。」

したがって、特許侵害訴訟手続において、被告が、「原告特許は、特許要件である新規性・進歩性を欠くため無効である」との抗弁は提起し得ない。

しかし、最近、わが国の判例・学説においても注目されている「自由な技術水準の異議（Einwand des freien Standes der Technik）」は、係争特許自体の有効・無効を論ずるのではなく、被告の実施行為を技術水準との関係においてのみ問題にし、「被告の実施行為は、万人に開放せられた公知技術を実施するにすぎず、特許侵害を構成しない」とするものであり、前記構成要件的効力ないし権限分配の原則に抵触しないものと思料せられ、右理論が今後の実務上の運用において採択されることを期待したい。

なお、「判決要旨」末尾に、「……いわゆる全部公知、公用のような例外的な場合にのみ、その技術的範囲につき限定解釈をなすべき余地が存在するにすぎない」旨判示し、「限定解釈」の範囲については何らの判示も存在しないが、その「限定解釈」は、特許付与の構成要件的効力よりして、特許明細書の特許請求の範囲の項の文言に限定せられるにすぎず、特許明細書の詳細な説明の項及び図面、並びに特許庁における特許付与記録等の記載を引用して、特許請求の範囲の項の文言より狭く限定されてはならない。

2　〔判決要旨**2**〕について

右判決要旨前段の判示は、明細書の請求の範囲の項の文言が一義的に明瞭でない場合にのみ適用せられる解釈原理であり、その文言の意味が明瞭である場合には、「解釈」を必要としない。したがって、「解釈」なる名目の下に、明細書の詳細な説明の項、添付図面等の記載を斟酌して、その権利範囲を請求の範囲の項の文言より狭く確定してはならない。このことは、明細書の請求の範囲の項の文言が公知事項を含む場合も同様である。明細書の「請求の範囲」の項は、行政行為たる特許付与または実用新案付与の内容そのもの、すなわち構成要件を構成するものであり、これを司法機関である裁判所が「解釈」なる名目の下に、「請求の範囲」の項の文言の意味より狭く確定すること—一部無効を意味する—は、前記行政行為の構成要件的効力ないし権限分配の法原理に背反し、許されない。

なお、本件判決と同様の事案が、昭和六〇年五月二九日大阪地裁判決（昭和五八年（ワ）第七三三八号差止請求権不存在確認等請求事件・同年（ワ）第八五七〇号実用新案権侵害禁止等反訴請求事件）として存在し、これにつき、「特許管理」誌（一九八六年、三六巻九号）に、その評釈を掲載したので、以下、これを引用する。

特許法三六条五号（実用新案法五条四項）には、請求の範囲の項には、「発明（考案）の詳細な説明に記載した発明（考案）の構成に欠くことができない事項のみを記載しなければならない。」旨規定するとともに、同法七〇条（同法二六条）には、「特許発明（考案）の技術的範囲は、願書に添付した明細書の特許請求の範囲（実用新案登録請求の範囲）の記載に基づいて定めなければならない。」と規定し、請求の範囲の項が有する法的機能である、第三者に対し特許権又は実用新案権の権利の及ぶ範囲の正確な限界線を知らしめ得るよう、すなわち、その限界線の範囲内では侵害者になることを知り得る程度に、明瞭かつ正確に確定することを要求している。したがって、請求の範囲の項の文言は、その意味内容が一義的に明瞭であるかぎり、その解釈を必要とせず、明細書の詳細な説明の項の文言及び添付図面の記載により、拡張又は限定してはならないのである。もちろん、請求の範囲の項の文言全体の技術的意味内容を理解するために、明細書の詳細な説明の項及び図面は常に斟酌せらるべきであり、また、詳細な説明の項に記載せられている従来技術の技術水準は、当該分野における当業者の一般的知見とともに、特許権（実用新案権）の及ぶ範囲を理解する上で、重要な資料となるものである。しかし、明細書の詳細な説明の項及び図面に記載されている実施例は、明細書の一部を構成するものとして、請求の範囲の項の技術的理解を得るための一助として斟酌せらるべきものではあるが、それはあくまでも実施例としての意味を有するにすぎないものとして評価さるべきものであり、当該特許権（実用新案権）の権利の及ぶ範囲を実施例に限定することは許されないのである。換言すれば、ある特定の特徴から成り立っている請求の範囲の項の文言に、実施例にのみ使用せられている特徴を取り入れることにより、請求の範囲の項の権利範囲を狭く限定することは許されない。

なお、請求の範囲の項の文言が、明細書に開示された当該発明（考案）の課題及び解決方法並びに出願当時の当業者の知見を勘案して、一義的に明瞭でない場合に初めて、明細書の詳細な説明の項及び図面の記載を斟酌して、その意味内容を確定することができるのであり、この場合これら相互の記載に矛盾がある場合には、明細書の詳細な説明の項の一般的叙述部分──→同実施例──→図面の順序により、その意味内容を確定すべきことになる。

以上の叙述より明らかなように、請求の範囲の項の文言が一義的に明瞭である場合には、明細書の詳細な説明の項及び図面の記載に基づいて請求の範囲の項の文言を限定的に解釈することは、許されないことになる。

次に、特許庁における出願審査記録（包袋）の内容は、特許又は実用新案の権利範囲を解釈するに際し、考慮外に置かるべきものであり、その解釈資料として用いられてはならない。なぜならば、明細書のみが、当該発明又は考案の内容（明細書の詳細な説明の項が、これに対応する）及び権利の及ぶ範囲（明細書の請求の範囲の項が、これに対応する）を一般公衆に開示せらるべき資料として公表せられたものであり、出願審査記録（包袋）は、一般公衆に権利範囲を開示するものとして公表せられたものではないからである。したがって、出願審査記録（包袋）は、原則として、請求の範囲の項の文言の不明瞭な点を明らかにするためにも、また、その説明資料として斟酌することはもちろん、明細書になんらの記載も認められない点について、これについての出願審査記録（包袋）における記載に基づいて明細書の請求の範囲の項の文言を制限することは、許されない。

3　〔判決要旨**3**〕について

右判決要旨の判示の結論は、妥当であるが、その法理論構成において疑問の余地が存在する。

前項において、明細書の請求の範囲の項の文言の有する機能及びその解釈についての法理上の原則について所見を述べたが、これと均等理論が適用される保護範囲の測定における侵害訴訟裁判所による出願審査記録（包袋）の斟酌の問題とは、明確に峻別して論じなければならない。この問題は、ドイツ法においては制限（Beschränkung）および放棄（Verzicht）の問題として、また、アメリカ合衆国においては放棄の意思表示（disclaimer）または禁反言の法則（file wrapper estoppel）の問題として論ぜられているので、以下に詳述する。

制限とは、特許付与意思を制限・拘束する特許庁の意思表示であって、当該特許（実用新案）の保護範囲を縮少することを言い、他方、特許庁に対してなされる特許（実用新案）出願者の単独の意思表示である放棄は、この意思表示により、出願者が、当該特許（実用新案）が有する保護範囲の内のある一定範囲において、その出願による保護を放棄することを言う。この制限または放棄の意思は、確実に確認せられることを要し、明細書の記載からのみならず、出願審査記録（包袋）から制限並びに放棄が認められる場合にも拘束力を有するとされている。

さて、右判決要旨によれば、「ある考案の出願から登録に至る過程において、登録出願人が、……意識的に登録請求の範囲に限定を加えた場合には、……」と判示し、出願審査記録（包袋）における制限または放棄の意思表示を、請求の範囲の項の文言を限定的に解釈する資料として用いられており、この点は、前項において述べたクレーム解釈における一般的法原理に背反し、許されない。

本件事案においては、係争実用新案は、その請求の範囲の項の文言において「下部芯体は、円筒状に形成する」ことを構成要件的特徴としているのに反し、侵害対象物件は、「下部芯体の下端部に切れ目が一箇所設けられ」、係争実用新案の構成要件的特徴と相違するのであるから、均等理論の適用の可否を検討の上、侵害対象物件の構成が係争特許の保護範囲に牴触すると判断した場合に初めて、侵害対象の構成についての出願審査記録（包袋）における制限または放棄の記載を認定して、係争実用新案の保護範囲——実用新案登録請求の範囲ではない——を限定すべきである。本件判決は、右の点についての法理論構成において疑問の余地が存在し、賛同し得ない。

III　改悪的実施形態（Die verschlechterte Ausführungsform）

写真植字機事件

東京地裁昭和五〇年五月二八日判決、昭和四六年（ワ）第四七五八号、特許権侵害差止請求事件

無体財産権関係民事・行政裁判例集七巻一号一三七頁

一　事件の要旨

原告は、特許発明の数個の構成要件的特徴のうち、補助的な一個の構成要件的特徴を欠如する侵害実施形態に対し、「改悪を加えたもの」にすぎないとして、依然として特許発明の権利範囲に属する旨主張したのに対し、本件判決は、上記の原告の主張には直接判断を示さず、上記特徴を本件特許発明に基本的な構成要件的特徴であると判示の上、侵害実施形態が上記構成要件的特徴を充足しないものとして、特許侵害の成立を否定した。

二　事案の概要

原告Xは、特公昭三五―六九三七号「写真植字機における間接採字装置」の特許権者であり、その特許請求の範囲の項の構成要件的特徴は、

(A)　写真植字機において、文字盤又は仮想文字盤の各文字に対応するように記した採文盤が機体の一部に直接取りつけられていること。

(B)　文字盤枠又は仮想文字盤枠に指示針を取り付けるなり、あるいはまたパンタグラフ的機構等により文字盤の運動と指針の運動とを関連付けるなりして、両者が互いに一定の関係をもって相対運動

を行うようにしてあること。

(C)　指示針が文字盤上の一定範囲の文字に対応する採字盤上の文字を指示し、文字盤上の必要文字を所定のセット位置に持ってくるようにしてあること。

(D)　前記範囲内の一定範囲と文字配列が等しく且つ文字の大きさ、書体を異にする文字盤の前記範囲外の範囲に亘る採字を、前記指示針位置以外の位置に指示針を取り付けることによって、前記採字盤を使用して行うことを可能ならしめていること。

(E)　任意の交換可能な文字盤の交換に伴い、これに対応する採字盤範囲を交換可能ならしめていること。

(F)　写真植字機における間接採字装置であること。

であり、これに対し、被告らの侵害実施形態は、前記構成要件的特徴のうち、(E)の特徴を具備していない。

原告は、前記の点に関し、(i)本件特許発明の構成要件的特徴(E)は、常用範囲外の、使用頻度の少ない文字について間接採字を行うための補助的な要件であって、被告らの装置はこの要件を欠いているためにその部分の間接採字ができなくても、本件特許発明の他の構成要件的特徴を全部備えているから、常用範囲の文字については間接採字が行えるという本件特許発明の要部を使用するものであり、また(ii)被告らの装置が、一部間接採字ができないという構成をとっているとしても、それは本件特許権に対する侵害を免れるためにささいな改悪を加えたものに過ぎないから、本件特許発明の権利範囲に属する旨、主張した。

三　判決要旨

請求棄却（確定）

(1)　上記原告の主張(i)については、「構成要件(E)は本件特許発明の構成に欠くことができない事項として特許請求の範囲の項に記載されたものというべきであり、従って本件特許発明の技術的範囲は構成要件(E)を含めた特許請求の範囲の記載に基づいて定めるべきであって、構成要件(E)を補助的要件であるとしてこれを除外し、それ以外の構成要件のみをもって本件特許発明の技術的範囲を定めることはできない」とし、また、(2)　上記原告の主張(ii)については、「原告の右主張は、本件特許発明の構成要件(E)は本件特許発明にとって補助的な要件であるという主張を前提とするものであると考えられるところ、『補助的』な要件という意味が、……本件特許発明の基本思想は写真植字機における間接採字方式そのものであって、構成要件(E)はこの基本思想に対して補助的なものであり、被告らの装置が一部間接採字ができず、その部分は直接採字によるとしても、右装置は全体として本件特許発明を利用しており、一部改悪したに過ぎないとの意味であるとすれば、成立について争いのない乙号証……により、写真植字機における間接採字の技術思想そのものは、本件特許出願前に既にあったと認められるということ、並びに本件特許発明の特許請求の範囲の項に前記(E)の要件の記載があることを併せ考えると、結局原告の右……主張は採用することができないことになる。右(E)の要件は、本件特許発明においての基本的な要件の一つをなすものと考えるべきであり、そうであるから右の要件を欠く被告らの装置については、それが本件特許発明の改悪形態をなすものであるかどうかを考えるまでもないと認められる」と判示し、結論として、「被告らの装置は本件特許発明の構成要件(E)を充足しないものであるから、……本件特許発明の技術的範囲に属しないものというべきである」とした。

四　研　　究

1　前述したように、本件事案においては、原告は、特許発明の数個の構成要件的特徴のうち、補助的な一個の構成要件的特徴を欠如する侵害実施形態に対し、該侵害実施形態は、単に「改悪を加えたもの」にすぎないとして、依然として特許発明の権利範囲に属する旨主張したのであるが、本研究においては先ず、――侵害実施形態に欠如する構成要件的特徴が「補助的なもの」であるか否かの点はさて措き――、一般的に、上述の如き場合に、「改悪を加えたもの」として特許侵害の成立を主張し得るか否かにつき考察する。

2　特許侵害が成立するためには、当該特許発明の構成要件的特徴の全部が、侵害実施形態に具備していることを要するのであり、これらの特徴の内の一個たりとも欠如している場合には、原則として――但し、例外的に、当該発明の核心を構成する特徴以外の、課題の解決にとり本質的に重要でないと解せられる特徴が欠如している場合は別である――、特許侵害は成立しない。かような事案においても、一定の条件の下に特許侵害の成立を肯定するために登場した理論が、ドイツ判例におけるいわゆる一般的発明思想の理論である――但し、シュラム（Schramm）は、かような欠如せる特徴を除く残余の特徴の結合についての特許保護（部分保護または要素保護と称せられる）を一般的発明思想として把握することに反対している（詳細については、酒井書店発行、シュラム『特許侵害訴訟』〔附録7〕に収載せる「現在及び将来における独逸特許の保護範囲について」なる論文参照）。しかし、前述のような部分保護または要素保護は、その特許能力について、特許庁による審査がなされていないが故に、わが国の侵害訴訟において直ちに認めることは不適当であろう。

以上よりして、前述のような事案において、「改悪を加えたもの」として特許侵害の成立を主張することは不適当であり、本件判決が上記の原告の主張には直接判断を示さず、侵害実施形態に欠如せる構成要件的特徴を、本件特許発明に基本的な構成要件的特徴であると判示の上、侵害実施形態が上記構成要件的特徴を充足しないものとして、特許侵害の成立を否定したのは、妥当な判断といわなければならない。

3　以下に、しからば、いかなる場合に、侵害実施形態は「改悪的実施形態」として特許侵害が成立する、と主張し得るかの点につき考察することとする。

「改悪的実施形態」に関するドイツにおける唯一の論文として著名な GRUR 一九五六年四八七頁以下に掲載せされているウィンクラー（Winkler）の「改悪的実施形態」(Die verschlechterte Ausführungsform）なる論文によれば、

「被告の侵害実施形態は、係争特許の発明の対象の改悪的実施形態にすぎない、という原告の主張の意味は、当該事案においては、被告の侵害形態は、当然に発明対象したがって係争特許の保護範囲に属し、一般的発明思想の主張がなされた場合とは異なって、被告により実施せられている技術思想の公開・進歩性および発明の高度性についての侵害訴訟裁判所による審査を要しないとするのである。私は、この法原理について詳しく言及するとともに、先ず、改悪的実施形態とは何か、という問題を論ずることとする。

最初に、「改悪的」とは、絶対的に改悪的な行為態様の意味に理解すべきではない、ということに留意すべきである。改悪とは、係争特許が提案しているものと比較して、係争特許が採用する作業手段および係争特許が達成せる作用効果に比し、「軽少であること（Minus）」を意味するにすぎない。この「軽少であるという点」が、行為態様を劣悪なものにしていることを必ずしも必要としない。この「軽少であるという点」が、場合によっては、進歩を意味する単純化をもたらす場合もある。また、この「軽少であるという点」を補うため、他の措置が施され、これにより、その「軽少であるという点」が補完せられ、著しい改善がなされる場合も、しばしば存在する。上述した事案はすべて、係争特許の「改悪的」実施形態の存在を否定しない。もっとも、最後に掲げた事案においては、より正確には、改良的実施形態と称すべきであろうが、この場合、当該実施形態が、改良であるか又は改悪であるかは、法的に重要なことではない。したがって、私はこの場合、一つの表現のみを使用するのが妥当であると思料する。ライマー(Reimer)が用いている「不完全実施形態」(unvollkommene Ausführungsform)という表現、または、「不完全模倣」(unvollkommene Nachahmung)という表現は上記「改悪的実施形態」なる表現に比し、より適切ではあるが、「不完全」という表現を価値評価の意味においてではなく、その手段およびその意図した作用効果について、係争特許の手段およびその作用効果「より軽少である」という意味にのみ理解される場合にのみ、より適切な表現であるということができる。

さて、以上に引続いて次に、次のような制限をこの「より軽少である」という表現に加えなければならない。すなわち、この「より軽少である」という表現は、改悪的実施形態においては、量的に「より軽少」のものであってはならないのであり、質的にのみ「より軽少」でなければならないのである。したがって、発明対象の量的部分のみが使用せられている場合、すなわち、例えば、a・b・cなる特徴を有する結合発明において、aおよびbの特徴のみが使用せられている場合には、「量的部分模倣」なる表現が用いられる。そして、このような事案においては、改悪的実施形態が問題とされているのではなくて、部分使用が問題とされているのである。この部分使用の事案においては、使用せられている係争特許の部分結合——上記の事例においては、aおよびb——が、一般的発明思想が保護せられる場合のすべての条件を充足する場合にのみ、特許侵害を構成する。何故なれば、特許請求の範囲の項の中の部分結合は、特許法第六条の保護を当然に享受し得る発明の対象には属しないからである(GRUR 一九五二年五六二頁掲載の連邦裁判所判決参照)。これに対し、本稿において取り上げようとする質的部分模倣(qualitative Teilnachahmung)の問題は、上述した一般的発明思想の場合とは異なるのである。すなわち、質的部分模倣の場合においては、発明の対象の全部の特徴――上述の事案においては、a・bおよびc――が、完全な態様においてではなく、弱められた態様において使用せられているからである。量的部分模倣（quantitative Teilnachahmung）である一般的発明思想との上述の差異は、理論的には簡単にして明瞭であるが、実際的には区別することが困難である場合が多い。」

とし、改悪的実施形態（質的部分模倣）を構成する要件の一つとして、

「特許請求の範囲の項の特徴の全部を充足しているが、その内、係争特許の発明の意味における単数または複数の単一特徴については、その部分のみが使用せられ、しかも、この部分は、当該単一特徴の全体との関係においては量的な部分関係として構成せられ、かつ、当該特徴に具備すべき特性および機能を有する場合にのみ、改悪的実施形態が問題とせられる。」

と述べ、改悪的実施形態と、一般的発明思想および一見明白な均等物との関係については、

「改悪的実施形態の本質は、係争特許の結合諸特徴のすべての特徴が、質的に弱められた形態において使用せられ、かつ、これらの諸特徴は、係争特許の諸特徴に比し、その機能および効果において弱められている場合があるにせよ、実用上十分な程度において係争特許と同一の機能および効果を有している点に存するのである。前述のような改悪的実施形態の場合における係争特許と侵害実施形態との一致の程度は、侵害実施形態が係争特許の一般的発明思想を使用する場合よりも高いのみならず、侵害実施形態が係争特許の一見明白な均等物を使用している場合に比しても高いのである。何故なれ

ば、侵害実施形態が係争特許の一見明白な均等物を使用している場合には、侵害実施形態の特徴は係争特許の特徴と同価値のものであるにせよ、係争特許の特徴とは異なった特徴が使用せられているのに反し、改悪的実施形態の場合においては、係争特許の特徴が弱められた程度において使用せられ、したがって、係争特許の意図する効果に比し幾分弱められた効果を有するものとなっているにすぎないからである。前述のように、改悪的実施形態においては、係争特許の特徴との一致の程度が高いという理由から、係争特許の特許明細書中に改悪的実施形態についての特別の開示を必要としないという結論が導き出されるのである。」

としている。以上、ウィンクラー（Winkler）の改悪的実施形態（質的部分模倣）が特許侵害を構成する要件とする点を要約すれば、

(i)　侵害実施形態が、係争特許の発明の対象の全部の特徴を充足していること。

(ii)　侵害実施形態が充足している係争特許の諸特徴の内の単数または複数の特徴については、当該特徴の量的な一部分が使用せられていること。

(iii)　このため、侵害実施形態の有する機能および効果は、係争特許の有する機能および効果に比して質的に弱められたものとなってはいるが、実用上十分な程度において係争特許と同一の機能および効果を有していること。

(iv)　係争特許の特許明細書中に、改悪的実施形態についての特別の開示を必要としない。

であるとすることができる。

ウィンクラー（Winkler）はさらに、特許侵害が成立しない改悪的実施形態の事例として、次のような場合を要約している。

(1)　係争特許の有する作用効果が、実用上不十分な程度にしか達成せられていない場合には、特許侵害は成立しない（Gewerbicher Rechtsschutz und Urheberrecht（GRUR）一九五三年一一二頁掲載の連邦裁判所判決参照）。

(2)　侵害実施形態が完全な構造上の欠陥のために、係争特許によって意図された効果が全く達成せられ得ない場合にも、特許侵害は成立しない（GRUR 一九三六年二三六頁掲載のライヒ裁判所判決およびGRUR 一九四一年三一頁掲載のライヒ裁判所判決参照）。

(3)　係争特許がその除去を意図している欠陥が残存している場合（GRUR 一九五五年、二九頁掲載の連邦裁判所判決）、または、係争特許がもたらす進歩性が完全に放棄されている場合（Markenschutz und Wettbewerb（MuW）一九三三年三〇八頁掲載のライヒ裁判所判決）にも、特許侵害は成立しない。

(4)　係争特許の発明によって意図された効果が、完全にまたは部分的に達成せられてはいるが、この効果を再び減殺する構造上の作業手段が付加されている場合にも、特許侵害は成立しない（GRUR 一九四三年二四三頁掲載のライヒ裁判所判決参照）。

(5)　さらに、係争特許によって達成せられる利点が、係争特許とは異なった技術的問題の解決によって達成せられている場合にも、判例の意味における改悪的実施形態が否定せられることになる（GRUR 一九五五年二九頁掲載の連邦裁判所判決参照）。

(6)　技術水準に属する改悪的実施形態も、係争特許の保護範囲には属さない（GRUR 一九五五年一三九頁掲載の連邦裁判所判決）。

(7)　最後に、一般的に適応せられる原則によれば、特許庁が、その特許付与手続において、被告の改悪的実施形態は係争特許の保護範囲には包含せられない旨を明示的に制限したような場合には、その改悪的実施形態は係争特許の保護範囲には属さない。

4　わが国においては、改悪的実施形態または不完全実施が主張せられる事案として、係争特許の構成要件的特徴の一つを欠く場合について問題とせられ、判例（大阪地方裁判所昭和四三年五月一七日判決の昭和四二年(ワ)第三五五三号事件およびその控訴審判決である大阪高等裁判所昭和四五年六月一六日判決の昭和四三年(ネ)第九〇六号事件）および文献（古藤幸朔・特許法概説〈第四版〉三〇八頁以下、特許管理二六巻九号九三九頁以下掲載の滝井朋子「不完全利用が認められなかった事例」、企業法研究第二五四輯二二頁以下掲載の田中美登里「不完全利用について」）においても、前記のような主張に同調しているが、**四**研究**2**において述べたように、特許侵害が成立するためには、当該発明の構成要件的特徴の全部が、侵害実施形態に具備していることを要するのであり、これらの特徴のうちの一個たりとも欠如している場合には、特許侵害の成立が否定せられることになるのであり、ただ例外的に、当該特許発明の核心を構成する特徴以外の、当該発明の課題の解決にとり本質的に重要でないと解せられる特徴が欠如している場合にのみ、特許侵害の成立が肯定せられる場合があるにすぎない。この例外的な場合においても、侵害実施形態の有する機能および効果が、係争特許の有する機能および効果に比し、劣悪である点を問題とすべきではなく、侵害形態に欠如せる構成要件的特徴が、当該特許発明の意図する課題および効果にいかなる影響を及ぼすかを問題とすべきであり、その影響が皆無であると判断せられる場合にのみ、その特徴は、当該発明の課題の解決にとり本質的に重要な特徴とは言い得ないとされることになるのである。

他方、ドイツ判例法において認められている「部分特許（独立の要素保護または保護能力ある下位結合とも称せられる）」は、特許侵害の成立が否定せられる「本質的に重要な特徴の脱落」の事案とは異なり、例えば、特許請求の範囲の項に記載せられている特徴がaないしgの諸特徴の結合より構成せられているが、e・f・gの特徴の結合もそれ自体で新規にして発明的であり、したがって、aないしgの特徴の結合による発明とは別個の発明を構成する場合に、侵害実施形態がe・f・gの特徴を充足しているときには、特許侵害が成立するとするのである。本件判例の事案は、このドイツ判例法の部分特許または要素保護の事案に該当するものと思料せられるが、——但し、(E)を除く諸特徴が、別個の発明を構成することを前提とする——、この理論は、侵害裁判官に対し、当該部分結合についての特許能力の審査を要求することになるが故に、わが国においては採用し得ないことについては、先に述べたとおりである。

最後に、ドイツ判例法およびウィンクラー（Winkler）の提唱する「改悪的実施形態（質的部分模倣）」については、その特許侵害の成立を肯定するための要件として、特に、(i)侵害実施形態が、係争特許の発明の対象の全部の特徴を充足していること。(ii)侵害実施形態が充足している係争特許の諸特徴のうちの単数または複数の特徴について、係争特許の当該特徴の量的な一部分が依然として使用せられていること。(iii) 侵害実施形態の有する機能および効果は、係争特許の有する機能および効果に比して、依然として実用上十分な程度において存在すること、等を要求しているが故に、上述の意味における改悪的実施形態理論ないし不完全実施理論は、わが国の特許侵害理論においても、十分、その導入に耐え得る理論ではないかと考えられる。

III—1　ライマー（Dr. Dietrich Reimer）著
「課題の部分的充足による特許侵害」

D・ライマー（Dietrich Reimer）博士は、わが国において、ライマーのコンメンタールとして古くから著名である、故E・ライマー（Eduard Reimer）博士のご令息であり、同博士は、弁護士の職務の傍ら、マックスプランク工業所有権研究所の主任研究員として活躍せられ、「工業所有権法・著作権法」（GRUR=Gewerblicher Rechtsschutz und Urheberrecht）誌上に多くの研究成果を発表せられている。

本論文は、ドイツ特許法の制定およびドイツ特許庁の設置一〇〇年の誕生記念として GRUR 誌の編集者であるドイツ工業所有権協会により特集せられた GRUR 誌一九七七年第六号「工業所有権法制定一〇〇年記念論文集特集号」（Ein Jahrhundert gewerblicher Rechtsschutz）に „Patentverletzung bei teilweiser Aufgabenerfüllung“ なる表題のもとに掲載せられているものであり、特許侵害の実務において、しばしば遭遇する侵害実施形態が係争特許の課題の一部のみを充足する場合に、いかなる条件のもとに特許侵害が成立するかを論じたものである。さらに、特許法の基礎的根本問題である「課題」についても詳細に論じられており、わが国特許侵害理論の解明に寄与する点が大である。

序　論

特許侵害事件において、我々は、しばしば侵害実施形態が係争特許において設定せられた課題を、部分的にしか充足していない場合にも、特許侵害を構成するか否かという問題に遭遇する。多数の事案においては、発明者は、特許保護にかかる装置または方法により達成せんとする単一の課題のみを設定しているのみならず、複数の課題⑴を設定している場合が多い。係争特許の対象と侵害実施形態との比較においては、次のような場合が認定せられる。

(a)　侵害実施形態は、係争特許の単一または複数の課題を、全面的に、充足している場合

(b)　侵害実態形態は、係争特許の課題の全部を充足しているが、この充足の程度は不完全であり、したがって、より低い程度の結果または劣悪な効果しか有していない場合

(c)　侵害実施形態は、係争特許の一部の個々の課題を（完全にまたは不完全な態様で）充足しているが、他の一つまたは複数の課題を充足していない場合

(d)　侵害実施形態は、係争特許の単一または複数の課題を、全然充足していない場合

課題の部分的充足の場合において、特許侵害が成立するか否か、また、いかなる条件の下に特許侵害が成立するかの問題の検討に立ち入る前に、特許法における課題設定の意味について簡単に触れることは、本問題の理解を容易にするであろう。

一　特許法における課題設定の意味

発明の対象は、課題とその解決によって、特定せられる。したがって、課題の設定は、すべての発明にとり本質的に重要な構成部分である。すなわち、特許保護は、特定の技術的効果または特定の技術的効果を達成する手段、換言すれば、特定の技術的課題に奉仕する手段についてのみ、与えられるのである。それ故、技術的機能を有しない手段の開示は、技術的行為についての具体的教示を与えるものではなく、したがって、特許能力を有しない。上述したところとは逆に、解決手段についての開示を伴わない単なる課題設定については、原則として、いかなる特許保護も与えられない。但し、課題設定のみについての独立の特許保護は、当該課題の設定において既に、新規にして進歩性および発明性を有し、当該課題の解決が、当業者にとり程度の差こそあれ当然に自明である場合にのみ、想定することができる。特許保護が、同一の結果に導くすべての解決方法を包含することになる、前述の非常に稀有な例外的事案[2]については、以下の考察においては考慮外におくこととする。

(一)　特許明細書の起草に際しての課題設定

模範的に起草された特許明細書においては、先ず、当該発明に関係する技術対象をその類概念によって表示し、次に、技術水準として既に公知の解決方法をその有する利点および欠陥とともに抽出して、発明者が設定した課題を明らかにし、最後に、この課題の解決のための手段を記述する、という構成が採られている。

しかし、前述のような理想的な構成により、常に特許明細書が起草されているとは限らない。このような場合には、課題は、解釈によって探究され得るのであり、そのため、特許明細書の全内容、したがって、課題について触れられていない明細書の詳細な説明の項の他の部分ならびに図面も斟酌せられ得ることになる。特に、当該課題は、当該発明の利点に関する記載ないし、既に公知の先行技術の有する欠陥に関する記載から、推論され得る場合がある。(3) また、課題の表現方法に欠陥または不適切な点が存在する場合にも、当業者が、その専門知識および当該発明に関する技術水準を斟酌の上、当該特許明細書を閲読した場合に、何を発明者が問題にしたかを読み取り得る限り、これにより特許保護が妨げられることはない。(4) なお、この場合、発明者の主観的意図が基準となるのではなく、当該発明の客観的本質が基準となる。(5)

(二)　利点の爾後的補充

発明の利点は、特許保護能力を根拠づけるため、当初から特許明細書中に開示されていなければならないのか、または、異議手続中または無効手続中において、さらには、保護範囲を確定するに際し、侵害訴訟手続中においてもまた、爾後的に補充され得るか否か、の問題は、特許法上最も議論の多い問題である。

この点に関する上級裁判所の判例から、次のような基本原則を導き出すことができる。すなわち、判例によれば、当該発明の有する利点をすべて、明示的にまたは完全に特許明細書に記載することは、必要ではなく、当該特許の技術的教義がいかなる利点を現実にもたらすものであるかを、平均的専門家が当該特許明細書から直ちに認識し得る程度に記載されていれば、十分である。(6) この点に関する実用新案権についての具体的な事案が、ドイツ連邦裁判所のディポール・アンテナ „Dipol-Antenne" 双極アンテナ判決(7)に見出される。この事案によれば、当該特許明細書によって意図された電波受信についての改良は達成せられてはいなかったが、アンテナの各部分の全体の組み立て配置が、包装ならびに格納に際し、アンテナの変形を防止する特別の利点を有するものであり、この特別の利点は、出願にかかる形状からして自明のものであった。連邦裁判所は、この点に関し、次のように述べている。

「開示せられた形状自体が、当該専門分野における専門家にとり特別の文献を引用することなく、また、発明的努力なしに、技術水準に対して技術的にすぐれた利点を開示している場合には、このようなすぐれた利点は、当初に意図せられたが達成せられなかった他の利点に代わって、実用新案能力を理由づけるために斟酌することについて何らの疑いもいれないところである。そしてこの場合、これにより発明の課題およびその解決がある程度の変更を受けたとしても、上記結論に影響を及ぼすものではない。」

さらに連邦裁判所は、実用新案と特許との区別をなし、特許に関し、次のように判示した。

「前述のような課題を爾後的に拡張すること、および、特許能力を当初には意図しなかったすぐれた利点による効果をもって理由づけることは、多くの事案において、発明の対象を変更することを意味することになるのであり、このことは、特許能力の爾後審査なる観点からして、許容せられないものというべきであろう（ピーツェッカー（Pietzcker）・特許法コンメンタール第一条側注66～78参照）。」

しかし、私の見解によれば、特許の場合においても、発明の詳細な説明の項にその根拠を見い出すことができない場合において、図面から明らかに読みとることができるすぐれた利点を斟酌することについては、なんらの問題も存しないのであるが、但し、その範囲は、発明の詳細な説明の項における脱落を補完する限りにおいてであり、図面と発明の詳細な説明の項との間に矛盾を生ぜしめるものであってはならない(8)。

特許明細書に開示せられていないすぐれた利点が問題とせられる事案においては、次のように結論づけることができる。すなわち、特許明細書に開示せられていないすぐれた利点が、発明の有用性および利用性に関するものであって、発明の本来の内容に属しないものである場合においては、前述の利点は、爾後的に補完され得るのである。かかる事案においては、特許明細書に開示せられていないすぐれた利点を認識していない場合においても、それ自体完結せる完全な技術的行為に関する理論が存在するのである。これに対し、特許明細書に開示せされていないすぐれた利点が、発明の本質的な内容を構成するとともに、特許にかかる技術理論につきその固有の意味を付与しているごとき場合においては、特許明細書に開示せられていないすぐれた利点を、爾後的に補完することは許されないのであり、このような利点は、その特許能力を理由づけるためには、原明細書に開示せられていなければならないのである。(9) すなわち、発明者によって当初解決せられた技術的課題に代えて、発明者により開示せられていない他の発明を出願者のために保護する結果となるようなことは許されないのである。(10) したがって、課題の設定なる観点のもとに、必然的に当該特許の技術理論の内容に属することは、爾後的にまた恣意的に変更することは許されないのである。

それ故、個々の事案において、発明の本質を認識し、その核心を抽出することが重要となる。この場合、正確な特許のカテゴリー（たとえば、装置特許または方法特許）を識別することが有用である場合がある。利用発明または応用発明（特定の構成が問題となる場合においては、「機能発明」とも称せられる）(11) におけるがごとく、方法・物質または装置をある新しい目的のために利用することが問題となる場合においては、この新しい目的を認識することとは、発明の本質に属するのであり、したがって、この新しい目的は、特許明細書中に開示せられなければならないのである。さてアインレーゲゾーレ „Einlegesohle“ 靴の敷革判決の事案での無効手続において、特許権者は、特許権者により選択せられた加工材料であるポリエチレンは、足部多汗症に対し治療効果を有する旨主張した。これに対し、連邦裁判所は、このような足部多汗症に対する治療効果は、原明細書に開示せられておらず、また、ポリエチレンを靴の敷皮に利用することは自明であるが故に、発明の高度性を爾後的に理由づけることを認めなかった。そして、目的設定が発明の本質に属する場合においては、かかる新規な機能は、原特許明細書中に開示せられていなければならない旨判示した。(12)

化学的類似方法においては、公知の方法と比較して、類似の構造を有する出発物質が同一の反応方式により反応せしめられるか、または、同一の出発物質が類似の反応方式により反応せしめられるのである。この化学的類似方法は、新規にして驚くべき技術的に有用な特性を有する物質が得られる場合にのみ、その発明性を取得することになるのである。以上のような類似方法の本質にもかかわらず、連邦裁判所の判例によれば、類似方法による発明の開示については、出発物質・反応方式およびその方法によって得られた最終生成物の記載で十分であり、特許性にとり必要とされる方法によって得られた最終生成物の特別の技術上の特性・医療上の特性またはその他の有用な特性についての記載は、爾後的に追完することができる旨判示し、その理由として、前記のような方法を構成する構成要素の記載からして、その技術理論の使用が他の当業者により十分に可能であるという点を指摘している（ドイツ特許法二六条一項四号）。(13)この場合、発明の対象は方法ではあるが、その発明の本質は、最終生成物の特別の特性により理由づけられるものであるが故に、この上記判例は、――実務上の観点からすれば歓迎されるものではあろうが、――一般的な理論構成に組み入れるには困難であるように思われる。この問題は、化学的物質保護の制度が導入された後においては、もはやその意味を喪失することとなった。何故なれば、化学的方法によって製造せられた新規な物質についての特許保護は、その目的が限定せられないが故に、特許保護を求める物質の技術的または医療的効果についての記載は、発明の対象には属さず、したがって爾後的に追完され得る

からである。(14)

発明の本質に属する利点は原明細書に開示されていなければならないとする根本原理からして、次の結論を導き出すことができる。すなわち、原明細書にすでに開示された課題の範囲内に包含される付加的利点は、爾後的に追完することができる。何故ならば、この付加的利点の追完により発明の本質に変更を生ぜしめるものではなく、単に爾後的に強化せしめるにすぎないものであるからである。もっとも、この付加的利点は、発明の進歩性または高度性の判断に際して、その徴表として考慮せられる場合もある。特許権者は、出願手続中に発明せられた引用例に対し課題の設定を補完またはある範囲内での変更を行なうことにより、柔軟な方法で対処すべき状況におかれることがある。これに対し、当該発明の技術理論を理解するために必要な課題の設定を全く異なった課題によって置き換えること――すなわち、このような場合には、全く逆の課題の設定になる場合があると考えられるのであるが――は許されない。

また、特許明細書の記載の態様として、発明者は複数の課題を設定し、この課題に対し多くの利点を有する旨、記載されることがある。このような事案においては、その複数の異なった課題および利点の軽重が考慮せられなければならないのであり、特に主要課題（Hauptaufgaben）と並列的課題（Nebenaufgaben）の区別がなされなければならない。すなわち、主要課題の場合においては、この課題はその核心において維持されなければならないのに反し、並列的課題の場合には、比較的寛大に取り扱われ、その補完または除去は、当該特許保護に何らの影響を与えることなく許容せられ得るのである。

(三)　保護範囲の確定における課題の設定

発明の対象は、課題とその解決によって確定せられるものであるが故に、課題の設定は、侵害訴訟における特許の保護範囲の確定に際してもまた重要な意味を有する。この点に関し、ライマーのコンメンタールは、次のように述べている。

「作業手段自体について特許保護が与えられるのではなく、課題の解決としての作業手段について、特許保護が与えられるのである。したがって、侵害対象の作業手段が、係争特許の作業手段とは全く異なった課題を解決するものである場合には、特許侵害を構成するものではない。(15)」

換言すれば、特許にかかる発明の利点が、侵害実施形態によっては全然達成せられていない場合、(16)または、当該特許権がその除去を意図した欠点が残存し、当該特許権によって意図された進歩性が存在しない場合(17)には、特許侵害を構成しないのである。

ノーベルト・ブント „Nobelt-Bund" 判決の事案においては、係争特許の課題は、伸縮性を有する生地を、紐を通すための細長い縫袋状に加工したものと、この細長い縫袋中に同様に伸縮性を有する縦の縫い目に縫い付けられた扁平な中実のゴム紐から構成されている衣類のバンドにおいて、中実のゴム紐を貫通して上記縫袋を縫い付けることによって、この縫袋が損傷せられることを回避することにある。これに対し侵害実施形態のバンドにおいては、ゴム紐は、幾重にも重ねて糸で生地に縫い付けられていずに、縫袋の生地から離して縦縫いで縫い付けられているにすぎない。したがって、侵害実施形態においては、係争特許の問題であるゴム紐に縫い付ける場合に生ずる針穴のほころびまたは破損の問題は生じない。上記事案につき、連邦裁判所は、(18)特許侵害の成立を否定したのであるが、その判決は、次のように述べている。

「技術的問題（課題）自体が脱落している場合には、この技術的問題（課題）の解決も排除せられることになるのは、当然である。したがって、当該発明が、設定せられた個々の技術的課題の解決のために、特許請求の範囲の項に記載した作業手段または作業方法を、同一の作用効果を有する作業手段または作業方法により置換するという可能性もまた、脱落することになるのは当然である。」

以上からして、確立せられた判例によれば、均等的実施形態に対する保護は、当該特許に公開せられかつ保護を受くべき具体的発明思想——この具体的発明思想は、課題とその解決から成り立つものであるが——の意味における同一の作用効果を有する場合においてのみ、肯定せられることになるのである。したがって、(1)技術的機能（課題の設定）における一致が存在し[19]、(2)係争特許の課題が、少なくとも実際上著しい程度に解決されており[20]、(3)同一の技術的結果または本質的に同一の技術的結果が、同一の作用効果を有する作業手段により、達成せられていなければならないのである[21]。課題が相違する場合には、均等の問題も否定せられることになるのである[22]。

一般的発明思想の観点の下においても、課題とその解決の枠内に存するものについてのみ、その保護が与えられるのである[23]。したがって、確立せられた判例によれば、一般的発明思想は、特許明細書中に公開せられているのみならず、特許請求の範囲の項からも引き出し得るものであることが、要求せられているのである。前記ノーベルト・ブント „Nobelt-Bund“ 判決において、連邦裁判所は[24]、次のように述べている。

「技術的課題ならびにその解決のために示された技術的行為についての処方の枠内に存在しないもの、したがって、特許請求の範囲の項に基づいて保護せらるべき対象的発明から引き出され得ないものは、付与せられた特許の枠内において、一般的発明思想の観点からするも、いかなる保護も受け得ない。」

クリストバウムベハンクII „Christbaumbehang II“ 判決において、連邦裁判所が[25]、その判断を留保した問題、すなわち、

「一般的発明思想として、特許の対象を越える課題または特許の対象とは異なった（別様の、相反する）課題が基礎となっている場合にも、特許保護に値する一般的発明思想が肯定せられ得るか否か」の問題は、否定せられなければならない。したがって、

「発明の詳細な説明の項および図面から、個々の特徴を引き出し、これらの特徴と特許請求の範囲の項の個々の特徴とから、一般的発明思想を構成し、その結果、この一般的発明思想は、特許請求の範囲の項により特許保護の下におかれた発明とは、全く異なる発明となる（26）」ことは、許されない。

以上からして、序論冒頭において掲記した事案(a)ないし(b)について、次のように結論づけることができる。すなわち、

課題が完全に同一である場合には（(a)の事案）作業手段が同一または均等である場合、または、作業手段が一般的発明思想の枠内に存する場合においても、特許侵害が肯定されなければならない。他方、課題が完全に異なる場合には（(d)の事案）、仮に作業手段が同一または類似していたとしても、特許侵害は否定されなければならない。

次項において、発明の課題が部分的に充足されている(b)および(c)の事案について考察することとする。

二　課題の部分的充足による特許侵害

序論において述べた(b)および(c)の事案に対応して、侵害実施形態は係争特許のすべての課題を充足しているが、

その充足の程度が不完全である事案（以下に述べる㈠の事案）と、侵害実施形態は係争特許の単一または複数の課題を全く充足していない事案（以下に述べる㈡の事案）との区別がなされなければならない。

㈠　設定せられた課題を不完全に充足している事案（改悪的実施）

侵害実施形態は、係争特許の全部の課題を充足しているが、その充足の程度が部分的に不完全であり、特に係争特許の作用効果に比し劣悪な効果しか有しない事案については、判例および学説において、早くから改悪的（不完全）実施の観点のもとに論ぜられてきた。[27] 確立せる実務によれば、このような事案においては、特許にかかる課題が、侵害実施形態により実用的に相当な程度に（in einem praktisch erheblichen Maß）解決せられている場合には、特許侵害を構成することになり、これに対し、発明の作用効果が実用的に不十分な程度に（in einem praktisch nicht ins Gewicht fallenden Maß）しか達成せられていない場合には、特許侵害が否定せられることになるとしている。[28] フォイアーアンツュンダー „Feueranzünder“ 判決[29]の事案において、係争特許は、ライターの構成部分の結合を、特定の混合物質の繊維構造の作用によって達成することを内容とするものであった。被告は、接着剤として膠を添加することによっては、特許侵害の判決から免れることはできなかった。そして、この事案において、たとえかなりの量の膠を添加したとしても、被告が構成部分の接着を実用上かなりの程度に達成し得るようなその他の繊維性の添加物質を使用した場合においては、特許侵害が肯定せられることになるであろう。トゥルムドレークラン „Turmdrehkran“ 判決の事案においては、侵害実施形態は、次のような係争特許の利点を使用している。すなわち、任意の車両で道路上を輸送することができ、したがって、特別の車両の使用が不必要とせられるごとき起重機用トレーラーを構成し、さらに、特別の前駆動軸の使用を省略するため、上部車輪と下部車輪間に当然存在する回転性を利用するとともに、道路輸送の容易性と経済性を向上せしめるために、車輪を簡単なレバーで起重機に着脱することができるように構成されており、これに対し、侵害実施形態は、旋回車輪を別個に付加することを必要とする点のみが、係争特許と異なっている。上記事案において、連邦裁判所は、かかる軽微な改悪は、係争特許において必須のものとせられている上部車輪と回転軸間の固定した結合を回避する程度の重要な改変ではない、と判示した(30)。

特許にかかる課題が、上記判例の意味において、侵害実施形態により実用的に相当な程度に解決せられているか否かの問題は、個々の事案の事情に基づいて決定せられるべき事実問題である。被告が係争特許の作業手段に一致せる作業手段を使用している場合には、その反対事実を立証するのは被告の責任である。これに対し、被告が係争特許と異なった作業手段を使用している場合には、原告が、被告の使用する作業手段が係争特許の作業手段と同一の作用効果を有するとの事実的要件を、立証する責任を有する。

侵害実施形態が付加的利点を有することは、確立した判例によれば、特許侵害の成立を排除しないとされている(31)。

(二)　設定せられた課題が部分的に充足せられていない事案（部分的実施）

侵害実施形態が、係争特許の個々の課題のみを充足し、その他の単数または複数の課題が充足せられていない場合（序論冒頭ｃの事案）には、特許侵害の問題の判断に際し、非常な困難に直面することになる。

このような事案においても「改悪的実施」(verschlechterte Ausführung) が存在するものといい得るか否かについての専門用語上の問題は、明瞭ではない。この点に関し、連邦裁判所は、そのシュタントタンク „Standtank“

判決[32]において、次のような理由によりこれを否定した。すなわち、改悪的実施は、概念必然的に、改悪された態様であるにせよ発明対象のすべての特徴が使用せられていることを前提とする。したがって、係争特許の四つの課題のうちの一つの課題を全く充足していないような実施形態は、発明の対象を使用するものとはいうことができないとするのである。これに対し、連邦裁判所は、そのフラッシェンカステン „Flaschenkasten" ボトルケース判決[33]において、被告の実施形態は、係争特許の主要課題は解決しているが、その他の副次的な課題を解決していない事案において、改悪的実施を肯定した。本稿の本章において論ずる事案については、「改悪的実施」の事案（前記二(一)の事案）に対立せしめる意味において、「部分的実施」（Teilausführung）なる表現を用いることにする。

「部分的実施」の事案においては、係争特許の内容をなす種々様々な課題を、技術水準との比較により明らかとなる当該発明の意義内容を斟酌の上、これらの課題についての価値判断をなす場合にのみ、正当な結論に到達することができるのである。すなわち、侵害者が形式的に複数の課題のうちのある課題を充足していない場合には常に、特許侵害の責を免れることになるとする結論は、かりにこの場合に、侵害者によって充足されていない課題が、副次的にして・本質的に重要でない・単に当該発明の周辺部に存在する課題であった場合には、不当な結論というべきであろう。[34]

それ故に、先ず重要な課題と重要でない課題とを区別の上、当該発明の本質的に重要な課題が侵害実施形態により充足せられているか否か、を検討することが重要である。そして、当該発明の本質的に重要な課題が侵害実施形態により充足せられている場合には、たとえ他の付随的に述べられた課題の充足が脱落している場合においても、特許侵害が肯定されなければならないであろう。フェッヒャーレフレクトー „Fächerreflektor" 判決[35]の事案においては、接合機能と案内機能とが問題とせられたのであるが、事実審裁判官および裁判所が選任した鑑定人は、案内機能は当該発明にとり本質的に重要な機能でない旨の判断をなした。この判断に基づき、連邦裁判所は、被告の実施形態が案内機能を有しないという事実は、均等の問題に何らの影響をも及ぼすものではない旨の結論を採るに至った。

他の判決[36]において連邦裁判所が正当にも強調しているように、改悪的実施形態が係争特許の重要な技術理論を使用している場合には、この改悪的実施形態は、一見明白な均等物の領域に属することになるのである。

さらに、主要課題と副次的課題との区別をなすことが重要である。フラッシェンカステン „Flaschenkasten" ボトルケース判決[37]の事案において、

「当該発明にかかる瓶収納箱は、十分な堅牢性を与えることを目的とする反面、その製造に際して材料を節約することをも目的としていること」

をもって主要課題であると判示し、瓶を安全に収納し輸送することを目的とするその他の副次的な課題に比し、優先的な地位を認めたのである。そして、被告の実施形態は、主要課題のみを解決し、その他の副次的課題を解決していないとしても、係争実用新案の侵害が肯定せらるべきであろうと判示したのである。

ある課題が当該発明にとり本質的に重要なものとみなさるべきであるか否か、または、ある課題が主要課題または副次的課題とみなさるべきであるか否かの問題は、特許明細書の慎重な分析ならびに技術水準との比較における当該発明の意義の探究に基づいてのみ回答せられ得るのである。係争特許において、当該発明にとり本質的に重要な利点のみが掲記せられている場合には、当該発明が当然もたらすことになるその他の利点、特に当業者により認識せられ得るその他の利点は、多くの事案においては重要なものではないであろう[38]。また、係争特許が

当該発明にとり本質的に重要なものとして明示している課題は、当該発明にとり本質的に重要なものであるであろう。しかし、特に特許明細書が弁護士によって起草せられたものではなく、特許法に未熟な発明者自身によって起草せられたような場合には、ある課題が当該発明にとり本質的に重要なものであるとする点について、誤謬が存在することがあり得る。このような場合においては、特許出願時における技術水準を完全に知悉している平均的専門家が、特許明細書から当該発明にとり本質的に重要なものとして引き出し得るものが、その基準として重要である。前述のような観点からすれば、逐語的特に文法的解釈とは異なった点に、発明の要点が存在することになる場合がある。しかし、発明の本質自体は、これにより変更せられてはならないのであり、特に、これを歪曲してはならないのである。

複数の課題が内部的な関連性を有しない場合、すなわち複数の課題が統一された目的を達成するものではなく不統一である場合には、特別の問題が生ずる。このような場合には、特許付与手続においては、出願の単一性を欠如するが故に、当該出願のうちの一部を分割することを要することになる。特許侵害訴訟手続においては、発明の独立せる部分については部分保護（Teilschutz）が問題になる。また、付加的課題および付加的利点は、発明の本来の目的にとり本質的に重要なものではないとして、また場合によっては、単なる過剰定義（Überbestimmungen）として、無視せられ得る場合も存在する。

さらに、係争特許の課題と侵害実施形態の課題は完全に一致することを要せず、侵害実施形態は係争特許の課題の範囲内に属するのみで十分である。この点に関し、連邦裁判所は、そのトライプシュトッフシュラオホ„Treibstoffschlauch“燃料ホース判決(39)において、次のように述べている。

「特許侵害の問題にとっては、侵害実施形態の追究する課題が係争特許の課題と完全に一致することを要しない。侵害実施形態の課題は、係争特許の課題と多少そのニュアンスにおいて異なっていたとしても、係争特許の課題の範囲内にとどまるのみで足りるのである。」

ブロックペダーレ „Blockpedale“ 判決(40)の事案においては、自転車およびオートバイのペダルの製造を簡素化し、材料を節約することを課題とするものである。この課題を解決するために、ペダルが縦軸から外れることを防止する止め金が、ペダルの側面片から打ち抜くことによって構成せられている。これに対し、侵害実施形態においては、ペダルの各側面片は、（二個の止め金のみではなく）四個の止め金を有し、これらの止め金は、側面片の中央で製作材料から打ち抜かれずに、製作材料から縦方向に四角に切断せられている。したがって、係争特許発明の意図する利点は、かような実施形態によっては達成せられず、特許侵害は否定せられることになる。

係争特許の解決手段は二つの機能を有しており、この二つの課題は当該発明にとり本質的に重要なものである場合には、連邦裁判所の判例によれば、発明の対象に対する侵害が成立するためには、前記二つの機能を充足する作業手段の存在を前提とする。そして、これら二つの課題の一つが充足せられていない場合には、その部分保護（Teilschutz）は、一般的発明思想の要件を満足せしめる場合にのみ問題となる。(41)

二　課題の部分的充足による特許侵害

シュタントタンク „Standtank“ 判決(42)の事案においては、発明者は、四つの課題を設定した。連邦裁判所は、控訴裁判所の判決に対し、この判決は、「係争特許の達成しようとする四つの課題のうちの一つについて、特許法上根拠のない過大評価をなすものである」として、非難した。特許明細書中には、特徴の一つが発明の「最も本質的に重要な特徴である」旨の控訴裁判所の見解を支持する記載は、明らかに存在していなかったのである。この点に関し、連邦裁判所は次のように述べている。

「しかし、（控訴裁判所の）この判断は、均等の問題にとっても、また、改悪的実施が存在するか否かの問題にとっても、問題とするに足らないものである。本件事案においては、係争特許が一つの課題のみを設定しているのではなくて、四つの課題を並列的に設定している点が重要である。それ故、四つの課題のうちの一つの課題を充足するための装置を全く有しない被告の実施形態は、発明の対象を使用するものとは言うことができない。むしろ被告の実施形態は、公知の欠点（オイルを注入する場合に、雫が落ちること）を残存しているのであり、この限りにおいて当該発明にとり本質的に重要なものとされている課題は、実用的に相当な程度には解決されたものとはいい得ないのである。」

前記事件は、その他の諸特徴から構成される下位結合（Unterkombination）についての独立の保護が与えらるべきか否かの問題を検討するために、控訴裁判所に差戻された。

ディア・レームヘン „Dia-Rähmchen VI“ スライド枠VI判決[43]の事案においては、係争特許は、公知のスライド枠の改良についての一連の課題を内容とするものであった。すなわち、

(A)　製造および格納の簡素化

(B)　フィルム片の挿入の容易化

(C)　以下の点による投影効果の改良

(a)　ガラスの厚さが異なることによる不鮮明を避けること

(b)　画像空間内に塵埃が侵入することを防止すること

(c)　画像の境界付けによる鮮明な影像

(d)　ニュートン環が形成せられる危険を軽減すること

侵害実施形態は、前記(C)(a)の部分的課題のみを充足していなかった。連邦裁判所は、この点に関し、次のよう

に判示した。

「下位結合の保護は一般的発明思想の保護が適用される事案のうちの一つの場合にすぎない。したがって、一般的発明思想の保護の観点の下においては、次のように態様の下位結合もまた保護せられ得ることになるのである。すなわち、ある部分的課題の解決がなされておらず、この部分的課題の解決のために必要とされる手段が、特許にかかる結合の範囲内において、その手段に与えられたその余の機能を充足するごとくに変形せられているごとき結合は、特許保護の範囲に包含せられることになるのである。」

控訴裁判所による特許侵害を構成するものであるとする判断を維持した連邦裁判所は、さらに係争特許によって保護せらるべき結合による統一的目的は、上述した複数の利点を並列的に達成することを意図するものであり、この目的は、次のような一連の手段によって達成せられるものである旨認定した。すなわち、

「この一連の手段は、全体として共通の目的を達成するために役立つものではあるが、場合によっては、専らまたは少なくとも第一義的に、上述した部分的課題の各々の課題の解決のためにも寄与するものである。」

連邦裁判所は、以上の諸点からして次のように結論づけた。

「前記のような事案においては、すべての手段がその手段により達成せらるべきすべての利点を具有していない場合にも、結合思想なる観点は維持せられるのである。」

発明にとり本質的に重要な複数の課題が存在し、この複数の課題のうち侵害実施形態がそのすべてを充足していない場合における特許侵害の問題を論じた上記判決については、次のように結論づけることができる。

発明にとり本質的に重要な複数の課題が存在する場合においても、当該発明の本来の要点を探究することが可能である場合が多い。このような場合においては、侵害実施形態が、この本来の要点について当該特許の課題設

定を実現しているのみで十分である。すなわち、このような場合においては、――特許法のヨーロッパ的展開の過程において好ましいものとはされない[44]――一般的発明思想を斟酌することを要せずして、特許侵害の成立を肯定することができるのである。たとえば、前述したディア・レームヘンIV „Dia-Rähmchen IV" スライド枠IV判決の事案におけるがように、侵害実施形態が、二つの課題を完全に充足し、四つの下位課題に分かれている第三の課題のうち、その四分の三の課題を充足しているような事案においては、当該発明の核心は実現せられており、したがって、特許侵害を肯定し得ることについては何らの疑義も存在しないであろう。ただし、侵害実施形態によって達成せられていない部分的課題が、当該発明の特許能力を根拠づける程重要な課題である場合には、上記と異なった結論になり得るであろう。そして、特許保護の正当化されない拡張は、その結論が、発明の詳細な説明の項および図面によってその解釈がなされた特許請求の範囲の項と一致しなければならないとすることによって、回避せられ得ることになるのであり、この結論は尊重せられなければならない。

三　総　括

序論冒頭において掲記した四つの事案(a)~(d)において、特許侵害を構成するか否かの問題は、次のように結論づけることができる。

1　作業手段が係争特許と同一または均等的態様で使用せられている場合、または、作業手段が一般的発明思想の範囲内に存在する場合には、次の条件を充足する場合に限り特許侵害の成立を肯定することができる。

(a)　侵害実施形態が、係争特許の課題を、そのすべての範囲にわたり完全に充足している場合。

(b) 侵害実施形態は、係争特許の課題を、不完全にすなわちより低い程度の結果または劣悪な効果しか有しない程度に充足しているにすぎないが、係争特許の課題は、なお実用的に相当な程度に解決せられている場合。

(c) 侵害実施形態は、係争特許の複数の課題のうちの一つまたは数個の課題のみを充足し、他の一つまたは数個の課題は充足されていない場合であって、その充足された課題は、当該発明にとって本質的な課題であるかまたは主要課題である場合、また、当該発明にとって本質的に重要な複数の課題のうち、当該発明の要点または核心が実現せられている場合。

2 侵害形態の作業手段の同一性または類似性にもかかわらず、次の場合には特許侵害が否定せられる。

(d) 侵害実施形態が、係争特許の課題を、充足していない場合。

なお、最後に、次の点が指摘せられなければならない。すなわち、前記1に該当する事案において、作業手段の均等の問題は、しばしば課題の設定における一致が確定せられることにより影響を受けることがある。しかし、課題の設定における一致が存在するにもかかわらず、類似の作業手段が特許の具体的発明思想の範囲外に存在し、したがって特許侵害が否定せられる場合もあり得る。

(1) 「複数」なる概念は、一個以上の意味に用いられるものとし、したがって、二個の課題もまた複数の課題である。

(2) ベンカート (Benkard)『特許法および実用新案法コンメンタール』(一九七三年、第六版) 第一条側注23および第六条側注12、ライマー=ナルテルスキー (Reimer-Nastelski)『特許法および実用新案法コンメンタール』(一九六八年、第三版) 第一条側注10および第六条側注47。

(3) Gewerblicher Rechtsshutz und Urheberrecht (GRUR) 一九六七年一九四頁 (一九六頁) 掲載の一九六六年一〇月二七日付連邦裁判所ホールヴァルツェ „Hohlwalze" 空洞シリンダー判決およびフィッシャー (Fischer) のこれに対する注解参照。

（4） GRUR 一九七一年四〇三頁（四〇四頁）掲載の一九七一年三月三〇日付連邦裁判所フープヴァーゲン „Hubwagen“ 判決およびシュピース（Spieß）のこれに対する注解、GRUR 一九七三年四一一頁（四一二頁）掲載の一九七二年一二月一二日付連邦裁判所ディア・レームヘンVI „Dia-Rähmchen VI“ スライド枠VI判決およびシュピース（Spieß）のこれに対する注解参照。

（5） GRUR 一九六〇年五四六頁（五四八頁）掲載の一九六〇年六月二一日付連邦裁判所ビーアハーン „Bierhahn“ 判決およびテッツナー（Tetzner）のこれに対する注解参照。

（6） GRUR 一九七一年四〇三頁（四〇六頁）掲載の一九七一年三月三〇日付連邦裁判所フープヴァーゲン „Hubwagen“ 判決および同判決中におけるライヒ裁判所の判例参照。

（7） GRUR 一九五七年二一三頁（二一四頁）掲載の一九五六年一一月二〇日付連邦裁判所ディーポール・アンテナ „Dipol-Antenne“ 双極アンテナ判決参照。

（8） 実用新案と特許との区別に反対するものとして、ベンカート（Benkard）前掲コンメンタール第六条側注111（五一四頁）参照。

（9） GRUR 一九六〇年五四二頁（五四四頁）掲載の一九六〇年四月二九日付連邦裁判所フルークツォイクベタンクンクI „Flugzeugbetankung I“ 航空機給油I判決およびハイネ（Heine）のこれに対する注解、GRUR 一九七一年四〇三頁（四〇六頁）掲載の一九七一年三月三〇日付連邦裁判所フープヴァーゲン „Hubwagen“ 判決およびシュピース（Spieß）のこれに対する注解参照。

（10） GRUR 一九六二年八三頁（八五頁）掲載の一九六一年九月二二日付連邦裁判所アインレーゲゾーレ „Einlegesohle“ 靴の敷革判決およびハイネ（Heine）のこれに対する注解参照。

（11） この点に関しては、ベンカート（Benkard）前掲コンメンタール第一条側注4およびライマー＝ナステルスキー（Reimer-Nastelski）前掲コンメンタール第一条側注2およびこれに引用せられた文献参照。

（12） GRUR 一九六二年八三頁（八五頁）掲載の一九六一年九月二二日付連邦裁判所アインレーゲゾーレ „Einlegesohle“

靴の敷革判決およびハイネ（Heine）のこれに対する注解参照。

(13) GRUR 一九六六年三一二頁（三一五頁）掲載の一九六六年二月三日付連邦裁判所アペティートツュークラー „Appetitzügler“ 判決およびフォークト（Vogt）のこれに対する注解参照。

(14) GRUR 一九七二年五四一頁（五四三頁以下）掲載の一九七二年三月一四日付連邦裁判所イミダツォリーネ „Imidazoline“ 判決およびシュピース（Spieß）のこれに対する注解参照。

(15) ライマー＝ナステルスキー（Reimer-Nastelski）前掲コンメンタール第六条側注56参照。

(16) ベンカート（Benkard）前掲コンメンタール第六条側注155参照。

(17) GRUR 一九六二年五七五頁（五七六頁）掲載の一九六二年五月二九日付連邦裁判所シュタントタンク „Standtank“ 判決およびフォン・ファルク（v. Falck）のこれに対する注解参照。

(18) GRUR 一九五五年二九頁(三一頁)掲載の一九五四年五月一一日付連邦裁判所ノーベルト・ブント „Nobelt-Bund“ 判決参照。

(19) GRUR 一九六九年五三四頁（五三五頁以下）掲載の一九六九年四月二四日付連邦裁判所シーシュティーフェルフェルシュルス „Skistiefelverschluß“ スキー靴留め金判決およびシュピース（Spieß）のこれに対する注解参照。

(20) GRUR 一九六九年四七一頁（四七三頁）掲載の一九六九年三月二五日付連邦裁判所クローネンコルク・カプセル „Kronenkorken Kapsel“ 判決およびウルリッヒ・クリーガー（Ulrich Krieger）のこれに対する注解参照。

(21) ベンカート（Benkard）前掲コンメンタール第六条側注142参照。

(22) GRUR 一九六七年八四頁（八五頁）掲載の一九六六年七月一四日付連邦裁判所クリストバオムベハンクII „Christbaumbehang II“ 判決およびフィッシャー（Fischer）のこれに対する注解、クラオアー＝メーリンク（Klauer-Möhring）『特許法コンメンタール』（一九七一年、第三版）第六条側注36参照。

(23) ベンカート（Benkard）前掲コンメンタール第六条側注122参照。

(24) GRUR 一九五五年二九頁（三二頁）掲載の一九五四年五月一一日付連邦裁判所ノーベル・ブント „Nobelt-Bund“

判決参照。

(25)　GRUR 一九六七年八四頁（八六頁）掲載の一九六六年七月一四日付連邦裁判所クリストバウムベハンクII „Christbaumbehang II" 判決参照。

(26)　GRUR 一九七二年五三八頁（五四〇頁）掲載の一九七二年二月二三日付連邦裁判所パークアインリヒトゥンク „Parkeinrichtung" 判決およびフィッシャー（Fischer）のこれに対する注解参照。

(27)　たとえばベンカート（Benkard）前掲コンメンタール第六条側注153以下、ライマー＝ナステルスキー（Reimer-Nastelski）前掲コンメンタール第六条側注58、GRUR 一九五六年四八七頁〜四九一頁掲載のウィンクラー（Winkler）の論文「改悪的実施形態」および同論文に掲げられた判例、本書III「改悪的実施形態（Die verschlechterte Ausführungsform）」参照。

(28)　たとえば GRUR 一九三六年三〇三頁（三〇四頁）掲載の一九三五年一〇月九日付ライヒ裁判所プノイマーティッシェ・フェルダーライトゥンク „Pneumatische Förderleitung" 判決、GRUR 一九三九年七一二頁（七一五頁）掲載の一九三八年一一月八日付ライヒ裁判所ルフトライフェンコントロルフォアリヒトゥンク „Luftreifenkontrollvorrichtung" 判決、GRUR 一九五三年一一二頁（一一四頁）掲載の一九五二年一〇月二八日付連邦裁判所フォイアーアンツェンダー „Feueranzünder" 判決、GRUR 一九六二年五七五頁（五七六頁）掲載の一九六二年五月二九日付連邦裁判所シュタントタンク „Standtank" 判決およびフォン・ファルク（v. Falck）のこれに対する注解参照。

(29)　GRUR 一九五三年一一二頁（一一四頁）掲載の一九五二年一〇月二八日付連邦裁判所フォイアーアンツュンダー „Feueranzünder" 判決参照。

(30)　連邦裁判所民事判例集一九頁以下掲載の一九五二年二月九日付連邦裁判所第一民事部トゥルムドレークラン „Turmdrehkran" 判決（一九六〇年第三〇号事件）参照。

(31)　GRUR 一九五五年五七三頁（五七四頁）掲載の一九五五年七月一二日付連邦裁判所カーベルシェレ „Kabelschelle" 判決、GRUR 一九六二年三五四頁（三五六頁）掲載の一九六二年二月二三日付連邦裁判所フューニーギター „Furniergitter" 判決参照。

(32) GRUR 一九六二年五七五頁（五七六頁）掲載の一九六二年五月二九日付連邦裁判所シュタントタンク „Standtank" 判決、同旨のものとしてリンデンマイアー＝ヴァイス（Lindenmaier-Weiß）『特許法コンメンタール』（一九七三年、第六版）第六条側注50。

(33) 連邦裁判所民事判例集四〇頁掲載の一九七〇年六月一六日付連邦裁判所第一〇民事部フラッシェンカステン „Flaschenkasten" ボトルケース判決（一九六七年第七二号事件）参照。

(34) 課題の種類については、特に「主要課題・並列的課題・補助的および複合課題」等がある。シュラム（Schramm）『特許侵害訴訟』（一九六五年）四五頁以下参照（邦訳、酒井書店・一九七六年八月二五日発行、（増補版）六三頁以下）。

(35) 連邦裁判所民事判例集一〇頁掲載の一九六三年一一月二八日付連邦裁判所第一―a民事部フェッヒャーレフレクトー „Fächerreflektor" 判決（一九六三年・第一八号事件）参照。

(36) GRUR 一九六三年五一九頁（五二二頁）掲載の一九六二年一二月一三日付連邦裁判所クレーベマックス „Klebemax" 判決参照。

(37) 連邦裁判所民事判例集一四頁以下、四〇頁掲載の一九七〇年六月一六日付連邦裁判所第一〇民事部フラッシェンカステン „Flaschenkasten" ボトルケース判決（一九六七年・第七二号事件）参照。

(38) GRUR 一九六四年六〇六頁（六〇九頁）掲載の一九六四年六月一八日付連邦裁判所フォルダーバント „Förderband" ベルトコンベアー判決参照。

(39) 連邦裁判所民事判例集一四頁掲載の一九六九年一〇月一四日付連邦裁判所第一〇民事部トライプシュトッフシュラオホ „Treibstoffschlauch" 判決（一九六七年・第三九号事件）参照。

(40) GRUR 一九六〇年四七八頁（四八〇頁以下）掲載の一九六〇年五月一〇日付連邦裁判所ブロックペダーレ „Blockpedale" 判決およびテッツナー（Tetzner）のこれに対する注解、GRUR 一九六四年六〇六頁（六〇八頁以下）掲載の一九六四年六月一八日付連邦裁判所フォルダーバント „Förderband" ベルトコンベアー判決およびこれに対するフォン・ファルク（v. Falck）の注解参照。

（41）GRUR 一九六九年五三二頁（五三四頁）掲載の一九六九年四月一日付連邦裁判所フルュヒテツェアタイラー „Früchtezerteiler“ 果実細分機判決、ベンカート（Benkard）前掲コンメンタール第六条側注142（五五〇頁）、クラウアー＝メーリンク（Klauer-Möhring）前掲コンメンタール第六条側注36参照。

（42）GRUR 一九六二年五七五頁（五七六頁）掲載の一九六二年五月二九日付連邦裁判所シュタントタンク „Standtank“ 判決およびフォン・ファルク（v. Falck）のこれに対する注解参照。

（43）GRUR 一九七三年四一一頁（四一三頁）掲載の一九七二年一二月一二日付連邦裁判所ディア・レームヘンⅣ „Dia-Rähmchen Ⅵ“ 判決およびシュピース（Spieß）のこれに対する注解参照。

（44）本問題については、GRUR 一九六四年五二五頁掲載のウィンクラー（Winkler）の論文「特にヨーロッパ審議会協定およびヨーロッパ特許協定の観点の下における特許の保護範囲について」; GRUR 一九六七年三九〇頁掲載のシュペングラー（Spengler）の論文「一般的発明思想からの訣別」、本書I—3掲載の〔翻訳〕ブルッフハウゼン（Bruchhausen）著「ヨーロッパ特許の保護範囲について」注30、ウィルヘルム・ヴェンデル Wilhelm Wendel 判事退官記念論文集（一九六九年四月）収載のシュトルヒ（Storch）の論文「現在及び将来におけるドイツ特許の保護範囲について」（シュラム『特許侵害訴訟』（増補版）邦訳は、酒井書店、一九七六年（付録7）三五五頁）各参照。

Ⅳ　実用新案権の用尽理論についての一考察

フィルム一体型カメラ事件

東京地裁平成一二年六月六日決定・東京地裁平成一一年(ヨ)第二二二一七九号特許権仮処分事件

一　はじめに

本件事案の事件名は、「特許権仮処分事件」とされているが、実用新案権および意匠権侵害仮処分決定事件である。

本件仮処分決定の争点として、(1) 債務者製品は、本件各考案の各構成要件を充足するか。また、債務者製品の意匠は、本件登録意匠と同一か。(2) 債権者は、債務者が本件各考案及び本件登録意匠を実施することについて、黙示の許諾をしたか。(3) 債務者が債務者製品を販売等したことについて、本件各実用新案権及び本件意匠権の効力が及ばないと解すべきか（消尽の成否）。(4) 本件各実用新案権及び本件意匠権はいずれも無効であり、右各権利に基づく申立ては権利の濫用に該当するか。の四点が摘示されているが、本稿においては、(3)の争点についてのみ考察することとする。

二　「消尽の成否」についての本件仮処分決定の内容

㈠　事案の概要

本件は、債権者の製造、販売に係るフィルム一体型カメラ（以下「債権者製品」という。）の使用済みプラスティック製カバー部分を使用して、別に購入したフィルムと乾電池を充填した詰め替え製品を販売した債務者の行為について、債権者が債務者に対し、債権者の有する実用新案権及び意匠権に基づいて、販売行為等の差止め及び製品等の執行官保管を申し立てた事案である。

㈡　本件事案における当事者双方の主張

（債務者の主張）

債務者は、債権者が流通に置いた債権者製品を購入して、再販売しているのであり、債権者が債権者製品を販売した時点で、債権者製品に含まれる実用新案権等は既に用い尽くされており、その後の再販売行為までに権利が及ぶ余地はない。

消費者は債権者製品を購入すると筐体の返還義務を負わず、現像店も債権者に対して筐体の返還義務を負わないので、債権者は、筐体の回収を前提とすることなく、債権者製品の価格を設定したものと考えられる。本件各考案等の公開の代償を確保する機会は充分に与えられている。さらに、大量に発生する産業廃棄物が社会問題化しているのは周知の事実であり、ゴミの発生を抑えるリサイクルは時代の要請であって、債務者が債務者製品を販売することについて、債権者に本件各実用新案権等に基づく権利行使を認めることは、リサイクルによってゴミの発生を抑えるという社会公共の利益との調和を妨げる。

（債権者の反論）

債権者製品を譲渡したことによる消尽の効果は、以下のとおりの理由から、債務者製品には及ばない。

(一) 確かに、特許権者又は実施権者が我が国の国内において特許製品を譲渡した場合には、当該特許製品については、特許権はその目的を達したものとして消尽し、もはや特許権の効力は、当該特許製品を使用し、譲渡し又は貸し渡す行為等には及ばないと解され、実用新案権及び意匠権についても同様の法理が適用されると考えられる。

消尽論が適用されるためには、債権者が市場において販売した本件各考案及び本件登録意匠の実施品である債権者製品と債務者製品とが、同一と評価されること、又は、債務者の実施態様が、債権者製品を市場に置いた譲渡の趣旨を超えていない実施態様であることが必要である。債権者製品は、あらかじめ装填されているフィルム一本分の撮影を目的としたカメラであり、消費者が債権者製品を現像に出し、現像所において、紙カバーをはずし、蓋をこじ開けてフィルムを出した段階で、その使用目的を達成し、その商品としての生命を終える商品である。ところが、債務者は、債権者製品の使用済みプラスチック製筐体に、新たに調達したフィルムを装填し、フィルムカウンターのスタート位置

二 「消尽の成否」についての本件仮処分決定の内容

を、債権者製品として販売された時点におけるフィルムカウンターのスタート位置とは異なる位置に設定し、独自の紙製カバーを付し、スバルＭｉＮｉ等独自の表示を付して、債務者の商品として債務者製品を販売している。したがって、債務者の右行為は、使用済みプラスチック製筐体を使用して、債権者製品とは別個の新たな商品とする行為であるから、消尽論が適用される余地はない。

㈡　債権者製品は、フィルム一本分の撮影を目的とした製品であって、フィルムの詰め替えを前提として市場に置いたものではなく、詰め替えを認めなくとも、債権者製品の自由な流通を妨げることはない。債権者が、債権者製品の販売により取得する利益は、フィルム一本分の撮影について本件各考案及び本件登録意匠を利用させることの対価であって、債権者は詰め替え製造行為を想定して価格を設定していない。

以上によれば、債務者製品について本件各実用新案権及び本件意匠権に基づく権利行使を認めることは、何ら社会公共の利益との調和を妨げるものではない。

㈢　消尽についての判旨

1　実用新案権ないし意匠権の権利者が、我が国において、当該権利の実施品を譲渡した場合には、当該権利の実施品については、実用新案権ないし意匠権は、目的を達したものとして消尽し、もはや実用新案権ないし意匠権の効力は、当該実施品を更に譲渡する行為等には及ばないということができる（最高裁判所平成九年七月一日第三小法廷判決民集五一巻六号二二九九頁参照）。このように、実用新案権ないし意匠権の効力が、当該実施品を更に譲渡する行為等には及ばないと解すべき所以は、一般に、譲渡人は目的物について有するすべての権利を譲受人に移転するものであり、権利の実施品が市場での流通に置かれる場合、譲受人が目的物につき権利者の権利行使を離れて自由に業として使用し再譲渡等できる権利を取得すること前提として取引が行われると解するのが相当であって、仮に権利の実施品の譲渡等の度ごとに権利者の許諾を格別に要するとするならば、市場における商品の自由な流通が阻害され、権利の実施品の円滑な流通が妨げられ、法が権利者に対し独占権を与えた目的に反することになるからである。

したがって、当該取引について、その対象となった実施品の客観的な性質、取引の態様、利用形態を社会通念に沿って検討した結果、権利者が、譲受人に対して、目的物につき権利者の権利行使を離れて自由に業として使用し再譲渡等できる権利を無限定に付与したとまでは解することができない場合に、その範囲を超える態様で実施されたときには、権利者は、実用新案権ないし意匠権に基づく権利を行使することができるものと解される。

2　そこで、右の観点から、本件について検討する。

二 「消尽の成否」についての本件仮処分決定の内容

疎明資料によれば、以下のとおりの事実が一応認められる。

債権者製品は、いわゆるフィルム一体型カメラであり、消費者は、本体にあらかじめフィルムが装塡された商品を購入して、そのまま撮影し、撮影が終了すると、フィルムが本体に内蔵されたままの状態で現像に出され、消費者には本体筐体は返還されない製品である（疎甲一七）。そして、債権者商品は、装塡されたフィルムを取り出すために、通常は本体の一部を破壊せざるを得ない構造とされている。消費者自らがフィルムを交換し、再利用するのは著しく困難が伴うように設計されている。また、債権者製品には、「撮影が済みましたら……このまま現像にお出し下さい。……なお、フィルム以外の構造部品は、お戻しいたしませんので、あらかじめご了承下さい。」との注意書きがある。さらに、債権者は本体筐体の回収に努めており、回収された本体筐体は、仕分け、分別、解体後、検査の上、使用可能な部品については新たな債権者製品の部品として再利用されている（疎甲二六ないし三三、枝番号の表記は省略する）。

右認定したとおり、債権者製品の客観的な性質、取引の態様、通常の利用形態等に照らすならば、債権者製品は、販売の際にあらかじめ装填されているフィルムのみの使用が予定された商品であることが明らかである。これに対し、債務者の販売等の行為は、本件各考案及び本件登録意匠の実施品である債権者製品の使用済みの筐体にフィルム等を装填したものを販売する行為であって、製品の客観的な性質等からみて、債権者が債権者製品を市場に置いた際に想定された範囲を超えた実施態様であるということができる。

したがって、このような実施態様については、債権者が、債権者製品について、これを譲渡した際に、権利者の権利行使を離れて自由に業として再譲渡できる権利を付与したと解することができないような場合であるから、債権者は、債務者に対し、実用新案権ないし意匠権に基づく権利を行使することができるものと解される。

三　本件各考案ならびに意匠の分析

(1)　実用新案登録番号第二五三〇二一八号「フィルム一体型カメラ」

本考案は、「フィルム一体型カメラで要求されるコンパクト性を損なうこと無く、しかも故障や事故の発生しにくいストロボを内蔵したフィルム一体型カメラを提供すること」を課題とし、この課題を解決するため、次の如き構造のものとした点に求められる。

【請求項1】　撮影レンズを挟んで一方側に設けられた、巻層された未露光フィルムを予め収納している第1室と：

前記撮影レンズを挟んで他方側に設けられた、撮影済のフィルムを巻き取る第2室と：

前記第1室、前記第2室を内部に有する本体筐体と：

を備えたフィルム一体型カメラにおいて、

前記第1室と前記第2室との光軸方向の長さの差に相当する前記本体筐体内の前記第1室前部の空間に、主コンデンサをその長手方向がカメラの長手方向と平行となるように取り付けたストロボ発光回路の基板を配設したことを特徴とするフィルム一体型カメラ。

以上のように、本考案は、フィルム一体型カメラにおけるカメラのコンパクト性を損なうこと無く、ストロボ発光基板を収納するスペースであるストロボ発光室を設ける空間をカメラの当該部位に設置する構造のものとした点に求められる。

したがって、本考案は、フィルム一体型カメラの部分的構造に考案の特徴部分を有するものであって、フィルム一体型カメラの構造全体または本考案以外のカメラの構造部分を、その考案の対象とするものではない。

(2)　実用新案登録番号第二五七五二七四号「フィルム一体型カメラ」

本考案は、「フィルム一体型カメラの寿命とストロボ関係部品の寿命に隔たりがあるというフィルム一体型カメラ特有の前提に鑑み、撮影が終了したフィルム一体型カメラからストロボ関係部品を回収し、再利用でき、環境面、コスト面で優れ、しかも、組み立て効率、回収効率にも優れるフィルム一体型カメラを提供する」ことを課題とし、この課題を解決するため、次の如き構造のものとした点に求められる。

【請求項1】　撮影レンズを挟んで一方側に設けられた、巻層され未露光フィルムを予め収納している第1室と、前記撮影レンズを挟んで他方側に設けられた、撮影済みのフィルムを巻取る第2室と、前記第1室、前記第2室を内部に有する本体筐体と、を備えたフィルム一体型カメラにおいて、基板に取り付けられたストロボ発光のための主コンデンサ及び発光ランプと、該発光ランプよりも撮影レンズ側となる上方位置に発光部が位置するように前記基板に直に取り付けられストロボ充電状態を表示する表示用ランプとを備え、本体に対して取り外し可能なストロボ基板ユニットを、前記本体筐体内の前記撮影レンズに対して前記第1室側であって、前記基坂が前記撮影レンズの光軸に対し垂直な面とほぼ平行になるように配置すると共に、該筐体の前記ストロボ基板ユニットの前記表示用ランプの発光部の位置に対応する上面に窓を設けたことを特徴とするフィルム一体型カメラ。

以上の如く、本考案は、撮影が終了したフィルム一体型カメラからストロボ関係部品を回収し、再利用するため、右ストロボ関係部品をカメラ本体から取り外し容易な位置に設置した点に求められる。

したがって、本考案は、前記(1)の考案と同様、フィルム一体型カメラの構造全体または本考案以外のカメラの構造部分を、その考案の対象とするものではない。

(3)　実用新案登録番号第二五五三七〇九号「簡易型カメラ」

本考案は、簡易型カメラに「装塡するフィルムの長さに応じて自由にその撮影可能の最多画面数を切換えることの出来るフィルムカウンタ」の提供を課題とし、この課題を解決するため、次のような構造のものとした点に求められる。

【請求項1】　予め未露光のフィルムが装塡され、露光済あるいは未露光の画面数を表示するフィルムカウンタを備えた簡易型カメラにおいて、該カメラに装塡可能な撮影可能画面枚数を異にする複数種類の未露光フィルムのうちの一つの未露光フィルムを装塡し、前記撮影可能画面枚数を異にする複数種類の未露光フィルムのうちの最も撮影可能画面枚数の多い未露光フィルムの露光済あるいは未露光の画面数を表示可能な指数盤の指数窓位置に対するスタート位置を、装塡した未露光フィルムの撮影可能画面枚数に応じて変化させたことを特徴とする簡易型カメラ。

したがって、本考案は、フィルムカウンタの構造に関する考案であり、前記(1)および(2)の考案と同様、簡易型カメラの構造全体または本考案以外のカメラの構造部分を、その考案の対象とするもので

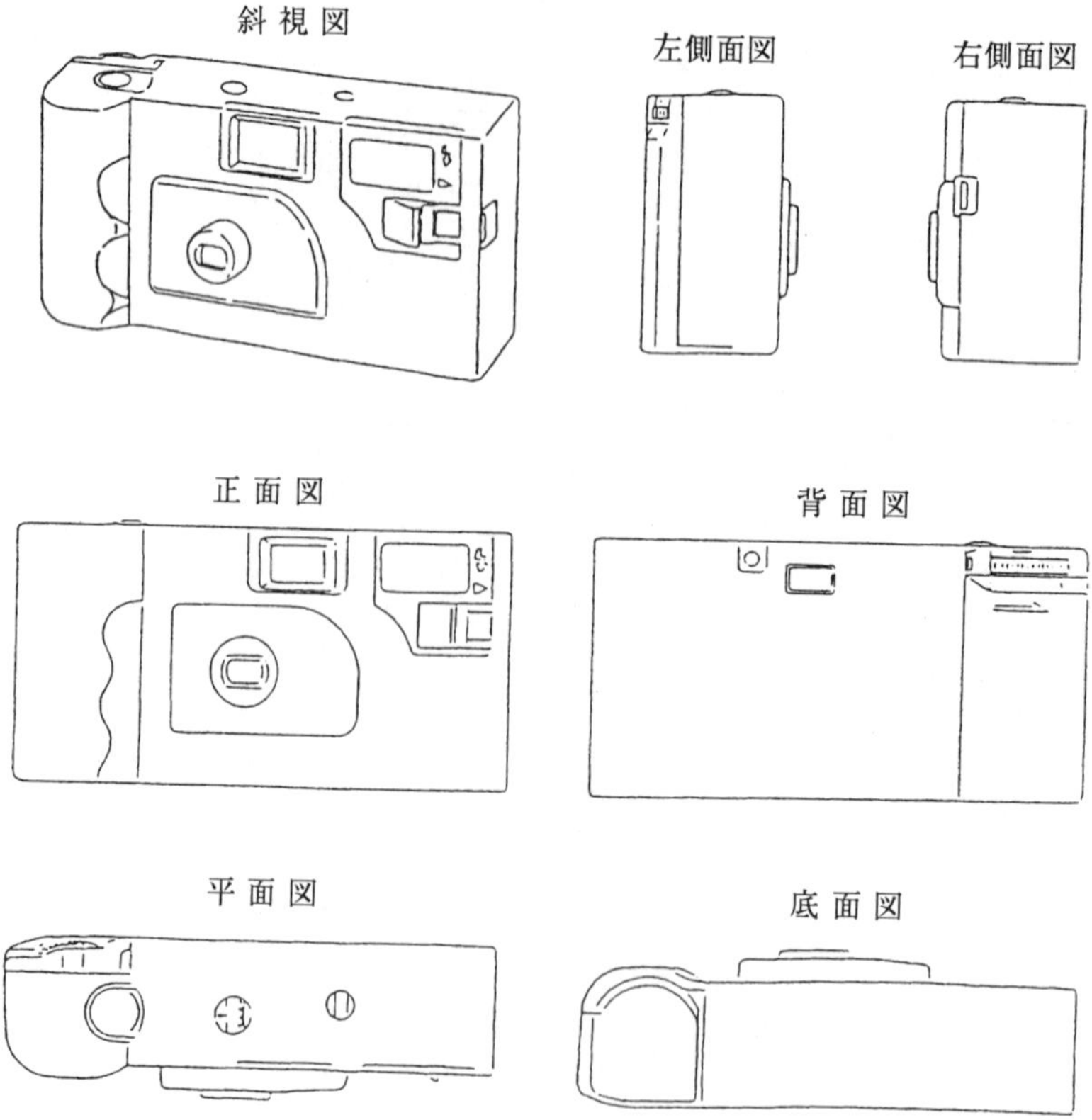

はない。

(4)　意匠登録番号第九五二七二八号の類似

本登録意匠の形状は、次のとおりであり、カメラの外観の全体的形状が、各側面より表示されている。したがって、本登録意匠は、カメラの全体的形状を、その保護の対象とするものである。

四　ドイツ連邦共和国における判例および学説の大要

㈠　判　例

特許権の用尽（Die Erschöpfung des Patentrechts）理論を、法解釈学上正確に表現すれば、次の如くである。すなわち、特許権から生ずる法的権能は、特許者または特許権者の同意を得た第三者が流通下においた対象物について、当該対象物の爾後の流通の態様（Art und Weise）に法的影響を及ぼし得る程度にまでは及ばない、ということである。[1] 特許権者または特許権者の同意を得た第三者が、その法的権能を行使した場合には、対象物が流通に達した瞬間に、当該対象物は、特許法上、当該特許権の拘束から開放（gemeinfrei）されることになる。[2] このような「権利喪失（Rechtsverlust）」の理由づけとして、「特許権者は、当該特許権に基づく利得をすべて、享受したからである」[3] とか、「特許保護の対象である装置の販売により、当該発明に対する報償を獲得したことになる」[4] と説明されている。この点をより正確に表現するならば、特許権者は、特許に係る対象物を流通においた場合には、これにより、特許権者に容認せられた権能の限界線に達したことになり、この限界線を越えては、特許権者には如何なる権能も生じないのである。[5] したがって、ひとたび流通におかれた対象物の取得者は、正当な流通によって当該特許権の拘束から開放された対象物について、あらゆる点において自由に処分し、また、当該対象物を用法に適合した使用の枠内において、妨害を受けることなく自由に利用かつ使用することができる。[6] また、特許権者が、特許に係る製品を、製品全体の一部分（筆者注、特許製品は、特許保護のない製品全体の中に組込まれている場合）として流通においた場合においても、製品全体の一部分である当該特許製品は、当該特許権の拘束から開放せられ、当該特許製品を全体の結合から解体し、他の物品と結合することが許される。[7] 上述の特許権の拘束からの開放（Gemeinfreiheit）は、公知の付属品とともに当該発明が使用せられている場合にも、妥当する。[8] 器具の取得者が、当該器具の特許に係る装置に若干の変更を加えることは、自由である。[9][10]

(二)　ブラーゼンドルフ（Blasendorff）の所説[11]

(i)　特許権の用尽と排他的独占権の関係

ブラーゼンドルフは、特許権の用尽と排他的独占権の関係を次のように述べている。

「特許権の用尽の問題は、流通におかれた具体的物品に関する問題であって、特許保護自体に関する問題ではない。かように解さないとするならば、特許に係る物品が最初に譲渡された段階で、特許権全体が完全に消滅することになるからである。それ故、特許権者は、爾後においても、特許に係る物品を製造し、また、当該特許の実施許諾を供与し得る排他的独占権を保有し得ることになる。したがって、流通におかれ、これにより当該特許権の拘束から開放された物品は、当該物品について新規の製造（Neuherstellung）と見做される如き処理がなされることは許されない。この点についての問題点は、次の如く要約せられる。すなわち、如何なる場合に、禁ぜられた新規の製造（Verbotene Neuherstellung）が存在し、如何なる場合に、これが存在しないか、ということである。

これに対する回答に際しては、次の点が考慮されなければならない。すなわち、発明者に与えられる独占的製造権は、発明者によって一般公衆に斎らされた技術の豊富化に対する報償を意味すると同時に、他方、これにより、経済的流通を不当に阻害する結果を惹起する場合が存在する、という点である。したがって、この点に関する前提条件につき、妥当な統合（Synthese）が探究されなければならないことになる。」

ブラーゼンドルフ（Blasendorff）は、用尽理論の適用が問題となる事案を、要旨、次のように分説している。

I

(1)　特許に係る物品の完全な新規製造が特許侵害を構成することは、疑問の余地がない。しかし、種々の複数の器具から無傷の部品を取り出し、これらの部品を、再度器具として組立てる場合にも、新規製造に該当するとの見解は、異論のない統一的な法的見解とされている。

(2)　特許に係る器具の破損した部品――この部品にも、特許保護が存在する――を、市場に流通している他の無傷の部品と取り替える場合には、器具全体の新規製造と同視せられる。

(3)　特許に係る器具について、特許保護が存在しない部品の取り替えの事案についての判例は、二転三転しているが、最近の判例では、当該部品が、『発明機能的に構成されている（erfindungs-funktionell gestaltet）』場合、すなわち、当該部品が発明目的に適合したものである場合にのみ、特許侵害を構成するとしている。

以上よりして、特許保護が存在しないその他のすべての部品、したがって、少くとも当該発明目的に適合していない部品の取り替えは、特許侵害を構成しないことになる。上述のような部品は、『中性である（neutral）』と称せられ、自由に取り替えることができる。

II

流通におかれることにより特許権の拘束から開放された物品についての第二番目の改変（Veränderung）の事例は、何れの部品も『新品と取り替え(erneuert)』られたり、『交換される（ausgewechselt）』ことがない場合である。右のような修理（Reparaturen）は、器具全体の新規製造または特許に係る部品ないし発明機能的に構成された部品の新規製造の性格を有するものと解されない限り、容認せられる。

リンデンマイアー（Lindenmaier）は、物品の通常の耐用年数を延長することになる修理も、容認せられる範囲内に属する場合があるとの見解を表明しているが、私の見解によれば、右のような事例は、次のような場合であると考えられる。すなわち、容器または包装用に使用せられ、通常その内容物の使用後は廃棄される対象物が、明敏な業者により、当該対象物が使用可能な限りさらに使用するために整備し、同一または他の内容物を入れて、再度流通におかれる場合である。私は、右の事例を、原則的に容認せられるものと思料する。勿論、中性部品の交換または再製の場合を除き、前述の『整備（Zurechtmachen）』は、対象物全体の新規製造、または、特許に係る部品または特許保護がなされているものと同視される程度の『特殊化された（individualisierten）』部品の新規製造であってはならない。中性部品以外の部品の軽微な修理も、この修理により、修理前の特許に係る対象物より耐用年数の延長を斎らしたとしても、許容される修理の範囲に該当するものと思料せられる。このような事例は、著しく進歩した近代的包装産業の現状においては、稀なことではない。かかる事案においては、たとえ修理後における使用が、通常の耐用年数の程度を越えることがあったとしても、特許権者が、表面上復活した特許権を楯に、修理後の使用の継続を禁止し得ないものと思料せられる。何故ならば、この場合には、明らかに新規な製造はなされておらず、他方、整備がなされた対象物が、より長期間使用されることになり、かつ、これにより新品の対象物の売れ行きに不利な影響を与えることがあるとしても、かような事実は、経済的な観点にすぎず、特許法上は何らの意味も有しない。流通におかれた物件について、その修理の自由（Reparaturfreiheit）を大幅に認める見解は、経済的にも望ましいものと思料せられる。この目標は、「新規な製造（Neuherstellung）」なる概念を、従来の如く広く限定せず、通常の限界に保つことにより、容易に達成せられるものと思料せられる。

五　本件事案の問題点

以上の考察より本件事案の問題点を摘示すれば、次のとおりである。

(1)　本件債務者が取得したカメラは、債権者またはその同意を得た第三者により、最初の流通におかれた真正物件であるか。

(2)　本件撮影済カメラからフィルムを取り出す際に、前記三「本件各考案ならびに意匠の分析」において検討した本件各考案の保護対象部位であるカメラの部分的構造部位は破損せられるか。また、意匠の保護対象であるカメラの全体的形状は破損せられるか。

破損せられる場合には、これに要する修復は、法的に許容される修復の範囲内のものか。または、法的に許容されない新規の製造行為に該当するものか。

(3)　本件各考案の保護対象部位であるカメラの部分的構造以外の構造部分の修復およびその部品の取り替えは、自由である。

(4)　フィルムおよび電池は、本件各考案および意匠の保護対象外の部位であり、その交換は自由である。

六　本件判旨の検討

(1)　本件判旨は、「当該取引（筆者注、権利者と当該物件を最初に流通においた譲受人との販売実施許諾契約関係と解される）について、その対象となった実施品（筆者注、前記販売実施許諾契約の対象物と解される）の客観的な性質、取引の態様、利用形態を社会通念に沿って検討した結果、権利者が、譲受人に対して、目的物につき権利者の権利行使を離れて自由に業として使用し再譲渡等ができる権利を無限定に付与したとまでは解することができない場合に、その範囲を超える態様で実施されたときには、権利者は、実用新案権ないし意匠権に基づく権利を行使することができるものと解される。[12]」と判示しているが、右のような権利者と譲受人との実施許諾契約関係——黙示の場合を含む——は、契約当事者である当該権利者と譲受人のみを拘束する債権関係にすぎず、爾後に当該対象物を取得した者、例えば小売業者・消費者・フィルム現象業者・再製業者等には、その法的効力は及ばないものと解される。

判旨は、さらに、前記判示の立論を前提として、「……債権者製品の客観的な性質、取引の態様、通常の利用形態等に照らすならば、債権者製品は、販売の際にあらかじめ装填されているフィルムの使用が予定された商品であることが明らかである。これに対し、債務者の販売等の行為は、本件各考案及び本件登録意匠の実施品である債権者製品の使用済みの筐体にフィルム等を装填したものを販売する行為であって、製品の客観的な性質等からみて、債権者が債権者製品を市場に置いた際に想定された範囲を超えた実施態様であるということができる。したがって、このような実施態様については、債権者が、債権者製品について、これを譲渡した際に、権利者の権利行使を離れて自由に業として再譲渡できる権利を付与したと解することができないような場合であるから、債権者は、債務者に対し、実用新案権ないし意匠権に基づく権利を行使することができるものと解される。」として、「債権者製品の使用済みの筐体にフィルム等を装填した」点を問題にしているが、仮りに、債権者と当該カメラを最初に流通においた譲受人との間のカメラ販売実施許諾契約が、当該カメラの使用済みの筐体にフィルム等を装填して再販売することを禁ずる旨の内容のものであったとしても、右のような契約内容は、前述のように当該カメラを最初に流通においた権利者とその譲受人のみを拘束する債権関係にすぎず、再製業者である債務者にはその効力は及ばないものと解される。

前述の諸点についての本件判旨の立論は、本件各実用新案権および意匠権の保護客体とは無関係な事情、すなわち債権者製品の客観的な性質、取引の態様、通常の利用形態等を消尽成否の判断基準とするものであり、首肯することはできない。

(2)　本件事案の解明は、前記**三**「本件各考案ならびに意匠の分析」において試みたように、本件実用新案権および意匠権の保護客体がカメラの何れの部分に存在するかを、実用新案明細書に記載の当該考案の課題とその解決方法により、また、意匠権については登録意匠により、それぞれ確定することであり、これらにより確定された保護客体が、債務者の手中において新規な製造と見做され得る程度の改変を受けているか否かが問題となるのであり、この点が肯定される場合に初めて、各権利の侵害が成立することになる。

他方、カメラの前記保護客体以外の部位の取り替えおよび改変は、中性部位または中性部品の取り替えまたは改変として、債務者により自由になし得ることになる。

なお、前記判示の「債権者製品の使用済みの筐体にフィルム等を装填」することは、前記**五**「本件事案の問題点」において指摘したように、フィルムおよび電池は、本件各考案および意匠の保護対象外の部位に属し、その交換自体は自由である。但し、撮影済フィルムの取り出し・交換の作業に際して、本件実用新案権および意匠権の保護客体が、如何なる程度破損せられ、これに要する修復が、禁ぜられた新規な製造に該当するか否かが問題となる。

(3)　本件事案においては、右の諸点が問題とせられていないが故に、本件事案の「消尽の成否」についての判断はなし得ない。(13)

（1）　RGZ 51, 139, 141.
（2）　RGZ 51, 139, 140 f.；86, 436, 440；BGH GRUR 59, 232, 233.
（3）　RGSt. 46, 92, 94; BGH GRUR 80, 38, 39.
（4）　BGH GRUR 59, 232, 233；73, 518, 520.
（5）　RGZ 133, 326, 330；BGH GRUR 68, 195, 196.
（6）　BGH X ZR 16/68 vom 11. 3. 1971；BGH GRUR 80, 38, 39.
（7）　RGH 130, 242, 244.
（8）　BGH X ZR 16/68 vom 11. 3. 1971.
（9）　BGH I ZR 7/65 vom 16. 10. 1968.
（10）　前述の判例は、Benkard „Patentgesetz“ 9. Aufl., 1992, S. 409, 410 の記載より引用した。
（11）　Kurt Blasendorff „Zur Erschöpfung des Patentrechts“. FS. für Werner vom Stein, S. 13.
（12）　この点の判示は、黙示的実施許諾理論（Die Theorie der stillschweigenden Lizenzerteilung）に依拠するものと推測せられるが、この説によれば、特許製品の販売に際し当該特許製品の使用および転売につき黙示の実施許諾が存在するものと推定するものであり、本件事案のように、特許権者（実用新案権者）が特許製品の使用または転売に関し、実施許諾の内容に制限を加える必要が存在すると思料する場合には、特許製品の販売および使用を自由に支配することができることになり、右の如き結論は、特許製品の円滑な商取引に著しい障害を齎らし、また、特許権者に包括的な販売独占を与えることは、立法者の意思にも反するものとして、ドイツ連邦共和国においては、既に以前にコーラーの発明使用類型関連理論（Die Lehre vom Zusammenhang der Benutzungsarten）および、これに続く、特許権の用尽理論（Die Lehre von der Konsumtion des Patentrechts）により、克服された説である。
（13）　角田政芳「リサイクルと知的財産権」日本工業所有権法学会年報二二号（一九九九年五月）八一頁は、「レンズ付フィルム」の市場における流通状況につき、次のように述べている。

「レンズ付きフィルムは、ユーザーによる使用後、写真店や現像・焼増し業者によってフィルムが抜き取られ、その容器・本体がメーカーに回収されてリサイクル商品として再び市場に置かれるシステムがほぼ完成している。ところが、この容器・本体がリサイクル業者によって回収され、リサイクル・カメラとして市場に出回っており、これがメーカーの売上げに大きな影響を与えている。このレンズ付きフィルムは、フィルムの使用後も、レンズ、バッテリー、ボディはほとんど消耗してはおらず、フィルムの補充によるリサイクル行為を容易にしている。レンズ付きフィルムのメーカーは、このリサイクル業者の行為を特許権、実用新案権、意匠権の侵害であるとして、わが国とアメリカにおいて侵害訴訟を提起している。」

V 商号標章・著名標章・登録商標の競合、損害のない場合の使用料相当額による損害賠償請求

小僧寿し事件

最高裁平成九年三月一一日判決、平成六年(オ)第一一〇二号商標権侵害禁止等請求事件

上告棄却

民集五一巻三号一〇五五頁

一　要　旨

二つ以上の登録商標間、または、登録商標と商号標章または著名標章（不正競争防止法二条一項二号）が競合する場合には、商標法二六条一項一号に該当する場合ならびに特殊な例外的場合（失効の法理等が適用せられる場合）を除き、登録または標章の著名性獲得の時点の先後によって、その優先順位が決せられるのを原則とするが、本件最高裁判決は、後順位の登録商標および著名標章に優先順位を与える結果となっており、また、知的財産権についての侵害が成立する場合には常に、使用（実施）料相当額の損害賠償を請求し得るとするのが、従来の実務の採用するところであったが、本件最高裁判決および原審判決は、商標の経済的価値についての特殊性よりして、商標権侵害により損害が発生していない場合には、使用（実施）料相当額の損害賠償も請求し得ないとするもので、上記二点についての判示は、ともに先例を破る判決であり、今後十分な検討を要するものと思料せられる。なお、前者の点につき、本件においては、上記の特殊な例外的場合として、失効の抗弁が問題とせられる余地があるのではないかと思われる。

以下の研究においては、ドイツ連邦裁判所の判例・学説を参酌しつつ、本件事案である登録商標と商号標章または著名標章の競合、商標法二六条一項一号の解釈、権利の失効、商標権侵害の場合において損害のない場合の使用料相当額の損害賠償請求の成否について、順次検討することとする。

二　事案の概要

1　本件は、高知地方裁判所を第一審とする商標権侵害禁止・同損害賠償請求事件であり、同第一審は、原告（X）の商標権侵害差止請求については、一部認容し、損害賠償請求については、全面的に否定した。Xは、これを不服として、高松高等裁判所に控訴したが、同裁判所は、控訴を棄却したので、上告したのが本件事案である。

2　以下、第一審および控訴審において確定した事実関係を、本件上告審判決において要約しているので、引用する。

1　上告人（原告、控訴人X）は、別紙商標目録記載の構成から成る商標（以下「本件商標」という）につき、指定商標を旧第四五類「他類に属しない食料品及び加味品」とする登録第〇五〇五八九一号（昭和三一年一〇月二九日商標登録出願、同三二年七月二五日設定登録）の商標権（以下「本件商標権」という）を有している。

2　被上告人（被告、被控訴人Y）は、持帰り品としてのすし（以下「本件商品」という）の製造販売を目的として昭和四七年五月一日に設立された株式会社である。Yは、株式会社小僧寿し本部との間でフランチャイズ契約を締結してその加盟店（フランチャイジー）となるとともに、自らも四国地域におけるフランチャイザーとして各加盟店との間でフランチャイズ契約を締結しており、小僧寿し本部、Yを始めとする加盟店、そして更にY傘下の加盟店は、フランチャイズ契約により結合し、全体として組織化された一個の企業グループ（フランチャイズチェーン）を形成していた。遅くとも昭和五二年には、小僧寿し本部は「小僧寿し本部」あるいは「小僧寿し」と略称され、右企業グループを示す名称として「小僧寿しチェーン」が使用されていた。

3　Yは、四国地域において、昭和四七年から、本件商品を製造販売している自らの店舗の看板、壁面、その使用する車両等に別紙標章目録記載の各標章（以下「Y標章1(1)」などという）を表示して使用するとともに、その傘下の加盟店にこれと同様に右の各標章を使用させてる。小僧寿し本部は、Y標章3(1)につき、指定商品を第三二類「食肉、卵、食用水産物、野菜、果実、加工食料品」として商標登録出願をし、昭和五一年一二月一六日に設定登録（登録第一二四二三一五号）を受けた。

4　小僧寿し本部及びその主宰する小僧寿しチェーンは、外食産業において店舗数、売上高などの点で我が国有数の規模の企業グループであって、遅くとも昭和五三年には、「小僧寿し」の名称は、小僧寿し本部又は小僧寿しチェーンを示すものとして広く認識されており、本件商品の取引において「小僧寿し」といえば、一般需要者の間で小僧寿し本部又は小僧寿しチェーンの略称として通用するものとなっていた。

3　右のような事実関係にもとづき、Xは、Yに対し、Y標章の使用の差止を求めるとともに、Y標章の使用により昭和五五年から同五七年までの三年間に被った損害の賠償を求めた。

上記Xの請求に対し、原審は、大要、次のとおり判断して、Y標章のうち標章2(1)(3)の使用は本件商標権を侵害するが、その余の標章の使用は、本件商標権を侵害するものとはいえないとした。

4　原審の判断

(A)　本件商標権侵害の点

1　Y標章1⑴ないし⑼、同標章2⑴ないし⑸および同標章3⑴ないし⑹は、称呼・外観・観念の看点から、何れも本件商標に類似する（判断理由は省略）。

2　しかし、遅くとも昭和五三年には、「小僧寿し」は、小僧寿し本部又は小僧寿しチェーンの略称として著名になっており、商標法二六条一項一号にいう自己の名称の著名な略称に該当し、Yによる Y標章1⑴ないし⑼、同2⑵⑷⑸の使用は、これを普通に用いられる方法で表示するものであるから、本件商標権の禁止的効力は及ばない。

3　Y標章3⑴については、小僧寿し本部が商標登録出願をして、設定登録を受けているものであるところ、同3⑵ないし⑹の各標章はこれに類似するものであるから、小僧寿し本部は、Y標章3⑴ないし⑹の各標章について指定商品につきこれを専用する権利を有する。そして、Yは、小僧寿し本部とのフランチャイズ契約により、右各標章の使用についての許諾を受けているのであるから、本件商標権の禁止的効力は、右各標章には及ばない。また、Y標章3⑸の前掛け部分に横書きされた「小僧寿し」の文字は、小僧寿し本部又は小僧寿しチェーンの略称を普通に用いられる方法で使用したものであるから、本件商標権を侵害しない。

⒝　損害賠償請求の点

1　商標法三八条二項は、登録商標に一定の財産的価値があることを前提とする規定と考えられるが、特許権や実用新案権が創作的な発明や考案に係るものでそれ自体財産的価値を有するのに対して、商標権は、文字や図形を組み合わせた商標そのものに財産的価値があるのではなく、業務上の信用が付着することによって初めて財産的価値を取得するものである。

2　昭和五三年以降、四国地域においては、一般需要者の間で「小僧寿し」の標章が本件商品の出所たる小僧寿し本部又は小僧寿しチェーンを表示するものとして広く認識され、相当大きな顧客吸引力を有していたのに対して、本件商標は知名度がなく、顧客吸引力を殆ど有しなかったものであって、本件商標権には財産的価値が殆どなかった。

3　Yは、主としてY標章1(1)ないし(9)、同3(1)ないし(6)を使用しており、Y標章2(1)(3)は副次的に利用することがあったにすぎず、加えて前者が小僧寿し本部又は小僧寿しチェーンの略称として著名であったのに対し、後者が著名でなかったことに照らすと、Y標章2(1)(3)は本件商品の購買動機の形成に寄与しておらず、財産的価値はなかった。

4　したがって、本件において商標法三八条二項を適用することはできない。

三　判決要旨

㈠　本件商標権侵害の点

1　原審が、YによるY標章1(1)ないし(9)、同2(2)(4)(5)の使用には、商標法二六条一項一号により本件商標権の禁止的効力が及ばないとした点は、正当である。フランチャイズ契約により結合した企業グループは共通の目的の下に一体として経済活動を行うものであるから、右のような企業グループに属することの表示は、主体の同一性を認識させる機能を有するものというべきである。したがって、右企業グループの名称もまた、商標法二六条一項一号という自己の名称に該当するものと解するのが相当である。本件において、「小僧寿し」は、フランチャイズ契約により結合した企業グループの名称である小僧寿しチェーンの著名な略称であり、YによるY標章1(1)ないし(9)、同2(2)(4)(5)の使用は、その書体、表示方法、表示場所等に照らし、右略称を普通に用いられる方法で表示するものということができるから、右各標章の使用には、本件商標権の禁止的効力が及ばないというべきである。

もっとも、原審は、Y標章3(5)の前掛け部分の「小僧寿し」の文字についても、略称を普通に用いられる方法で表示するものとするが、右標章における「小僧寿し」の文字は、図形標章と一体的に組み合わせて、商標を構成する一部として用いているものであるから、略称を普通に用いられる方法で表示するものということはできない。

また、原審は、小僧寿し本部が、Y標章3(1)につき商標権を有することを理由に、これに類似する同3(2)ないし(6)の各標章についても右商標権に基づく排他的使用権を有するとして、本件商標権の禁止的効力が及ばないとしている。しかし、商標権は、指定商品について当該登録商標を独占的に使用することができることをその内容とするものであり、指定商品について当該登録商標に類似する標章を含めてこれらを排他的に使用する機能までも含むものではなく、ただ、商標権者には右のような類似する標章を使用する者に対し商標権を侵害するものとしてその使用の禁止を求めること等が認められるにすぎないから（商標法二五条、三六条、三七条参照）、原審の右判断は是認することができない。

しかしながら、次に述べるとおり、原審が、Y標章のうち標章2⑴⑶を除くその余の標章について、これらが本件商標に類似すると判断した点は是認することができないものであって、右各標章はいずれも本件商標に類似するとはいえないから、結局のところ、原判決の前記説示部分の違法は、その結論に影響しないものというべきである。

2　商標の類否は、同一又は類似の商品に使用された商標が外観、観念、称呼等によって取引者、需要者に与える印象、記憶、連想等を総合して全体的に考察すべきであり、かつ、その商品の取引の実情を明らかにし得る限り、その具体的な取引状況に基づいて判断すべきものである。右のとおり、商標の外観、観念又は称呼の類似は、その商標を使用した商品につき出所を誤認混同するおそれを推測させる一応の基準にすぎず、したがって、右三点のうち類似する点があるとしても、他の点において著しく相違するか、又は取引の実情等によって、何ら商品の出所を誤認混同するおそれが認められないものについては、これを類似商標と解することはできないというべきである（最高裁昭和三九年行ツ第一一〇号同四三年二月二七日第三小法廷判決・民集二二巻二号三九九頁参照）。

3　これを本件についてみると、次のとおりである。

㈠　本件商標は、別紙商標目録記載のとおり「小僧」の二文字を縦書きした標章であって、「コゾウ」の呼称を生じ、「商店で使われている年少の男子店員」「年少の僧」「あなどっていうときの年少の男子」等の観念を生ずる。

(二)　他方、原審の認定によれば、昭和四七年ないし同六〇年における小僧寿しチェーンの店舗数、売上高、宣伝広告の規模内容、小僧寿しチェーンに関する一般新聞、雑誌等の報道内容、その知名度に関する全国調査の結果等に照らして、小僧寿しチェーンは、外食産業において上位の売上高を上げ、知名度も高く、遅くとも昭和五三年には、本件商品の製造販売業者として著名となっており、「小僧寿し」は、小僧寿し本部又は小僧寿しチェーンの略称として一般需要者の間で広く認識されていたというのであるから、Y標章については、一般需要者が「小僧寿し」なる文字を見、あるいは「コゾウズシ」又は「コゾウスシ」なる呼称を聞いたときには、本件商品の製造販売業者としての小僧寿し本部又は小僧寿しチェーンを直ちに想起するものというべきである。そして、「小僧寿し」は、一般需要者によって一連のものとして呼称されるのが通常であるというのであるから、右によれば、遅くとも昭和五三年以降においては、「小僧寿し」「KOZO SUSHI」「KOZOSUSI」「KOZO ZUSHI」の各標章は、全体が不可分一体のものとして、「コゾウズシ」又は「コゾウスシ」の呼称を生じ、企業グループとしての小僧寿しチェーン又はその製造販売に係る本件商品を観念させるものとなっていたと解するのが相当であって、右各標章の「小僧」又は「KOZO」の部分のみから「コゾウ」なる呼称を生ずるということはできず、右部分から「商店で使われている年少の男子店員」を観念させるということもできない。すなわち、Y標章1(1)ないし(9)、同2(2)(4)(5)においては、標章全体としてのみ称呼、観念が生ずるものであって、「小僧」又は「KOZO」の部分から出所の識別標識としての称呼、観念が生ずるとはいえないのである。

そうすると、本件商標と右Y標章とを対比すると、外観及び称呼において一部共通する部分があるものの、Y標章中の右部分は独立して出所の識別標識たり得ず、右Y標章から観念されるものが著名な企業グループである小僧寿しチェーン又はその製造販売に係る本件商品であって、右は商品の出所そのものを指し示すものであることからすれば、右Y標章の付された本件商品は直ちに小僧寿しチェーンの製造販売に係る商品であると認識することのできる高い識別力を有するものであって、需要者において商品の出所を誤認混同するおそれがあるとは認められないというべきである。

したがって、Y標章1(1)ないし(9)、同2(2)(4)(5)は、本件商標に類似するものとはいえない。
(三)　また、Y標章3(1)ないし(6)は、本件商標と外観において類似せず、また標章自体は「商家で使われている年少の男子店員」を観念させるものではなく、「コゾウ」の呼称を生ずるものでもない。
このように特定の観念、称呼を生ずることのない図形ないし記号から成る標章であっても、それが著名な人物又は企業を表す標章として長期間にわたって使用され、一般需要者の間で広く認識されるに至った場合には、当該標章から当該人物又は企業が観念され、当該人物又は企業の名称、略称と同一の称呼を生ずることもあり得るものと解される。しかし、そのような場合において、右標章が当該人物又は企業の製造販売に係る商品につき商標として使用されたとしても、標章から生ずる観念及び称呼は、当該商品の出所たる著名な人物又は企業そのものであるから、標章の付された商品は直ちに当該人物又は企業の商品であると認識することができる高い識別力を有するものというべきであり、仮に称呼においてこれと同一ないし類似する商標が他に存在したとしても、需要者において商品の出所を誤認混同するおそれを生ずるものではないというべきである。

本件において、Y標章3(1)ないし(6)は、小僧寿しチェーンの各加盟店において「小僧寿しチェーン」又は「小僧寿し」の名称と共に継続して使用されたことから、右各標章のみを見ても著名な企業グループである小僧寿しチェーンを想起し、右各標章から「コゾウズシ」又は「コゾウスシ」なる称呼を生ずる余地はあるが、そうであるとしても「商家で使われている年少の男子店員」の観念や「コゾウ」の称呼を生ずるものとは認められず、また右各標章から生ずる観念、称呼が商品の出所たる著名な企業グループである小僧寿しチェーンそのものであることに照らせば、称呼において本件商標と一部共通する部分があるにしても、需要者において商品の出所を誤認混同するおそれを生ずるものではないから、右各標章が本件商標に類似するものとはいえない。なお、Y標章3(5)の前掛け部分には「小僧寿し」の文字が横書きで記載されているが、「小僧寿し」なる標章が本件商標に類似するものといえないことは前判示のとおりであるから、Y標章3(5)に右記載があるからといって、同標章が本件商標と類似するということはできない。

(二)　損害賠償請求の点

1　商標法三八条二項は、商標権者は、故意又は過失により自己の商標権を侵害した者に対し、その登録商標の使用に対し通常受けるべき金銭の額に相当する額の金銭を、自己が受けた損害の額としてその賠償を請求することができる旨を規定する。右規定によれば、商標権者は、損害の発生について主張立証する必要はなく、権利侵害の事実と通常受けるべき金銭の額を主張立証すれば足りるものであるが、侵害者は、損害の発生があり得ないことを抗弁として主張立証して、損害賠償の責めを免れることができるものと解するのが相当である。けだし、商標法三八条二項は、同条一項とともに、不法行為に基づく損害賠償請求において損害に関する被害者の立証責任を軽減する趣旨の規定であって、損害の発生していないことが明らかな場合にまで侵害者に損害賠償義務があるとすることは、不法行為法の基本的枠組みを超えるものというほかなく、同条二項の解釈として採り得ないからである。

商標権は、商標の出所識別機能を通じて商標権者の業務上の信用を保護するとともに、商品の流通秩序を維持することにより一般需要者の保護を図ることにその本質があり、特許権や実用新案権等のようにそれ自体が財産的価値を有するものではない。したがって、登録商標に類似する標章を第三者がその製造販売する商品につき商標として使用した場合であっても、当該登録商標に顧客吸引力が全く認められず、登録商標に類似する標章を使用することが第三者の商品の売上げに全く寄与していないことが明らかなときは、得べかりし利益としての実施料相当額の損害も生じていないというべきである。

2　これを本件についてみると、原審の認定事実によれば、㈠　Xは昭和四九年一一月ころから大阪市を中心とする近畿地区において「おにぎり小僧」の名称で持帰り用のおにぎり、すし等の製造販売を始めたが、Yないしその傘下の加盟店の店舗の所在する四国地域では本件商標を使用しておにぎり、すし等を販売したことがない、㈡　遅くとも昭和五三年には、「小僧寿し」の名称は、小僧寿し本部又は小僧寿しチェーンの略称としてだけでなく、小僧寿しチェーンの製造販売に係る本件商品を示すものとしても著名となっており、Y標章3(1)ないし(6)も同様の標章として著名性を獲得し、いずれも業務上の信用及び顧客吸収力を有していた、㈢　本件商標は、四国地域において全く使用されていないものであって、一般需要者の間における知名度がなく、業務上の信用が化体されておらず、顧客吸収力が殆どなかった、㈣　昭和五五年から同五七年までの間は、Y標章2(1)(3)については、Yないしその傘下の加盟店の店舗のうち高知県下の二一店舗の中に、正面出入口横のウィンドウにY標章2(1)を表示したものと、店舗壁面に同2(3)を表示したものが各一店舗ずる存在しただけであって、Yは、主としてY標章1(1)ないし(9)、同3(1)ないし(6)を使用し、副次的に同2(1)(3)を使用することがあったにすぎない、というのである。そうすると、Yの本件商品の売上げは専ら小僧寿しチェーンの著名性、その宣伝広告や商品の品質、Y標章1(1)ないし(9)、同3(1)ないし(6)の顧客吸引力等によってもたらされたものであって、Y標章2(1)(3)の使用はこれらに何ら寄与していないのであるから、YのY標章2(1)(3)の使用により、Xの販売する商品の売上げにつき損害が生じたものと認められないことはもちろん、Xには本件商標権につき得べかりし利益の喪失による損害も何ら生じていないというべきである。

3　したがって、本件において商標法三八条二項に基づく損害賠償請求が認められないとした原審の判断は、是認することができる。

四　研　究

(一)　先順位の登録商標と著名標章または商号標章の競合

1　原審および最高裁の判示の要約

原審判示は、Y標章のすべてにつき本件商標に類似するとしたうえ、その一部については、商標法二六条一項一号を適用し、本件商標権の禁止的効力は及ばないとし、他の一部については、Yのフランチャイザーである株式会社小僧寿し本部が商標権を有する商標ならびにこれに類似する標章であるから、本件商標権の禁止的効力は及ばないとした。

これに対し最高裁は、一部のY標章を除き原審の商標法二六条一項一号の適用を容認するとともに、一方において、原審が商標法二六条一項一号を適用した標章「小僧寿し」「KOZO SUSHI」等は、その高い識別力を有する著名性よりして全体が不可分一体のものと観念され、需要者において商品の出所を誤認混同するおそれがあると認められず、本件商標「小僧」に類似するものではないとした。

2　先順位の登録商標と著名標章の競合

登録商標間または登録商標と取引市場において通用している標章間の効力は、時期的先後によって、その優先順位が決定せられる。したがって、登録商標が取引市場において通用している標章より以前に登録されている場合には、先順位の登録商標が、原則として優先順位を有する。後順位の標章が、取引市場において如何に大きい通用力を有し、著名であったとしても、先順位の登録商標が優先する。登録商標は、商標権者に登録により許容される営業展開の機会という特有の価値を有しており、商標権者は、この特有の価値のために登録料を納付しているのである。したがって、後順位の通用標章に対して、先順位の登録商標が、その権利を主張し得ないとするならば、登録商標の特有の価値を無視することになる。しかし、先順位の登録商標が、三年間の不使用により取消される状態にある場合（商標法五〇条）、または、失効の原則が適用せられる場合には、上記の先順位の原則は適用せられない。すなわち、商標権者が、相当に長期間にわたって商標権侵害を放置していた場合には、侵害者に対し、その権利を主張し得ないことになる。

(i)　最高裁判決は、Yの「小僧寿し」「KOZO SUSHI」等の標章は、その高い識別力を有する著名性よりして全体が不可分一体のものと観念され、本件商標「小僧」との関係で需要者において商品の出所を誤認混同するおそれがあると認められず、と判示しているが、前者のY標章等を商品寿しに使用する場合には、「小僧」の部分が自他商品識別要素を構成する部分であり、「小僧」と商品寿しとを一体のものとして観念することはできない。尤も、Yの「小僧寿し」の標章が、判示の如く著名である場合には、XがXの販売する商品寿しに「小僧」の商標を使用する場合には、その著名性の故に、Yの販売する商品寿しであると誤認せられるおそれが多分にあるのに反し、Yが販売する商品寿しは、Xが販売する商品寿しであるとは誤認せられるおそれは少ないであろう。しかし、Xの販売する商品寿しが、Yの販売する商品寿しと一般需要者に誤認混同せられるおそれが存在する以上、判示のような誤認混同のおそれを否定することはできない。

なお、この場合、商標権侵害の要件である両標章の同一または類否の判断は、具体的誤認混同の危険の存在を必要とせず、抽象的誤認混同の危険（abstrakte Verwechselungsgefahr）、すなわち、一般需要者による誤認混同を招く可能性の存在のみで足りる点に留意しなければならない。何故ならば、未使用の商標は、具体的誤認混同の危険が存在しないにも拘らず、侵害に対する保護を受け得る点からも明らかである。

以上、Yの標章等が如何に著名性を有していても、後順位のY標章等が、本件商標権に優先することはない。

(ii)　原審および最高裁判決は、本件商標権より後順位のY商標3(1)につき、単に商標権が存在するとの理由から、本件商標権の禁止的効力は、該Y商標の使用には及ばないとしているが、前述のように、登録商標間の効力は、その登録の時期的先後により、その優先順位が決せられるが故に、後順位のY商標は、先順位の本件商標権に対しては何らの権利（抗弁）をも対抗し得ず、上記Y商標の使用が本件商標と（同一または）類似と判断される場合には、本件商標権の禁止的効力がY商標の使用に及ぶことになるのは当然である。

(iii)　失効の原則の適用

ドイツ商標法における失効の原則の適用は、初期の段階においては、ドイツ民法八二六条およびドイツ不正競争防止法一条に規定する「公序良俗違反（Sittenverstoß）」および「故意（bewußte Schädigung)」に、その法的根拠が求められ、商標権者の商標と誤認混同のおそれがある標章を他人が使用しているのを認識しながら、長期間にわたり放置していた商標権者が、突如、蜘蛛のようにその隠れ場所から現われて、その商標権を主張し、著しい努力（巨額の宣伝広告費、誠実な営業努力等）がなければ得られなかったであろう侵害者の使用標章についての取引通用（著名性）を犠牲にし、そのすべてを灰塵に帰せしめるような状況を侵害者に齎らし、または、当該商標権者から不相応の費用で当該商標権を買わざるを得ない状況に侵害者を追い込む場合には、公序良俗違反に該当するとされた。しかし、上記法的根拠は廃棄され、現在では、失効の抗弁は、「許されない権利行使の特別の場合（Sonderfall unzulässiger Rechtsausübung）」に該当するものとされ、その法的根拠を、ドイツ民法二四二条に規定する債務の履行における債務者の信義誠実義務に求めている。したがって、時効または公序良俗違反の要件を具備しない場合にも、権利訴求の遅滞が信義誠実の原則に違反する場合には、当該権利行使は許されないことになる。すなわち、商標権者の権利訴求が余りにも遅きに失し、その間に、侵害者は、侵害者の使用する標章に高い経済的価値を取得しており、商標権者の態度よりして、商標権者が侵害者の当該標章の使用を容認または甘受しているものと侵害者が信ずるに足る状況が存在する場合、したがって、その他の個々の事情をも勘案して、権利訴求の遅滞が信義誠実の原則に違反する場合には、商標権者は、侵害者に対し、その権利侵害を主張することはできない。この許されざる権利行使の抗弁は、先順位の商標権者にも主張し得るとされている。

本件事案によれば、YがY標章の使用を開始した昭和四七年二月当時は、小僧寿しチェーンの店舗数は二七店、売上高は七億四千万円にすぎなかったが、その後急速にその店舗数および売上高を増大させ、XがYにY標章の使用に対する警告をなした昭和五二年には、店舗数は一、二五〇店、売上高は二四五億円に達し、全国的な規模で出店し、昭和五四年から昭和五六年まで外食産業において売上高ランキング第一位を維持するまでに成長し、これと平行して、Y標章の知名度は急速に高められた。

上述の事実関係よりすれば、YがY標章の使用からXがY標章の使用に対する警告をなすに到るまでには、既に五年以上も経過しており、上記警告がなされた時点においては、Yの営業努力と宣伝活動により、Y標章には莫大な経済的価値が蓄積せられており、Yにとり、Y標章の使用を断念することは多大の損害を蒙ることが予想せられ、Xの五年間にわたるYによるY標章の使用に対する黙認的態度により、Xは、Y標章の使用を容認または甘受しているとYが信ずるに足る状況であるが故に、民法一条二項または三項により、失効の原則が適用せらるべき事案ではないかと思料せられる。

3　先順位の登録商標と商号標章の競合（商標法二六条一項一号）

商標権、商号権、氏名権等の識別表示権は、相互に同等の価値を有し、したがって、商標権が、商号権または氏名権に優先することはなく、また逆に、商号権または氏名権が、商標権に優先することもない。これらの識別表示権の間の優先順位は、その権利発生の時期的先後によって決せられるのを原則とする。

しかし、人の氏名は、人間の一般的人格権を具現したものであるが、他面、営業活動において、商標と同様、商品の出所または販売元を表示し、自己の商品と他人の商品を識別するために使用せられることが屡々である。前述のような営業活動の実体、ならびに氏名権が人格権として人の固有の権利であることに鑑み、商標法二六条一項一号は、例外的に、商標法二五条による商標権の効力を、不正競争の目的で使用されないことを条件として、その発生の時期的先後を問わず、氏名権の商標的使用に及ばないものとして、制限した。

商標法二六条一項一号は、「自己の肖像又は自己の氏名若しくは名称若しくは著名な雅号、芸名若しくは筆名……」と規定し、その文言の体裁ならびに前述の本条項の立法趣旨よりして、本条項にいう「名称」とは、「自己」である個人の氏名に関連を有する主体を表現する「名称」であると解さねばならない。したがって、個人の氏名を含む商号または法人名は、当該個人の氏名を、当該商号または法人名中の本質的な部分において、その同一性を認識し得る程度に確認し得る限り、本条の「名称」に該当するものとされ得るが、その他の名称または標章を構成要素とする商号または法人名は、本条の適用を受けないものと解すべきであろう。

原審および最高裁が、個人の氏名と何らの関係も有しない企業グループの名称である「小僧寿し」について、商標法二六条一項一号を適用して、本件商標権の禁止的効力が及ばないとしたのは、本条項の立法趣旨を誤認し、その解釈を誤ったものであると思料せられる。

(二) 使用料相当額の損害賠償請求（商標法三八条二項）

1 原審および最高裁の判示の要約

原審は、「商標法三八条二項は、登録商標に一定の財産的価値があることを前提とする規定と考えられるが、……本件商標は知名度がなく、顧客吸引力は殆んど有しなかったものであって、本件商標権には財産的価値が殆んどなかった。……したがって、本件において商標法三八条二項を適用することはできない。」とし、最高裁判決も、原審の上記判旨を支持し、「……右規定（商標法三八条二項）によれば、商標権者は、損害の発生について主張立証する必要はなく、権利侵害の事実と通常受けるべき金銭の額を主張立証すれば足りるものであるが、侵害者は、損害の発生があり得ないことを抗弁として主張立証して、損害賠償の責めを免れることができるものと解するのが相当である。けだし、商標法三八条二項は、同条一項とともに、不法行為に基づく損害賠償請求において損害に関する被害者の主張立証責任を軽減する趣旨の規定であって、損害の発生していないことが明らかな場合にまで、侵害者に損害賠償義務があるとすることは、不法行為法の基本的枠組みを超えるものというほかなく、同条二項の解釈として採り得ないからである。」と判示した。

2　商標法三八条二項の法理論上の根拠

商標法三八条二項に規定する使用料相当額の請求に関しては、その法理論上の根拠として、(A)損害賠償としての民法上の損害賠償の類型に属し、本規定を、単に損害立証軽減規定にすぎないとする説（原審および最高裁は、この立場を採る）、(B)民法七〇三条の不当利得の類型として把握する説、(C)商標権の有する排他的独占権の侵害に対する制裁的ならびに侵害予防的要素を加味した損害算定方法とする説（ドイツ連邦裁判所の判例および一部有力学説は、この立場を採る）に大別することができる。

前記の何れの説を採るかにより、本件事案の帰結を異にすることになるので、以下ドイツ連邦共和国の学説・判例を参酌しつつ、本問題を検討することとする。

3　商標の経済的価値についての特殊性
　　――特許および著作物との比較において――

原審および最高裁は、商標の経済的価値に関し、「特許権や実用新案権が、創作的な発明や考案に係るものでそれ自体財産的価値を有するのに対して、商標権は、文字や図形を組み合わせた商標そのものに財産的価値があるのではなく、業務上の信用が付着することによって初めて財産的価値を取得するものである。」「商標権は、商標の出所識別機能を通じて商標権者の業務上の信用を保護するとともに、商品の流通秩序を維持することにより一般需要者の保護を図ることにその本質があり、特許権や実用新案権等のようにそれ自体が財産的価値を有するものではない。……当該登録商標に顧客吸引力が全く認められず、登録商標に類似する標章を使用することが第三者の商品の売上げに全く寄与していないことが明らかなときは、得べかりし利益としての実施料相当額の損害も生じていないというべきである。」と判示しているが、これと略々同様の見解が、ドイツ連邦共和国の学説（ヘーファーメール（Hefermehl）記念論文集一九七一年一二三頁掲載のクロワチゥ（Kroitzsch）「不使用商標または十全な使用のない商標の侵害における損害賠償」）に存在するので、次に引用する。

「特許は、排他的独占権が存在するのみではなく、技術的に利用価値がある発明の保護を目的として付与される。したがって、特許権の侵害者は、他人の特許権を侵害することにより、同時に、その経済的価値自体をも利用する結果になることは必定である。これに対し、全く使用されていないか、または、十全に使用されていない商標は、通常、経済的に無価値である。」

「無名の商標は、販売を促進する宣伝力を有せず、したがって、通常、使用許諾の対象となることはない。合理性を追求する営業主体は、使用されていないために、または、周知性がないために、出所表示機能を有しない商標に対し、使用料を支払うことはない。」

「著作権法により保護せられている著作物ならびに特許発明は、それ自体、独自に経済的に使用せられ、それ故、著作権者ならびに特許権者にとり実質的な価値を構成する。すなわち、著作権および特許権は、精神的財産として、直接その使用に供したり、権利者の利益のためにでき得る限り有効に利用することができ、したがって、権利者は、任意に全部的または部分的利用を他人に提供することができる。これに対し、商標権は、法的には絶対権（absolutes Recht）として、他人による当該商標、または、これと類似の標章の使用を排除することができるが、著作物または発明と異なり、当該標章を付した商品は、商標を化体したものではなく、商標自体は、単に標示手段にすぎない。また、著作物および特許の法的存立は、不使用により取消されることがないのに対し、商標は、不使用により取消される。」

4　商標の経済的価値の観点からする**2**に掲記の(A)ないし(C)説についての考察

次に、前述**3**の商標の経済的価値についての特殊性の観点から、**2**に掲記した各説について考察する。

(A)　説　　商標法三八条二項の規定を、民法上の損害賠償の類型に属するものとするが故に、商標の経済的価値の特殊性よりして、商標権の侵害があっても損害の発生がない以上、損害賠償請求権が存在しないのは当然の帰結である。

(B)説　排他的独占権を有する商標権者は、他人の侵害に対し、この排他的独占権に対応する利得権的保護を有し、それ故、他人の商標を使用する者は、相応の商標使用料を支払わなければならない。何故なれば、侵害者は、商標使用料相当額の支払なくしては当該商標を使用し得るに到らなかったであろうが故に、当該商標の使用により利得したものと見做されるからである。この説は、侵害者が受ける利得（価値）は、排他的独占権（禁止権）の不行使に対する代償であるとするものであり、損害発生の有無に関係なく、商標権の侵害があれば、常に、商標権者は、使用料相当額の不当利得請求権を有することになる。これに対し、クロワチゥ（Kroitzsch）は、前掲論文において、侵害者が受ける利得は、禁止権の不行使に対する代償ではなく、当該商標の宣伝価値の利用においてのみ生じ得るのであり、当該商標に宣伝価値が存在する場合に初めて、侵害者は利得したことになるのであり、この場合にのみ、使用料相当額の支払がなされることによって、その補償がなされなければならないとし、全く使用されていないか、または、十全には使用されていないか、あるいは、僅かな範囲でのみ使用されているにすぎない商標については、使用料相当額の不当利得請求権は容認され得ない、としている。

(C)説　民法の一般的損害賠償法による喪失利益を含む現実に生じた損害の賠償は、知的財産権に対する侵害と喪失利益との因果関係の存在についての立証を必要とし、通常の事案においては、権利侵害の結果としての具体的な販売高の損害の立証は、非常な困難を伴い、この具体的損害算定方式（konkrete Schadensberechnung）は、知的財産権法の分野においては、徒労に帰し、一般的損害賠償理論の観点からすれば、侵害者は何らの制裁をも受けないことになる。また、知的財産権の保障する排他的独占権の侵害が容易に行われ得ること、侵害解明に際しての困難性等の理由が、被侵害者に対する特別の保護の必要性を生ずることになり、被侵害者に対し、抽象的損害算定方式（abstrakte Schadensberechnung）である使用（実施）料相当額の損害算定方式を正当化する根拠となるのである。したがって、この損害算定方式においては、民法上の一般的損害賠償法における損害補償思想は、背後に大きく後退し、制裁目的および侵害予防機能を持つ損害算定方式である使用（実施）料相当額の損害算定方式が、前面に適用せられることになるとする。

この使用（実施）料相当額の方式による損害額算定の根本理念は、商標権の侵害者は、商標権者が有する排他的独占権を主張される立場におかれており、この排他的独占権の行使に対して、契約による使用の容認を得るためには、通常、商標権者にその使用の対価を支払わなければならないことになる。したがって、最早、侵害から後戻りをすることが許されない侵害者は、この権利侵害を受容し、この侵害に対し、通常支払わるべき使用（実施）料相当額の損害を支払うべきであるとするにある。換言すれば、他人の排他的独占権の違法な侵害者は、爾前の契約において権利者により付与される使用（実施）許諾の場合における良心的な使用（実施）権者の立場——この場合には、使用（実施）権者は、使用（実施）許諾者である権利者に使用（実施）料を支払う義務が発生する——より、有利な立場におかるべきではないという考慮、すなわち、権利侵害は報わるべきではないという考慮に基づくものであり、その制裁的性格上、その損害額自体の算定も、侵害者が爾前に合法的に使用（実施）許諾契約が締結された場合を想定して算出する必要はなく、侵害の予防および制裁の観点から、一般的損害賠償法上の補償思想（Ausgleichsgedanken）を超えて、規範的（normativ）に決定せらるべきであるとする。

以上よりして、この説においては、被侵害者である商標権者に損害が生じたか否かは、問題とされず、商標権の侵害があれば、侵害者は常に、使用料相当額を支払わなければならないことになる。

5　私　見

(1)　ドイツ連邦共和国における知的財産権法における三種の損害算定方法、すなわち、(i)民法上の一般的損害賠償法による喪失利益を含む現実に生じた損害賠償の請求（ドイツ民法二四九条、二五二条）、(ii)使用（実施）料相当額の損害請求、(iii)侵害者の得た利益の返還請求は、(i)を除き、法文上の根拠はなく、判例の蓄積による司法上の慣習法として定着した知的財産権法の分野における特別の損害算定方法であるのに対し、わが国の知的財産権法においては、商標法三八条、特許法一〇二条、実用新案法二九条、意匠法三九条、著作権法一一四条、不正競争防止法五条にそれぞれ、これに対応する明文の規定を設けているが故に、本件事案の検討についても、その法条の文言の解釈に基づいてなされなければならない。

(2)　商標法三八条は、その一項に、前記(1)(iii)の侵害者の得た利益の返還に該当する条項として、

「I……その者がその侵害の行為により利益を受けているときは、その利益の額は、商標権者……が受けた損害の額と推定する。」

と規定し、また、その二項および三項に、前記(1)(ii)の使用（実施）料相当額の損害請求に該当する条項として、

「II……侵害した者に対し、その登録商標の使用に対し通常受けるべき金銭の額に相当する額の金銭を、自己が受けた損害の額としてその賠償を請求することができる。」

「III……IIに規定する金額をこえる損害の賠償の請求を妨げない。……侵害した者に故意又は重大な過失がなかったときは、裁判所は、損害の賠償の額を定めるについて、これを参酌することができる。」

と規定している。

前述の文言の体裁を検討するに、同条二項の使用料相当額の損害請求文言においては、同条一項の立証軽減文言である損害推定文言が外され、これに代え、「自己が受けた損害の額として」、すなわち、損害の額の確定につき反証を許さない確定的表現が用いられており、さらに、同条三項には、同条二項に規定の金額すなわち使用料相当額をこえる金額の請求を容認するとともに、この金額は、侵害者の主観的帰責要件である故意、重過失、過失の程度に応じて、裁判所の裁量により定め得る

ことになっている。

前述の使用料相当額以上の額を責任の軽重に応じて増減し得ることは、単なる一般的損害賠償法の補償思想の枠を越えた後述の契約法上の違約罰的制裁の色彩が濃厚な規定であると解され、本規定は、前記**4**(C)説のドイツ連邦裁判所の判例と同様の立法基盤に立つものと理解せられる。すなわち、同規定は、侵害者と権利者との間の使用許諾契約の締結を擬制し、この契約より生ずる使用料支払義務を侵害者に課するものであり、法の意図は、侵害者に爾前に合法的に使用許諾契約の締結を迫り、これを無視して敢えて侵害行為をなした場合には、違約罰的制裁として、その責任の程度に応じて、使用料相当額以上の額の支払を命じ得るとされるのである。

以上よりして、本規定は、民法上の一般的損害賠償法の補償思想とは異なる契約法上の立法基盤を根底に有するものと解され、不法行為の要件である損害の発生は、最早、問題とされないと解すべきであろう。

〔参考文献〕 本文中に掲記したもの以外に、左記文献を参照した。

Fezer, Markenrecht, 1997.

Baumbach/Hefermehl, Wettbewerbsrecht, 1995.

Baumbach/Hefermehl, Warenzeichenrecht, 1985.

商標目録

小
僧

標章目録１

(1) 小僧寿し
(2) 小僧寿し
(3) 小僧寿し
(4) 小僧寿し
(5) し寿僧小

(9) 小僧寿し
(8) 小僧寿し
(7) 小僧寿し
(6) 小僧寿し

標章目録２

(1) KOZO
(2) KOZO SUSHI
(3) KOZO
(4) KOZOSUSI
(5) KOZO ZUSHI

標章目録３

(1)

(2)

(3)

(4)

(5)

(6)

VI　不正競争防止法二条一項の周知表示混同惹起行為と著名表示冒用行為の関係

シャネル飲食店事件

最高裁平成一〇年九月一〇日判決、平成七年(オ)第六三七号不正競争行為禁止請求、損害賠償請求事件

判例タイムズ九八六号一八一頁

一 事案の概要

原告Xは、「シャネル」の表示が付された高級婦人服、香水、化粧品、ハンドバック、靴、アクセサリー、時計等の製品の製造販売等を目的とする企業により構成される企業グループ（以下「シャネル・グループ」という）に属し、「シャネル」の表示等につきシャネル・グループの商標権等の知的財産権を有し、その管理を行うスイス法人であるが、このシャネル・グループは、いわゆるパリ・オートクチュールの老舗として世界的に知られ、シャネル・グループに属する世界各地のシャネル右製品の製造販売会社の営業表示である「シャネル」の表示は、昭和二九年に来日したアメリカの女優マリリン・モンローの言動から香水「シャネル五番」の商品が一躍有名になり、我が国においても、昭和三〇年代の初めころには周知となり、シャネル製品は、一般消費者に高級品のイメージを持たれるものとなっている。なお、シャネル・グループの属するファッション関連業界の企業は、飲食業にも進出するなど、その経営が多角化する傾向にある。

他方、被告Yは、昭和五九年一二月、千葉県松戸市内の小さな飲食店が密集する古びた建物の二階部分の面積約三二平方メートルの賃借店舗において、「スナックシャネル」の営業表示を使用し、サインボードにこれを表示して飲食店を開店した。同店は、Yの外に従業員一名及びアルバイト一名が業務に従事し、カラオケ設備を設けて一日数組の客に対し酒類と軽食を提供しており、昭和六一年から平成四年までの年間平均売上高は約八七〇万円程度であった。Yは、本件訴訟が提起された後である平成五年七月、右飲食店に使用していたサインボード四枚のうち一枚の表示を「スナックシャレル」に変更したが、残り三枚のサインボードについては、現在でも「スナックシャネル」の表示を使用している（以下、この二つの表示を「Y営業表示」という。）。

右事実関係にもとづき、XはYに対し、ファッション関連業界を始めとして経営が多角化する傾向にあること、及びシャネル営業表示の周知性の高さを考慮すると、シャネル営業表示と類似するY営業表示を営業上の表示として使用するYの行為は、一般消費者に対し、YがXを含むシャネル社と業務上、経済上あるいは組織上何らかの関係を有するものと誤認させ、Xの営業上の施設又は活動と混同を生じさせるおそれが大であるとし、さらに、YによるY営業表示の使用行為は、シャネル社の高級なイメージを害すると同時に信頼を毀損し、シャネル社がその努力により獲得したシャネル営業表示の顧客吸引力を侵害するものであって、シャネル営業表示の持つ広告宣伝機能を希薄にすると同時に、その知的財産権としての価値を減少させるものである、と主張して、旧不正競争防止法（平成五法四七号による改正前のもの。以下、これを「旧法」といい、右改正後のものを「新法」という。）一条一項二号の規定により、その営業上の施設又は活動に「シャネル」または「シャレル」その他「シャネル」に類似する表示の使用禁止を求めるとともに、旧法一条の二第一項又は民法七〇九条の規定にもとづき、損害賠償の請求をなした。

第一審（千葉地方松戸支判平成六年一月二六日平成四年（ワ）第六七三号）は、シャネル営業表示とY営業表示とは、一般消費者が類似のものとして受け取るおそれがあると認定した上、旧不正競争防止法一条一項二号にいわゆる「混同ヲ生ゼシムル行為」には、周知の他人の営業表示と同一又は類似のものを使用する者が、自己と右他人とを同一の営業主体と誤認させる行為のみならず、自己と右他人との間に同一の事業を営むグループに属する関係が存するものと誤信させる行為をも包含し、混同を生ぜしめる行為というためには両者間に競争関係があることを要しない、とする最高裁判決（最判昭和五九年五月二九日、民集三八巻七号九二〇頁）を引用して、現在、ファッション関連業界を始めとする各企業の経営の多角化は社会的な趨勢であること、及びシャネル営業表示の周知性の高さやＸとＹの営業表示の近似性等の諸事情を考慮すると、一般消費者が、Ｘを含むシャネル社とＹが、業務上、経済上あるいは組織上何らかの関係を有するものと誤認・混同するおそれがあり、Ｙの行為は、Ｘの営業上の施設又は活動と混同を生じさせる行為に当たるものと判示し、ＸのＹに対するＹ営業表示の使用禁止請求及び信用毀損による損害賠償請求を認容し、通常使用料相当額の損害賠償請求を棄却した。

これに対し、控訴審（東京高判平成六年九月二九日）は、第一審判決と同様、Ｙ営業表示はシャネル営業表示に類似していると認定した上、第一審判決において引用された前記最高裁判決と同趣旨の最高裁判決（最判昭和五八年一〇月七日、民集三七巻八号一〇八二頁。同昭和五九年五月二九日、民集三八巻七号九二〇頁）を引用の上、その反面解釈として、他人の周知の営業表示と同一又は類似のものを使用する者とその他人の業務の種類、内容及び規模等からして、一般消費者に対し、両者の間に、業務上、経済上あるいは組織上何らかの関係を有するものと誤認させるような関係がないならば、他人の周知の営業表示の使用は、右「混同を生ぜしめる行為」には当たらないと判示し、Yの業務の種類、内容及び規模を、Yは、昭和四二年に離婚し、パートタイマーとして働きながら子育てをしたのち、昭和五九年一二月に肩書住所地の小さな飲食店が密集する古びた建物の二階部分に店舗を賃借して（賃料月額一二万三、六〇〇円）、飲食店「スナックシャネル」を開店したこと、開店資金は約三〇〇万円を親戚から借財して賄ったこと、店舗の面積は約三二平方メートルであること、同店は、一日に数組の客に対し酒類と軽食を供し、カラオケ設備を設けていること、同店には、Yのほか、従業員一名とアルバイト一名が従事していること、同店の昭和六一年から平成四年までの一年間の平均売上高は約八七〇万円程度であることの各事実を認定の上、右認定のYの営業の種類、内容及び規模等に照らすと、YがY営業表示を使用することにより、Yが、パリ・オートクチュールの老舗として世界的に知られ、高級婦人服を始めとして、高級品のイメージが持たれている商品を取り扱うシャネル社と業務上、経済上あるいは組織上何らかの関係を有するものと一般消費者において誤認するおそれがあるとは到底認め難く、したがって、YのY営業表示の使用が、シャネル社の営業上の施設又は活動と混同を生ぜしめる行為に当たるものと認めることはできない、としてXの請求をすべて棄却した。

なお、同判決は、傍論として、シャネル営業表示のような著名な営業表示と同一又は類似の営業表示を使用しているにもかかわらず、「混同を生ぜしめる行為」には当たらないとして不正競争行為の責任を問い得ないとすると、他人の著名な営業表示の有する信用や経済的価値を自己の営業に無断で利用することや、他人の著名な営業表示を利用することによって、その著名な営業表示の品質保証機能、宣伝広告機能、顧客吸引力を稀釈化することを禁止することができず、著名な営業表示を有する者の保護に欠ける場合が生ずることは否定できないが、旧法一条一項二号が「混同ヲ生ゼシムル行為」を要件として規定している以上、同条項の解釈としてはやむを得ないこといわざるを得ない、と判示している。

また、Xの民法七〇九条の要件事実の主張に対する法条の適用については、YのY営業表示の使用は、旧法一条一項二号に該当する行為ということができず、右行為の存在を前提とする民法七〇九条の主張も理由がないから、その余の点について検討するまでもなく、Xの請求はいずれも理由がない、と判示した。

これに対し、Xは、概ね次のような理由を述べて上告した。

㈠　不正競争防止法の「混同」概念が、多くの裁判例により、時代の要請とともに拡大せられ、著名表示のただ乗り、稀釈化行為をできる限り規制の対象に取り込む法技術として、既に定着しており、原判決は、裁判所がこれまで行ってきた不正競争防止法の解釈と大きく矛盾するものであり、きわめて不当である。

㈡　シャネル営業表示の不正使用者は、シャネル社が多大な労力や費用を費やして獲得し維持するシャネル営業表示の著名性、信用及び高級なイメージ、及びそれらにより得られるシャネル営業表示の顧客吸引力や広告宣伝機能を何らの対価を支払うことなく不正に利用して利得するのみならず、シャネル営業表示を、シャネル社に無断でシャネル社の名声やイメージに合致しない営業に用いることにより、シャネル営業表示の良質なイメージを汚染し、かつ、シャネル社とシャネル営業表示との結び付きを薄め、シャネル営業表示の顧客吸引力及び広告宣伝機能を稀釈化し、シャネル営業表示の持つ営業表示としての機能及び価値を損なうものである。他方、民法七〇九条にいう不法行為の成立要件としての権利侵害は、必ずしも法律上の明定された具体的権利の侵害であることを要せず、法的保護に値する利益の侵害をもって足りるものである。そして、シャネル社が、長年にわたり多額の費用と不断の努力によってシャネル営業表示の著名性や高級なイメージを築き上げた結果、シャネル営業表示は、個別具体の営業を離れた独自の顧客吸引力を有し、それ自体として一定の財産的価値を有するに至っている。かかるシャネル営業表示の財産価値を利用し、シャネル営業表示がシャネル社の営業を識別する力や顧客吸引力を侵害し、さらに、シャネル営業表示の持つ高級なイメージを汚染するYの行為は、公正かつ自由な競争原理によって成り立つ取引会社において、著しく不公正な手段を用いて法的保護に値するXの利益を侵害するものとして、不法行為を構成する。然るに、原判決は、不正競争防止法に関する判断をしたのみで、判決書第二「主張」、一「請求の原因」8においてXが民法七〇九条による主張をしていることを認定しつつも、右主張には全く判断を示すことなく、Xの控訴を棄却している違反がある。

二　判　旨

原判決一部破棄、一部原審差戻、附帯控訴棄却、旧不正競争防止法一条一項二号に規定する「混同ヲ生ゼシムル行為」とは、他人の周知の営業表示と同一又は類似のものを使用する者が自己と右他人とを同一営業主体として誤信させる行為のみならず、両者間にいわゆる親会社、子会社の関係や系列関係などの緊密な営業上の関係又は同一の表示の商品化事業を営むグループに属する関係が存すると誤信させる行為（以下「広義の混同惹起行為」という。）をも包含し、混同を生じさせる行為というためには両者間に競争関係があることを要しないと解すべきことは、当審の判例とするところである（最高裁昭和五八年一〇月七日第二小法廷判決・民集三七巻八号一〇八二頁、最高裁昭和五九年五月二九日第三小法廷判決・民集三八巻七号九二〇頁）。

本件は、新法附則二条により新法二条一項一号、三条一項、四条が適用されるべきものであるが、新法二条一項一号に規定する「混同を生じさせる行為」は、右判例が旧法一条一項二号の「混同ヲ生ゼシムル行為」について判示するのと同様、広義の混同惹起行為をも包含するものと解するのが相当である。けだし、㈠　旧法一条一項二号の規定と新法二条一項一号の規定は、いずれも他人の周知の営業表示と同一又は類似の営業表示が無断で使用されることにより周知の営業表示を使用する他人の利益が不当に害されることを防止するという点において、その趣旨を同じくする規定であり、㈡　右判例は、企業経営の多角化、同一の表示の商品化事業により結束する企業グループの形成、有名ブランドの成立等、企業を取り巻く経済、社会環境の変化に応じて、周知の営業表示を使用する者の正当な利益を保護するためには、広義の混同惹起行為をも禁止することが必要であるというものであると解されるところ、このような周知の営業表示を保護する必要性は、新法の下においても変わりなく、

㈢ 新たに設けられた新法二条一項二号の規定は、他人の著名な営業表示の保護を旧法よりも徹底しようとするもので、この規定が新設されたからといって、周知の営業表示が保護されるべき場合を限定的に解すべき理由とはならないからである。

これを本件についてみると、被上告人の営業の内容は、その種類、規模等において現にシャネル・グループの営む営業とは異なるものの、「シャネル」の表示の周知性が極めて高いこと、シャネル・グループの属するファッション関連業界の企業においてもその経営が多角化する傾向にあること等、本件事実関係の下においては、被上告人営業表示の使用により、一般の消費者が、被上告人とシャネル・グループの企業との間に緊密な営業上の関係又は同一の商品化事業を営むグループに属する関係が存すると誤信するおそれがあるものということができる。したがって、被上告人が上告人の営業表示である「シャネル」と類似する被上告人営業表示を使用する行為は、新法二条一項一号に規定する「混同を生じさせる行為」に当たり、上告人の営業上の利益を侵害するものというべきである。

三　研究

新不正競争防止法（平成五年五月一九日公布法律第四七号）の起草を担当した産業構造審議会知的財産政策部会は、同法の改正理由として、「現代の情報化社会において様々なメディアを通じ商品表示や営業表示が広められ、そのブランドイメージが極めて知られるものとなると、それが持つ独自のブランドイメージが顧客吸引力を有し、個別の商品や営業を離れた独自の財産的価値を持つに至る場合がある。このような著名表示を冒用する行為によって、たとえ混同が生じない場合であっても、冒用者は自らが本来行うべき営業上の努力を払うことなく、著名表示の有している顧客吸引力に『ただ乗り（free ride）』することができる一方で、永年の営業上の努力により高い信用・名声・評判を有するに至った著名表示とそれを本来使用してきた者との結び付きが薄められ、表示の持つ良いイメージが損なわれて『稀釈化（dilution）』することになる。判例は、このような著名表示の冒用行為に対し、現実には混同が生じているとは考えられないような事案に対して混同を認定することで規制を図ってきている。かかる判例の結論は、具体的事案の解決としては妥当なものと評価されているが、混同を認定した点は理論上問題視されており、解釈論の限界を超えているのではないかと指摘されている。むしろ端的に、著名表示の冒用行為については、混同を要件としない新たな不正競争行為類型として位置づけることが適切である。」とし（「政策部会報告」六頁）、これが平成五年改正に結びついたものである、とされている（山本庸幸・要説不正競争防止法〈第二版〉九七頁）。

本件事案は、正に、旧不正競争防止法一条一項二号（新法二条一項一号）に規定する周知営業表示等についての「混同」概念の解釈について、控訴審判決は、その解釈の限界を維持し、他方、上告審判決は、その解釈の限界を超えた好適例であると思われる。右報告書も指摘している如く、わが国の判例は周知営業表示等特に著名営業表示等の保護につき、「混同」概念を拡張することのみにより、その具体的妥当性を追求してきたのであり——一部判決には、「ただ乗り（free ride）」および「稀釈化（dilution）」について言及しているが、これらは右「混同」概念拡張の手法として述べるに止まり、独自の法理論としては構成されていない——、これと対照的に、ドイツ連邦裁判所の判例においては、「稀釈化からの保護（Schutz vor Verwässerung）」および「（営業）声価悪用からの保護（Schutz Vor Rufausbeutung）」として独自の法理論を構成し、この法理により周知営業表示等ないし著名営業表示等の保護に対処したため、わが国判例のような不自然な法解釈を回避し得たのである。

右のような「混同」概念の拡張による不自然な法解釈は、新法二条一項二号（著名表示冒用行為）の新設により解消せられたため、本件事案についての詳しい論評は、後述の程度に止めることとし、(1)右新法二条一項二号の立法基盤であると思料せられる著名営業表示等の「稀釈化」および新法二条一項一号の周知営業表示等の「ただ乗り」に関する右ドイツ連邦裁判所における判例理論の推移について考察し、また、(2)新法二条一項二号（著名表示冒用行為）の新設による旧法一条一項二号と同趣旨の新法二条一項一号（周知表示混同惹起行為）との関係等につき検討することとする。

㈠　ドイツ連邦裁判所における判例理論の推移

1　「稀釈化からの保護」（Schutz vor Verwässerung）

稀釈化からの著名営業表示等の保護につき、ドイツ連邦裁判所の判例は、当初、その法的根拠を、ドイツ不正競争防止法一条の一般条項に関する規定、すなわち、「営業活動において、競争の目的をもって、良俗（guten Sitten）に違反する行為を行う者は、その行為の差止めおよび損害賠償を請求せられる」との条項に求めた。しかし、この条項の適用は、著名営業表示等の権利者と侵害者との間の競業関係を前提とするが、このような関係は大多数の事案においては欠如しているため、判例は、著名営業表示等を、営業主体の有する財産的価値の構成要素として把握し、その稀釈化の危険に対し、これを企業権ないし営業権に対する違法な侵害と見做し、ドイツ民法八二三条一項の規定、すなわち、「故意または過失により、他人の生命・身体・健康・自由・所有物またはその他の権利を違法に侵害した者は、これにより生じた損害を賠償しなければならない」との条項およびドイツ民法一〇〇四条の規定、すなわち、「所有権が占有の侵奪または留保以外の方法により侵害せられた場合には、所有者は、侵害者に対し侵害の除去を請求することができる。引き続き侵害の虞れがある場合には、その差止を請求することができる」との条項を適用するに至り、この法理は、過去数一〇年間にわたる裁判例の蓄積により定着するに至ったが、一九九五年一〇月二五日制定の改正「標章法」一四条二項三号、一五条三項に周知標章表示および周知営業表示保護の条項が新設せられたことにより、実務上、その意味の大半は失われることになるが、同二条の条項により、右法理の適用が競合的になされることもあり得る旨規定している。

前述のように、著名営業表示等の民法不法行為法による保護は、標章法（商標法）ないし不正競争防止法による商品の出所または営業主体の同一性識別手段としての表示の保護に関するものではなく、当該営業表示等の有する顕著な周知性および後述の市場通用性についての唯一存在性に基づく企業権ないし営業権に内包する固有の価値に関するものである。すなわち、その保護の対象は、商品または営業の識別名称としての表示ではなく、営業の有する財産権的な構成要素としての表示である。著名営業表示等の稀釈化からの保護の目的は、財産的価値を有するものとしての著名営業表示等の宣伝広告価値を、侵害者による毀損から保護することにある。したがって、右保護が与えられるためには、当該営業表示等の著名性が、保護を要するとされる商品分野または営業分野に、広く及んでいる（ausstrahlen）のでなければならない[1]。

次に、著名営業表示等の保護要件として次の点が挙げられる。(a) 著名営業表示等であるためには、「顕著な通用性（Überragende Verkehrsgeltung）」、すなわち、その識別力のおいて最高度（höchstmöglicher Grad）の通用性を有するものでなければならず、さらに、当該営業表示等の属する流通圏内で強度な通用性を有するのみでは不十分であり、当該流通圏内の顧客範囲を超えて、当該企業または営業および商品の表示としての一般的周知性を有するものでなければならない。ドイツ・ライヒ裁判所当時の判例では、世界標章であるバイエル薬品会社の十字標章にのみ、稀釈化からの危険に対する保護を認めたが、学説は、世界標章であることを要せず、ドイツ国内での著名性で足りるとしている。また、最近のマスメディアの発達、並びに、市場調査およびアンケート調査の結果、著名営業表示等の保護に必要な「顕著な通用性」である著名性の限界は、その知名度が全流通人口の八〇％を超える場合に初めて達せられるとしている。これに該当するものとして、「4711」・「Bayer-Kreuz」・「Mercedes-Stern」・「Coca-Cola」・「Mon chérie」・「Leica」・「Kodak」等が挙げられる。(b)「顕著な通用性」以外の要件として、営業表示等の「唯一存在性（Alleinstellung-Einmaligkeit）」の要件を必要とする。すなわち、当該営業表示等と同一または類似の営業表示等が、他の営業分野で使用せられていないこと、したがって、当該営業表示等が使用せられている営業分野と異なる営業分野で使用せられている場合には、当該営業表示等の有する顕著な通用性が特定の商品分野または特定の営業分野に限定せられることになるため、稀釈化の危険は存在しない。しかし、この要件は過大視されてはならない。すなわち、国内において、当該営業表示等と同一または類似の営業表示等が、特殊の商品分野または特殊の営業分野においても全く使用されていないことまでも要求されてはならない。むしろ問題とされるべき点は、一般公衆ないし一般需要者の意識として、当該営業表示等が最高度に周知であり、かつ、当該営業表示等が特定企業または営業主体に属するものであり、かつ、その商品であると観念されるか否か、すなわち、営業表示等の著名性が、保護を必要とされる営業分野または商品分野での一般公衆または一般需要者の意識に拡散的影響力（Ausstrahlungswirkung）を及ぼしているか否かの点が重要である。(c) 稀釈化の危険に対する他の保護要件は、当該営業表示等が一定の特異性（Eigenart）を有することである。表示自体に特異性がなく営業上屢々用いられる表示に近い名称である場合には、その表示が他の営業分野または商品分野に使用されておらず、したがって、前記営業表示等の「唯一存在性」の要件を充足していても、営業表示等自体の特異性を欠くことになる。(d) さらに著名営業表示等の他の保護要件として、当該営業表示等に、一般公衆ないし一般需要者による特別の価値評価(Wertschätzung) が存在しなければならない。この価値評価は、客観的に当該商品の優れた品質に基いて実際上も正当であることを要せず、等級・年数、技術力・企業の規模・伝統等についての一般大衆ないし一般需要者の意識における一般的価値評価で足りる。(e) なお、上述の「顕著な通用性」・「唯一存在性」・「特異性」・「価値評価」の各保護要件の間には、相互補完関係が存在し、具体的事案において、商品について特に高い良品質イメージに基づく「価値評価」が存在する場合には、十全な「唯一存在性」の要件を充足しない場合においても、前者により後者を調整的に補完することができる。

なお、前記ドイツ民法八二三条一項の不法行為に基づく侵害について差止請求が認められるか否かについては、解釈上同条項の「……その他の権利」に知的財産権が含まれることになり、知的財産権の有する排他的独占権につき、判例上一般的に差止請求権が容認せられている。

2　「ただ乗り」すなわち「(営業) 声価悪用」からの保護 (Schutz vor Rufausbeutung)

ドイツ連邦共和国の法制において、標章のもつ「(営業) 声価の悪用」から当該標章を不正競争法により保護しなければならない必要性は、その原因を、ドイツ商標法の二つの適用制限に求められる。

その一つは、商標法による商標保護が、登録商標の指定商品の範囲に制限される点である。すなわち、不正競争法が商標法の要件とする指定商品の範囲を超えて当該標章を保護することがなければ、登録商標の指定商品の範囲外においては、何人も自由に出所表示として当該標章を使用し得ることになるからである。他の理由は、商標権侵害成立の要件として、商標の「商標的使用」の要件が必要とされる点である。そのため、不正競争法が商標法の出所表示保護の範囲を超えて当該標章を保護することがなければ、出所表示の範囲外においては、何人も自由に当該標章を宣伝・広告等のために利用し得ることになるからである。

営業主体の（営業）声価とは、商品またはサービスの購入意思決定に影響を及ぼす一般需要者の意識ないしイメージであり、この営業主体についてのイメージは、当該商品等の市場流通によって形成されるのみならず、一般需要者が当該商品について懐く特別の価値意識または良品質イメージ――この良品質イメージは、標章の高い知名度・標章自体の特異性・販売商品の種類・外観上の価値等により左右せられる――によっても形成され、これらのイメージは、同一または類似の表示（例えば、商号・標章・その他の営業表示・広告等）を付して販売される他の商品にも伝達されることになる。

（営業）声価の悪用は、次のような行為類型により行われる。(a)一般需要者を欺罔により誤認混同に陥らしめる行為。一般需要者が、ある商品について、特定の出所のものであるとの観念または良品質のものであるとのイメージを懐いている場合には、その商品自体を模倣することにより、または、その表示を模倣することにより、一般需要者をその営業上の出所につき誤認混同せしめることになり、この出所の誤認混同により、商品の取り違え、または、商品の良品質イメージが元の商品から模倣商品へ伝達され、これにより、当該商品の製造業者およびその製品の営業上の良い声価が利用されることになる。(2) この他人の商品または表示の声価悪用は、出所の誤認混同が模倣者により回避され得る場合にのみ、違法な不正競争行為となる。すなわち、商号・標章・その他の営業表示の選択に際し、誤認混同の危険を回避し得るのであり、同じ名称の場合においても、何らかの付加により、この危険を軽減し得るのである。(b) 他人の声価に依存する行為。他人の良い声価を自己の営業上の目的のために利用するため、正当の理由なくして、自己の製品を他人の商品またはサービスと関連づける行為をなす場合には、「自己の商品を推奨するための声価の違法な競争的悪用」行為を構成する。この場合には、一般需要者の出所の誤認混同は生じないが、競業商品への依存行為によって、当該競業商品の宣伝広告効果の低下を招き、その良い声価も同時に毀損せられることになる。これに該当する事案として、競業商品との品質・価格等の比較広告等の形態で行われることがある。

ドイツ不正競争防止法一条の一般条項による違法な声価の悪用は、具体的競争関係の存在を要件とするが、最近の判例は、この関係を拡大し、同一または類似の商品分野の範囲外の商品についても、違法な声価の悪用が認められる場合があるとしている。この判例の事案においては、商品の知名度は四〇％であり、著名標章による保護は認められない事案であった。

前掲控訴審判決は、Xの民法七〇九条の不法行為の主張についての判断をしているが、その判旨は、旧不正競争防止法一条一項二号に該当する行為の存在を前提としており、また、最高裁判決は、前掲Xの上告理由において、民法七〇九条による「稀釈化」の理論的根拠およびその要件事実を詳細に論じているにも拘らず、これを採用せず、従来の判例を踏襲して、「混同」概念の拡張解釈によりXの主張を認容している。

民法七〇九条の適用による「稀釈化」理論を認める場合には、不法行為による権利侵害において差止請求権が認められ得るか否かの問題が生ずるが、侵害「権利」に無体財産権を含むとする拡張解釈および前掲ドイツ民法一〇〇四条に対応する民法一九八条（占有保持の訴え）および同一九九条（占有保全の訴え）を類推適用することにより、肯定的に解釈し得るのではないかと思科せられる。

四　小　括――本件事案についての考察(1)

㈠　新法二条一項二号（著名表示冒用行為）と新法二条一項一号（周知表示混同惹起行為）との関係

1　摸倣自由の原則

知的財産権保護の根底には、模倣自由の原則（Grundsatz der Nachahmungsfreiheit）が支配する。すなわち、知的財産権法の保護規定の枠外においては、一般公衆の利益のために、何人も自由に知的財産または産業上の成果を模倣ないし利用することができ、その営利活動に制限を加えられることはない。右のような知的財産権法の有する模倣自由の原則に対する例外的特別法としての性格上、不正競争防止法または商標法の各条項の解釈に際しても、右原則が斟酌されなければならない。

前述のように、ドイツ不正競争防止法においては、不正競争に該当する行為を一般条項の解釈に委ねているのに対し、わが国の不正競争防止法においては、個々の行為類型として制限的に列挙しているため、前記模倣自由の原則は、前者においては一般条項の枠外のみにおいて働くのに対し、後者においては個々の定型的行為類型毎に働くが故に、右各定型的行為類型の解釈におけるその限定が重要となり、また、特に類似定型的行為類型間の限界が問題となる。

2　新法二条一項二号（著名表示冒用行為）

本条項の行為類型においては、「著名性」の要件が、その保護範囲を限界づける特徴であるが、わが国の学説としては、「著名表示が使用されている業界人でなく、異業種の業界人でも、通常の注意を払っておればその著名表示に気付き、抵触が避けられる程度に著名でなければならない（小野昌延・不正競争防止法概説一五一頁）」、「全国著名は要しないものの、商標法四条一項一〇号の公知性に該当する程度の広範囲の地域で著名であることを要すると解するべきであろうか（田村善之・不正競争法概説一九一頁）」、「第一に、一般需要者又は取引者の間で全国的に広く知られているものでなければならない。第二に、高い名声、信用及び評価を獲得したものでなければならない。すなわち、その商品又は営業の優秀さ、技術開発力のすばらしさ、広告宣伝活動の卓抜さ、又は長年の伝統と信用などが相互に重なり合って一般大衆の間にそのような良きイメージが形成されているものであってはじめて本号による保護に値するものである（山本庸幸・要説不正競争防止法〈第二版〉一〇二頁）」等が挙げられる。

他方、著名な商品等表示が問題とされた事案につき検討するに、その大半が全国的に著名な商品等表示の稀釈化に関する事案であり、(3) ドイツ連邦共和国における実務においても、前述のように、ライヒ裁判所当時においては世界標章であるバイエル薬品会社の十字標章にのみその著名性が認められ、しかも、その著名性の限界は、その知名度が全流通人口の八〇％を超える場合に初めて達せられるとし、これに該当するものとして、そのほとんどが世界標章に近い知名度を有する「4711」・「Bayer-Kreuz」・「Mercedes-Stern」・「Coca-Cola」・「Mon chérie」・「Leica」・「Kodak」等を例示している点よりすれば、その知名度は当該商品等表示の有する識別力において当該商品等表示の属する流通圏内で最高度の通用性を有するのみならず、右流通圏の顧客範囲を超えた全国的周知性を有するものでなければならないと解すべきであろう。そのための著名性の要件を充足するためには、前述の「顕著な通用性」以外に、当該商品等表示が当該商品または当該営業以外の分野で使用されていないとする「唯一存在性」、当該商品等表示自体の有すべき「特異性」、当該商品等表示の有すべき「特別の価値評価」等の要件を具備することを要するであろう。

3　前記『要説不正競争防止法』三七頁には、右二条一項一号と同二号との関係につき次のように記載されている。

「……最初の周知表示混同惹起行為がいわば原型で、後の二者はこれから発展的に派生したものである。すなわち、最初のものは他人の周知の商標や商号などの商品等表示を使用して混同を惹起させる行為であり、二番目のものはその他人の商品等表示が全国的に著名なものであれば、混同の惹起を要件とせずにこれを使用する行為そのものを規制しようとするものである。」

前述のように、不正競争防止法の立法目的は、商標法により付与される商標権のもつ制約、すなわち、商標権の効力は指定商品以外の商品および商標的使用以外の使用には及ばないため、これらの商標権の効力の及ばない領域における商品主体または営業主体の出所の誤認混同を防止することに存し、この目的を具現する規定が「混同」を要件とする新法二条一項一号（旧法一条一項一号二号）であり、これに対応するドイツ不正競争防止法における行為類型が、前述の「(営業) 声価の悪用」の行為類型の内、「欺罔による（営業）声価の悪用（Rufausbeutung durch Täuschung）」に該当し、その意味するところは、一般需要者が、ある特定の商品等表示について特定の出所のものであるとの観念または良品質のものであるとのイメージを懐いている場合には、その商品自体の形態等を模倣することにより、または、その表示を模倣することにより、一般需要者をその商品または営業の出所につき誤認混同を生ぜしめることになり、この出所の誤認混同により、商品の取り違え、または、商品または営業の良品質イメージが元の商品または営業から模倣商品または営業へ伝達され、これにより当該商品または営業の良い声価が利用されることになる。これが、いわゆる「ただ乗り（free ride）」の行為類型である。この行為類型は「混同」を要件とするが故に、その保護範囲は、同一または類似（関連）

の商品分野または営業分野に限定されるのが通常である。(4)

これに対し、新法二条一項二号に規定する著名表示冒用行為は、著名商品等表示が齎らす一般需要者の価値評価（良いイメージ）を自己の商品等表示のために利用するのではなく、商品等表示の有する著名性すなわち顧客吸引力を、自己の商品または営業の注意喚起の宣伝手段としてその表示を使用することにより、その著名性自体を利用するのである。すなわち、著名商品表示の有する顧客吸引力および宣伝的価値は、商品の特性または品質に関係なく営利手段として利用され、その結果、著名商品等表示の識別力の毀損すなわち稀釈化に導くことになる。この行為類型においては、その保護範囲は、同一または類似（関連）の商品分野または営業分野を超えて拡張させせられることになる。

以上述べたように、著名商品等表示の「稀釈化からの保護」と周知商品等表示の「ただ乗りからの保護」とは、その規範目的を異にするものであり、前掲「要説不正競争防止法」に述べられている如き「最初の周知表示混同惹起行為が原型で後の二者はこれから発展的に派生したものである。」とは結論づけられ得ないのではないかと思料せられる。この点は、前述のようにわが国不正競争防止法が、不正競争に該当する行為につき制限的列挙主義を採用し、そのため各定型的行為類型の枠外においては模倣自由の原則が支配するが故に、新法二条一項二号の規定が同二条一項一号の規定から発展的に派生したものと解するか、または右両規定は規範目的を異にするものと解するかにより、事案によりその結論に差異が生ずる場合が存在するのではないかと思料せられ、今後の検討課題ではないかと思われる。

なお、右のような問題点を回避するためにも、立法論としてではあるが、新法二条一項二号の新設に代え、端的に旧法一条一項二号の「混同」要件を削除し、「ただ乗り」の行為類型とともに、「稀釈化」の行為類型をも包含せしめる文言とした方が、良策ではなかったかと思われる。

五　小　括――本件事案についての考察 (2)

本件事案は、Xが香水・化粧品・ハンドバック等の婦人用アクセサリー商品を販売する世界的に著名な会社であり、その標章「シャネル」は世界標章として顕著な通用性を具備しているが、他方、Yは松戸市において小規模な飲食店を経営し単に酒類と軽食を提供するに過ぎず、たとえサインボードに「スナックシャネル」の表示を使用したとしても、世界的に著名な婦人用アクセサリー商品の販売と場末のサービス業である小規模飲食店の営業分野の著るしい離隔よりすれば、Yの来客または通行人がXの経営または系列あるいは何らかの関係があると誤信混同する余地は皆無であり、控訴審判決の判旨の如く、新法二条一項一号（旧法一条一項二号）の適用は問題とならないであろう。

以上、本件事案は、旧法下においても、前記「一事実」に掲記のXの上告理由を採用して、民法七〇九条の適用による「稀釈化」理論を認容すべきではなかったかと思われる。

（1）ドイツ連邦裁判所一九九〇・三・二三判決「電話番号4711」事件

この事案においては、ドイツにおいて化粧品および香水で著名な標章「4711」が、無線タクシー業の宣伝用の電話番号に使用され、前者の保護範囲は、旅客運送であるサービス業の分野に及ぶか否かが問題とされた。控訴審判決は、タクシー業と化粧品および香水の販売業とでは、営業分野が甚だしく離隔しているため、著名標章「4711」の宣伝効果の毀損は生じないとした。これに対し、ドイツ連邦裁判所の本判決においては、著名標章「4711」が両営業分野の著しい離隔にも拘らず、タクシー業の営業分野においてもなお、著名性の要件とされる「顕著な通用性」および「唯一存在性」を維持しているか否かが問題となり得るとし、前記の点が肯定される場合には、著名標章の有する宣伝価値の毀損の可能性は、両営業分野の著るしい離隔の故のみをもっては排除されないとし、著名標章の要件である「唯一存在性」が、第三者による当該標章の使用により喪失せしめられる場合には、著名標章の宣伝価値の毀損が認められるとした。

以上要約すれば、ドイツ連邦裁判所の判例の傾向は、著名標章の「拡散的影響力」が、市場通用性の効力範囲（保護範囲）を決定づけるとし、著名標章の稀釈化からの保護の目的は、財産的価値を有するものとしての著名標章の宣伝価値を、第三者の毀損から保護することであり、そのためには、当該著名標章の周知度が、保護を要するとする商品分野または営業分野に広く及んでいる（ausstrahlen）のでなければならない、とする。

（２）　ドイツ連邦裁判所一九九〇・一一・二九判決サロモン „Salomon“ 事件

この事案においては、スキー締め具を指定商品として登録された商標サロモン „Salomon“ がタバコ製品に使用されたが、ドイツ連邦裁判所は、スキー締め具では、その技術的製品としての性格上、その精密性および機能性が重要視されるが、このような品質およびこれに結びついた良品質イメージが、タバコ製品に伝達され得るか否かは疑問であり、さらには、聖書にあるサロモン „Salomon“ という名称には「唯一存在性」および「特異性」の要件が稀薄であり、両商品分野の離隔の点からしても、当該標章の声価の伝達の可能性および声価の毀損の可能性は否定されるべきであると判示した。

（３）　豊崎光衛＝松尾和子＝渋谷達紀・不正競争防止法（第一法規、昭五九）一五六頁以下および二一二頁以下参照

（４）　周知表示も著名表示と同称、その質的側面として、その有する識別力ないし表示力の程度に応じ、当該表示が付さ

れた商品分野または営業分野を超えて他の商品分野または営業分野に拡張せられるが、新法二条一項一号は「欺罔による（営業）声価悪用」の行為類型に該当し、「混同」を要件とするが故に、原則として当該表示が付された商品分野または営業分野と同一または類似（関連）の商品分野または営業分野に限定せられることになる。遠距離都市間列車用にドイツ連邦鉄道によって使用されている表示 „Intercity“ が、旅行業者によって悪用された事案につき、ベルリン高等裁判所は、広義の混同に該当するとしている。この事例は、関連営業分野に関する事例に、広義の混同が存在するとしたものである。

〔参考文献〕　執筆に際しては左記文献を参照した。

小野昌延・不正競争防止法概説（有斐閣、一九九四年）

田村善之・不正競争法概説（有斐閣、一九九四年）

山本庸幸・要説不正競争防止法二版（発明協会、一九九七年）

Baumbach/Hefermehl, Wettbewerbsrecht, 19. Aufl., 1996.

Fezer, Markenrecht, 1997.

Palandt, Bürgerliches Gesetzbuch, 55. Aufl., 1996.

Fezer, Die Ausstrahlungswirkung berühmter und bekannter Marken im Wettbewerbsrecht, FS. für Nirk, 1992.

VII 不正競争防止法二条一項一号の周知表示混同惹起行為の要件である「類似性・混同のおそれ」の判断基準、商標権と周知商品等表示権の競合

セゾン・カタログ事件

東京地裁平成一〇年一月三〇日判決、平五(ワ)一六八〇五号
一部認容、一部棄却(控訴)
判例時報一六四八号一三〇頁

一　事実の概要

原告Xは、昭和一五年に設立された百貨及び食料品陳列販売業を、また、原告Xは、昭和六三年一一月に設立されたカタログによる商品販売等の通信販売事業を、Xの通信販売事業部とともに、Xの傘下で行う会社である。また、被告Yは、カタログを用いた商品の卸し販売業を営んでいる。

原告Xは、Xを中心として企業グループを結成し、平成二年七月にグループ名称を「セゾングループ」とし、その商号又は名称の中に「セゾン」を含む法人には、原告Xのほか、財団法人セゾン現代美術館、株式会社セゾン劇場等約十社に達し、これらの原告グループ会社は、いずれもその営業活動において原告商品等表示「SAIS◎N」を使用しているが、特に被告Yの営業に類似したカタログによる商品販売及び通信販売に関連する営業として、原告グループ会社によるクレジットカードである「セゾンカード」の発行およびその利用者に対する「Petite SAIS◎N（プチ・セゾン）」誌の送付による通信販売、また、原告Xによる「SAIS◎N」「セゾン」「暮らしのオンライン」が三段横書きされたカタログ「快適生活大研究〔セゾン〕暮らしのオンラインカタログ」および右と同様の体裁のカタログないしパンフレットである「クレジットメーラー」の顧客への送付または新聞広告等による通信販売、その他、原告グループ会社による「TICKET」「チケット・セゾン」「SAIS◎N」を三段横書きして方形で囲んで一体とした標章を付した各種チケットの販売等を通じ、原告商品等表示「SAIS

◎N」は、被告登録商標が出願された昭和六三年一二月までに、原告グループあるいは原告らをはじめとするセゾングループ各社の商品等表示として日本全国で広く認識されるようになっていたことは明らかであるとし、他方、被告が頒布している一九九一年（平成三年）より一九九三年（平成五年）までのカタログに記載されている別紙被告標章目録㈠ないし㈤の各標章は、いずれも右原告商品等表示に類似し、被告Yの販売代理店には、Yが原告グループの関連会社であり、したがって被告Y発行のカタログが原告グループの関連会社の発行にかかるカタログであるとの誤認混同が生じ、また、右カタログをみて当該カタログに掲載された商品を購入する顧客には、当該カタログに掲載された商品は原告グループの関連会社の取扱いにかかるものであるとの誤認混同が生じるとし、不正競争防止法二条一項一号、三条に基づき、被告標章使用の差止等および損害賠償の請求をなした。

これに対し、被告Yは、原告商品等表示に識別力、周知性はなく、また被告標章と類似していないから、被告Yがそのカタログに「セゾン」又は「SAISON」を含む被告標章を使用しても、その商品等主体が原告らであるとの誤認混同が生じることはないとして争い、さらに抗弁として、「平成五年法律第四七号による改正前の不正競争防止法（以下「旧法」という）六条は「第一条第一項第一号及第二号……第一条ノ二第一項……ノ規定ハ……商標法ノ規定ニ依リ権利ノ行使ト認メラルル行為ニハ之ヲ適用セズ」と規定して、現行の不正競争防止法二条一項一号に相当する旧法一条一項一号、二号に該当して不正競争とされる行為であっても、それが商標権の行使と認められる限り旧法の規定を適用しないこととして、商標権の行使であることを不正競争を理由とする請求に対する抗弁として位置づけていた。現行の不正競争防止法には、商標権の行使となる行為が、不正競争とならない旨を明示した規定はないが、平成五年法律第四七号附則二条（以下、「改正法附則二条」という。）は、「改正後の不正競争防止法……の規定は、……この法律の施行前に生じた事項にも適用する。ただし、改正前の不正競争防止法……によって生じた効力を妨げない。」と規定し、旧法の規定により生じた効力が、法改正によって妨げられない旨を規定している。旧法六条により不正競争防止法の規定が適用がないとされていた効力は、旧法によって生じた効力であると解するのが文理にかなった率直な解釈であり、また、そのように解することが既得権の保護という改正法附則二条の趣旨にもそうものであるから、旧法当時に開始された商標権使用行為には、旧法六条の適用があり、不正競争防止法は適用されない。したがって、被告標章㈣、（十一）、（十三）ないし（十五）を使用する行為には不正競争防止法は適用されず、また、被告標章㈡、㈤、（十二）を使用する行為は、商標権の行使に準じた行為として旧法六条の規定が類推適用されるべきであるから、右行為にも不正競争防止法は適用されない」と主張した。

二　判決要旨

本判決の判旨はかなり長文であるため、争点とされた要点のみを摘示し、その他は省略する。

㈠　原告商品等表示の周知性

「原告グループが我が国有数の企業グループであり流通分野を中心として昭和六三年以前から広範な営業活動を行っていることは当裁判所に顕著な事実であり、右事実に前記の認定の諸事実（筆者注、前記【事実】の項に記載されているような原告グループの多岐にわたる営業活動およびテレビ・雑誌・新聞等による広汎な宣伝広告活動、ならびに、これらに投下された多額の費用等）を総合すると、原告商品等表示は、いずれも被告が被告登録商標を出願した昭和六三年一二月までには、取引者はもとより一般消費者間でも広く認識されており、その周知性の程度はその後もさらに深まっていたものと認められる。なお前記認定事実によれば、原告グループは、昭和六三年当時、「西武セゾングループ」と称されており、原告グループないし原告グループ各社が取り扱う商品ないし営業がその営業上「セゾン」と略称される例は認められないが、ある標章が商品等表示として広く認識されているというためには、その標章に接した者が特定の商品主体、営業主体を想起するような状態に至っていれば足りるというべきところ、……などの「セゾン」を含む標章の使用例の事実を総合すると、消費者が「SAIS◎N」のみならず、「セゾン」、「SAISON」を原告グループの営業に関連して認識し、これらを通して原告グループを想起するものと認められるから、グループ名称として「セゾン」と略称されることがなくとも、原告商品等表示はいずれも原告グループの商品等表示として広く認識されるようになっているものといって差し支えない。」

二　判決要旨

㈡　原告商品等表示と被告標章の類似性

「被告標章㈠、㈢、㈨の態様は、……いずれも「GIFT」の文字と「セゾン」の文字を二段に横書きしてなる構成を有し、「セゾン」の部分が被告標章㈠、㈢については行書風の書体で、被告標章㈨についてはデザインされた書体で、いずれも「GIFT」に比較して大きく強調した態様で表記されている。ところで、「ギフト」という語が、「贈答品」「贈り物」を意味する英語に由来する外来語として日本語に定着していることは当裁判所に顕著な事実であり、それが「GIFT」と英語で記載されていても、……これから「ギフト」の称呼が生じ、あるいは贈答品、贈り物との観念を認識するのが一般的であるものと認められる。他方、「セゾン」という語が、……未だその本来のフランス語の意味で日本語に定着しているとは認められないことは前記のとおりであり、「セゾン」に接した一般人にそれ自体特別の観念を生じさせないから、結局、被告標章㈠、㈢、㈨に接した者は、「セゾンの贈答品」、「セゾンの贈り物」との観念が生じるものと認められる。するとこの被告標章が、ギフトカタログ（贈答品のカタログ）に付されて使用された場合、「ギフト」の部分から生じる「贈答品」、「贈り物」との観念は、付された商品（カタログ）の性質、内容を一般的に表示しているにすぎない。以上のような事実を考え合わせれば、被告標章㈠、㈢、㈨の「GIFT」の部分に格別の識別力はなく、右被告標章はいずれも「セゾン」の部分が識別力を有するいわゆる要部であると認められる。……被告標章㈠、㈢、㈨はいずれもその要部が原告商品等表示の中の「セゾン」と外観、称呼、観念の全てにおいて同一であり、全体として原告商品等表示の中の「セゾン」と類似していると認められる。」

右以外の被告標章についても、右判旨と略々同様の判旨により、その類似性を認定している。

㈢　混同のおそれ

「……原告商品等表示に類似した各被告標章をそのギフトカタログに付して使用した場合、原告商品等表示の周知性のほか、原告グループ各社の営業が広範囲にわたっていることからすると、①の営業の場面では、カタログを購入しようとする小売業者が、被告カタログが原告グループの発行にかかるもの、あるいはそのような被告カタログを取り扱う被告が原告グループに関連する者であるとの誤認混同を生じ、②の営業の場面では、被告カタログを見て商品購入を決定し購入する顧客は、その商品の販売行為が直接取引している小売店等の営業であるのみではなく、被告カタログの発行元の営業でもあると認識するから、被告カタログに付された被告標章を見てカタログ記載の商品が原告グループの取扱いにかかるものであると誤認し、あるいは被告カタログの発行元を正しく被告と認識したとしても、被告が原告グループの関連会社であるかのように認識する誤認混同が生じるものと認められる。」

「……被告は、その販売代理店の募集広告中に脱サラ希望者、あらゆる小売業との兼業も歓迎する旨をうたっていることが認められ、被告と契約を締結してカタログを購入し当該カタログに基づく販売業を行う者の中には脱サラ希望者や零細業者等も含まれ、全てが充分な知識と調査能力を有している専門業者とはいえないから、被告が原告らグループの加盟会社であるとの混同が生じるおそれがないとは必ずしもいえない。」

「……被告カタログ㈢、㈣の裏表紙の右下隅に小さく「発行……東邦物産㈱」との記載があることが認められるが、このような目立たない表示があるからといって販売代理店の店頭等で被告カタログを見て商品を選択する消費者にその発行元を十分認識させるには十分でないし、……被告カタログの発行元と認識できたとしても、前記㈡（筆者注、販売代理店の場合）と同様の事情から被告の営業と原告らの営業に混同が生じるおそれがないということはできない。」

㈣　商標権行使の抗弁（平成五法四七号附則二条、旧不正競争防止法六条）

「……被告が、被告登録商標を、指定商品の中の印刷物であるギフトカタログに使用した場合には、原告商品等表示が付されたものと出所の混同が生じるおそれがあると認められ、被告登録商標には、商標法四条一項一五号所定の事由があるものとして、その登録は同法四六条一項一号の規定によって無効とされる蓋然性は極めて大きいものと認められる。

被告は、平成五年法律第四七号による改正前の不正競争防止法六条の規定が、商標権の行使であることを不正競争を理由とする請求に対する抗弁としていたところ、右改正後の現行の不正競争防止法には右のような限定はないけれども、平成五年法律第四七号附則二条の規定により、旧法下で開始された商標権の使用行為には不正競争防止法が適用されないとして、被告登録商標についての商標権の行使であることを不正競争防止法に基づく請求に対する抗弁として主張する。」しかし、仮に被告主張のとおりであるとしても、「前記のとおりその被告登録商標の商標登録には無効とされるべき事由があるから、不正競争行為に対する抗弁として、右のような瑕疵がある商標権の行使行為であると主張することは権利の濫用として許されないものと解するのが相当である。したがって、被告登録商標に基づく権利行使の抗弁は、……現行法下でも抗弁とすることができるか否かを検討するまでもなく、理由がない。なお、右のように判断することは、被告登録商標の商標登録に無効事由があることを、商標権行使であると主張することが権利の濫用であると判断する重要な要素とするものであるが、右商標登録が無効であると判断するものではない。」

三　研　究

(一)　不正競争防止法二条一項一号の法意(1)

本事案において問題とされている不正競争防止法二条一項一号（周知表示混同惹起行為）の規制対象は、一般需要者が、ある特定の商品等表示について特定の出所のものであるとの観念または良品質のものであるとのイメージを懐いている場合には、その表示を模倣することにより、一般需要者をその商品または営業の出所につき誤認混同を生ぜしめることになり、この出所の誤認混同により、商品の取り違え、または、商品または営業の良品質イメージが元の商品または営業から模倣商品または営業へ伝達され、これにより当該商品または営業の良い声価が利用されることになる。この声価の悪用(Rufausbeutung) すなわち「ただ乗り (free ride)」の行為類型を規制するのが本条項である。

周知表示は、グッドウイル（good will）としての商品または営業の識別表示として、表示者の利益のために保護が与えられるのみならず、流通市場におけるコミュニケーションの手段として、一般需要者の利益のためにもその保護が与えられる。

㈡　識別力と周知性・周知性の認定基準

商品等表示の有する識別力の強弱の程度に応じて、⑴通常の識別力を有する商品等表示（以下、単に「表示」という）、すなわち、十分な識別性を有するが、未だ顕著な域には達していず、広く知られているとはいい得ない平均的な識別力を有する表示、⑵弱い識別力しか有しない表示、すなわち、かような表示は、商標の場合には商標登録性は認められるが、僅かな識別力しかないため、僅かな相違を付するのみで混同の危険を免れ得る、⑶強い識別力を有する表示、すなわち、表示自体が本来的に奇抜であったり、印象的であったり、特異であったりするか、または、頻度の高い使用により広い取引通用性を得るに至った表示で、かような強い識別力を有する表示は、その保護範囲が大であるが故に、当該表示と類似性が稀薄な表示についても、混同の危険が肯定され得る場合がある、の三類型に分類され、不正競争防止法二条一項一号に規定する「需要者の間に広く認識されている」商品等表示とは、右⑶のような表示であると解せられる。

なお、表示の有する識別力が強ければ強い程、取引者または一般需要者は、これと類似する表示を当該表示の記憶心像と結びつけ、これによって類似表示を当該表示と誤認せしめられる危険がより大きくなる。したがって、強い識別力をもつ表示の保護範囲は、弱い識別力をもつにすぎない表示の保護範囲より大であるが故に、表示の選択に際し誤認混同を回避するために、先順位に強い表示が存在する場合には、弱い表示が存在する場合より、大きく距離を保つことが要求せられることになる。

右同法二条一項に規定されている商品等表示の周知性認定の基準としては、後述のアンケート調査の結果とともに、当該表示の使用年数・広告宣伝の頻度・当該商品または営業の市場占有率および販売高・販売地域（営業地域）および販売網（販売機構）・流通市場における同一または類似の表示の存在の有無・当該表示についての一般的な情報伝達実績および商品の普及率等の複合的な判断基準により定められることになる。

表示の周知性は、機能的法的概念（funktionaler Rechtsbegriff）であるが故に、市場調査またはアンケート調査による市場周知性の根拠のみによって確定されてはならないが、その結果は、当該表示の周知性認定の指標としての意味を有する。市場周知性について一般的に妥当するパーセンテージは存在せず、当該表示の流通層によっても異なるが、ドイツ連邦裁判所の判例においては、全人口比率についていえば最低三〇％の周知度で十分とされており、当該流通層に限定した場合には、三分の一の周知度では不十分であると判断された事案も存在する。商品の種類も亦、具体的に問題となる顧客層を決定し、したがって当該表示の流通市場における周知度を決定する。最低限の市場周知度の決定が困難である場合には、経験則上の概略として、五〇％の市場周知度がその指標とされている。

㈢　本件事案における周知性の認定

⑴　判旨は、本件原告商品等表示（標章）の周知性認定の資料として、原告商品等表示の使用の顕著なもの、あるいは被告の営業に類似したカタログによる商品販売及び通信販売に関連する営業が発行する主要なものとして、クレジットカードである「セゾンカード」、通信販売用カタログ兼情報誌「Petite SAIS◎N（プチ・セゾン）」・「快適生活大研究〔セゾン〕暮らしのオンラインカタログ」・「クレジットメーラー」等について、これらに使用されている標章の使用態様より、その要部を「SAIS◎N」・「セゾン」・「SAISON」であると特定の上、これらの発行枚数または発行部数を年度別に列挙し、その他、テレビ・新聞・雑誌等による原告商品等表示の宣伝活動の頻度およびこれらに投下された費用により、原告商品等表示の周知性を認定している。右認定過程に問題はなく、当を得たものと思料せられる。

⑵　被告の「原告グループのほかに全国に『セゾン』又は『SAISON』を含む営業表示を使用する第三者が多数あるから、それらの営業表示に識別力、顧客誘因力があるとしても、それは多数の第三者に分散して原告グループに集中して帰属しない、」あるいは「『セゾン』又は『SAISON』が商品等表示としてありふれている」との主張に対し、判旨は、「周辺地域を超えて全国に及んでいるものとはとうてい認められない」「同社の販売するセゾンエアコンは、……一般消費者向けではなく、……『セゾン』の表示が同社の一般の商品表示、営業表示として周知であることは認められない」ま

た、原告営業等表示の第三者による商標出願公告の事実に対し、判旨は、「それらの商標が現実に使用されている事実及びそれぞれの使用者の営業あるいは商品の表示として広く社会に認識されている事実を認めるに足りる証拠はない」等の理由でその主張を排斥しているが、被告主張の右事例（詳細は省略）はすべて、原告商品等表示の使用されている「カタログを用いた商品通信販売業」とは全く異る商品分野または営業分野に関するものであり、これらの事例は、原告商品等表示の周知性の認定に影響を及ぼすものではないと解せられる。なお、余論ではあるが、不正競争防止法二条一項二号（著名表示冒用行為）に規定する「著名性」の認定においては、「顕著な通用性」とともに、当該商品等表示が当該商品または当該営業以外の分野で使用されていないことを要するとする「唯一存在性」の要件を必要とする点において「周知性」の要件と異なる。(2)

(3) なお、判旨によれば、被告代表者によるアンケート調査がなされているが、その内容は、判決の事実摘示の項にも判旨にも記載されていないので、その結果が周知性の認定に影響を及ぼすものであるか否か不明なため、論評し得ない。

(四) 類似性・混同のおそれ

(1) GRUR誌一九七四年五一四頁以下掲載のバイアー（Dr. Friedrich-Karl Beier）「混同の虞れとその訴訟における確定についての一試論（Gedanke zur Verwechselungsgefahr und ihren Feststellung im Prozeß）」において、「混同の虞れの判定に際しては、特に、相互の競業上の利益の衝突を如何に適正に調整解決するかが重要であり、そのためには、標章法上および競争法上の重要な事実関係を勘案し、この事実関係の下において相互に危険に曝らされている利益が比較衡量されなければならない」とし、アメリカ合衆国関税および特許控訴裁判所一九七三年五月七日判決の次のような判断基準を引用している。

(a)　象形（外観）・文字（称呼）・概念（観念）の全体的印象による両標章の類似性
(b)　商品または役務の類似性および性質
(c)　販売方法の類似性
(d)　問題とされている商品または役務の顧客層および販売状況
(e)　原告標章の声価（販売高・支出した広告宣伝費・当該標章の使用期間）
(f)　類似の商品分野において使用されている類似の標章の数および態様
(g)　実際に混同された事例とその態様
(h)　両標章の同時的使用の期間およびその詳しい事情または実際に混同された事例
(i)　当該標章が使用されている商品の種類（例えば、全商品に使用される商号標章、商品のタイプ等によって使用されるシリーズ標章、製品名標章等）
(j)　当該標章についての両当事者の法的および事実的対応（ライセンス契約、両標章の使用範囲についての協定、黙示的認容等）
(k)　第三者に対する排他権の範囲

(1) 将来の混同の蓋然性

(m) 標章使用の効力に影響を及ぼすその他の事情

右論文は、結論として次のように述べている。「標章の競合関係を適正に判断するためには、競業者および一般需要者の利益を斟酌するとともに、原告標章の有する識別力の強弱のみならず、被告の当該標章の使用についての利益に比し、標章権者原告の当該標章の保護利益の程度が勘案されなければならない」としている。

(2) 判旨は、「混同のおそれ」についての右アメリカ合衆国関税および特許控訴裁判所の判断基準(a)ないし(e)について判断の上、広義の混同概念[3]により「混同のおそれ」を認定しており、その認定過程は妥当であると思料せられるが、次項において述べる「被告カタログの発行元(出所)の表示」については、再検討が加えられるべき余地が存在するのではないかと思われる。

(五) 被告カタログの発行元(出所)の表示

(1) 他人の商品または表示の良い声価の悪用は、その悪用が商品の営業上の出所についての一般需要者または取引者の回避し得たであろう錯誤によって引き起された場合に不正競争行為となる。それ故、商品等表示の模倣者は、当該商品を市場に流通せしめるに際しては、一般需要者または取引者の錯誤を防ぐため、期待せられ得る範囲内において適切な防止策を講ずる義務が存在する。したがって、商品等表示の模倣者がこの不正競争法上の義務を遵守した場合には、出所の誤認混同および声価悪用の責任を免れることになる。(4) このような防止策の一つとして、問題とされている商品の営業上の出所である企業主体名を当該商品上に明示することが挙げられる。なお、当該商品等表示の識別力が強ければ強い程、模倣者に課せられる混同防止策は、より万全であることが要求せられる。

⑵　判旨によれば、「被告カタログ㈢、㈣の裏表紙の右下隅に小さく「発行……東邦物産（株）」との記載があることが認められる」とし、販売代理店については、「被告カタログを購入するためには、被告に申込み、販売代理店契約を締結するなどの手続を経るものと認められるから、被告カタログを購入する者は、当然、被告カタログの発行元が被告であることを認識しているものと認められるが、前記認定のとおり、原告らグループにも『セゾン』をその商号に含まない会社もあり、被告は、その販売代理店の募集広告中に脱サラ希望者、あらゆる小売業との兼業も歓迎する旨をうたっていることが認められ、被告と契約を締結してカタログを購入し当該カタログに基づく販売業を行う者の中には脱サラ希望者や零細業者等も含まれ、全てが充分な知識と調査能力を有している専門業者とはいえないから、被告が原告らグループの加盟会社であるとの混同が生じるおそれがないとは必ずしもいえない。」とし、一般消費者については、「このような目立たない表示があるからといって販売代理店の店頭等で被告カタログを見て商品を選択する消費者にその発行元を十分認識させるには十分でないし、被告カタログ㈠、㈡には被告カタログの発行元が被告であることを認識させる記載はないことが認められる。また、一般消費者が被告カタログを見て商品を選択し注文する場合において、被告カタログ㈢、㈣に記載された被告の商号によって被告カタログの発行元と認識できたとしても、前記㈡（販売

代理店の場合）と同様の事情から被告の営業と原告らの営業に混同が生じるおそれがないということはできない。」として被告の主張を排斥している。

(3)　右の点につき検討するに、判旨によれば、被告カタログ㈢（平成四年中使用）および同㈣（平成五年中使用）には、その裏表紙の右下隅に小さく「発行……東邦物産（株）」と記載されているとのことであるが、現物を検討し得ないためその詳細は不明であるが、一般に雑誌・カタログ等の発行元の表示は、裏表紙の片隅にその発行年月日・住所その他営業所とともに小さく記載されるのが通常であるから、その記載の箇所およびその文字が小さいとの理由で一概に不適切であるとはいいえず、さらに、本件カタログはカタログ記載の各種製造元の異なる商品販売用のカタログであり、被告は、販売代理店にとってはカタログによる商品販売契約を締結する相手方であるが故に、「原告グループにも『セゾン』をその商号に含まない会社がある」とか、「被告と契約を締結してカタログを購入し、当該カタログに基づく販売業を行う者の中には脱サラ希望者や零細業者等も含まれ……」ているとしても、販売業者（小売業者）が被告と販売契約を締結するに際しては、相手方の信用力・事業規模・原告を含め他の同業者との比較・市場占有率等は重要調査事項であり、店頭にての商品購入とは異なり、契約締結までの過程においてこれらとの関連において相手方を確認するには十分な時間的余裕があると推量せられるが故に、当該カタログに被告会社名が記載され、さらに前述のような事情をも考慮に入れると、少くとも平成四年以降は、販売業者がカタログの発行元を誤認混同する可能性は、低いのではないかと思われる。

次に一般消費者についていては、一般消費者の関心事は、カタログ自体を購入することではなくカタログ記載の商品の購入であるから、その注意力は、カタログ表紙の被告標章を含めその表題部の記載には瞬時に及ぶであろうが、カタログの発行元の記載にまでは及ばないのが一般であると経験則上推量されるが故に、カタログ裏表紙の右下隅に小さく被告会社名を記載したのみにては、未だ一般消費者の誤認混同を防止するための適切な措置とはいい得ないのではないかと思われる。特に、カタログによる同一または類似の商品販売または通信販売分野における原告の市場占有率が高く、したがって、原告標章の識別力ないし表示力が強い場合には右結論が支持される可能性が高いであろう。

(4)　本件事案においては問題とされていないが、販売業者が被告より購入したカタログが原告の周知商品等表示を模倣したものであり、したがって、これを一般需要者に提示する場合には出所の誤認混同を斎らすであろうことを認識しながら、適切な防止策を採ることなく一般需要者に提示した場合には、販売業者も不正競争防止法上の責任を免れ得ないのではないかと解され、検討せられるべき問題ではないかと思われる。

(六)　特許庁と侵害訴訟裁判所の権限分配・権利の濫用・周知商品等表示と登録商標の競合

(1)　被告は、被告標章が、原告商品等表示と類似していないことは、被告が「ギフトセゾン」に関して商標権を有していることから明らかであるとして、次のように主張した。「被告が、被告登録商標を出願した当時、既に同じ旧二六類に原告Ｘが「SAIS◎N」と「セゾン」を二段書きにして横書きしてなる原告登録商標を有し、また第三者が「ぎふと」、「GIFT」からなるギフト商標を有していた。被告登録商標が、このように「SAIS◎N／セゾン」あるいは「ぎふと」、「ギフト」の登録商標の存在にもかかわらず登録されるに至っていることは、審査官が、被告標章の要部が「ギフト」にも「セゾン」にもあるのではなく、「ギフト」と「セゾン」とが合わさることによって独自の観念を示すに至っていると判断したことを意味する。また、被告登録商標が、原告登録商標に類似しないとの判断は、被告登録商標について原告Xがした無効審判請求事件の判断でも維持されている。」と主張し、これに対する判断は判旨中に存在しないが、他方、被告登録商標につき、前記〔二　判決要旨〕の項において記載した如く「……被告が、被告登録商標を、指定商品中の印刷物であるギフトカタログに使用した場合には、原告商品等表示が付されたものと出所の混同が生じるおそれがあると認められ、被告登録商標には、商標法四条一項一五号所定の事由があるものとして、その登録は同法四六条一項一号の規定によって無効とされる蓋然性は極めて大きいものと認められる。……前記のとおりその被告登録商標の商標登録には無効とされるべき事由があるから、不正競争行為に対する抗弁として、右のような瑕疵がある商標権の行使行為（著者注・旧不正競争防止法六条、附則二条）であると主張することは権利の濫用として許されないものと解するのが相当である。……なお、右のように判断することは、被告登録商標の商標登録に無効事由があることを、商標権の行使であると主張することが権利の濫用であると判断する重要な要素とするものであるが、右商標登録が無効であると判断するものではない」と判示している。

三　研　究

(2) 侵害訴訟裁判所（民事裁判所）は、類似ないし混同のおそれの判断に際し、商標登録手続において特許庁によって表明された当該裁判所と異なる見解には拘束されないが、登録された商標権自体の有効性を否定することは許されない。これは、「裁判所は行政行為を、また行政官庁は裁判所の判決を、それぞれその決定の基礎として尊重しなければならない。このことは、仮りに一方が他方の判断を事実状態または権利状態の誤認に基づいて下されたものであることを確信した場合も、同様である。すなわち、裁判所および行政官庁は、相互にその行為を所与の事実として、すなわち、構成要件として甘受しなければならない義務を有する。」とする司法行為および行政行為の「構成要件的効力（Tatbestandwirkung）」[5]または「裁判所・特許庁間の権限分配」の法理論的帰結であるが、これに対し、オール（Ohl）はその著「将来の特許侵害訴訟における自由な技術水準の異議」[6]において、「誤認特許の構成要件的効力は、単に無効宣言の申立がなされている特許裁判所（著者注・ドイツ特許法においては、連邦特許裁判所が特許無効訴訟を管轄する）以外はいかなる行政官庁ならびに裁判所も、その無効をその法律効果として判示する判決を下す権限を有しないということを意味するにすぎない。侵害訴訟裁判所又は行政官庁が瑕疵ある行政行為の内容すなわち特許発明の特許能力についての誤った確定にも拘束されるか否かの問題、換言すれば侵害訴訟裁判所又は行政官庁が当該特許の無効の理由となっている事情にもとづいた判断を下すことが許されるか否かの問題は、上述の構成要件的効力とは区別して考えなければならない」とし、結論として、「前者の場合においては〈筆者注・特許能力の確定に対する侵害訴訟裁判所の拘束の一つとして、侵害訴訟裁判所は特許の有効性を爾後審査することが許されない場合〉、たとえそれが判決理由における先決問題としてであっても、特許の無効の確定を前提とする判決を下すことはできない。したがって、この場合には、いかなる理由にせよ特許無効の異議（抗弁）は認められない。しかしこの場合においても、たとえそのために同一の法的効果すなわち侵害の訴えの棄却なる結果が導き出されたとしても、侵害訴訟裁判所は、それ自体特許の無効を理由づける事実を、他の法的観点の下において斟酌することを妨げられることはない。何故ならば、内容的拘束は、一方において、特許庁・特許裁判所と、また他方において侵害訴訟裁判所との特許発明の特許能力についての意見の背反のみを排斥するものであって、侵害の訴えの棄却の可能性をも制限するものではないからである。」とし、本件事案と同様の商標権侵害訴訟事件につき、「商標権侵害訴訟においても――この商標権侵害訴訟においては、商標抹消の形式的効力ならびに特許庁及び通常民事裁判所間の管轄分配に鑑み、同様に保護権〈筆者注・商標権〉の構成要件的効力が問題になるのであるが――形式的には存在するが抹消に値する商標に対し、かような架空権（Scheinrecht）の主張は権利の濫用であるとの理由で、その保護が否定される」として、一九三五年三月二六日のライヒ裁判所エースクラップ „Aeskulap“ 判決および一九六〇年三月二九日の連邦裁判所ドライタネン „Dreitannen“ 判決を引用している。

(3)　前述の本件判旨は、右オール（Ohl）の所説と同様の立場に拠るものであると理解せられ、これに同調するものであるが、以下、本件事案につき異なった観点から本問題を検討することとする。

(4)　商標権と周知商品等表示権は、相互に同等の価値を有し、商標権が周知商品等表示権に優先することはなく、また逆に、周知商品等表示権が商標権に優先することもない。これらの識別表示権の間の優先順位は、その出願または権利発生の時期的先後によって決せられるのを原則とする。これを時期的優先順位の原則（Grundsatz des Zeitvorrangs：Prioritätsgrundsatz）と称せられ、著作権法を除く知的財産権法の全分野に一貫して採用せられ、登録出願においては先願の規定（特許法三九条、実用新案法七条、意匠法九条、商標法八条）に、また、異種の知的財産権の抵触においては、その各抵触規定（特許法七二条、実用新案法一七条、意匠法二六条、商標法二九条）に具現せられている。

他方、商標法四条一項一一号には相対的登録阻止事由として先願登録商標の不存在とともに、同条一項一〇号には先行周知商品等表示の不存在を規定している――これらの規定も、前記時期的優先順位の原則を具現したものである。したがって、先行周知商品等表示が存在する場合には、当該商品等表示につき商標登録を受け得ず、仮りに誤って商標登録がなされたとしても、当該商品等表示の商標権は、先行周知商品等表示権との関係では後順位の商標権となり、前記時期的優先順位の原則よりして、先行周知商品等表示権に対し、実体法上は勿論、訴訟法上も抗弁により対抗し得ないことになる。右結論は、商標法自体の規定である前記同法四条一項一〇号および知的財産権法を支配する一般的法原則である時期的優先順位の原則から導き得る帰結であり、本件後順位の被告商標権による先順位の原告周知商品等表示権に対する抗弁が、旧不正競争防止法六条にいう「商標法に依る権利行使」に包含されないのは明らかであると解される。なお、本件事案とは異なり、無効であるべき商標権に基づき当該標章等を使用する第三者に対し侵害訴訟が提起された事案においては、本件判決の判示の如き権利濫用理論適用の前提として、当該商標権の無効の判断が必要になるであろうが、本件事案においては標章の優先順位が問題となるが故に、前述の時期的優先順位の原則の適用も検討し得るのではないかと思料せられる。

（1）布井「シャネル飲食店事件最高裁判決」判例批評（判タ九八八号二六頁以下）〔本書Ⅵ〕。

（2）右判例批評三〇頁

（3）「狭義の混同概念」および「広義の混同概念」につき、後掲〔参考文献〕フェツァー（Fezer）『商標権』（一九九七年）四七三頁において、次のように定義している。

「狭義の混同のおそれとは、一般需要者が、競合標章の類似性の故に、当該標章が付された商品を同一の営業主体の出所であると誤認する場合をいう。」

「広義の混同のおそれとは、一般需要者は、当該標章が付された商品は異なった営業主体の出所であることは認識しているが故に、営業主体の同一性については何らの誤認も存在しないが、競合標章の類似性の故に、両営業主体間に特別の経済的関係または緊密な系列上の関連が存在するものと誤認する場合をいう。」

（4）カール・バイヤー（Karl Beier）「共同市場における標章権および商号権の抵触の解決手段としての区別的付加表示（1978）」なる論文において、原告標章に区別的付加表示を加えることにより、同一または類似標章の並存が許容されるとする説に対し、「たとえ、原告標章に、これと明白に区別され得る付加を加えることにより、混同の危険を回避され得るとしても、かかる態様での原告標章の使用は、大多数の事案においては、標章の有する声価の悪用および宣伝力の稀釈化を齎らすことになる」とする反対意見（Hefermehl）を指摘している。

（5）ワルター・イエリネック（Walter Jellinek）『行政法 „Verwaltungsrecht"』一九四八年一七頁参照。

（6）本書Ⅰ―**2**収載のオール（Dr. Albert Ohl）著「将来の特許侵害訴訟における自由な技術水準の異議」参照（また

は、特許管理二二巻一号三六頁以下参照)。

〔参考文献〕

Baumbach/Hefermehl, Wettbewerbsrecht, 19. Aufl., 1996.
Fezer, Markenrecht, 1997.

被告標章目録(一)

GIFT
セゾン

被告標章目録(二)

GIFT
SAISON

被告標章目録(三)

GIFT
セゾン

被告標章目録(四)

ギフトセゾン

被告標章目録(五)

GIFT SAISON

被告標章目録(六)

GIFT セゾン
SAISON

被告標章目録(七)

GIFT SAISON
セゾン

被告標章目録(八)

By SAISON

被告標章目録(九)

GIFT
セゾン

被告標章目録(十)

ギフトセゾン SAISON

被告標章目録(十一)

ギフト セゾン

被告標章目録(十二)

GIFT SAISON

Ⅷ　コンピュータ・プログラムの著作物性・著作権の帰属（法人著作）とその侵害に基づく損害賠償額の算定方法

コンピュータ・プログラム事件

東京地裁平成七年一〇月三〇日判決、平元（ワ）八二九二号・平二（ワ）八〇五〇号
損害賠償等請求事件　一部認容、一部棄却（控訴）
判例時報一五六〇号二四頁

一　要旨

本件は、計測装置等の回路基盤ＲＯＭに収納されている制御用プログラムの著作権侵害による侵害差止・損害賠償等の請求事件において、当該著作権の帰属、損害賠償額の算定方法、その他、著作権法一一三条一項一号（侵害とみなす行為）の「……情を知って頒布し……」の文言解釈、著作権法一〇条一項九号で保護することを明文で定めた昭和六〇年法律第六二号による改正前の行為についての故意または過失の有無、共同不法行為の成否等、多岐にわたる争点について判示された事案であるが、後記の論点についてのみ論ずることとする。

なお、著作物の「創作性」、特に「創作の高度性」については争点とされていないが、被告が、本件コンピュータ・プログラム内蔵機器について、「技術的に特に新規なものが含まれているわけではなく、既存の技術の組み合わせや応用によって製造することが可能なものであった」と述べているので、この点についても、冒頭において考察することとする。

二　事案の概要

(一)　著作権の帰属

原告（株式会社：以下Xとする）は、計測装置等の回路基盤のROMに収納されている制御用プログラムの著作権が、Xに帰属することの確認を求め、その理由を次のように主張した。

本件各プログラムは、Xの発意に基づき、X代表者外一名が、職務上各プログラム内蔵機器のシステム分析検討、各プログラムの仕様検討、ゼネラルフローチャートおよびディティルフローチャートを作成し、右ディティルフローチャートをアッセンブラー言語でコーディングして手書きのソースプログラムを作成し、これを電子計算機に入力し、アッセンブルしてオブジェクトプログラムを作成し、デバッグを行い、最後に総合テストを行い、完成させた。以上、各プログラムは、Xの法人著作物であって、その著作権はXに帰属する。

これに対し、被告（株式会社：以下Y_1とする）は、次のように反論した。すなわち、Y_1は、製薬会社・医療機関等より製造受注した医療機器・理化学機器等を下請製造業者に製造させた自社ブランド機器を販売し、Xは上記下請製造業者に該当し、Xの発足当初は会社代表者を含む数名の技術者を擁するにすぎず、専らY_1よりの発注に依存していた。そして、各機器の開発においては、Y_1が顧客の需要をとらえ、製品の企画を練ってこれを定め、これに基づいてXが実用化の作業を行った。本件各機器は技術的に特に新規なものが含まれているわけではなく、既存の技術の組み合わせや応用によって製造することが可能なものであった。その意味で、製品の企画（機器の基本構造と基本動作をどのようなものにするかの具体的な製品像）が決まれば、実用化にさほどの困難はないもので、需要の把握と製品企画が開発の決定的な要素であり、これを行ったのがY_1である。

前記のような本件各機器開発の背景よりして、Y_1は、Y_1とXの技術者との間には、法人著作としてY_1に本件各機器のプログラムの著作権を帰属させるに必要な指導監督関係があったと主張し、その詳細を次のように指摘した。

① 開発の全過程を主導したのはY_1であり、Xの技術者はこれに従って製品の具体化作業を担当したに過ぎない。

② Y_1が、製品の具体化に必要な技術資料、技術情報を供与した。

③ Y_1は、Xの技術者と常に密接に接触しながら、開発の初期段階では市場の状況や製品像の概要を説明し、次いで、具体的な製品仕様を定め、製造過程においても逐次生ずる機能、技術面の諸問題に対処し、必要な指示や決定を行って製品を完成に導いた。

④ Y_1が自ら企画し、仕様を定め、製造のために必要な技術資料を与え、製造過程においても適宜指示を与えて作られたものが本件各装置とその使用に供される本件各プログラムである。それはY_1の発意に基づきY_1の業務に従事するXの技術者が職務上作成したものとしての実態を有してい

る。

以上の事実関係より、Y_1は、本件各プログラムにつき、Y_1に法人著作が成立したことは明らかである旨、主張した。

㈡ 著作権法一一四条一項による損害賠償の請求

Xは、著作権法一一四条一項による損害賠償を請求し、被告らの侵害行為により受けた利益の算定方法として、コンピュータ・プログラム内蔵機器の実績販売価格より、材料原価（外注組立配線費）、製造・調整・検査等の工賃、販売経費、複製初期費用の償却額等を加算して得た総額を控除した額が、同条の「利益の額」として算定した上、本件コンピュータ・プログラム内蔵機器の販売利益に対する該プログラムの寄与度は、本件プログラムの不代替性、装置の構成部分における重要度、他の権利の不存在、本件各装置のハード部分もデッドコピーされているという各事実からすれば、被告らが本件各装置を販売して得た利益に対する本件各プログラムの寄与度は一〇〇%である、と主張した。

これに対し、Y_1らは、著作権法一一四条一項にいう「利益」とは、いわゆる純利益として算出すべきものであり、売上高から売上原価を差し引いて算出された売上総利益から、更に販売費、一般管理費（給与、賞与その他の人件費、通信費、旅費交通費、賃借料、広告宣伝費、運搬費、保管費、荷造費等の諸費用）、営業外損益および特別損益を差し引いた純利益である、と主張し、また、本件各装置を販売して得た利益に対する本件各プログラムの寄与率については、本件各機器の構造の中では測定装置部分がメインであり、本件各プログラムは右測定装置を効率的に作動させる手段的なものであること…

…等を考慮すれば、各機器の販売による利益に対する本件各プログラムの寄与率は極めて小さい、と反論した。

なお、Y_1は、各機器においてソフトウエアの果たす役割は小さく、各プログラムの技術水準も高いものではないから、各機器に関する権利関係に当然に従属、付随するものとして、各プログラムの著作権も有償で取得した旨の予備的主張をなした。

三　判決要旨

(一)　著作権の帰属

Xの前掲主張を全面的に認め、Y_1の反論につき、次のように判示した。

「Y_1らは、Xが、法人格こそ別であるが、Y_1のいわば製造部門、プログラミング部門という位置付けの存在であるとしているが、……XとY_1とは、相互に全く独立した別法人として存在し、人的、物的にも関連性がなく、それぞれ独自の経営方針に従って別個にそれぞれの業務を遂行しており、XとY_1との取引は、……通常の売買契約以上のものでなく、一方が他方を指揮監督するような関係は認められない。」

「Xは、設立直後からY_1の依頼によって、製品を開発し、その製造した製品の全てをY_1に納品しており、Xの設立後しばらくの期間はXの売上のほとんどがY_1への売上であり、また、Xが本件コンピュータ機器の旧型機の製造をするについては、Y_1は、Xに顧客と予定される先が希望する機能を伝え、他社の類似機種の修理の機会を作り、同じく類似機種についての資料を与え、顧客先へXの担当者を同行し、専門家同士が意見を交換する機会を作り、更に、XはY_1から製品の代金中に「短期開発費の一部」、「開発分担金」といった名目で、本来の製品の代金とは別の金銭を含めて受け取っていたものである。しかしながら、それらの装置の設計、製造、プログラムの必要なものについてのプログラムの作成は一切Xが独自に行ったもので、Y_1の依頼によって、製品を開発し、その製造した製品の全てをY_1に納品しており、更には、それらの製品の開発について情報を提供していたからといって、直ちにがXを指揮監督する関係にあったとはいえない。また、Y_1から「初期開発費の一部」、「開発分担金」といった名目で製品の代金とは別の金銭を受け取っていたことをもって、Y_1がXを指揮監督する関係にあるとの主張の裏付けとすることはできない。また、本件各機器の開発を計画したのはXであり、その製造、開発の過程で、Y_1はXに顧客の意見を伝え、Xの担当者を顧客先に同行して意見を交換する機会を作り、顧客先から検体を借り出して試験に供する等の協力をしたが、装置の設計、製造、プログラムの作成は一切Xが独自に行ったもので、本件各機器の開発、製造についてY_1がXを指揮監督していたものとは認められない。」

三　判決要旨

㈡　損害賠償の要件である故意または過失の存在

（昭和六〇法六二号による著作権法改正前におけるコンピュータ・プログラムの著作権法による保護）

「……プログラムの著作権法による保護をめぐる裁判例、学説、審議会の報告、関係官庁の立法作業の状況によれば、……昭和五七年から昭和五八年一二月末まで当時は、プログラムは、何らかの法によって保護されなければならないことは社会的認識が一致していたものであり、権利者の明確なプログラムを権限なく模倣、複製する行為は違法であるとの法意識は一般のものとなっていたもので、そのような行為をあえて行う者について故意あるいは過失を認定するのは当然としても、プログラムが著作物として著作権法の適用があるのか、新種の権利として新たな立法によって保護されるもので、……特に、プログラムが収納されたＲＯＭが装置に装着され、一体の製品として取引される場合はどのように法律上扱われるのか、については、法律専門家であっても、確実な意見を述べることができない状況にあったと認めるのが相当である。

右のような状況の下で、……Y_1が自ら模倣、複製し、あるいは他人に模倣、複製させる権原があるものと考えて、……ＭＩＣプログラムを複製させて別のＲＯＭに収納させ、ＸのＭＩＣプログラムについての著作権を侵害したことについて故意又は過失があったものとはいまだ認められない。」

㈢　著作権法一一四条一項の「利益」概念

「……右推定規定の前提には、当該著作物を利用して侵害者が現実にある利益を得ている以上、本来の著作権者が、同様の方法で著作物を利用するかぎり同じ利益を得られる蓋然性があるとの推定を裏付ける社会的事実の認識があるものと認められる。したがって、推定の前提事実である侵害者が侵害の行為により受けた利益の意味も、財務会計上の利益概念にとらわれることなく、推定される事実との関係で定めるべきであり、本件のXのように、……新たな設備投資や従業員の雇用、訓練を要せず、そのままの状態で製造販売ができる台数の範囲内では、Xの逸失利益とは、当該装置一台分の失われた売上額から当該装置の製造販売のための変動経費のみを控除した限界利益とでもいうべきものの、台数分と考えるべきである。……推定される対象の逸失利益がそのようなものである本件の場合は、推定の前提事実である侵害者が侵害の行為により受けた利益も、Y_1製品の売上額からその製造販売のための変動経費のみを控除した額と考えるのが相当であり、Y_1製品の開発費用、製造上の慣熟のために要した人件費、一般管理費、営業外費用、租税公課、製造装置の償却費等は控除の対象としないものと解するのが相当である。」

(四) コンピュータ・プログラム内蔵機器の一部である当該コンピュータ・プログラムのみについて著作権侵害が成立する場合の著作権法一一四条一項の「利益」概念

「Y_1製品は、……プログラムの複製、頒布はXの著作権の侵害であるが、それ以外の装置本体部分の製造、販売は侵害とはいえないから、このような製品の場合には、推定の前提事実となるY_1らの得た利益とは、Y_1製品全体の製造、販売による利益中の当該著作物の寄与による利益をいうものと解するのが相当である。」とし、本件機器のハード部分とソフト部分とは、「いずれも汎用性がなく、……所定の作動をし、所定の性能を維持するためには、双方が不可欠であり、重要性については甲乙つけがたいものである。」とし、ハード部分とソフト部分の開発費の比率を勘案して、プログラムの寄与の割合を三五％と認定した上、「利益の額」を算定した。

四　研　究

(一)　著作物の要件である「創作性」および「創作の高度性」

(1)　著作権法二条一項一号は、著作物の定義として、「思想又は感情を創作的に表現したものであって、文芸、学術、美術又は音楽の範囲に属するものをいう。」と規定し、著作物の要件として、「創作性」を明定している。しかし、中山信弘教授の指摘のごとく、『わが国においてはこの要件について厳格な解釈はなされておらず、何らかの創作的行為の成果であればよいとされている。換言すれば「創作性」とは「模倣でないこと」と解されている。したがって、……幼稚園児の書いた稚拙な絵であっても、単なるいたずら書きであっても、一応法的には「創作性」の要件を満たし著作物たりうることとなる。したがって、この世の中には、無数の著作物が存在し、著作権をもっていない人などはほとんど存在しないと言うことができよう。「創作性」に関するこのような解釈は、絵画・音楽・文学といった古典的な著作物については妥当なものであろうが、プログラムを中心とした技術的な著作物にそのまま妥当するのか否か、という点については再検討を要する。独自に創作したというだけで、ごくありふれたプログラムに著作権という独占権を与えてよいであろうか』（中山信弘・マルチメディアと著作権（岩波新書）二七―二八頁）という問題を、本研究においても考察することとする。

(2)　前述のような「創作性」の解釈についてのわが国の実務と対照的な解釈を採るドイツの実務を概説することとする。

ドイツ著作権法は、コンピュータ・プログラムに関する一九九一年五月一四日のＥＣ閣僚理事会指令一条（保護の対象）三項により改正された一九九三年六月九日付第二次改正著作権法六九条(a)三項の規定により、コンピュータ・プログラム著作物の「創作性」についての基準が、連邦裁判所判例による従来の基準に比し、大幅な修正が加えられ、特に、連邦裁判所インカソ・プログラム „Inkasso-Programm“ およびベトリープスズュステーム „Betriebssystem“ 判決による厳しい基準は緩和せられることになったのであるが（ノルデマン（Nordemann）『著作権法コンメンタール』（八版、一九九四年）四三五頁参照）、前記改正前の基準について考察することも、わが国の実務に資するところがあるのではないかと思料し、以下に紹介することとする。

ドイツ著作権法二条二項（改正後も変更されていない）は、「この法律の意味における著作物とは、個性的特色を有する精神的創作物（persönliche geistige Schöpfungen）をいう」と規定している。

以下、同規定の解釈につき、著作物一般とコンピュータ・プログラムに分説して検討することとする。

(i)　著作物一般について

ドイツ著作権法は、「精神的創作性」の要件以外に、「個性的特色」の存在を、著作物性の要件として規定している。この「個性的特色」なる要件は、作品の制作に際し、個性を発揮し得るための余地の存在を前提とし、この要件の存在により、日常茶飯事として制作される大多数の平凡な作品または定型的な手工業的作品から、著作権による保護を受ける作品が区別せられるメルクマールとなるのであり、この「個性的特色」こそが、著作者の精神的労作を保護し、その著作物に対し独占権を保障する著作権法の目的を具現するものであるとせられる。

さらに、「個性的特色」なる要件は、単に作品に個性的特色が存在するのみでは足らず、「一定の程度に達した」個性的特色を有しなければならない。これを「構成の高度性（Gestaltungshöhe）」と称せられる。したがって、個性的特色は、必要とされる「一定の程度の個性的特色」を有する場合にのみ、著作権の保護を受ける著作物性を獲得することになる。この点につき、ドイツ連邦裁判所インカソ・プログラム „Inkasso-Programm“ 判決（GRUR 誌一九八五年一〇四一―一〇四八頁）は、学術的技術的分野の著作物について、「公知の構成態様に近似する構成はすべて、著作権の保護を受ける精神的創作的労作ではない。著作権により保護せられる著作物性の最低の限界線は、その構成作業が一般的平均的能力を明らかに凌駕する程度に達した場合に初めて、達成せられる」としている。

(ii) コンピュータ・プログラムについて

次に、著作物一般についての原則が、コンピュータ・プログラムにいかに適用せられているかを検討することとする。

著作物一般についての原則と同様、コンピュータ・プログラムについても「精神的創作性」の存在を要件とするが、まず第一に問題となるのは、学術的ないし技術的内容としてのコンピュータ・プログラムの性格上、当該コンピュータ・プログラムのいずれの構成要素に「精神的創作性」が発現せられているかの点、すなわち「精神的創作性要素」確定の問題である。次に、「精神的創作性」が確定せられた構成要素が、著作物性の要件である「個性的特色」を有し、かつ、その個性的特色が、「構成の高度性」の要件を充足しているか否かが検討されなければならない。この点につき、ドイツ連邦裁判所は、前掲インカソ・プログラム „Inkasso-Programm" 判決において、次のように述べている。

「〔コンピュータ・プログラムの著作物性については〕、次の二段階についての検討が必要であり、まず第一段階として、問題とされているコンピュータ・プログラムと公知のプログラム構成との全体的比較をなし、当該プログラムの具体的構成が、公知のプログラム構成に比し個性的特色を有しているか否かが検討されなければならない。その際、まず、公知のプログラム並びに公知または慣用的な配列・システム・構造原理・区分原理による個々の作業段階の結果を検討し、それらに近似の構成はすべて、創作的特色を有しない。また、公知に属するものの単なる機械的・技術的な継続的開発またはその延長線上の開発も、同様に、創作的特色を有しない。これに反し、前記の公知のプログラム構成との全体的比較の結果、問題のプログラムに創作的特色が確定される場合には、更に第二段階として、当該プログラムは、著作物性の要件として必要とされる「構成の高度性」を有するか否か、が検討されなければならない。これには、創作的特色につき、平均的能力を有するプログラマーの所産（作業結果）との対比によって行われる。したがって、単純な手仕事的なもの、または、資料の機械的・技術的な羅列および組合せにすぎないものは、著作物性を有しない。すなわち、平均的能力による所産から著しく卓越した能力による所産の場合に初めて、著作権による保護要件の最下限の限界線を充足することになる。換言すれば、それは、コンピュータ・プログラムの創作的構成作業が、情報の選択・収集・配列・区分および指令において、一般的平均的能力を明らかに超える限界線でもある。」としている。

また、コンピュータ・プログラムに関する大多数の争訟事案においては、専門家による鑑定が必要となるであろうとし、コンピュータ・プログラムの作成についての一般的平均的能力を超える限界線として、次のような点が基準になるとしている。

(a)　課題の設定から必然的に導き出されるようなプログラムのプロセスおよび命令構造のごとき、単純なプログラム構成ではないこと。

(b)　プログラムの構成に際し、プログラマーが、種々異なった方式・プロセス・ヴァリエーションの内から、自由に選択し得る余地の存在するものであること。

(c)　プログラムが、一般に公知のプログラム構成からの算数的・技術的延長線上のものでないこと。

(3) 以上はドイツ著作権法における「創作性」についての概要であるが、わが国の裁判例においても、「創作性」の要件について、ドイツ著作権法二条二項と同様の「個性的相違」または「個性的特徴」なる概念を包含するものとして用いており、著作物のカテゴリーにより「創作の高度性」の程度に多少差異を生ずるであろうが、我が国においても、上記ドイツ著作権法運用の実務に照らし、「創作性」の要件を厳しく検討すべき時期ではないかと思料せられる。これは、将来その到来が予想されるマルチメディア時代における大量の情報利用を容易にする道にも通ずるのではないであろうか。今後の判例・学説の蓄積に期待したい。

㈡ 著作権の帰属（法人著作）

(1) Y_1は、その反論として、本件コンピュータ・プログラムにつき、著作権法一五条による法人著作として、Y_1にその著作権が帰属する旨主張しているが、前掲判示のように、XとY_1とは全く独立した別法人として、人的・物的にも関連性がなく、本件コンピュータ機器の開発も、初期の段階では開発委託契約関係として、また、後の段階では製品の売買契約関係として把握されるが故に、後述のごとく、Xの本件コンピュータ・プログラムの開発に従事したXの従業者は、著作権法一五条というY_1の「業務に従事する者」とは、いい得ないであろう。

Y_1は、Y_1とXのコンピュータ・プログラム開発要員との間に、開発上の指揮監督関係があり、したがって、著作権法一五条の法人著作の要件を充足すると主張し、本判決もこれに対応する判示をしており、また、これを支持する学説も存在する（半田正夫・著作権法概説（一粒社、四版）六八頁、中山信弘・ソフトウエアの法的保護（有斐閣）、五八―六一頁、三木茂「ソフトウエアの委託と開発と法人著作の関係」民商法雑誌一〇七巻四＝五号五七七―五七八頁、野一色勲「法人著作と退職従業者」同誌五九八―五九九頁）。これに対し、法人著作における「従業者」とは、法人等との間に雇用関係の認められる者を意味し、出向とか派遣というような法人等とは直接には雇傭関係にない者の作成した著作物については、「職務著作」は成立しないとし、法人等が「著作者」とされる規定は例外規定であり、その解釈適用には努めて厳格でなければならない、とする見解がある（斉藤博「著作物の利用と発明の実施」特許研究三号一九八九年三号六頁、一一頁、同・概説著作権法（一粒社）八二―八三頁）。

おもうに、法人等の従業者の作成した著作物が当該法人等に帰属するとする著作権法一五条の「法人著作」は、民法六二三条による従業者と法人等との間の雇傭関係ないし労働関係の存在を想定した規定であり、相互交換思考（Austauschgedanken）に基づく、使用者の賃金支払義務に対する反対給付として、被使用者の労務（精神的・肉体的）提供義務が存在し、右労務の質的および量的内容についての危険負担はすべて、使用者が負担し、他方、被使用者の提供する労務の結果（プラス・マイナスを含め）は、当該労働契約の範囲内で、すべて使用者に帰属する関係を要件とするものであり、この関係こそが、被使用者の生産した有体物と同様、無体財産権である著作物についても、使用者に帰属せしめる根拠となるのである（Hubmann „Das Recht am Arbeitsergebnis“ in Festschrift für Alfred Hueck, 1959, S. 43ff.; Botschaft „Der Arbeitsvertrag“ 1967, S. 63, 124.)。以上よりして、使用者の

「指揮監督」なる概念は、被使用者の職務著作物を使用者に帰属せしめるメルクマールとしては、不適切であると思料せられる。

以上の観点より、出向および人材派遣の場合を考察すれば、出向社員および人材派遣会社による被派遣者は、賃金の反対給付を受けて――この場合、賃金の支給者である派遣会社は、単に職業斡旋的性格を有するにすぎないが故に、賃金の支払者が派遣会社であることは問題にする必要はない――、被出向企業または被派遣会社のために労務を提供する関係にあるが故に、真正の雇傭関係ないし労働関係に準ずるものとして、その労務の結果は、被出向企業または被派遣会社に帰属することとなる。これに反し、本件の場合のように、下請企業にプログラムの開発を委託する場合には、前述のような関係にないため、法人著作ないし職務著作が成立する余地はない。

(2)　なお本件は、コンピュータ・プログラム内蔵機器の製作請負に関し、内蔵コンピュータ・プログラムの法人著作の帰属を争点とする事案であるが、著作物一般について著作物製作の発注者と受注者との関係について考察すれば、受注者によって製作された著作物に対する著作権は、受注者に帰属するが、例外的に、発注者が、受注者に製作上の提案、要望もしくは指示等を与えている場合に、それらに〔研究〕1において述べたような著作権法上の意味における創作的寄与が存する場合に限り、単独の著作者または受注者との共同著作者としての地位を獲得する場合があり得る。

本件について言えば、Y_1が主張するY_1による開発費の負担、技術資料および技術情報の提供、試験用検体の提供等は、著作権法上の意味における「創作的寄与」とはいい得ないが、他方、Y_1は、「開発の全過程を主導したのはY_1であり、……具体的な製品仕様を定め、製品過程においても逐次生ずる機能、技術面の諸問題に対処し、必要な指示や決定を行って製品を完成に導いた」と述べており、これらの主張は、単に抽象的な叙述にとどまり、その具体的な内容が明らかにされていないが、その具体的な内容が明らかにされ、仮にその具体的な内容が本件コンピュータ・プログラムの制作に著作権法上の意味における「創作的寄与」が存在するならば、Xとの共同著作または単独著作が成立する可能性もあり得る。

㈢　損害賠償

(1)　昭和六〇年法律第六二号による著作権法改正前におけるコンピュータ・プログラムの侵害行為における故意または過失の認定

本判決は、「……昭和五七年から昭和五八年一二月末までの当時は、……プログラムが、著作物として著作権法の適用があるのか、新種の権利として新たな立法によって保護されるもので、……その場合どのような内容となるのか、……については、法律の専門家であっても、確実な意見を述べることができない状況にあった……」として、上記期間におけるY_1による著作権侵害について、故意または過失の存在を否定した。

しかし、不法行為法における一般原則として、事実および法律の錯誤は、故意を阻却することはあっても、過失を阻却することはないのであり、本件は、法律の錯誤に関するもので、本判決掲記のように、学説中にその帰結について争いが存在していた場合においても、法律の錯誤についての危険負担は、その行為者に帰せしめられるべきである。特に、本件において、本判決摘示のように東京地方裁判所、大阪地方裁判所、横浜地方裁判所等、工業所有権法特別部を設ける主要下級裁判所において、一致してプログラムを著作物と認め、これを複製する行為を著作権の侵害に当たる旨判断し、これに反する上級裁判所の判断が存在しない状況においては、少なくとも過失は阻却しないと解すべきであろう。

(2) 著作権法一一四条一項の「利益」概念

本規定と同様の推定規定は、特許法一〇二条一項、実用新案法二九条一項、意匠法三九条一項、商標法三八条一項（ほかに、不正競争防止法五条一項、商法二六六条四項）等に存在し、これらに規定されている「利益」とは、侵害者の売上高から製造原価を控除して算出した荒利益から、さらに、販売経費、広告宣伝費、運送費、荷造費、設備償却費、利息、租税公課、給料および一般管理費等の必要経費を控除した会計学上の純利益と解するのが、従来の判例・通説の立場であった。その根拠として、中山信弘編著「注解特許法上巻」青柳昤子執筆八六八頁は、「本項が基礎をおく民法七〇九条は、現実に被った損害を賠償せしめるものであるところ、権利者の逸失利益相当損害と観念されるもの自体が、本来の必要経費を除外した純利益相当額である。従って、立証責任軽減のための損害額の推定規定に止まり、何らの制裁的意味を持たないと解されている本項によって、権利者の損害額と推定される侵害者の利益額もまた、必要経費を控除した純利益額と解すべきである。」としている。

これに対し、本判決は、本条にいう「利益」とは、権利者側のいわゆる「限界利益」であるとし（田村善之「特許権侵害に対する損害賠償四・完」法協一〇八巻一六〇二頁参照）、権利者側の生産態勢の完熟度よりして、新たな設備投資、熟練労働力の新たな投入等を要せず生産し得る数量の範囲内での製品についての権利者側の予測生産数量ないし予測売上高を基準とし、この額から権利者側の変動経費を控除するのであり、その限度において、侵害者側の侵害により受けた利益の額を問題とせず、むしろ、権利者側の受くべきであった逸失利益の額を問題とすることになるのであるから、結論として、民法七〇九条の逸失利益相当損害の算定方式と、侵害行為と逸失利益の額との因果関係存在の要件を除き、何ら異なるところはない。これを法解釈論の観点から考察すれば、民法七〇九条の特別規定である著作権法一一四条一項により、民法七〇九条の一般不法行為による損害賠償請求における侵害行為と逸失利益の額との因果関係の立証責任を不要とすると解し得るか否かの問題として把握することができる。いずれにしても、従来の損害賠償理論に一石を投ずるものとして、今後の学説・判例の動向に注目したい。

(3)　製品の一部が侵害となる場合の「利益」の算定

前述のごとく、Xは、本件コンピュータ・プログラムの不代替性・重要性からして、本件コンピュータ・プログラム内蔵機器の販売利益に対する寄与率は、一〇〇％であると主張したのに対し、Y1らは、測定装置部分がメインであり、プログラム部分は、測定装置部分を効率的に作動させる手段的なものであるから、機器の売上高に対するプログラムの寄与率は、極めて小さいと反論し、本判決は、ハード部分とソフト部分は、所定の性能を維持するためには、双方が不可欠であり、重要性について甲乙つけ難いものであるとし、結局、ハード部分とソフト部分の開発費の割合をもって、利益算定の基準とした。

しかし、本件においては、ハードとソフトという全く異質の技術分野についての開発費であり、その技術的価値を評価する一応の要素とはなり得ても、その決定的要素ではなく、その売上高に寄与する割合を正確に反映するものでもない。本件のような製品の陳腐化が激しい技術分野での製品については、製品購入者の購入意思決定への影響度が重要視されるべきであり、本件のようなソフト部分を装備していない装置は、購入者の需要を満足せしめないもので、市場性が乏しいものであるのか——この場合には、ソフト部分の寄与率は大となる——、あるいは、ソフト部分を装備しないハード部分のみにても市場性があるのか、市場性があるとする場合に、ソフト部分を装備している装置との価格差等が検討さるべきであろう。

IX　雑誌のインタヴュー記事の著作物性およびその著作者（法人著作）、複製権と翻案権の関係、同一性保持権

インタヴュー記事事件

東京地裁平成一〇年一〇月二九日判決、平成七年（ワ）第一九四五五号・著作権侵害差止等請求事件

一部認容、一部棄却（一部控訴、一部確定）

判例時報一六五八号一六六頁、判例タイムズ九八八号二七一頁

一　要　旨

本件は、人気アイドルグループ「SMAP」のメンバー六名および彼らに対するインタヴュー記事を掲載する雑誌を発行した出版社四社が、その雑誌記事に基づいて編輯したとする書籍を出版した出版社とその代表取締役に対し、著作権及び著作者人格権に基づいて、その書籍の発行の差止め及び廃棄、損害賠償並びに謝罪広告を求めた事案であり、雑誌のインタヴュー記事の著作物性およびその著作者（法人著作）の認定、複製権・翻案権・同一性保持権等、著作権法上の種々の問題点についての判示がなされている。

以下の（**四**　研究）において述べるように、著者は、本件雑誌のインタヴュー記事の著作物性を否定する見解を採るが故に、本件についての爾余の争点は問題とならないのであるが、講学上の一般論として、これらの点についてドイツ連邦裁判所の判例・学説を参酌しつつ考察することとする。

二　事案の概要

本件事案は、「SMAP 大研究」と題し、人気アイドルグループ「SMAP」（スマップ）のメンバーである原告X_1（中居正広）、同X_2（森且行）、同X_3（稲垣吾郎）、同X_4（草彅剛）、同X_5（香取慎吾）、同X_6

（木村拓哉）のプロフィールを、各人の生い立ち・家族関係・芸能界に入ることになった動機・芸能活動でのエピソード・恋愛観・女性観・生活心情等の内容を中心として描写した被告書籍の出版に対し、掲記内容は、原告X_7〜X_{10}（四出版社）が発行する雑誌（X_7は雑誌「JUNON」、X_8は雑誌「SPA！」、X_9は雑誌「POTATO」、X_{10}は雑誌「an・an」）に掲載された前記X_1〜X_6各人のインタビュー記事を模倣盗用ないし改変したものであり、X_1〜X_6は各原告個人として、また、原告X_7〜X_{10}出版社らはそれぞれ、被告書籍の出版社およびその代表者（以下Yらとする）に対し、著作権侵害により提訴したものである。

前記被告書籍（甲第一号証）は、頁数二三二頁、第一章中居正広（X_1）について三三頁が、第二章森且行（X_2）について二五頁が、第三章稲垣吾郎（X_3）について二三頁が、第四章草彅剛（X_4）について一九頁が、第五章香取慎吾（X_5）について二五頁が、第六章木村拓哉（X_6）について二七頁が、第七章SMAP Another Historyについて五四頁が、最後に、原告雑誌の記事の断片のみを抽出して構成されたSMAP語録について一二頁が、それぞれ割かれている。

他方、X_7〜X_{10}が発行する各雑誌（甲第二号証の一ないし一七）は、二頁ないし五頁前後の頁数を割いてX_1〜X_6各人の記事を掲載している。本件判決書添付（別紙六）の原告記事と被告書籍の対照表は一一九頁の大部に達するが、紙幅の関係上、前記被告書籍「第四章草彅剛（X_4）」の部分にのみ限定して考究することとする。

被告書籍「第四章　草彅剛（X_4）」の部分に対応する原告記事は、判決書添付**（別紙七）一覧表**の左欄「対照表の番号」32Aから41の部分であり、この部分は、甲第二号証の15・3・14の各原告雑誌に掲載されている。以下、これらの記事の態様を抽出する。

甲第二号証の一五

X_{10}（マガジンハウス）の発行する雑誌に掲載されたSMAPメンバー六名（X_1〜X_6）のプロフィールを、一頁の紙面に各人毎のインタヴュー記事として取材されている。「草彅剛（X_4）」の記事には、その冒頭に「メンバーといても一人のときも、どこまでもマイペースな超然派。」なる見出しが付されている。

甲第二号証の三

X_7（主婦と生活社）の発行する雑誌に掲載された「草彅剛（X_4）」についてのみのインタヴュー記事で、「静かな男が自信を持つ時。」なる表題が付され、インタヴューの内容について、「『教科書忘れたから見せて』のひとことがいえないほど内気で、人見知りのはげしい子供だった。」「メンバーと、夜中じゅう人生談義をすることも。もちろん、たまにだけどケンカだってするんだよ。」「仕事と両立しながらの高校三年間、一度も遅刻なし。毎朝六時起床はつらかったけど自信になった。」との見出しが、各段落の冒頭に付されている。

甲第二号証の一四

X_9（学習研究社）の発行する雑誌に掲載された中居正広（X_1）と草彅剛（X_4）のインタヴュー記事で「二人が、ちょっと照れながらもまじめに話してくれた〝お互いについて〟」なる副題が付されている。

判決書添付（別紙七）一覧表「対照表の番号」32Aないし41についての侵害の有無の判断は、複製権侵害三か所、翻案権侵害四か所、非侵害六か所となっている。

三　判決要旨

1　争点㈠—著作物性

1　著作物とは、「思想又は感情を創作的に表現したものであって、文芸、学術、美術又は音楽の範囲に属するもの」をいい（著作権法二条一項一号）、「事実の伝達にすぎない雑報及び時事の報道」は、著作物に該当しないとされている（同一〇条二項）。

右の「思想又は感情」は人間の精神活動全般を指し、単に事実（社会的事実、歴史的事実、自然現象に関する事実等）のみを記載したものは著作物には当たらない。また、「創作的」とは、表現の内容について独創性や新規性があることを必要とするものではなく、思想又は感情を表現する具体的形式に作成者の個性が表れていれば足りる。したがって、客観的な事実を素材とする表現であっても、取り上げる素材の選択、配列や、具体的な用語の選択、言い回しその他の文章表現に創作性が認められ、作成者の評価、批判等の思想、感情が表現されていれば著作物に該当するということができ、著作権法一〇条二項は、単なる日々の社会事象そのままの報道や、人事異動、死亡記事等、事実だけを羅列した記事が著作物でないことを確認的に規定したものである。さらに、「文芸、学術、美術又は音楽の範囲に属する」とは、知的、文化的精神活動の所産全般を指すものである。また、一個の著作物の一部でも、その部分のみで右にいう思想又は感情の創作的表現であると認められれば、これを著作物ということができる。

2　これを本件についてみるに、原告記事のうち、原告らが著作権、著作者人格権の侵害があったと主張する別紙六「対照表」記載の原告記事のうちには、専ら原告個人らに関する事実を内容とするものもあるが、当該事実を別の表現方法を用いて記述することも可能であると解され、具体的な文章表現に各原告記事を作成した者の個性が表れているといえるから、これらも著作物であるということができる。

3　したがって、右対照表記載の原告記事は、いずれも著作権法にいう著作物に該当すると認められる。

2　争点(二)──著作者・著作権者

1　著作者とは「著作物を創作する者」をいい（著作権法二条一項二号）、現実に当該著作物の創作活動に携わった者が著作者となるのであって、作成に当たり単にアイデアや素材を提供した者、補助的な役割を果たしたにすぎない者など、その関与の程度、態様からして当該著作物につき自己の思想又は感情を創作的に表現したと評価できない者は著作者に当たらない。そして、本件において原告らがその著作物であると主張する原告記事のように、文書として表現された言語の著作物の場合は、実際に文書の作成に創作的に携わり、文書としての表現を創作した者がその著作者であるというべきである。

また、法人等の発意に基づきその法人等の業務に従事する者が職務上作成する著作物で、その法人等が自己の著作の名義の下に公表するものについては、別段の定めがない限り、その法人等が著作者となる（著作権法一五条一項）。右の「法人等の業務に従事する者」には、法人等と雇用関係にある者だけでなく、法人等との間に著作物の作成に関する指揮命令関係があり、法人等に当該著作物の著作権を原始的に帰属させることを前提にしている関係にある者も含まれると解される。
2　これを本件についてみるに、以下の事実が認められる。
(一)　原告記事の作成経過は、概ね次のとおりである。
(1)　原告出版社らの編集部において、原告個人（X_1～X_6）らに関する記事を雑誌に掲載する企画を立て、記事のテーマや作成方針、原告個人らに対する具体的な質問内容、取材の日時及び場所並びに実際に取材をして記事の文章を作成する執筆者を決める。
(2)　（省略）
(3)　執筆者は、担当者と打ち合わせたところに従って原告個人らに対する取材を行う。取材は、執筆者が原告個人らに対して一問一答形式でインタヴューをする形で進められ、執筆者は、インタヴューの内容をテープに録音するとともに、取材相手の表情やその時の状況等を取材メモに書き留めていく。
(4)　執筆者は、インタヴューの結果を一字一句そのまま機械的に記事にすることはなく、編集部

三　判決要旨

が指定した文字数の範囲内で当該企画のテーマに沿った内容の文章を作るために、執筆者自身の創意工夫を交えつつ、インタヴューの中から記事に盛り込む話題を取捨選択したり、会話の順序を並べ替えたり、読者が分かりやすい表現に変えたり、補足・要約したりする。

(5)　編集部においては、執筆者が作成した原稿が決められた企画のテーマに沿っているか、誰にでもわかりやすい内容になっているかなどの観点から原稿をチェックし、修正を要する箇所がある場合は、執筆者に対し原稿の手直しを指示する。

(二)　各原告記事を執筆した九名のうち三名は原告出版社らの従業員ではなく、いわゆるフリーライターであるが、右九名の執筆者はいずれも、原告出版社らの指揮監督の下にその職務上原告記事の作成業務に従事したものであることを認め、その著作権が当初から原告出版社らに帰属することを了解している。

(三)　（省略）

(四)　（省略）

3　右認定の事実を総合すれば、実際に原告記事の文書の作成に携わり、これを創作したのは、各記事の執筆者であるということができるが、各執筆者は、原告出版社らから記事の作成を依頼され、その指揮命令に従いながらこれを執筆したのであり、しかも、原告出版社らに原告記事の著作権を原始的に帰属させるという認識であったのであるから、原告記事は、いずれも原告出版社らの発意に基づきその業務に従事する者がその職務上作成した著作物であると認められる。また、原告記事が原告出版社らの著作名義の下に公表された点は被告らの争うところではなく、原告記事の著作者を誰とするかに関し別段の定めがあったことをうかがわせる証拠はない。したがって、原告主婦と生活社（X_7）は原告記事①ないし⑩の、原告扶桑社（X_8）は原告記事⑰の、原告学習研究社（X_9）は原告記事⑪ないし⑭の、原告マガジンハウス（X_{10}）は原告記事⑮及び⑯の著作者であると認められる。（前記番号は、判決別紙五「原告記事目録」のX_7〜X_{10}出版社のX_1〜X_6らに対する記事記載番号を意味する——筆者注記）

4　原告らは、原告個人ら（X_1〜X_6）も原告記事の著作者であり著作権者であると主張するので、この点につき検討する。

(一)　（省略）

(二)　(一)以外の原告記事は、その体裁上、原告個人らの発言を主たる内容として構成されているところ、インタヴュー等の口述を基に作成された雑誌記事等の文書については、文書作成への関与の態様及び程度により、口述者が、文書の執筆者とともに共同著作者となる場合、当該文書を二次的著作物とする原著作物の著作者であると解すべき場合、文書作成のための素材を提供したにすぎず著作者とはいえない場合などがあると考えられる。すなわち、口述した言葉を逐語的にそのまま文書化した場合や、口述内容に基づいて作成された原稿を口述者が閲読し表現を加除訂正して文書を完成させた場合など、文書としての表現の作成に口述者が創作的に関与したといえる場合には、口述者が単独又は文書執筆者と共同で当該文書の著作者になるものと解すべきである。

これに対し、あらかじめ用意された質問に口述者が回答した内容が執筆者側の企画、方針等に応じて取捨選択され、執筆者により更に表現上の加除訂正等が加えられて文書が作成され、その過程において口述者が手を加えていない場合には、口述者は、文書表現の作成に創作的に関与したということはできず、単に文書作成のための素材を提供したにとどまるものであるから、文書の著作者とはならないと解すべきである。

これを本件についてみるに、原告個人らが、発言がそのまま文書化されることを予定してインタヴューに応じたり、記事の原稿を閲読して、その内容、表現に加除訂正を加えたことをうかがわせる証拠はなく、かえって、前記認定の原告記事の作成経過からすれば、原告個人らに対するインタヴューは、原告出版社らの企画に沿った原告記事を作成するに際して、素材収集のために行われたにすぎないものと認められる。

㈢　したがって、原告個人らを原告記事の著作者ということはできない。

3　争点㈢——著作権・著作者人格権の侵害

1　まず、著作権侵害の有無につき、検討する。

㈠　(1)　複製とは、「印刷、写真、複写、録音、録画その他の方法により有形的に再製すること」であり（著作権法二条一項一五号）、既存の著作物に依拠して、その内容及び形式を覚知させるに足りるもの、すなわち、これと表現形式上同一性を有するものを作成することをいう。複製には、表現が完全に一致する場合に限らず、具体的な表現形式（言語の著作物においては、叙述の順序、用語、言い回し等の文面上の表現がこれに当たる。）に多少の修正、増減、変更等が加えられていても、表現形式の同一性が実質的に維持されている場合も含まれるが、誰が書いても似たような表現にしかならない場合や、当該思想又は感情を表現する方法が限られている場合には、同一性の認められる範囲は狭くなると解される。

(2)　翻案とは、著作権法二七条にいう「著作物を翻訳し、編曲し、若しくは変形し、又は脚色し、映画化」する行為と同様に、いずれか一方の作品に接したときに他方の作品との同一性に思い至る程度に両者の基本的な内容が同一である著作物を創作することであり、既存の著作物に依拠して、それとは表現形式が異なるものの、その創作に係る本質的な特徴を直接感得することのできる別の著作物を、創作する行為をいう。

(3)　他方、著作権は創作的な表現を保護するものであるから、既存の著作物の利用を著作権侵害というためには、その中の創作的な表現形式を複製又は翻案したものであることを要し、既存の著作物の内容となっている事実のみを抽出してこれを再製した場合など、既存の著作物中の創作性の認められない部分を利用したにすぎない場合には、複製権又は翻案権を侵害しないものというべきである。

(二)　本件において原告らが著作権を侵害されたと主張する**別紙六「対照表」**記載の部分につきこれを見るに、**別紙七「一覧表」**の「複製」欄に「○」印を付した部分は、被告書籍と原告記事の表現形式が実質的に同一であると認められ、被告書籍は原告記事の内容及び形式を覚知させるに足りるということができるから、複製権の侵害に当たるものというべきである。また、右一覧表の「翻案」欄に

「〇」印を付した部分は、被告書籍の記述から原告記事の創作に係る本質的な特徴を直接感得することができるから、翻案権を侵害するものというべきである。これに対し、右一覧表の「非侵害」欄に「事実のみ同一」と記載したものは、対応する原告記事と被告書籍とで共通する点は記述の対象となっている事実内容のみであって、創作的特徴を含まないと認められるから、複製権又は翻案権の侵害には当たらない。また、右欄に「同一性なし」と記載したものは、両者の間に複製又は翻案の関係があるといえるほどの同一性があるとは認められず、原告記事の著作権を侵害するものではないと判断される。

㈢　被告書籍の執筆に当たり原告記事が参考とされたことは被告らが認めているところであり、さらに、右認定のとおり、両者の表現に同一性のある部分が多数認められることからすれば、被告書籍は原告記事に依拠して作成されたということができる。

㈣　したがって、原告主婦と生活社（X_7）が著作権者である原告記事については四四ヵ所（複製権三〇ヵ所、翻案権一四か所）の、原告扶桑社（X_8）が著作権者である原告記事については二か所（複製権のみ）の、原告学習研究社（X_9）が著作権者である原告記事については二ヵ所（複製権のみ）の、原告マガジンハウス（X_{10}）が著作権者である原告記事については二〇ヵ所（複製権一六か所、翻案権四ケ所）の記述につき、被告らによる著作権侵害があると認められる。

2　次に、著作者人格権の侵害の有無につき検討する。

㈠　被告らが原告記事の一部につき複製権及び翻案権を侵害したことは、右に述べたとおりであり、被告書籍中には、原告記事を複製し又は翻案した記述があるのにもかかわらず、著作者として原告出版社らの名称が表示されていない（甲一）。

したがって、被告らは、右のとおり著作権を侵害した部分につき、原告出版社らの氏名表示権（著作権法一九条一項）をも侵害したものである。

㈡　また、被告らは、原告記事を複製又は翻案するに際して、**別紙六「対照表」**記載のとおり、原告記事の表現に変更、切除その他の改変を加えているから、原告記事のうち当該部分についての原告出版社らの同一性保持権（著作権法二〇条一項）を侵害したものと認められる。

なお、同一性保持権による著作者の人格的利益保護を例外的に制限する規定であり、かつ、同じく改変が許容される例外的場合として規定された著作権法二〇条二項一号ないし三号の掲げる内容との関係からすれば、同項四号の「やむを得ないと認められる改変」に該当するというためには、著作物の性質並びにその利用の目的及び態様に照らし、著作物の改変につき、同項一号ないし三号に掲げられた例外的場合と同様に強度の必要性が存在することを要するものと解するのが相当である。本件においては、右のような強度の必要性が存在したとは認められない。

㈢　したがって、被告らの行為により原告出版社らの著作者人格権が侵害されたものと認められる。

3　以上によれば、被告らが被告書籍を出版した行為は、原告出版社らの著作権及び著作者人格権を侵害するから、原告出版社らは被告らに対し、侵害行為の停止及び予防を求めることができる。

そして、原告出版社らの著作権及び著作者人格権の侵害に該当する記載は被告書籍の一部に存するにとどまるが、**別紙七「一覧表」**記載のとおり、侵害部分は被告書籍の全体にわたっており、しかも、非侵害の部分と不可分であるから、被告書籍全体について差止め等を求めることができると解するのが相当である（別紙のうち**別紙六「対照表」**第四章草薙剛以外は省略、著者注）。

41	甲第2号証の15 （an・an 94年5月6日　20頁草彅剛の1段11行～2段17行） ふと見せる表情といい、視線の方向といい、確かに彼は時折、すーっと自分一人の世界に入り込んでしまうような感がある。それを自ら「天然ボケがあって」と自嘲するが、そんな自分をむしろ面白がっている感じだ。 「最近は、僕のそういう一風変わったところを面白いっていってくれる人が出てきて、いままで考えたこともなかったけれど、じゃあ、バラエティーみたいな領域もいけるんじゃないかと思い始めているんです」 　めまぐるしい芸能界にいて、あせらず、あくまで自分のテンポで“草彅剛”というポジションをつくり上げてきた。無理して格好つけるようなところはまるでなくて、スターとは思えないほど純朴だ。“自分は自分”という彼の潔さは、この時代、とても尊いもののように思う。	（108頁12行～109頁10行） おっとりとした口調はいまでも変わらないが、ふと見せる表情といい、視線の方向といい、彼は時折、すーっと自分一人の世界に入り込んでしまう時がある。 　それを自ら、 「天然ボケがあって……」 と自嘲するが、そんな自分をむしろ面白がっている感じにも見える。 最近では彼のそんな一風変わったところを買う人がいて、これからはバラエティの領域もいけるのではないかという話もあるほどだ。 　めまぐるしい芸能界にいて、焦らず、あくまでも自分のテンポで“草彅剛”というポジションを作りあげてきた。 　ムリしてカッコつけるところはまるでなく、スターとは思えないほど純朴で、 「着る服装の好みや髪型が変わっても自分は自分、芯は変わらない」 という彼の潔さは、この時代尊いもののように思える。

って決めたことを三年間やり通したおかげで自分に自信が持てたってこと。そのせいか、今年の春に学校を卒業してから少しずつ自分自身が変わってきてるような気がするんだ。

もちろんそれだけじゃなくて、コンサートや舞台を経験して、小さい声でさえしゃべれなかった僕がステージの上で大声を出せるようになったり、握手会で、右手がドラえもんのように腫れちゃうくらいたくさんのファンの人たちと会ったりしたことなんかを積み重ねて、ちょっとずつちょっとずつ自信をもてるようになってきたんだと思う。

誰だってつらいこと。しかし、それが許されるのであればその行為に素直に甘えてしまえば、とついラクな方に流されてしまいそうになったこともある。

が、結局流されることはなく、高校生活三年間、入学当初宣言した通り無遅刻で通した。

学校というのは遅刻しないで行くのがあたり前なのだが、芸能界という世界にいるとそれだけで甘やかされてしまうことが多い。その甘えに慣れたり、いい気になっていては、誰も成長できない。

決められたことをきちんとやり、何かをしてもらったら感謝の気持ちを示す、人として当たり前のことができる真面目な人間でいたいと彼は言う。

“無遅刻で学校に来たからって何もトクすることはない”

とクラスメートの誰かが言ったように、当たり前のことをしただけで何も自分に変化があるわけではない、と誰もが思うだろうが、彼にとってはそれが大きな勲章のように輝いている。

自分で決めたことを三年間やり通したおかげで、それまで何に対しても自信が持てずにウジウジとしていた自分が少しづつ変わりつつあることを感じていた。

小さい声でさえロクにしゃべることができなかった彼が、コンサートや舞台で大声を出せるようになったり、握手会で右手がドラえもんのように腫れるまでファンのコたちと会ったり、そういったことの積み重ねで彼は少しずつ変化していった。

僕が通ってた高校は芸能活動に理解のある学校だったから、仕事を理由にすれば遅刻しても大目に見られたんだ。別に、僕も最初から絶対遅刻しないぞ、なんて思ってたわけじゃなかった。まわりからもよく、「仕事と両立で卒業できるかなあ」みたいなこともいわれちゃってたしね。

それで発奮したところもあったのかな。自分で高校に行くことを決めたんだからちゃんと行こうって思ったんだ。それには、まず遅刻をしないことだって決めたの。一度決めちゃうとこだわるタイプだから、何が何でもやらないと気がすまなくなった。

だけど、一クラス四〇人いるのに朝から来ている人が４人しかいなかったりすると、僕もラクをしちゃおうかなあなんて思ったりもしたよ。だって、やっぱり朝早く起きるのはイヤだし眠いじゃない。そうすると、許されるんだから今日はちょっと……みたいな気も起こるよね。でも結局、ラクなほうには流されなかったね。僕、こう見えても意志は強いほうなんだ（笑）。

だけど、考えてみると、学校なんて遅刻しないでいくのが当然なんだから、みんなから「スゴイね」みたいなことをいわれると恐縮しちゃう。やっぱりさ、こういう仕事してるからって甘やかされることってあるけど、それに慣れたり、いい気になっちゃいけないと思うんだ。たとえば、決められたことはキチンとやるとか、何かをしてもらったら感謝の気持ちを示すとか、人としてあたりまえのことがちゃんとできる真面目な人間でいたいよね。

ただ、ひとついえるのは、そうやだが…。

そもそも最初から、
“絶対遅刻はしないぞ！”
と思っていたわけではなく、両親、友達はもちろん、メンバーにも、「仕事と学校の両立で卒業できないんじゃないのぉ〜？」
と言われ、それで発奮したところもあったのだろう。

自分から仕事よりも学業に専念すると決めた以上、最後までそれを貫き通す。それにはまず、遅刻しないこと、とまわりに宣言した。一度決めると、とことんこだわるタイプで何が何でもやらないと気が済まないところまでいってしまうのだ。

しかし、それを実行に移すのは簡単なことではない。実家から学校まで近いならまだしも、彼の家は埼玉県の外れ。六時には起床して、六時三十分には家を出て、一時間四十分かけて学校に通わなければならない。

仕事をしていれば家に帰ってくるのが、二、三時になるということも珍しくはなく、さすがに朝はつらかった。

六時になった目覚ましを止めて、布団の中で一人ウトウトする。
“昨日は仕事遅かったんだし、今日は遅刻していってもいいよな”

そんな考えが頭の中をよぎるが、結局起きてしまう。寝グセだらけの髪もそのままに、いつものように一時間四十分後には学校の教室にいた。

一クラス四十人いるはずなのに、朝から教室に来ているのはたったの四、五人。
（107頁６行〜108頁11行）
②仕事が終わって朝早く起きるのは

35A	甲第２号証の３ （JUNON 93年12月　119頁３段８行〜39行） 　でも、実際にこの世界に入ってみると、身体を動かせるだけじゃダメで、しゃべりもちゃんとできなきゃやっていけないってすぐわかった。踊れればいいなんて簡単に考えてたもんだから、これは甘かったって思ったよ（笑）。	（103頁３行〜６行） 「実際、芸能界に入ってみたら、踊っているだけじゃダメだってすぐに分かった。考えが甘かったかなぁって」 　好きな踊りには非常に熱心に練習して取り組むが、嫌いだったり、苦手だったりすることに関しては完全にソッポを向いてしまう。
38B	甲第２号証の14 （POTATO 92年６月　13頁２段８行〜11行） 　自分の好きなことに対しては、すごく熱心にやってるのはわかる。だけど自分の不得意なことにはそっぽ向いているからね。	
39A	甲第２号証の３ （JUNON 93年12月　119頁４段２行〜４行） 僕がしゃべれなかったり失敗したりしても、必ず誰かがフォローしてくれて何度も助けてもらった。	（104頁９行〜10行） ①最初の頃はいつもまわりにいたメンバーが、彼がしゃべれなかったり失敗したりしても必ずフォローして助けてくれていたが、
39B	（JUNON 93年12月　119頁４段46行〜121頁２行） 僕、わりとヘンなところにこだわるタイプでね。高校三年間を無遅刻で通したんだけど、それもその意固地なこだわりでがんばったって感じなんだ（笑）。	（105頁５行〜６行） ②彼はわりとヘンなところにこだわるタイプだ。意固地なこだわりで高校三年間、毎朝六時起床、無遅刻で通した。
40	甲第２号証の３ （JUNON 93年12月　121頁１段３行〜６行、１段10行〜２段25行） 　仕事をしていたから夜遅くなることもあったけど、朝６時には起きて６時半に家を出て、１時間40分かけて学校に通うっていう生活を３年間続けたんだよね。	（105頁７行〜107頁２行） ①彼が通っていた学校は都内中野区にある堀越学園。アイドルのほとんどがここに通っているという芸能人学校で、仕事を理由にすれば遅刻、欠席は大目にみてもらえるはずなの

対相手に“こいつヘンナヤツ”って思われたって勝手に思い込んでしまって、よけいしゃべれなくなっちゃって…。外に遊びに行っても3分後には家に帰ってた。それもいっつも泣いて。5分もったら今日はスゴイ！って感じだったもんねぇ（笑）。そのくせ、クラスに必ずひとりやふたりいる目立つ人に対する憧れはすごく強かった。いつか自分もそうなりたい、絶対なってやるって気持ちがあった。だけど表面的にそういう目立つヤツは嫌いだ、みたいな態度をとってたんだ。

それも、いつも泣いて―。

一生懸命伝えようとすればするほど、どもり、相手に“こいつ変なヤツ”と絶対思われていると勝手に思い込み、よけいにしゃべれなくなる。

小学校に入ってもそれは相変わらずだった。

教科書を忘れてきても、

「忘れてきたから見せて」

の一言が言えずにモジモジしていると、

「忘れたの？　見せてあげるよ」

と隣のコが言ってくる。

また、先生が、

「この問題できる人」

と聞いて，たとえ答が分かっていたとしても絶対に手を挙げることができない。

もし指されて発表することになったらみんなに注目されて恥ずかしい。それでも、全く分かっていないと思われるのも悔しいため、

「田中クン」

と先生が誰かを指したのと同時ぐらいに手を挙げるのだ。

しかし、人から注目されることが苦手で、目立つことも一切しなかった彼だが、クラスには必ず一人や二人はいる目立つ人に対する“憧れ”は強かった。

“いつか自分もそうなりたい、絶対なってやる”

という気持ちがいつもどこかにあった。

学芸会のクラスの出し物が演劇と決まった時も、セリフが一言、二言しかない役に進んで立候補するが、内心は主役になりたいと思っていたという。しかし、表面的には、

“そういう目立つヤツは嫌いだ”

という態度をとる。

	体を動かすことだけに自信があったから、これだったらやれるかもしれないって思った。それで中学１年のとき、ジャャニーズ事務所に自分で応募したんだ。	しれない” とにかく、それまでは自分に全く自信が持てなかったが、体を動かすことだけには自信があり、これだったらやれるかもしれないと自分の直感を信じた。 さっそくジャニーズ事務所のオーディションを受けるため、自分で履歴書を買ってきてひとつひとつ欄を埋めていく。
35	甲第２号証の３ （JUNON 93年12月　119頁１段１行～３行） 取材が苦手な男の子で、とくに女の子についての質問には「よくわかんない」を連発していた草彅クン。	（98頁９行～11行） テレビや雑誌の取材が苦手で特に女のコの質問に対しては、「よくわかんない」を連発するだけだった。
36	甲第２号証の３ （JUNON 93年12月　119頁１段27行～37行） どもるっていうのは家庭環境に原因があるらしんだよ。僕の場合、母親がよく気がつく人で、なんでもやってくれたのがまずかったみたい。たとえば、ニンジンが入ったハンバーグが出てきたとすると、「このニンジン食べられない」って僕がいう前に母親が取り替えてくれたの、いつも。だから、僕が言葉で何かを説明したり、気持ちを伝えたりってことが少なかったんだよね。「なんでもあなたの先回りしてやっちゃったのがよくなかった」って母親もいっていた。	（99頁12行～100頁６行） 彼に言わせると“どもる”というのは家庭環境に原因があるという。 彼の母親はよく気がつく人だった。 母親とファミリーレストランに行ってハンバーグを注文するが、食べてみたら中にニンジンが入っている。 しかし、ニンジンの嫌いだった彼は食べることができない。 「このバンバーグ、ニンジンが入っているから食べれない」 と言う前に母親が、 「ニンジンが入っていないバンバークと取り替えて下さい」 と先回りしてしまうのだ。
37	甲第２号証の３ （JUNON 93年12月　119頁１段21行～26行、１段39行～２段38行） 思ってることがうまく表現できなくて、一生懸命伝えようとすればするほど、どもっちゃってね。それで絶	（100頁13行～102頁12行） そんなふうだったため、外に遊びに出ても三分後には家に帰っていた。

（別紙六）　対照表

第四章　草彅　剛

	原告記事	被告書籍
32A 32B	甲第2号証の15 （an・an　94年5月6日　20頁草彅1行〜10行） 「僕は、SMAPの中ではちょっとはみ出しなんですよ。自分ではそんなつもりはないけど、はたから見るとおっとりしてて何もしゃべらないおとなしい子に見えるらしんだ。『なんであの子、六人の中に入っちゃってるの？』って思われてるかも」 甲2号証の3 （JUNON 93年12月　119頁1段4行〜5行） 一歩引いたところで控えめに静かに佇んでいた少年	（91頁5行〜7行） 「僕はSMAPの中でもちょっとはみだしものなんです。なんであのコがSMAPのメンバーなのって思われてるかも」 メンバーの中にいていつも一歩引いたところで控えめに静かに佇む…。
33	甲第2号証の3 （JUNON 93年12月　119頁2段39行〜42行） そんな僕が唯一注目を浴びたのがクラブの時間。小学校四、五、六年生と体操クラブに入ってたんだけど、バク転とかバク宙とか、僕がいちばんうまかったからね。	（91頁13行〜92頁3行） そんな彼が唯一注目を浴びていたのが、クラブの時間。小学校四、五、六年と体操部に入っていて、クラブ員の中でも彼の技術はズバ抜けていた。小学校六年生ですでにバク転、バク宙をマスターし、彼のまわりにはいつも人だかりができるほどだった。
34	甲第2号証の3 （JUNON 93年12月　119頁2段19行〜3段7行） そんなとき、テレビで少年隊が踊ってるのを見て、すっごくカッコいいなって思ったんだ。で、踊りだったら僕にでもできるかもしれないって感じで、とにかく、全然自信が持てなかったけど、たったひとつ、身	（96頁6行〜13行） そんな時、家族がつけっぱなしにしていたテレビに少年隊が踊っているのを観る。 “カッコイイなぁ” 素直にそう感じた。そして、 “踊りだったらボクにもできるかも

（別紙七）一覧表

対照表の番号	原告記事		被告書籍		判断		
	番号	出版社	頁	行数	複製	翻案	非侵害
32A	⑮	マガジンハウス	91	3	○		
32B	③	主婦と生活社					事実のみ同一
33	③	主婦と生活社	91、92	4			事実のみ同一
34	③	主婦と生活社	96	8		○	
35	③	主婦と生活社	98	3			事実のみ同一
36	③	主婦と生活社	99、100	8		○	
37	③	主婦と生活社	100〜102	26		○	
38A	③	主婦と生活社	103	4	○		
38B	⑭	学習研究社					同一性なし
39A	③	主婦と生活社	104、105	4			事実のみ同一
39B	③	主婦と生活社					事実のみ同一
40	③	主婦と生活社	105〜108	41		○	
41	⑮	マガジンハウス	108、109	12	○		

四 研 究

㈠ 著作物の要件である「創作性」および「創作の高度性」について

(1) 本書Ⅷ掲載の「コンピュータ・プログラムの著作物性・著作権の帰属（法人著作）とその侵害に基づく損害賠償額の算定方法」において、著作権法二条一項一号に規定する「創作性」の要件につき、中山信弘教授の「わが国においては、この要件について厳格な解釈はなされておらず、何らかの創作的行為の成果であればよいとされている。換言すれば「創作性」とは「模倣でないこと」と解されている。」（中山信弘・マルチメディアと著作権（岩波新書）二七―二八頁）との指摘を引用し、前述の如き「創作性」についてのわが国の実務上の解釈に対し、これと対照的に厳格な解釈を採るドイツ連邦裁判所の判例を紹介したが、本件事案において「創作性」の解釈が争点とされているが故に、前記判例研究の論稿を敷衍して検討を加えることとする。

(2) ドイツ著作権法における「創作性」の要件

ドイツ著作権法二条二項は、「この法律の意味における著作物とは、個性的特色を有する精神的創作物（persönliche geistige Schöpfungen）をいう」と規定し、「精神的創作性」の要件以外に、「個性的特色」の存在を、著作物の要件としている。この「個性的特色」なる要件は、作品の制作に際し、個性を発揮し得るための余地の存在を前提とし、この要件の存在により、日常茶飯事として制作される大多数の平凡な作品または定型的な手工業的作品から、著作権による保護を受ける作品が区別せられるメルクマールとなるのであり、この「個性的特色」こそが、著作者の精神的労作を保護し、その著作物に対し独占権を保障する著作権法の目的を具現する要件であるとせられる。

さらに、前記「個性的特色」なる要件は、単に作品に個性的特色が存在するのみでは足りず、「一定の程度に達した」個性的特色を有しなければならない。これを「構成の高度性（Gestaltungshöhe）」と称せられる。したがって、個性的特色は、必要とされる「一定の程度に達した個性的特色」を有する場合にのみ、著作権の保護を受ける著作物性を獲得することになる。すなわち、公知の構成態様に近似する構成はすべて、著作権の保護を受ける精神的創作的労作ではない。著作権により保護せられる著作物性の最低の限界線は、その構成作業が一般的平均的能力を明らかに凌駕する程度に達した場合に初めて、充足せられることになる。(1)

したがって、実生活の描写は、それが物語風であり、または、意識的な生活態度によって構成されていたとしても、著作物とはなり得ない。(2) また、有名人の月並みな随筆（談話）も、それが有名作家によってなされたという理由で、著作物としての保護を受けることはない。(3) インタビューすなわち取材記者による会見は、それが対話の態様または取り上げられたテーマについての批評的評価において、前述の意味における個性的特色が顕われている場合に限り、著作権による保護を享受する。(4)

(3)　本件判決は、「創作的とか、表現の内容について独創性や新規性があることを必要とするものではなく、思想又は感情を表現する具体的形式に作成者の個性が表れていれば足りる。したがって、客観的な事実を素材とする表現であっても、取り上げる素材の選択、配列や、具体的な用語の選択、言い回しその他の文章表現に創作性が認められ、作成者の評価、批評等の思想、感情が表現されていれば著作物に該当するということができ……」とした上、「別紙六『対照表』記載の原告記事のうちには、専ら原告個人らに関する事実を内容とするものもあるが、当該事実を別の表現方法を用いて記述することも可能であると解され、具体的な文章表現に各原告記事を作成した者の個性が表れているといえるから、これらも著作物であるということができる。したがって、右対照表記載の原告記事は、いずれも著作権法にいう著作物に該当すると認められる。」と判示している。

本判決添付の**別紙六「対照表」**中の草彅剛（X_4）に関する原告記事32Aないし41について、本判決が「複製」または「翻案」の名目の下に被告書籍の侵害を認定した原告記事について検討するに、32A（複製）は、取材記者による草彅剛（X_4）の性格の描写、34（翻案）は、同人のジャニーズ事務所に応募した経緯、36「翻案」は、どもる性癖の原因についての同人の年少の頃の家庭環境の描写、37（翻案）は、小学生時代の同人の学校生活の描写、38A「複製」は、芸能界での同人の適応能力についての自己反省の描写、40「翻案」は、同人の高校生活での生活態度の描写、41「複製」は、取材記者による同人の芸能界での一断面についての描写、を夫々その内容とするものであり、これらは全て同人の身辺に関する記事であり、これらの実生活の描写は、前述のように、如何に物語風に構成されていても創作性を有せず、著作物性を有しない。本件判旨は、「客観的な事実を素材とする表現であっても、取り上げる素材の選択、配列や、具体的な用語の選択、言い回しその他の文章表現に創作性が認められ……」としているが、事実（本件においては、草彅剛個人の経歴および身辺の雑事）に関する記事を文章化する場合には、判旨摘示の事実素材の選択、配列、用語の選択、言い回し等の文章表現につき、各人各様の表現態様となることは当然の帰趨であり、かような事実の描写につき各人各様の表現態様に創作性を認定するならば、著作権法一〇条二項は、その存在理由を喪失することになるであろう。

なお、「複製」および「翻案」の概念については、後出(三)において詳述するが、前記**別紙六「対照表」**34、36、37、40につき、原告記事と被告書籍との対比において、被告書籍の記載に翻案性を認定しているが、同記載に独自の個性的特色を有する点が存在しないことは、前述の原告記事について述べたところと同様である。

(二)　著作権の帰属（著作権者・法人著作）

(1)　著作物とは、個性的特色を有する精神的創作性を意味し、この要件を充足する場合に著作権としての保護が与えられるが故に、著作権の主体すなわち著作者は、その作品に、前記の「個性的特色」の刻印を印した者でなければならない。[5] インタビュー記事に著作権保護が認容せられる場合に、取材記者が対話者の応答を独自に文章化した場合には、取材記者のみが、すべてのインタビュー記事について単独の著作権者と見做される。また、純然たる対話形式のインタビューの場合には、共同著作が成立する。[6]

(2)　前記(一)(1)において掲記した本書Ⅷの論稿において、本件判旨を含め従来の判例の見解である法人著作に関する「指揮監督」の概念につき、わが国における相対立する学説を摘示し、ドイツの学説に依拠した筆者の見解として、「惟うに、法人等の従業者の作成した著作物が当該法人等に帰属するとする著作権法一五条の法人著作は、民法六二三条による従業者と法人等との間の雇傭関係ないし労働関係の存在を想定した規定であり、相互交換思考（Austauschgedanken）に基づく、使用者の賃金支払義務に対する反対給付として、被使用者の労務（精神的・肉体的）提供義務が存在し、右労務の質的および量的内容についての危険負担はすべて、使用者が負担し、他方、被使用者の提供する労務の結果（プラス・マイナスを含め）は、当該労働契約の範囲内で、すべて使用者に帰属する関係を要件とするものであり、この関係こそが、被使用者の生産した有体物と同様、無体財産権である著作物についても、使用者に帰属せしめる根拠となるのである。以上よりして、使用者の『指揮監督』なる概念は、被使用者の職務著作物を使用者に帰属せしめるメルクマールとしては、不適切であると思料せられる。」と述べた。

(3) 本件判決は、「著作権法一五条一項の『法人等の業務に従事する者』には、法人等と雇傭関係にある者だけでなく、法人等との間に著作物の作成に関する指揮命令関係があり、法人等に当該著作物の著作権を原始的に帰属させることを前提にしている関係にある者も含まれると解される。」とし、「右認定の事実を総合すれば、実際に原告記事の文書の作成に携わり、これを創作したのは、各記事の執筆者であるということができるが、各執筆者は、原告出版社らから記事の作成を依頼され、その指揮命令に従いながらこれを執筆したのであり……。したがって、原告主婦と生活社は……著作者であると認められる。（文中の側線は、筆者による）」と判示し、通説および従来の判例を踏襲しているが、著作権法一五条（法人著作）が、「著作権は、著作物の創作者である自然人についてのみ、与えられるべきものである。」とする著作権法の根本理念に対する例外規定である点よりすれば、上記通説および判例の見解は、再検討されるべきではないかと思考せられる。

㈢　(1)　複製（Vervielfältigung）と翻案（Bearbeitungen）との関係

複製とは、作品を人間の感覚に何らかの方法により直接または間接に知覚せしめる、作品の有形的固定（Körperliche Festlegung eines Werkes）——複製品には、例えば、作品を再製した楽譜・録音テープ・映画プリント・レコード・石版・鋳造物・書籍・雑誌等が挙げられる——を意味する。この場合、如何なる方法によってその固定がなされたか、また、その数量が何程か等は関係がない(7)。したがって、コンピュータにインプットして記憶装置に格納し、これによって蓄えられた処理結果も、複製と見做される。また、複製は、翻案に該当する模倣作品——文字作品の翻訳、小説のドラマ化および映画化、抜粋の製作、音楽作品の編曲、文字作品および音楽作品のレコードまたは録音テープへの収録——をも包含する(8)。

換言すれば、「複製」概念には、原作品と同一態様での再製のみならず、変形された態様での固定をも包含し、翻案および変形の態様で原作品の有形的固定がなされている場合には、該翻案および変形も複製に該当する(9)。

他方、翻案なる概念は、原著作物の著作権の及ぶ保護範囲の拡張に関する概念であり、著作権法二七条および二八条は、これを法定しているが故に「法定保護範囲（gesetzlich festgelegter Schutzumfang）[10]」と称することができる。すなわち、上記著作権法二七条および二八条の規定により、著作権者は、原作品と同一態様での複製のみならず、翻案の態様に変形された複製についても、その権利範囲が拡張せられ保護せられることになるのである。

(2) 盗作的変形（Umgestaltungen）・翻案および再改変（Neugestaltungen）の関係

他人の作品の模倣類型として、原作品への依存の程度により、盗作的変形・翻案および再改変に分類せられる。

(a) 盗作的変形は、他人の原作品に最も近似する模倣類型であり、何らの個性的特色も有せず、これを自己の作品と偽称する場合には盗作（Plagiat）となる。

(b) 翻案とは、独自の個性的特色を有する改造（Umarbeitungen）であり、これには二つの異なった現象形態、すなわち変容（Umformungen）と〝成功した〟改作（„gelungene“ Umgestaltungen）とに分類せられる。

(i) 変容とは、原作品自体には手を加えることなく、その利用方法を拡大する場合である。例えば、編曲・他の言語への翻訳・他種の作品への転用（劇作化、映画化等）等が、これに属する。この場合には、通常、創作的寄与を必要とするが故に著作物性が生ずる。

(ii) 〝成功した〟改作とは、その作品に独自的な特色を具備しているが、原作品の個性的特色をも残存しているため、次に述べる再改変とは見做され得ない場合をいう。

(c)　前記の類型とは異なり、再改変とは、原作品の各要素が完全に独自の創作に再改変されることによって、原作品からの距離が隔てられている作品を意味し、したがって、再改変された作品には、原作品の外部的および内部的態様における個性的特色を包含するものであってはならず、原作品の有する個性的特色は、再改変された作品においては後退し、「色あせた（verblassen）」ものに化していなければならない。この場合に、前記(a)および(b)の非自由使用（unfreie Benutzung）に対し、自由使用[11]（freie Benutzung）の要件が充足せられることになる。

上述したところを図示すれば、次のとおりである。[12]

(3)　昭和五三年九月七日最高裁「ワン・レイニー・ナイト・イン・トーキョー」事件判決（民集三二巻六号一一四五頁、判時九〇六号三八頁）において、「ここにいう著作物の複製とは、既存の著作物に依拠し、その内容及び形式を覚知させるに足りるものを再製することをいうと解すべきであるから、既存の著作物と同一性のある作品が完成されても、それが既存の著作物に依拠して再製されたものでないときは、その複製をしたことにはあたらず、著作権侵害の問題を生ずる余地はない……」とし、本件判旨も、「既存の著作物に依拠して、その内容及び形式を覚知させるに足りるもの、すなわち、これと表現形式上同一性を有するものを作成することをいう。複製には、表現が完全に一致する場合に限らず、具体的な表現形式に多少の修正、増減、変更等が加えられていても、表現形式の同一性が実質的に維持されている場合も含まれる……」と判示し、前記最高裁判決を踏襲している。

しかし、前記(1)において述べたように、著作権法二条一項一五号が「複製」の意義につき、「印刷、

四 研究

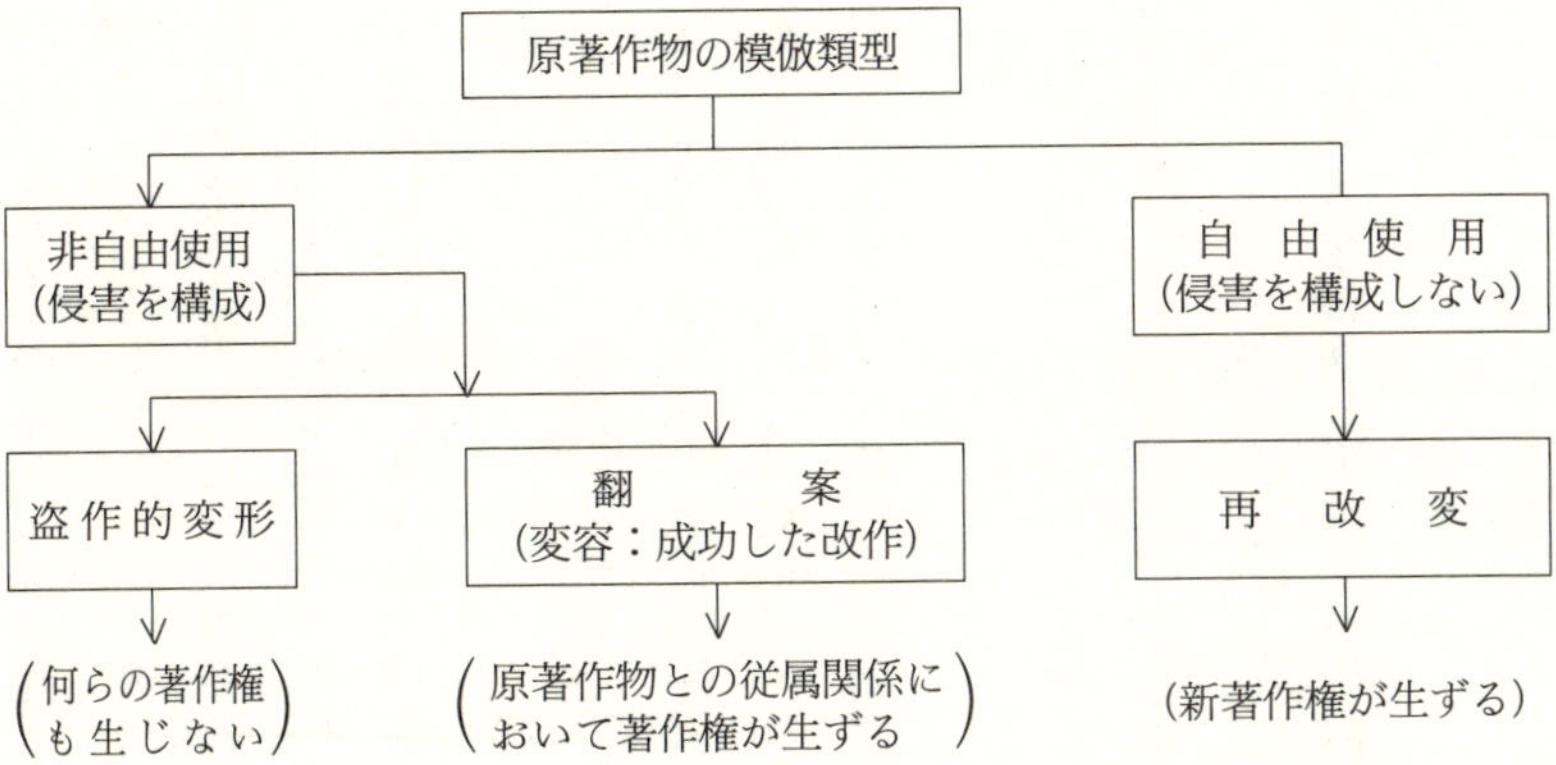

写真、複写、録音、録画その他の方法により有形的に再製すること……」と規定しているように、「複製」とは作品を人間の感覚に直接または間接に知覚せしめる、作品の有形的固定を意味し、翻案または変形の態様において、原作品の有形的固定がなされている場合には、当該翻案または変形も「複製」に該当する。換言すれば、「複製」概念には、「既存の著作物との同一性」の意義は包含せず、専ら「作品の有形的固定」のみを意味する概念であり、「複製」と「翻案」とは次元を異にする概念である。

したがって、本件判決が「別紙六「対照表」記載の部分につきこれを見るに、別紙七「一覧表」の「複製」欄に「○」印を付した部分は、被告書籍を原告記事の表現形式が実質的に同一であると認められ、被告書籍は原告記事の内容及び形式を覚知させるに足りるということができるから、複製権の侵害に当たるものというべきである。」との判示は、再検討さるべき点であると思料せられる。

(四) 同一性保持権

(1) 本件判決は、著作者人格権の侵害につき、「被告書籍中には、原告記事を複製し又は翻案した記述があるのにもかかわらず、著作者として原告出版社らの名称が表示されていない。したがって、……原告出版社らの氏名表示権（著作権法一九条一項）をも侵害したものである。また、被告らは、……原告記事の表現に変更、切除その他の改変を加えているから、……原告出版社らの同一性保持権（著作権法二〇条一項）を侵害したものと認められる。」と判示し、法人著作においても、著作者人格権についても、当該法人が、擬制的に原始取得するとの見解を採っている。

(2)　ドイツ著作権法においては、周知のごとく、法人著作ないし職務著作を法制度上認めていないが、ドイツ意匠法二条は「国内の産業施設に従事するデザイナー・画家・彫刻家が、当該産業施設の所有者の指図または負担により製作した意匠については、契約に別段の定めがない限り、当該産業施設の所有者が、当該意匠の著作権者と見做される。」と規定し、法人著作ないし職務著作を認めている。

注(1)(ii)掲記の文献一七〇頁において、ニルク（Nirk）は、前記規定の解釈として、「雇傭者は、被雇傭者による新規にして独創的な意匠の完成とともに、当該意匠についての意匠権に対する継承権（Anwartschaftsrecht）を、直接かつ原始的に取得することになる。当該意匠を創作した被雇傭者には、著作者人格権から派生する当該意匠の著作者としての氏名表示権のみが、残存するに過ぎない。」と述べている。

また、ガム（Gamm）は『意匠法 „Geschmacksmustergesetz"』（一九八九年）六九頁以下（前記ドイツ意匠法二条の解説部分）において、「企業所有者による意匠権の直接的原始取得理論に依れば、被雇傭者の人格権的請求権は当初から全く排除されることになる。これに対し、雇傭者（企業所有者）と被雇傭者の雇傭契約関係の結果、被雇傭者個人に生じた意匠権に対する継承権のみが雇傭者に移転されるとする説を採るならば、基本的には、当該意匠を創作した被雇傭者に、人格権的請求権が残存する余地が存在することになる。」と述べている。

(3) 著作権法と同様の法的基盤を有するとされている意匠権法の職務著作の人格権的側面についての以上の立論は、著作権法におけるそれについても妥当する。しかも、著作権における人格権的側面は、意匠権におけるそれよりも強度であるが故に、氏名表示権（著作権法一九条）のみならず、公表権（同一八条）および同一性保持権（同二〇条）についても、被雇傭者に残存することになると解せられ、著作権法五九条に規定する著作者人格権の一身専属性は、これを間接的に裏付ける条項ではないかと思料せられる。

以上述べたように、職務著作において、著作者人格権は原則として被雇傭者に残存することになると解せられるが、当該雇傭契約の内容よりする雇傭者の当該著作物の経済的利用目的が必要とする範囲内においては、公表権および場合によっては同一性保持権もまた、雇傭者の擬制的原始取得が認められることになるであろう。[13]

（1）(i) Schricker „Urheberrecht“ Kommentar（一九八七年）九八頁、（第二版、一九九九年）六六頁。

(ii) Nirk „Gewerblicher Rechtsschutz“（一九八一年）六八頁には、「構成の高度性」につき、次のように述べられている。

「作品の具体的な態様の構成（Formgestaltung）に含まれている精神的内容は、著作権法二条二項により、その精神的創作性が一定の程度に達しているものでなければならない。この内容および態様に含まれている著作者の個性的かつ創作的寄与は、平凡な程度を超えた著るしく顕著なものでなければならない。

前述のように著るしい程度に達した創作的個性的特色の存在は、著作権法により保護されるべきすべての種類の著作物についての最低限の限度を画するものである。すなわち、個性的内容以外に、顕著な構成の高度性（Gestaltungshöhe）または寄与の高度性（Leistungshöhe）または寄与の強度性（Leistungsintensität）を有する独自的創作性（selbständige Schöpfung）が存在しなければならない。」

(iii) 工業所有権・著作権（Gewerblicher Rechtsschutz und Urheberrecht）GRUR）誌一九八三年三七七頁掲載のブロムベーア・ムスター„Brombeer-Muster"判決は、「著作物性の要件としては、一定の寄与の高度性を有することが不可欠である。」としている。

（2） Rehbinder „Urheberrecht"（第九版、一九九六年）四五頁

（3） Fromm/Nordemann „Urheberrecht"（第八版、一九九四年）六三三頁

著名人の伝記・姓名・肖像および人声等は、著作権法上の保護は困難であるとしても、その財産権的保護の必要性は増大しており、レービンダー（Rehbinder）前掲書三〇頁は、著作権一元論との関連において、次のように述べている。

「著作権一元論は、現今では、著作権法の領域での問題を超えて、営利手段とされている個人人格権の法的性質の解明のために斟酌されつつある。著名人の姓名・肖像・人声等の人格的特徴の利用を可能にする人格権の独立的分離化（いわゆる商品化権）に関して、新しい学説（フライターク（Freitag）、ゲッテンク（Götting）、ゼーマン（Seemann））は、『人格権的個性の法的保護は、解釈論的には、精神的および財産的利益の複合体としてのみ把握され得る』との見解を採っている。かようにして、アメリカ法において展開された著名人の名声保護権（right of publicity）は、ドイツ

法においても、漸次定着しつつある。」

渋谷達紀「知的財産権法判例の動き」ジュリスト一一五七号『平成一〇年度重要判例解説』二五九頁、パブリシティの権利の侵害が問題となった事案として、東京地判平成一〇・一・二一（判時一六四四号一四一頁）が指摘せられている。

（4） 前掲注（3）・同書同頁（UFITA誌一九六五年四五頁掲載のオーストリー高等裁判所判決、同誌一九六九年五四頁掲載のハンブルグ地方裁判所判決）。

（5） ニルク（Nirk）前掲書一一四頁。

（6） フロム＝ノーデマン（Fromm/Nordemann）前掲書六三頁（AfP誌一九七三年四六〇頁）。
柳沢眞実子「インタビュー記事の著作権侵害」（判時一六七三号二〇九頁）は、インタビュー記事の著作者について、各場合に分類して詳述されている。

（7） レービンダー（Rehbinder）前掲書一四八頁。

（8） ニルク（Nirk）前掲書一二五頁。

（9） シュリッカー（Schricker）前掲書（第二版、一九九九年）三三四頁。

（10） Schramm „Grundlagenforschung auf dem Gebiet des gewerblichen Rechtsschutzes und Urheberrechtes“（一九五四）年二八六頁。

（11-1） ニルク（Nirk）前掲書一〇一頁は、「自由使用」につき、次のように述べている。

「すべての精神的創作は、原則として、他人の作品との内面的相関関係の産物であるということができる。その際、他の著作者の作品または知見が、自己の思索の基礎を構成していることが屡々である。完全に他人の作品または知見の影響を受けない労作は、殆んど不可能であり、また、有り得ない。何故なれば、新しい独自の創作のためには、他人の著作物がその思考の端緒を提供し、または、意識的または無意識的にその基礎を提供しているからである。したがって、ドイツ著作権法二四条（「他人の著作物の自由使用により制作された独自の著作物は、使用された著作物の著作者の同意なくして、当該著作物を公表し使用することができる」）は、新しい独自の著作権保護を受ける創作を可能にするため、ドイツ著作権法二条二項（「この法律の意味における著作物とは、個性的特色を有する精神的創作物をいう」）の意味における独自の新しい著作物が創出されることを前提として、著作権保護の存在する他人の著作物の自由使用を、明文を以て容認しているのである。」

（11-2）　他に自由使用の範疇に属するものとして、（精神的）共有財産（Gemeingut）が挙げられる。

シュリッカー（Schricker）・前掲書（一九九九年、第二版）四五三頁以下に、精神的共有財産に属するものとして、要約、次のようなものを摘示している。

（i）　事実上既存のもの、および、出来事または事件（例えば、大地・景観・動物相・植物相・自然現象等の人間を取り巻く環境、歴史上の人物および歴史上の出来事、事実上の内容を有する重要ニュース、自然法則および資料、個人生活に関する出来事）。

これらの事実上既存のもの、および、出来事は、これらが仮に芸術的に美化して描写されていても、著作権により保護されることはない。また、これらの収集および取材に、多大の労力と出費を要したとしても、同様である。

（ii）　著作権保護の存在しない精神的所産。これには、著作権の保護期間が満了した作品、著作者不明の文化遺産等が属する。

（iii）　思考および教義の内容（政治的・経済的・社会的発言の内容等）、学術的教義および学術理論。

（iv）　経済上または商業上の組織方策または組織体系、ゲーム方法、制作の方法、描出の様式・手法・技法、着想およびモチーフ等。

（12）　Reinhart „Die Abgrenzung von freier und unfreier Benutzung in schweizerischen Urheberrecht“（一九八五年）二三頁参照。なお、侵害形態との関係において表示すれば、次のとおりである。

Ⅰ 原著作物と同一態様（変動幅を含む）での侵害形態
Ⅱ 原著作物を改変した態様での侵害形態
1 単純な変形による侵害形態
2 創作的変形（翻案の下位概念）による侵害形態

(13) 雇傭契約ないし労働契約上、問題となる点に関し明示的な合意が存在しない場合には、雇傭者および被雇傭者双方の正当な利益を慎重に比較衡量して、当該雇傭関係の内容・目的および本質に照し、判断されなければならない。この場合の判断基準としては、当該企業の種類・構成、当該被雇傭者の当該企業での労務内容および特種労務課題の有無、賃金の種類と金額ならびに特別賞与の有無、当該業務部門の慣行的取り決め等が、問題となる。
また、雇傭関係ないし労働関係、したがって、その法律関係の性格の判断基準として、被雇傭者の個人的名声ならびにその作品の創作性の程度（構成の高度性）も、重要である。個人的名声および作品の創作性の程度が高くなれば、それに伴い、被雇傭者の人格権的請求権も強くなることになる（ガム（Gamm）『意匠法 „Geschmacksmustergesetz"』（一九八九年）七五頁）。

X　手紙の法的諸問題

三島由紀夫――剣と寒紅事件

東京地裁平成一一年一〇月一六日判決平一〇(ワ)八六一号

一部認容、一部棄却（控訴）

判例時報一六九七号一一四頁

はじめに

本件事案においては、手紙の著作物性のみがその主要な争点とされているが、その一般的法的観点より考察すれば、次のような諸点が問題となる。

1　手紙の所有権の帰属
2　手紙の著作物性
3　著作者人格権としての手紙の公表権と一般的人格権としての信書の秘密保持権との関係
4　手紙の所有権・著作権・人格権の相互抵触関係
5　故人の人格権の保護

以下、これらの問題点につき、ドイツの学説・判例を参酌して論述することとする。

一　手紙の所有権の帰属(1)

手紙の発信者の明示的な留保がない限り、手紙の所有権は、手紙が受信者に到達した時点において、受信者の所有に属することになる（民法一七六条、一七八条）。しかし、この手紙についての所有権は、物的対象物としての手紙のみを包含し、手紙の内容に基づいて生ずる筆者の、その他の権能をも包含するものではない。したがって、手紙についての権利保護を考察するに際しては、物的対象物としての手紙の所有権と手紙の内容に基づいて生ずる筆者の権能の保護とを峻別しなければならない。後者の保護は、手紙の筆者の人格権の発露を意味し、著作物性を具備する限り、著作権による保護の対象とされ（著作権法二条一項一号、一〇条一項一号、二一条）、他方、一般的人格権に基づく信書の秘密保護の観点から、民法上および刑法上の保護の対象となる（民法七〇九条、七一〇条、刑法一三三条）。

手紙の受信者に属する物的対象物である所有権は、通常、物の所有者について発生するのと同様の権能を意味し、したがって、手紙の受信者は、当該手紙を破棄しあるいは図書館に寄贈することもでき、または筆者の自筆の手紙として売却することもできる。しかし、右のような所有権に基づく手紙の所有者の権能は、手紙の公表を伴う寄託・競売等の場合には、手紙の筆者または文中の第三者の人格権保護の観点から違法であり許されない。(2)

二　手紙の著作物性

オイゲン・ウルマー（Eugen Ulmer）は、手紙の著作物性につき、次のように述べている。(3)

「手紙の著作権法による保護は、手紙の態様または内容に表明せられた精神的寄与（geistige Leistung）の存在を前提とする。手紙の筆者が、個人的または事務的関係に類する事柄について述べているにすぎない通常の手紙は、著作物として具備すべき個性的特色（Individualität）が欠けていることになり、著作物性を有しない。

しかし、言語構成の態様（Art der Sprachgestaltung）、または、学術的・文化的・政治的等の問題を含む論述の態様（Art der Auseinandersetzung）により、通常の手紙の態様とは著しく異なる場合には、事情が異なる。」

右の叙述より明らかなように、手紙に著作物性が認められるためには、精神的個性的特色が、その思考内容の独創的態様において、または、個性的な文章構成および語句用法等に明瞭に顕れていなければならない。したがって、手紙の筆者自身の経歴または自伝的興味を内容とする手紙、または日常茶飯事に関する通知文のような通常の手紙は、その著作物性が否定される。また、この場合、手紙が著名人により書かれたという理由は、右要件の具備を排除しない。(4)

右の点に関するライヒ裁判所の判旨およびドイツ連邦裁判所の判例の傾向を左に掲記する。

1　ライヒ裁判所・民事判例集六九巻四〇一頁以下に収載のフリードリヒ・ニーチェ・ブリーフ „Friedrich Nietzsche-Brief“ ニーチェ書簡事件

哲学者ニーチェの友人オーバーベックへの書簡の著作物性について、ライヒ裁判所は、その指針的判決において、次のような厳しい要件を課した。(5)

「手紙が著作物性を有するためには、それが個性的特色を有する独自の精神的創作（individuelle Geistestätigkeit）であり、また、個性的精神活動の所産であることを必要とする。したがって、当該手紙に含まれている事実的史料の故に、当該手紙が歴史的文書として、特に筆者の性格および生涯についての証拠資料として、一般に興味を惹くものであり、文学上も利用価値があるとしても、それのみでは著作物性の認定にとり不十分である。むしろ、かような史実的関心および伝記的関心を度外視して、当該手紙が、右の如き史実的事実を考慮に入れない場合においても、当該筆者の作品として文学上も価値があるか否かが問題とされなければならない。著作権法に基づく保護を理由づける、この文学上の価値は、その独創的な思考内容に基づく場合もあり、また、独創的な思考的内容を有しない単なる信書にすぎない手紙であっても、その文体の特別な典雅さ（Anmut）および際立った迫力（Kraft）によって、美的な刺戟感（ästhetischer Reiz）および文学的価値を付与する芸術的構成に基づくものでなければならない。」

2　これに続くライヒ裁判所のリヒャルト・ヴァークナー „Richard Wagner" およびベートーベン „Beethoven" ならびにウィルヘルム二世皇帝 „Kaiser Wilhelm II" の各手紙に関する各事案についての判決においても、同裁判所は、右各事案の手紙の著作物性を否定し、この判例の傾向は、ドイツ連邦裁判所の判例にも引継がれている（ドイツ連邦裁判所民事判例集三一巻三〇八頁以下収載のアルテ・ヘレン „Alte Herren" 老紳士判決、同三六巻七七頁以下収載のウァッフェンハルデル „Waffenhandel" 武器取引判決）。

三　著作者人格権としての手紙の公表権と一般的人格権としての信書の秘密保持権との関係

ウルマー（Ulmer）は、表記の点につき次のように述べている。(6)

「ドイツ著作権法一八条一項は、著作者人格権として、公表権についての規定を設けている。この規定の趣旨は、著作者は、自己の著作物を公表する自由を有するとともに、その著作物を公表することが文筆家としての名声または評判を失墜する虞れがあるとの理由、または、公表に伴う責任を負うことを欲しない等の理由により、公表しない自由をも有する。この著作者人格権としての公表権と一般的人格権としての信書の秘密保持についての権利とは区別されなければならない。後者は、秘密厳守および匿名についての権利、私生活および生活に必要な自己空間の決定に関する権利等の基本的人権から導き出され、これらの人権の尊重については、基本法一〇条一項(*1)にも、その根拠が見出される。」

「一般的人格権に基づく保護は、著作権法上の保護と区別されなければならない。手紙は、その発信により、受信者の所有に帰する。しかし、当該手紙の筆者は、たとえ当該手紙が言語著作物に該当しない場合であっても、信書の秘密を侵害する行為（Indiskretionen）に対しては、保護せらせる。したがって、その公表は、手紙の筆者の同意がある場合にのみ許される。かかる一般的人格権による手紙の筆者の保護は、以前にはドイツの裁判所により否定されたが、一九五四年五月四日の連邦裁判所判決（連邦裁判所民事判例集一三巻三三四頁）以降、基本法一条および二条(*2)の規定を根拠に、判例により認められるに到った。」

コウマントス（Koumantos）は、著作者人格権と一般的人格権との関係につき、(7)

「人格権なる概念は、学説・判例および立法における比較的新しい法的思考の成果である。すなわち、一般的人格権（allgemeines Personlichkeitsrecht）なる概念の不備から生じた間隙を埋めるために、著作権人格権（Urheberpersonlichkeitsrecht《droit moral》）なる法概念が構成せられた。すなわち、商品でもある著作物は、第三者の侵害に容易に曝される危険を有する著者の人格権を著作者人格権（Urheberpersonlichkeitsrecht）として保護を与えた。しかし、法制度が、一般的人格権を広汎に認めている場合には、この著作者人格権は、一般的人格権の特別の現象形態ということになる。」

とし、一般的人格権に基づく手紙の公表権は、手紙の著者は勿論のこと、手紙の名宛人、さらには、手紙の公表により第三者の人格的利益、特に、私生活の領域における秘密保持の利益が危殆に瀕する場合には、第三者にも容認せられるとして、次のように結論づけている。

「手紙の言語作品についての著作権法上の著作者であるか否かに関係なく、当該手紙の筆者、物的対象としての手紙についての所有権者であるか否かに関係なく、当該手紙の名宛人、および、当該手紙に関係するすべての第三者は、人格権（著作権法上の著作者である場合は、droit moral と称せられる）の担い手（Träger）であり、特に、手紙の公表が左右される私的生活領域への配慮を要求する権利の担い手である。」

四　手紙の所有権・著作権・人格権の相互抵触関係

前述したように、手紙には、その対象の異なった側面から考察して三つの権利関係、すなわち、手紙の受信者（名宛人）に発生する所有権、手紙の筆者に発生する著作権、および、場合により手紙の筆者および名宛人ならびに文中の第三者に発生する人格権に分類することができる。これらの権利は、相互に利害の抵触関係を生ずる場合がある。例えば、手紙の著者は、自己が執筆した作品の一つとしてその手紙の公表を希望する場合があるが、手紙自体は名宛人の所有に属し、手紙のコピーは筆者の手元にないのが通常であるため、名宛人の協力なくしては手紙の公表が不可能である場合、または筆者がその手紙を公表することにより、名宛人または文中の第三者の私的生活領域（プライバシー）を侵害する場合もあり得る。あるいはまた、自己に対する攻撃から自己を弁護するために、当該手紙の公表を希望する第三者は、手紙の筆者の著作権に抵触する場合、または、手紙の名宛人の所有権に抵触する場合もあり得る。

コウマントス（Koumantos）は、前述のような権利の抵触関係を律する一般的または明示の規定は、何れの国の立法においても設けていないが故に、裁判官は、必然的にこれらの個々の事案について、手紙の公表または非公表によって侵害される相互の利益の重要度を比較勘案して検討されなければならないとし、次のように権利間の順位を設定している。(8)

「前述の三つの権利の中で、人格権に、特に特権的取扱がなされなければならない。何故ならば、大多数の国においては、この人格権の保護は、憲法によりその保護が与えられているのみならず、その法益の倫理的および人間固有の価値の観点より、特に重要視されなければならないからである。人格権が最優先の順位を有することは、手紙についての特別規定を設けている立法において、明文の規定が存在し、自己の人格特にその私生活の領域を保護するために手紙の公表に反対する法的地位は、著作権に基づきその公表を求める法的地位より強度であることになる。このことは、手紙について特別の規定を有しない国においても、原則的に異なるところはないであろう。

人格権の次の順位として著作権が、最後に物的対象としての手紙の所有権が、それぞれ位置することになる。

著作権が第二順位の法的地位を有するのは、著作権が、所有権より高い倫理的価値を有する「道徳権（droit moral）」の形態において、人格権と深く結びついている理由に基づくものである。その結果、手紙の公表を欲する手紙の筆者は、物的対象としての手紙の所有者の反対を排除する法的手段を容認されることになる。すなわち、手紙のコピーを持っていない手紙の筆者は、手紙を閲覧（Zugang）する著作者人格権に基づき、手紙の公表が可能な状態におかれることを請求することができることになる。最後に、手紙の精神的創作が化体している物的対象としての手紙の所有者の順位となる。」

五　故人の人格権の保護

故人の著作者人格権の保護に関しては、著作権法六〇条および同一一六条に明文の規定を設け、著作者の遺族が、差止請求権・損害賠償請求権および名誉回復措置等の権利を行使し得る旨、定められている。

他方、故人の一般的人格権の保護に関しては、先ず、一般的人格権についての適用法規の検討がなされなければならない。

民法七一〇条は、「他人ノ身体、自由又ハ名誉」等の非財産的利益に対する侵害も、同法七〇九条の不法行為が成立する旨規定しているが故に、手紙の公表による信書の秘密保持権の侵害が、同法七一〇条の「他人ノ自由又ハ名誉」の侵害に該当し、したがって、同法七〇九条による不法行為が成立する点については、疑問の余地はないであろう。次に、前記三および四において考察したウルマー（Ulmer）およびコウマントス（Koumantos）の所説、ならびに、憲法一一条・二一条（通信の秘密）および刑法一三三条（信書開封罪）の諸規定、さらには、「市民的及び政治的権利に関する国際規約」一七条により、信書の秘密保持権は、著作者人格権の保護よりも優先する最優先順位の保護を受くべき権利に属するものと解せられるが故に、著作者人格権について認められる著作権一一二条（差止請求権）、同一一五条（損害賠償・名誉回復等の措置）、同一一六条（著作者の死後における人格的利益の保護のための措置）等の各条項は、一般的人格権である信書の秘密保持権についても、当然、類推適用さるべきものと解すべきことになるであろう。

六　事実と判旨

［事　実］

原告Xらは、亡X_1（筆者・三島由紀夫）の相続人であり、被告Y_1は、「三島由紀夫――剣と寒紅」と題する書籍（以下、「本件書籍」と称す）の出版社、被告Y_2は、同社の同書発行責任者、被告Y_3は、同書の著者である。

本件書籍は、後出「判旨」第三（争点1）に記載の内容を有し、被告Y_3は本件書籍中に、三島由紀夫が被告Y_2あてに書いた未公表の手紙および葉書合計一五通（以下、順に「本件手紙①」ないし「本件手紙⑮」と称し、合わせて「本件各手紙」と称す）を、本件書籍中の以下の掲載頁に掲載し、被告Y_1およびY_2は、本件書籍を出版して、本件各手紙を複製し、公表した。

	手紙の発信日	本件書籍中の掲載頁、（　）内は掲載行数
本件手紙①	昭和三七年秋	一五七頁一六行目から一五八頁五行目まで（九行）
同②	昭和三八年九月	一五八頁七行目から一五九頁一〇行目まで（二三行）
同③	昭和三九年三月	一五九頁一二行目から一六〇頁一〇行目まで（一八行）
同④	昭和三九年暮れ	一六二頁一行目から一六行目まで（一六行）
同⑤	昭和四〇年春ころ	一六三頁三行目から一六四頁六行目まで（二三行）
同⑥	昭和四〇年九月一七日	一六五頁八行目から一五行目まで（八行）
同⑦	昭和四一年四月	一六六頁一三行目から一六七頁五行目まで（一一行）
同⑧	昭和四一年七月半ば	一七一頁七行目から一七二頁五行目まで（一七行）
同⑨	昭和四一年七月三一日	一七四頁一五行目から一七五頁五行目まで（一〇行）
同⑩	昭和四一年八月一五日	一七五頁八行目から一八行目まで（七行）
同⑪	昭和四一年九月三日	二三三頁三行目から二三四頁一行目まで（一〇行）
同⑫	昭和四一年九月二一日	二三五頁四行目から六行目まで（三行）
同⑬	昭和四二年三月一七日	二四三頁一二行目から二四四頁八行目まで（一五行）
同⑭	昭和四二年一〇月	二四九頁三行目から七行目まで（五行）
同⑮	昭和四二年二月一八日	二四九頁一一行目から二五〇頁七行目まで（一六行）

原告らは、右事実関係に基づき、「本件各手紙は、いずれも、三島由紀夫の思想、感情を創作的に表現したものであり、著作物である。」として、被告らの行為は、① 原告らが相続した三島由紀夫の本件各手紙の複製権を侵害する行為であり、また、② 三島由紀夫が生存していたならば、その公表権の侵害となるべき行為であると主張して、本件書籍の出版等の差止めおよび廃棄、損害賠償の支払および謝罪広告を請求した。

これに対し、被告らは、「本件各手紙は、いずれも純然たる実用文であって、内容および文体に照らして、誰にでも書けるような文章であり、創作性、創造性が認められず、文芸の範囲には属さない。よって、本件各手紙は、著作物とはいえない。」と反論した。

（原告の不法行為に基づく損害賠償請求および謝罪広告の請求についての主張並びに被告の反論は、省略する。）

［判　旨］

一　争点1（本件各手紙の著作物性）について

1　本件書籍は、被告Y_3が三島由紀夫との交際を中心に執筆した小説であり、三島由紀夫と自己との関係を克明に叙述することによって、三島由紀夫の一面を描こうとする創作意図の下に、執筆、発表した自伝的な告白小説である。本件書籍は、二八二頁からなり、「序」、「第一章　家族の歯車」、「第二章　真夏の破局」、「第三章　『奔馬』への旅」、「第四章　折れた帆柱」、「跋」により構成されている（甲一二）。

本件手紙①ないし⑩は、本件書籍「第三章『奔馬』への旅」中に、本件手紙⑪ないし⑮は「第四章　折れた帆柱」中に、それぞれ掲載されている。

本件各手紙の概要は、以下のとおりである（甲三、一二）。

本件手紙①には、被告Y_3から送られた同人執筆の小説に対する返事等が、本件手紙②には、被告Y_3からの手紙に対する返事等が、本件手紙③には、三島由紀夫の文学的主題や被告Y_3に対する小説執筆上の注意等が、本件手紙④には、三島由紀夫の近況、四〇歳を迎える心境等が、本件手紙⑤には、被告Y_3が執筆した小説に対する感想、意見等が、本件手紙⑦には、自作自演の映画「憂国」に関する所感等が、本件手紙⑧には、被告Y_3の住む熊本を訪問すること等が、本件手紙⑨には、熊本行きの日程等が、本件手紙⑩には、熊本滞在中のホテルの手配に関する被告Y_3に対する依頼等が、本件手紙⑪には、熊本訪問の感想等が、本件手紙⑫には、被告Y_3への依頼等が、本件手紙⑬には、被告Y_3からの手紙に対する返事、近況等が、本件手紙⑭には、三島由紀夫の海外旅行中の近況等が、本件手紙⑮には、三島由紀夫の近況、被告Y_3に対する依頼等が簡明に記載されている。

なお、本件手紙⑤の全文を掲記すると以下のとおりである。

「前略、御作『はらから』やつと拝読しました。実は家の増築などで身辺ゴタ〳〵し、仕事もゴタ〳〵、なか〳〵ゆつくり落着いて拝読できず、どうせなら、気持の余裕のあるときに熟読したはうがと思つてゐたので遅くなりました。テーマのよく消化された短篇で、よく納得できるやうに書かれてゐます。性格描写としての兄弟の書き分けもたしかな筆づかひで、特に冒頭の弟のせせつこましい性格のエピソードの積み重ねなど面白い。

しかしこの作品で不満なのは、それ以上のものがないことです。おしまひに急に姉が出てくるのはいいが、肉親の宿命と愛憎が性的嗜好に端的に出てくるといふのはいいが、かういふ題材は川端さん式にうんと飛躍して、透明化して扱ふか、それとも、逆に、うんと心理的生理的に掘り下げて執拗に追究するか、どちらかです。洋子が隆次タイプと性的にピタリと合ふといふのは説明だけで、『いかに合ふか』といふのが、文学的表現の一等むつかしいところで、それをわからせて、実感させるのが、文学だと思ひます。

それから情景としては飛行場の近くといふところ面白いのですが、肝腎の飛行場が活用されてゐない気がします、これはもつと趣深く使へる筈です。文章については、根本的に短篇の文章といふ問題を考へ直してほしいと思ひます。これが短い簡単な話なのにゴタ〳〵した印象を与へるのは、文章のためと、自然主義的描写法のためと、もう一つは、月並な言ひ廻しのためです。一三頁上段中頃の月の描写の月並さ、一四頁下段の男神云々の表現、一五頁上段の『欲情の闇』『赤い歓喜の炎』『恋の女神』『青春の花』などの安つぽい表現、一五頁下段の『舞台装置のやうな』といふ比喩、一六頁上段の（　）の中の月並な感想など、……みなこの作品の味をにぶくしてゐます。御再考を促したいと思ひます。もつともつと余計なものを捨てること、まづ切り捨てることから学ぶこと、スッキリさせること、それから、題材に対して飛躍したスカッとした視点を持つこと……さういふことが短篇を書く上でもつとも大切だと思ひます。

悪口を並べてしまひましたが、意のあるところを汲みとつて下さい。次の作品をたのしみにしてゐます。

匆々」

2　著作権法上保護の対象となる著作物とは、思想又は感情を創作的に表現したものであって、文芸、学芸、美術又は音楽の範囲に属するものであることを要し、これをもって足りる。

本件各手紙は、いずれも、被告Y_3との往復書簡であり、特定の者に宛てられ、特定の者を読み手として書かれたものであって、不特定多数の読者を想定した文芸作品とは性格を異にする。しかし、本件各手紙には、単に時候の挨拶、返事、謝礼、依頼、指示などの事務的な内容のみが記載されているのではなく、三島由紀夫の自己の作品に対する感慨、抱負、被告Y_3の作品に対する感想、意見、折々の心情、人生観、世界観等が、文芸作品とは異なり、飾らない言葉を用いて述べられている。本件各手紙は、いずれも、三島由紀夫の思想又は感情を、個性的に表現したものであることは明らかである。以上のとおり、本件各手紙には著作物性がある。

よって、三島由紀夫は、本件各手紙の著作者として、本件各手紙に係る公表権及び複製権を有していた。

前記のとおりであるから、本件各手紙が掲載された本件書籍を出版した被告らの行為は、本件各手紙に係る原告らの複製権を侵害する行為に該当し、また、「三島由紀夫が生存しているとしたならばその公表権の侵害となるべき行為」（著作権法六〇条）に該当する。

二　争点2（不法行為の成否、損害額）について（省略）

三　争点3（名誉回復措置）について

前記のとおり、本件書籍を出版した被告らの行為は、「三島由紀夫が生存しているとしたならばその公表権の侵害となるべき行為」（著作権法六〇条）に該当する行為である。ところで、①被告会社は、本件書籍を出版するに当たり、平成一〇年三月一四日付朝日新聞朝刊の第二面に、五段抜きの大きさで、本件書籍の広告をしたり、被告会社の発行に係る「週刊文春」の同月一二日号と同月一九日号に、延べ七頁にわたる特集記事を掲載したり、同月二六日号の「週刊文春」に、一頁ほとんど全部を使って、全面広告を行ったりして、大々的に宣伝広告を実施したこと（甲四ないし五（枝番号を省略する。以下同様とする。））、②原告らは、被告らに対し、平成一〇年三月一四日付内容証明郵便によって、本件書籍の出版は、著作権を侵害する旨警告し、本件書籍の出版の中止、既に発行された本件書籍の回収、損害賠償並びに朝日新聞及び週刊文春等本件書籍の広告を掲載した出版物への謝罪広告の掲載を求めたにもかかわらず、被告らは、原告らの警告に従うことなく、著作権法六〇条に違反する行為を継続したこと（甲七）、③本件書籍は、短期間であるが、九万冊を超える部数が販売されたこと、④本件各手紙は、三島由紀夫と被告Y_3との間で、個人的に交わされた私的な手紙であり、その文体、内容に照らし、およそ第三者への公表を念頭に置かずに書かれたものであること、⑤被告らは、今日に至るまで、三島由紀夫の社会的な名誉声望を回復するために適切な措置を採っていないこと等の事情を総合すると、三島由紀夫の社会的な名誉声望を回復するためには、著作権法一一六条一項、一一五条により、同人の名誉回復のための適当な措置として、広告文の掲載を命ずることが必要と解される。

七　本件各手紙の著作物性について

判旨は、本件各手紙の著作物性につき、次のように述べている。

「……本件各手紙には、単に時候の挨拶、返事、謝礼、依頼、指示などの事務的な内容のみが記載されているのではなく、三島由紀夫の自己の作品に対する感慨、抱負、被告Y_3の作品に対する感想、意見、折々の心情、人生観、世界観等が、文芸作品とは異なり、飾らない言葉を用いて述べられている。本件各手紙は、いずれも、三島由紀夫の思想又は感情を、個性的に表現したものであることは明らかである。以上のとおり、本件各手紙には著作物性がある。」

右判旨は、本件一五通の手紙（葉書を含む）のそれぞれにつき、各手紙の何れの部分につき著作物性の要件である「創作性」が存在するかを判示することなく、漠然と一括して「本件各手紙は、いずれも、三島由紀夫の思想又は感情を、個性的に表現したものであることは明らかである。」として、本件各手紙に著作物性を認めており、その論旨には説得力が乏しく、また、その判断にも問題がある。(9)

本件判旨の論評については、本件一五通の手紙のすべてにつき検討すべきであるが、紙数の関係上、その若干につき検討を加えることとする。

（1）　事実摘示⑫の葉書（本件書籍二三五頁四行目から六行目まで）

右葉書の文面は次のとおりである。

「その後お便りに接しませぬが、お元気なりや？　実は龍驤舘で紫垣先生が酒間に吟じられた『剣を筆に代へ』といふ詩を知りたく、何といふ題の詩か、できれば全文を知りたく存じます、右御高配いただければ倖せです。東京の忙しさはイヤハヤ、帰京して三週間で、もう疲労困憊しました」

右文面は、一読して明らかなように、冒頭に通常の挨拶文、「詩の内容」調査の依頼文、末尾に簡単な近況報告文、から構成されており、その文体および内容において、日常茶飯事に取り交わされる依頼文と異なるところはなく、著作物性を有しない。

（2）　事実摘示⑧の手紙（本件書籍一七一頁七行目から一七二頁五行目まで）

「前略　突然ですが、小生急に、この夏のをはり熊本を訪問することに決めました。

神風連に興味を持ちはじめ、どうしても熊本へ行かねば、神風連の精神がつかめないやうな気がしだしたのです。『日本談義』の主幹荒木精之氏には清水文雄先生に紹介していただくことになりましたが、どうしてもかうなると公式訪問になりさうで、一寸憂鬱です。貴兄からは、まだ荒木氏には内密にしておいて下さい。

小生としては、一夕、貴兄と、余人をまじへず、ゆつくり語り合ひたいのですが、このまま行くと雑音が大分入りさうです。

八月下旬の旅程ですが、まだ、日、宿などは決つてゐません。小生としては甚だ虫が好く、材料も集めたいし、私的な時間も十分たのしみたい、余計な、地方有力者などの附合はできるだけ避けたい、といふむづかしい処で、何かいいアイディアがあつたら教へて下さい。又、貴兄と荒木氏等との人間関係も予め予備知識を与へて下さい。

飛行機はきらひなので、ゴトゴト汽車で行きます、とにかく、行つてから、発つまで、数日間毎日人のスケジュールで動くやうな旅行には絶対したくない、と思つてゐます。又、私的な時間と云つても、何も道楽をしたいといふのではなく、貴兄とのんびり一献汲み交はすのをたのしみにしてゐるのですから、何卒余計な御心配はされぬやうに、――いはゆる『歓迎』は一切されないやうにお願ひします。

その節、久々に、ザックバランな話ができるのを、今からたのしみにしてゐます。匆々」

右文面は、熊本訪問の予定、その用件、熊本滞在中の希望等から構成されており、（1）の葉書と同様、その文体および内容は通常の通知文にすぎず、著作物性を有しない。

（3）　事実摘示⑭の絵葉書（本件書籍二四九頁三行目から七行目まで）

「その後いかがお過しなりや？　インドの二週間、タイの一週間ののち、やつとここラオスの弟のもとで休息をとつてゐます。弟はここの大使館にゐるのです。ここでは阿片吸飲も可成公然とされてゐるらしいけれど、小生は別に興味なし。ここの人間にもあまり興味なし。――ただインドはものすごい国で、感銘多大でした。ガンジス川べりで、火葬を二十四時間つづけてをり、その灰を集めて水に流す現場を見ましたが、鳥辺野の煙などといふ風流なものに非ず。」

筆者のインド・タイ・ラオス旅行からの絵葉書による短信であり、同地の風物についての簡単な感想が記載されているが、その文体および内容において、通常の旅中短信の域を出るものではなく、著作物性を有しない。

（4）　本件判旨は、事実摘示⑤の手紙を全文掲記しているが、右手紙の内容は、筆者による被告Y_3が執筆した小説に対する通常の文体による断片的な感想および短評にすぎず、筆者自身の個性的特色を有する独自の精神的労作とは到底評価することを得ず、著作物性を有しない。

以上のように、本件判旨は、明らかに著作物性を有しないものについて、これを肯定する判断をしているのであるが、これを善意に解するならば、三島由紀夫なるわが国屈指の著名作家による手紙であるため、これについては当然、著作物性を認めるべきであるとの配慮に基づくものか、あるいは著名人についての歴史的考証文書の観点から、当該手紙に著作物性が存在するものと評価したかの何れかであると推測せられる。しかし、右の点については、二において考察したように、手紙が著名人により書かれたという理由は、著作物性の要件の具備に何らの影響をも与えるものではないこと、また、前掲・哲学者ニーチェのライヒ裁判所判決の説示にもあるように、「当該手紙に含まれている事実的史料の故に、当該手紙が歴史的文書として、特に筆者の性格および生涯についての証拠資料として、一般に興味を惹くものであり、文学上も利用価値があるとしても、それのみでは著作物性の認定にとり不十分である。むしろ、このような史実的関心および伝記的関心を度外視して、当該手紙が、右のような史実的事実を考慮に入れない場合においても、当該筆者の作品として文学上も価値があるか否かが問題とされなければならない」のである。

三ないし五において考察したように、手紙の名宛人および出版社は、一般的人格権である信書の秘密保持については最大限の配慮を払うべく要求されているのであり[10]、手紙の筆者またはその遺族の意思に反してこれを公表した場合には、当該手紙が著作権法上の著作物であるか否かに関係なく、一般的人格権に対する侵害と見做され、これに対し、差止請求権および損害賠償請求権等が発生することは前述したとおりである。

本件手紙には、三島由紀夫が生存していたならばその公表を欲しないであろう手紙も含まれ、また、本件書籍の内容にも、三島由紀夫の私的生活領域（プライバシー）に抵触する記載も数箇所（特に、九四頁以下一一七頁に集中している）にわたり存在することが認められ、その公表は、明らかに一般的人格権である秘密保持権を侵害するものと解せられる[11]。

本件事案においては、原告は、前述した一般的人格権に基づく請求として構成すべきではなかったかと思料せられ、右構成は本件事案の実体にも適合するものであろう。

（1）　i）Norbert P. Flechsig, „Das Recht an Briefen" FS. für Reinhold Kreil, 1994, S. 181.
ii）Georgios Koumantos, „Rechte an Briefen. Eine rechtsvergleichende Skizze" FS. für Heinrich Hubmann, 1985, S. 193.

iii) Kurt Runge, „Urheber und Verlagsrecht“ 1948, S. 348.

（2）Koumantos, a. a. o., S. 195.

（3）Eugen Ulmer, „Urheber- und Verlagsrecht“ 2. Aufl., 1960, S. 121.

（4）Flechsig, a. a. o., S. 181.

（5）ライヒ裁判所民事判例集（RGZ）六九巻四〇四頁（Nietzsche-Briefe）

（6）Eugen Ulmer, a. a. o., S. 34, S. 137.

（7）Koumantos, a. a. o., S. 196–198.

（8）Koumantos, a. a. o., S. 199–200.

（9）平成一一年一〇月一九日付日本経済新聞に、本件判決についての「斉藤博・専修大法学部教授（著作権法）の話」として、「手紙の内容からして、著作物性が認められたのは妥当だ。被告側は手紙について実用文であることを理由に著作物でないと主張しているが、仮に実用的なものであっても、必ずしも著作物性が否定されることにはならない。」との見解が表明されているが疑問である。

（10）Manfred Rehbinder „Urheberrecht“ 10. Aufl., 1998, S. 341-342 には、次のように述べられている。

「……手紙・日記および秘密の手記等の内容の大部分のものは、著作物性を有しないのが通常である。しかし、それらは一般的人格権により保護せられる（ドイツ連邦裁判所民事判例集一三巻三三四頁 „Leserbrief“，同判例集三一巻三一四頁 „Altherrenrund-schreiben“，ドイツ連邦憲法裁判所判決集八〇巻三六七頁）

手紙・日記および秘密の手記等の内容が、私的生活の核心的領域に属する限り、これに対する侵害は、基本法一九条二項[*3]および一条一項に規定されている憲法上の保障により、一般公衆の重大な利益の観点による理由によるも、正当化され得ない。……また、著名人の手紙・日記等の公表は、その公表が文化的利益を有する場合においても、正当化され得ない。」

(11)　von Olenhusen „Urheber- und Persönlichkeitsrechtsschutz bei Briefen und Dokumentationsfreiheit" FS. für Georg Roeber, 1973, S. 431 において、一般的人格権の保護と報道の自由または学問の自由との関係につき、次のように述べられている。

「信書の秘密に対する侵害の事案を考慮外において考察する場合には、基本法五条一項および三項(＊4)に規定する言論の自由・報道の自由および学問の自由の観点から、自由な情報伝達の利益のために、問題となる一般的人格権による保護は、狭く限定されなければならないことになる。筆者の死後における伝記（生活像）の人格権保護が問題となる場合においても、同人の死後長年月が経過しており、その間に歴史研究、または文学上および学問上の批評、あるいは文化遺産の分析等の必要性が強くなればなる程、筆者の人格権の保護は、より稀薄となる」。

本件事案においては、本文中に述べたように、一部の手紙および本件書籍中の数箇所においてその秘密性が強く要求せられる記載があり、報道の自由の観点は否定されるべきであると解せられる。

（＊1）　ドイツ連邦共和国基本法一〇条一項「信書・郵便および電気通信の秘密は、不可侵である。」

（＊2）　ドイツ連邦共和国基本法一条一項「人間の尊厳は、不可侵である。これを尊重し、保護することは、すべての国家権力の義務である。」

ドイツ連邦共和国基本法二条「(1)　何人も、他人の権利を侵害することがない限り、および、憲法上の秩序または道徳律に違反することがない限り、その人格の十分な発揮を要求する権利を有する。

(2)　何人も、生命および身体を毀損されないことを求める権利を有する。個人の自由は、不可侵である。これらの権利は、法律に基づいてのみ、制限することが許される。

（＊3）　ドイツ連邦共和国基本法一九条二項「如何なる場合においても、本基本法に規定する基本的権利は、その本質的内容において制限することは、許されない。」

（＊4）　ドイツ連邦共和国基本法五条一項、三項「(1)　何人も、自己の意思を言葉・文字および画像で自由に表明し、流布し、また、一般に入手可能な情報源から妨害を受けることなく情報を得る権利を有する。報道の自由、ならびに、ラジオ放送および映画による報道の自由は、保証せられる。検閲は、行われない。

(2)　（略）

(3)　芸術と学術、ならびに研究と教育は自由である。教育の自由は、憲法への忠誠を免除するものではない。」

〔追記〕　平成一二年五月二三日付本件控訴審判決も、本件各手紙の著作物性につき、「本件各手紙を読めば、これが、単なる時候のあいさつ等の日常の通信文の範囲にとどまるものではなく、三島由紀夫の思想又は感情を創作的に表現した文章であることを認識することは、通常人にとって容易であることが明らかである。」と判示し、第一審判決を維持しているが、前述したように疑問である。

附録

附録1　諸外国の特許制度の沿革

一　序　説

発明が発明として社会的に認容せられるためには、自然法則についての知識及びこれを技術により支配する能力の存在を前提とするとともに、社会が発明を受容する時代風潮にあることを必要とする。この社会的風潮及びこれに伴う経済的発展が欠如している場合には、発明はその保護を全うせられない。

古代社会においては、エジプトのピラミッド、ローマの水道設備の建設にみられるように、技術は当時においても相当な水準に達していたにもかかわらず、水力・風力等を技術的目的に利用することが未知であり、また、奴隷労働による労力が豊富なこともあって、新しい自然力を求めて人間の労力を節約すべき必要性も存在しなかった。従って、発明について特に保護を与える制度は存在することはなかった。

中世においては、個人の経済的活動は、同業組合（ギルド）の厳しい規約により規制せられ、商人及び手工業者は、この組合規約の枠内においてのみ、その経済活動を行なうことが許され、また同業組合員によってなされた発明は、同業組合の共有財産とみなされた。従って、このような経済秩序の下においては、発明を振興し発明者を保護すべきであるとする社会的風潮を生ずる余地はなかった。

中世から近代への転換期は、個人の主体性及び台頭しつつあった個人主義思想が、中世的社会秩序の桎梏を打破した時期であり、また初期資本主義が、手工業から機械工業への移行によって、産業を飛躍的に発展せしめた時期でもある。このような時代的背景の下に、この時期は大発明及び大発見が相次ぎ、技術は飛躍的に進歩し、蒸気力・熱・電気等の自然力が開発せられたが、このような技術的開発は、発明振興の気運とこの発明に対する報償によって促進されたのである。すなわち、当時の地方領主や都市国家の商業政策は、企業精神を覚醒せしめるために新しい営業分野または新しい物品を輸入した者に対して、一定の期間を限り当該営業を独占的に行なう営業特権を与えるとともに、発明者に対してはその発明努力及び出費に対して報いると同時に発明活動を喚起するために発明者特権を与えた。しかし、発明者は、この発明者特権を付与すべき旨の法的請求権を有せず、この付与は地方領主または都市国家の恩典によるものとせられた。

しかし、時の経過とともに、特権の付与は確固とした法的プラクシスとして形成されるにいたり、発明者の申請に基づいて付与され、その付与の要件として発明の新規性・有用性・実施可能性等の存在が要求され、さらに、発明の模倣に対しては刑罰をもって禁ぜられ、また他方、特権の有効期間を制限するとともに、発明者に対しては、実施強制または対価により他人に実施せしむべき義務を課した。ここに現代の特許法の根本原理の萌芽を看取することができる。

以上のような法的プラクシスは、一四七四年にはベニスの市参事会規則として成文法化せられるにいたったが、この法律は、発明の先願権についての規定を設けるとともに、特許要件として発明の新規性・実施可能性及び有用性を要求し、これらの要件は特別の行政委員会に審査せしめた。また、その特許保護期間を一〇年とした。

二　イギリス

イギリスにおいては、前述した特許の付与が、イギリス王室の主たる財源とされていたため、しばしばこの特権が恣意的に付与せられ、塩・ビール・ガラス・鉄・帆布等の別に目新しいものではない生活必需品についてまで、特定の個人に独占を許したため、物価の昂騰をもたらし、他方、他の同業者はその営業活動を著しく制限せられるにいたった。この弊害を除去するために、一六二四年イギリス議会下院は、ジェームス一世（James I）から有名な反独占法（または専売条例 Statute of monopolies）を、勝ち取った。この法律は、一六〇二年の王座裁判所の判決の見解を踏襲して、特許付与についての指針を確立したものであり、「独占は、原則として普通法（コモン・ロー）に違反し、営業の自由を侵害するものであるが故に許されない。一般公衆のためにする発明者の功績のみが、独占を正当化し得るにすぎない。新しい産業上の製品または方法についての発明に対してのみ、真実にして最初の発明者に、最長一四年の期間に限って特許が付与せられる。公序良俗または公共の福祉を害する発明に対しては、特許は付与せられない（独占理論と称せられる）。」とするものであり、その根底を貫く法思想は、営業自由の原則を最優先の地位におき、特許はこの原則に対する例外すなわち営業の自由を制限する独占とみなされるのであり、発明が一般公衆にもたらす利益の観点においてのみ、それが正当化せられるとするのである。従って、イギリス法においては、沿革的には発明者に特許を請求する権利を容認する法基盤は存在しなかった。しかしそれにもかかわらず、この法律はその後のヨーロッパ諸国の特許立法の先駆をなしたものであり、その意義は大きい。

イギリス特許法は、その後、数度にわたり改正されたが、一八五二年の改正法においては、発明者の特許付与請求権が確立されるとともに、特許庁が設置された。また、一八八三年には、従来の特許法に代えて、特許・意匠及び商標法（Patent, Designs and Trade-Marks Act）が制定せられ、一九〇四年には、事前審査制度が導入された。さらに、一九四九年の特許法によれば、特許は真実にして最初の発明者またはその権利承継人によって出願することができ、特許付与の形式的ならびに実質的要件の存在についての事前審査がなされ、特許の存続期間は、一六年とする旨の規定が設けられている。

なお、イギリス特許法においては、前記反独占法の法思想が、現在までその法原則として支配している点に留意されなければならない（なお、現行法である Copyright, Designs and Patents Act 1988（c. 48）参照）。

三　フランス

フランスにおける発明の保護は、自然法理論と啓蒙主義哲学の基礎の上に新しい理論的展開をなした。すなわち、この時期においては、先に述べたように大発明及び大発見が相次ぎ、技術が飛躍的に進歩し、これに伴い個人の主体性が確立したため、創造力及び発明力を有する個人を中心として、事物を考察する思想的風潮を生ぜしめ、個人の精神的活動による思想的創造に対しては、有体物に対し所有権が認められるのと同様、自然発生的な権利が認めらるべきであるとする確信が形成せられるにいたった。

右のような思想的背景のもとに、一七八七年には、絹模様及び金らん模様を付した織物に排他権を保証する旨の勅令が発せられたが、その冒頭には、「本勅令により、フランス国王は真実の発明者に対し、将来にわたりその所有権を確固にして不変のものとして確立する機会を与え、その権利の存続期間中、発明のために支出せられた出費と発明の功績にふさわしい対価を得せしめることによって、その才能を鼓舞せんことを欲するものである。」と述べられている。この知的所有権理論は、フランス革命を契機として最高潮に達し、同業組合制度及び特権制度が廃止せられるとともに、営業の自由の原則が確立せられた。

一七九一年一月七日の法律は、「産業上の分野におけるすべての発見および新しい発明は、発明者の所有に属する。」との明文の規定を設けるとともに、この発明についての発明者に認められる自然発生的所有なる思想に基づき、特許は特許性についての事前審査を行なうことなしに付与せられ（出願無審査主義と称せられる）、その特許性についての判断は、通常裁判所によりなされることとされた。他方、一般公衆の利益は、特許の存続期間を一五年とし、二年以内の強制実施の規定を設けることにより、さらには発明の公開義務を課することにより、配慮せられた。また、一七九一年五月二五日の法律により特許庁の設置がなされた。その後、一八八四年には、新特許法が公布せられ、この新特許法は、当時批判の対象となりつつあった前記出願無審査主義を温存していたが、この新特許法は、他のヨーロッパ諸国、特にベルギー・イタリア・スペイン・スイス・ギリシャ・ルクセンブルグ等の特許立法に大きい影響を与えた。その後の一九六八年一月二日の新特許法も、前記出願無審査主義を維持したが、早期公開制度、新規性調査制度、実用特許制度等の新制度を採用するとともに、特許要件として、新規性とともに発明性の存在を要求し、その有無についての判断は、無効手続において審査せられる旨の規定が設けられた。また、特許の存続期間は二〇年とされた。

四　アメリカ合衆国

アメリカ合衆国における特許立法の沿革は、主として前記イギリス法の強い影響の下に展開せられた。すなわち、経済活動の自由を立法における最優先の地位におき、この経済活動の自由は、一般公衆にもたらされる利益の観点においてのみ、独占により制限することが許容せられるとする思想的基盤が、アメリカ合衆国の特許立法の根底を形成しているのである。しかし他方、アメリカ合衆国の第一次特許立法が、フランス革命の時期に遭遇し、かつ当時アメリカ合衆国とフランスとは様々な分野において思想的交流が存在したため、前記フランス特許立法の知的所有権理論の影響を受けざるをえなかった。従って、アメリカ合衆国の特許立法の沿革的思想的基盤には、特許による独占を例外的事例とみなす思想と、発明をもって発明者に認められる自然発生的所有であるとする思想とが存在し、これらの一見相矛盾する思想を、相互に調和統一せしめた点にその特色を見出すことができる。

すなわち、一六四一年、マサチュセッツ（Massachusetts）裁判所は、イギリス法の法理念を踏襲して、「わが州においては、州に利益を斎らす新規な発明についての独占以外の如何なる独占も、容認または許容せられず、また州に利益を斎らす新規な発明についても、その独占期間は、短期間に限られるべきである。」との見解を示し、その後の一七八九年のアメリカ合衆国憲法は、その八条一項において、議会に対して、「著作者および発明者に対し、その著作物ないし発見についての一定期間の独占権（sole and exclusive right）を確保することにより、学問ならびに有用な技術を振興すべき」立法的権限を与え、この憲法上の要請を実現するために、一七九〇年、特許法が制定せられた。また他方、三年後に制定せられた一七九三年の特許法は、フランス法の影響を受け、「発明者に対し、排他的所有権（exclusive property）が付与せられる。」なる規定が設けられた。その後、数次の改正を経て、一八三六年の改正法により、事前審査制度が導入せられるとともに特許庁が設置せられた。現在適用せられている特許法は、一九五二年に改正せられた法律である。

アメリカ合衆国の特許法の重要な特色は、フランス特許立法の思想的基盤である知的所有権理論の理念を、純然たる発明者主義の制度において実現したことである。すなわち、特許を求める権利は、真実にして最初の発明者に帰属することになるのであるが、その基準とせられる順位は特許庁に出願せられた時期ではなくて、発明がなされた時期によって決定せられ、この点について争いが存在する場合には、特許争訟手続（Interference）において決定せられることになる。また、特許は、実体的審査を経て付与せられるのであるが、この特許の付与は、発明者と一般公衆との間に締結せられた契約として、すなわち、発明者がその発明を技術の進歩に資するために一般公衆に公表したことに対し、一般公衆は発明者に一定期間を限りその独占的利用を保証するという契約であると解されている。

五　ドイツ

ドイツにおいては、一九世紀の初頭まで、他のヨーロッパ諸国と同様、ドイツ領主国による特権制度が支配していたが、各構成国（ラント）は、発明についての特権の付与を立法化し、プロイセンにおいては一八一五年に、ウュルテムベルク（Württemberg）においては一八二八年に、バイエルン（Bayern）においては一八二五年に、ザクセン（Sachsen）においては一八四三年に、ハノーバ（Hannover）においては一八四七年に、またヘッセン（Hessen）においては一八五八年に、それぞれ特許付与についての準則を制定した。これらの法律のうち、特にプロイセンの準則によれば、特許付与は厳格な事前審査を経て行なわれ、特許の存続期間は最長一五年とし、発明が六ヶ月以内に実施されない場合には特許付与は取り消される等の規定を設けていたが、発明者に特許付与を求める権利は認められていず、その恩典的色彩を強く残存していた。

当時のドイツの商工業活動は、封建的な同業組合の手中に委ねられていたため、経済的及び技術的進歩は著しく阻害されたが、一九世紀の中葉にいたりフランス革命による自由思想が、ようやくドイツにもその影響を与え、特権制度及び同業組合制度を廃止し、営業の自由を確立すべきであるとの社会的風潮を生じ、ドイツ関税同盟は、特許による特権から生ずる取引の自由に対する制限を除去するためには、関税同盟に加入している諸国内において、商取引を阻害する発明者の独占を制限すべき手段を講ずべきであるとし、一八二四年の関税同盟国条約において、「特許は、特許にかかる物品の輸入・販売および使用を禁止する権利を根拠づけるものではない。」旨の規定を設けるにいたった。

この関税同盟国条約を契機として、特許制度に対する疑問が生じ、特許制度をめぐり賛否両論の激しい論議が展開されるにいたった。特に、イギリス経済思想の影響の下に唱導せられた自由貿易理論は、独占による貿易及び営業の自由に対する制限に反対し、特許をもって過去の同業組合制度及び特権制度の遺物であり、生産活動を独占により阻害するものであるとし、また大多数のプロイセンの商業会議所も、一八五三年に行なわれたプロイセン政府によるアンケートにおいて、特許制度に反対する回答をなした。他方、当時ようやく繁栄に向いつつあった産業界及び発明者団体等は、完全な特許制度の実現を要求し、その理由として知的所有権の思想的根拠のみならず、公共的利益の見地から、もし完全な特許制度が実現せられない場合には、発明者は国外に流出し、またば発明が秘匿せられることになるであろうと主張した。

その後、各種産業団体による特許法草案が起草せられたが、一八七一年ドイツ帝国の成立とともに、ドイツ帝国憲法は、発明特許及び知的所有権の保護についての立法権限を帝国議会に付与し、これに基づきドイツ技術者協会・化学者団体及びドイツ特許保護協会の三者の協同作業により起草せられた特許法草案が議会に提出され、一八七七年五月二五日第一次ドイツ特許法として公布され、同年七月一日より施行せられた。この特許法は、先願主義及び事前審査主義を採用し、特許の存続期間を最長一五年としたが、発明者の特許を求める権利はいまだ認められていなかった。また、一八九一年には、小発明を保護することを目的とし、実体的審査を経ることなく単なる出願のみによって登録せられ、その存続期間を最長六年とする実用新案法が公布せられた。その後、数次の改正を経て、一九三六年五月五日公布せられた改正法においては、発明者の栄誉を明文化するとともに、特に先願主義に加えて発明者主義を採用した。第二次大戦によるドイツ帝国の敗北により、ベルリン（Berlin）に所在したドイツ帝国特許庁は閉鎖され、一九四九年一〇月一日にミュンヘン（München）にドイツ特許庁が開設せられるまで、特許権を得る方途は閉ざされた。その後、六次にわたる経過立法により、ドイツ連邦共和国すなわち西ドイツの特許制度は整備せられ、特に一九六一年三月二三日の第六次経過法により、独立の特許裁判所が設置せられた。一九六一年五月九日、前記経過立法を勘案して、戦後初の特許法その他の附属法規が制定せられたが、近年における特許出願の増加による特許庁の未済審査件数の負担を軽減するために、一九六七年九月四日、新改正特許法が公布され、わが国現行特許法の模範法とされた、いわゆる繰延べ審査制度が導入せられるとともに、食料品、嗜好品、医薬及び化学物質についての物質保護の禁止規定が廃止された。

ドイツ民主共和国すなわち東ドイツにおいては、一九五〇年九月六日、新特許法が発布され、東ベルリンに特許庁が設置せられた。新特許法は、その大部分の規定を、ドイツ帝国当時の一九三六年改正法を規範として制定されたが、これと異なる重要な制度として、西ドイツの特許と同一内容を有する独占特許（Ausschließungspatente）とともに、発明を利用する権限が、特許権者以外に特許庁によりその利用権限を付与された者にも生ずることを内容とする管理特許（Wirtschaftspatente）の規定を設けたことである。そして、人民所有の企業、国家の研究所または他の公共機関において行なわれた発明、または国家の援助の下に行なわれた発明については、その発明者に管理特許のみが付与せられ、発明者はその利用権限を付与された者から補償金を受領することになる。その後、一九六三年七月三一日の改正特許法においては、出願審査主義と出願無審査主義との折衷的な制度として、特許は、一応形式審査のみに基づいて付与せられるが、申立てまたは職権により、特許要件についての実体的審査が行なわれるとする規定を設けた。さらに、発明を保護する特許法以外に、機械の改良、労働生産性の向上に関して、改善的提案をなした者に対して、補償金が交付せられることを内容とする改良者規則（Neuererverordnung）が存在する。

六　ヨーロッパ諸国における最近の改正

一九六三年一一月二二日ヨーロッパ諸国により調印せられたシュトラスブルク条約及びすでに発効せる特許協力条約・ヨーロッパ特許条約に適合同調せしめるため、イギリスにおいては一九七七年七月二九日に、フランスにおいては一九七八年七月一三日に、また、ドイツ連邦共和国においては一九七六年六月二一日に、それぞれ改正新特許法が公布せられ、国際的規模における各国内特許制度の合理化を目ざし、法統一へと激しい動きを示している。これらヨーロッパ諸国における法統一への指向は、わが国は勿論、現在独自の特許法体系を有するアメリカ合衆国に対しても強い影響を与えるものと予測される。

〔参考文献〕

H. Hubmann, Gewerblicher Rechtsschutz, 3. Aufl., 1974, S. 7, 27.
W. Bernhardt, Lehrbuch des deutschen Patentrechts, 3. Aufl., 1973, S. 16, S. 10–18.
F. Machlup, Die wirtschaftlichen Grundlagen des Patentrechts, GRUR（国際版）, 1961, S. 373–390.

附録2　特許制度の基本的原則

一　特許制度の目的（刺戟理論・公開理論）

わが国現行特許法は、その一条に、「この法律は、発明の保護及び利用を図ることにより、発明を奨励し、もって産業の発達に寄与することを目的とする。」旨の規定を設け、現行特許制度の合理的根拠が刺戟理論及び公開理論に基づくものであることを明文化している。この規定の意味するところは、発明者は他人に先駆けて発明なる価値対象を国民経済にもたらすものであるが故に、保護さるべきであるとの見地に立ち、そのため、発明者にこの経済的財貨を一定の期間に限り独占的に利用することを保証し、これによって発明を奨励するとともに、他方、国民産業の振興なる公共の利益よりして、この発明について公開義務を課し、特許権の存続期間経過後は、何人も自由にこれを利用しうる国民的共有財産とすることにより、産業の発達に寄与せしめることを目的とするものということができる。

右規定は、特許法の実質的規定ではないが、特許法の基本的原則を示すものとして、特許法の各法条の解釈に際し、その指針を与える重要な規定というべきである。

二　権利主義

わが国の特許制度は、ヨーロッパ先進諸国におけるような、特許制度の根源となるべき思想的・経済的基盤を有せず、もっぱら欧米諸国の特許制度を模範とした法律制度の近代化の一環として成立したものであるが故に、ヨーロッパ諸国におけるように、特許の付与を地方領主・都市国家ないし国家の恩典によるものとする恩恵主義から、特許の付与を発明者の国家に対する法的請求権として認める権利主義への移行を、その思想的・経済的基盤の下に経験するところがなく、わが特許法における権利主義の採用も、もっぱら特許制度導入に随伴した結果によるものであった。

わが特許法二九条一項・三三条・三四条（実三条一項・九条二項）は、特許法上一定の発明をした者に対し特許を受ける権利を認め、権利主義を採用している。この特許を受ける権利は、出願前においては、単に将来付与さるべき特許権についての期待権（Anwartschaftsrecht）にすぎないが、出願後においては、特許庁に対し、行政行為すなわち特許付与を求める公法上の請求権としての性質を有するものとされるのであり、このような意味での特許を受ける権利を法的に認める制度が権利主義である。

三　発明者主義

わが国現行特許法は、特許を受ける権利を有する者は、発明者（特二九条一項）及びその権利承継人（特三三条一項）である旨規定し、これを、発明を特許庁に最初に出願した者に発明についての権利を与えるものとする出願者主義に対し、発明者主義と称する。この発明者主義は、発明者の人格権及び発明についての寄与を尊重し、発明的寄与をもたらした者に対して、発明についての権利を与えようとするものである。従って、出願人が発明者及びその権利承継人であるか否かは、審査官が職権をもって調査すべきものとし、この要件が否定せられた場合には出願を拒絶すべきものとしている（特四九条四号）。この点、ドイツ特許法四条一項が、出願審査手続の遅延を避けるため、「出願人は、特許の付与を求める正当な権利者であると見做す」旨の規定を設けることにより、純然たる発明者主義より一歩後退しているのと対照的である。

四　先願主義

進歩してやむことがない技術は、常に解決を必要とする新しい課題に直面するが、このような課題解決への努力は、複数の企業または個人により、同時に着手されていることはまれではなく、従って、その課題の解決も、ほとんど同時に、また、相互に無関係に完成させることがある。このような場合は、各人が真正の発明者であり、各人に別個独立の発明者権、特に特許を受ける権利が生ずることになり、このような複数の発明者を重複発明者と称することができる。

特許法三九条（実七条）は、この場合に、最先の特許出願人のみに特許を受ける権利を与え、複数の発明者間の利益衝突を解決している。これを、発明の完成せられた時期をもって決定するアメリカ合衆国の先発明主義に対し、先願主義と称せられる。先願主義は、先発明者の決定について生ずる煩雑な手続上の困難性を回避することができ、また、発明者をして速やかに発明を公開せしめるべく慫慂し、これにより技術の豊富化に寄与せしめるという長所を有している。

五　審査主義・審査請求制度

適式の出願がなされた場合には、特許庁による特許要件についての実質的審査すなわち新規性・進歩性等についての審査をなすことなく特許付与がなされ、その特許要件の有無についての判断は、通常裁判所に委ねられる制度を無審査主義または出願主義と称せられる。これに対し、出願の適式性についての審査のみならず、特許要件についての実質的審査をも特許庁により行われる制度を、審査主義と称せられる。

無審査主義は、フランス・ベルギー・イタリア等のラテン系諸国において採用されてきたが、このような無審査主義により付与された特許の特許権者は、「政府の保証なき特許権（breveté sans garantie du gouvernement）」と称せられるように、迅速に特許権を取得しうるという長所を有するも、信頼性のない権利の不安定性は、第三者のみならず特許権者にとっても不利益を与える短所を有するとともに、無価値な特許権の氾濫という特許制度に背反する現象を生ぜしめる。これに対し、審査主義は、イギリス・アメリカ合衆国・ドイツ等において採用せられ、審査主義を採用せるヨーロッパ特許条約を契機として、前記ラテン系諸国においても漸次審査主義を加味した制度に移行しており、わが国も専売特許条約以降、一貫して審査主義を採用している。審査主義に対する批判として、特許付与が遅延する上に、無効手続により事後的に無効とされる可能性が存在する以上、権利の存立についての保障が存在しないとするのであるが、この批判は適切ではない。何故なれば、審査により、特許要件を具備しない大部分の発明が、出願審査の段階において排除せられることになり、さらに、異議申立手続と結合することにより、審査の精度が高められ、こうして付与された特許は、一般に権利の存立についての保障を与えられたものと評価され、特許権者にとっても、価値のある財産権としての意味を有することになる。

わが国の特許法も、昭和四五年五月二二日改正法までは、右の意味における純然たる審査主義を採用してきたが、右改正法は、特許出願の審査は、審査請求に基づいて行なわれる旨の規定を設け（特四八条の二、実一〇条の二）、審査の請求が出願と同時になされた場合には、従来と同様、即時に審査が行なわれ、その他の場合には、審査は審査請求がなされるまで繰り延べられることとした。後者を繰延審査制度または審査請求制度という。したがって、改正法は、従来の純然たる審査主義とともに、審査請求制度を導入したものということができる。この審査請求制度の目的は、特許出願の増大に伴う特許庁の過重負担を軽減するために、オランダおよびドイツ連邦共和国において最初に実施せられたもので、出願にかかる発明の約一〇％のみが発明としての経済的意義を有し、その他の九〇％の発明については、特許の付与が拒絶されるか、特許の付与がなされた場合においても、その無収益性のために、特許付与後数年を経ずして放棄される、という過去の経験に基づいて案出せられた制度である。したがって、この制度は、経済的に意義を有する発明についてのみ審査を集中することを目的とするものであり、立法者は、この制度により出願審査の負担を通常裁判所に転嫁することになる無審査主義の欠点を回避するとともに、最良とされる審査主義の長所を維持しつつ、特許庁をして、出願の大多数を占める無益な発明の審査から開放せしめることを意図したものである。但し、この制度は審査請求に伴う費用を出願人に加重し、出願人の審査請求に金銭的圧力を加え、無益な発明の審査を抑止することによってのみその実効を期しうる点において特異である。

附録3　特許制度の本質

特許保護の肯定論者が、その理論的論拠として主張する説として、次の四つのものが挙げられる。

一　自然権理論（または所有権理論と称せられる）

個人の精神的活動による思想的創造に対しては、有体物に対し所有権が認められるのと同様、自然発生的な無条件な所有権が認められるべきであるとし、この思想的創造を無断で利用する第三者は、窃盗と同視されるべきであるとする。そして、所有権はその性質上、排他性を有し、発明者がその発明の実施についてその排他性を主張することは、当然の帰結であるとする。

この理論は、フランスにおいて理論的展開を遂げたものであるが、一七九一年一月七日の特許法の前文には、「社会の進歩発展に有益な新規な考案は、それを着想した者に帰属するものであり、この産業上の考案がその発案者の所有として承認せられないとするならば、それは人権の本質に対する侵害を構成することになる。」と述べられている。この理論は、批判さるべき理論的弱点を包蔵しているにもかかわらず、現在においても多くの信奉者を見出している。

二　報償理論

社会的正義の観点からすれば、発明を一般公衆に公開し、これにより一般公衆に有用な寄与をなした発明者に対しては、報償をもって報いるべきであるとする要求が生ずる。報償理論は、この社会的正義の観点から、発明者に対し相応の報償を確保するために、その発明に対し独占的特許権を付与するという法的形態により、期間的に制限された独占的地位を保証せんとするのである。

この報償理論は、すべての独占に反対するイギリスの国民派経済学者からも、発明者に対し期間的に制限された独占権を与えることは、発明者に対する正当な報償であるとして強く支持された。この理論を支持する学者は多い。

三　刺戟理論

産業の振興は望ましいことであり、そのためには発明及びその産業上の利用が不可欠の前提となるが、発明者がその発明によって得る利得が、その発明を他の第三者と競業的に利用することによって得る利得より大きくない場合には、発明者は発明についての意欲を喪失し、発明の数は減少するであろう。特に、利益を追求して行動する競業者は、素早く発明を模倣し、しかも模倣者は発明者のように多額の研究費及び開発費を投下していないが故に、発明者より安価に発明品を製造販売することができ、発明者はその発明に投下した費用を回収することも不可能な状態となる場合もまれではないであろう。したがって、発明者をして、発明をもって骨折甲斐のあるものにし、発明のためその資本を投下せしめるためには、社会（国家）はこれに介入し、発明意欲を刺戟する手段を講じなければならないことになる。そのための最も簡明にして最も安価であり、かつ最も効果的な手段は、発明についての排他的特許権という法形態での、期間的に制限せられた独占的地位を発明者に与えることである。以上が特許保護を肯定する刺戟理論の理論的根拠とするところである。

この理論は、企業による集団的技術開発がなされるのを常とする現今において特に意義を有する。すなわち、現今の大多数の有用な発明は、大企業の研究所において多数の研究員による組織的に計画された実験の下に、多額の研究実験費を投下して開発されるのであるが、このような危険を伴う開発は、投下された研究開発費を回収し、その開発による利得の確保を保証する特許制度なくしては到底遂行されえないものであり、この意味において、刺戟理論は現今の発明開発の実情に即応する理論ということができる。

四　契約理論（または、公開理論と称せられる）

この説は、発明者と一般公衆の代表者である国家とが契約を締結し、この契約に基づき発明者が秘匿していた発明による知見を公開せしめ、これに対する反対給付として国家は発明者に対し、期間的に制限された排他的独占権を与えるという理論的根拠に立脚する。すなわち、この説も技術の開発による産業の振興は望ましいことであるとの前提の下に、発明者がその発明による知見を秘匿することによりその利用が阻害され、また発明者の死亡により、その利用が永久に失われることを防止し、将来の世代のためにその利用を確保するためには、発明者をして発明による知見を公開せしめなければならないことになるが、そのためには、国家が発明の公開に対する代償として、発明者に対し特許保護を与えることによってのみ達成せられるとするのである。

自然権理論及び報償理論は、発明についての発明者の関与ないし持分を正当化することにより、発明者の個人的利益を尊重することに重点をおくものであるのに反し、契約理論は、発明の公開によってもたらされる社会的利益を重視する。すなわち、発明者に特許が与えられたとしても、特許は発明者に発明の経済的利用のみを許容するにすぎず、発明による知見自体は、研究開発対象として何人もこれを利用しうるものであり、したがって、新しい技術の公開は、一般的な技術水準を向上せしめ、その後の新しい開発を可能にする技術的素地を提供するものであるとするのである。

わが国の現行特許制度が、右の四つの説の何れをその理論的根拠とするかは、直ちに断定することはできないが、現行特許法一条の目的に照らし発明の奨励による産業の発達を最終目的とする点からして、刺戟理論および公開理論をその理論的根拠とするものと解される。

附録4　ウィンクラー（Winkler）[1]著
「ドイツにおける特許侵害訴訟事件の訴訟促進について」[2]
――いわゆるシュトゥトガルト（Stuttgart）迅速審理方式との対比において――

一　はしがき

実体法上の諸権利は、訴訟手続を経て初めて現実化せられ、権利者にその満足が与えられることになるが故に、訴訟手続の迅速化は訴訟手続制度上の最も重要な課題の一つということができるであろう。

わが民事訴訟制度の母国であるドイツにおいても、この訴訟手続の迅速化を一九七三年～一九七四年に予定されている民事訴訟法の大改正[3]（一九七六年改正）においても最も重要な課題として取上げ、これに対する準備的テストの意味をも兼ねてシュトゥトガルト（Stuttgart）地方裁判所部長判事ロルフ・ベンダー（Rolf Bender）氏の提唱にかかる所謂シュトゥトガルター・モデール „Stuttgarter Modell“ による迅速審理方式[4]――この Stuttgarter Modell による迅速審理方式は、現行〔一九六九年当時〕民事訴訟法の規定の運用により、審理の促進を達成することを企図していたものであるが――が、ドイツ連邦共和国の主要な地方裁判所並びに高等裁判所において実施に移されている。そして、この方式による訴訟促進の成果は、次項に紹介せんとするミュンヘン第一区地方裁判所第六民事部（一般民事事件迅速審理部）の部長判事トーマス（Dr. Thomas）氏の言によれば、着々とその実を結び、前記来るべき民事訴訟法の大改正には、その運用成果の成文化がなされるとのことである。

以上のように、一般民事事件並びに商事事件について訴訟促進の気運が高まりつつある事情を背景として、特許侵害事件については、急速に進歩する技術的内容をその係争の対象とするが故に、特に訴訟促進の要求が強く[5]、ここに紹介せんとするウィンクラー（Winkler）の論文は、特許侵害訴訟事件の特殊性よりする——したがって、前記シュトゥトガルター・モデール（Stuttgarter Modell）は、そのままの形では特許侵害事件には適用することができないのであるが——独自の訴訟促進方策を種々なる角度より論究しており、前記シュトゥトガルター・モデール（Stuttgarter Modell）による審理方式の実際との対比において研究することは、わが国の訴訟実務にも資するところがあると信んじるものである。

二　所謂シュトゥトガルター・モデール „Stuttgarter Modell“ によるミュンヘン第一区地方裁判所「迅速審理部」の審理の実際について

ミュンヘン第一区地方裁判所においては、このシュトゥトガルト（Stuttgart）審理方式は一九七一年一月一日を期して、第六民事部及び第二民事部（商事部）において実施に移されたのであるが、その指導理念は、これを一言にて要約すれば、民事訴訟法を支配する基本的手続原理ともいうべき、(1) 口頭による審理（Mündlichkeit der Verhandlung）、(2) 審理の集中（Konzentration des Verfahrens）、(3) 証拠調の直接性（Unmittelbarkeit der Beweisaufnahme）を根幹として、これに加うるにドイツ民事訴訟法二七二条b[6]に規定されている準備手続を更に圧

二　所謂シュトゥットガルター・モデール „Stuttgarter Modell“ によるミュンヘン第一区地方裁判所「迅速審理部」の審理の実際について

縮した形で運用し、一回の口頭弁論期日で事件を終結に到らしめようとするものである。即ち重要な訴訟資料はすべて第一回口頭弁論期日前に提出さるため、当事者による書面交換のための予備手続（schriftliches Vorverfahren）が行われ、この段階においてすべての争点を整理・確定し、更にこの争点についての立証準備をなし、第一回口頭弁論期日においては、一挙に争点についての立証を完了し、弁論を終結に導こうとするものである。したがって、前記予備手続が、本審理方式においては重要な機能を発揮するのであり、この予備手続が所期のように完全に且つ迅速に行われない限り、本試みを成功に導くことは不可能であろう。この点、本方式の実施にあたり、裁判所による適切な予備手続指揮とともに訴訟代理人の強力な協力が要請される所以である。

次に本方式による手続の順序を示すと次のとおりである。即ち、裁判予納費用が納入されると、直ちに訴状が口頭弁論期日を指定することなく被告に送達される。訴状送達の日から起算して、一〇日間の訴訟代理人（弁護士）選任期日及び六週間の答弁書提出期間が被告に与えられる。この訴状の送達には、前記期間の定めに関する添書が同封せられ、「同期間の懈怠は、被告に不利な効果（ドイツ民事訴訟法二七九条[7]による時機に遅れた攻撃防禦方法の却下：同法二七八条二項[8]及び裁判所費用法四七条[9]による費用負担）が生ずることがある。」旨、注意書きがなされる。そして訴状送達の日時は直ちに原告に通知せられる。被告が前記一〇日の期間内に訴訟代理人を選任しない場合には、原告よりの特別の申立を俟つまでもなく、近い期日が指定せられ、この期日において欠席判決（Versäumnisurteil）が言渡される。もし前記一〇日間の訴訟代理人選任期日後に訴訟代理人が選任されるか、又は前記欠席判決の言渡期日になって初めて被告の訴訟代理人が出頭し、理由のある答弁をした場合には、期日指定を取消すか、又は期日の延期をしなければならない。この場合には、後に原則として被告に訴訟費用の負担が命ぜられることになる。

答弁書提出期間経過後、したがって、訴状送達後六週間して、裁判長は口頭弁論期日を指定する。口頭弁論は合議体で行われる。口頭弁論期日には、常に当事者本人の出頭が命ぜられる。またドイツ民事訴訟法二七二条bに基づき、可能な限り、裁判所に必要と認められる証人および鑑定人が召喚せられる。証人の召喚に際しては、予め立証事項の要約が告知せられる。鑑定人は、既に口頭弁論期日前に鑑定を行い、鑑定要約書の提出を了し、口頭弁論期日には、この鑑定要約書の説明がなされることになる。裁判所が必要と思料する場合には、第一回口頭弁論の呼出に際し、ドイツ民事訴訟法一三九条(10)又は同法二七九条a(11)による釈明決定を行い、この決定において、裁判所は釈明を必要とする問題を示し、また場合によっては法的指示を与えることもある。したがって、前記ドイツ民事訴訟法一三九条の裁判官の釈明義務に関する条項は、当事者による書面交換のための予備手続においては、特に重要視されることになるのである。さて、必要とされる場合には、口頭弁論期日前に、更に原告には答弁書に対する反駁の準備書面（Replik）提出のための期間が、また被告には右原告の反駁準備書面に対する再反駁準備書面（Duplik）提出のための期日がそれぞれ与えられる。そして場合によっては、右書面の提出期間は、第一回口頭弁論期日を更に延長することによって、考慮される場合もある。しかし、原則として訴状の送達と口頭弁論期日との間は一〇週間以上の期間がおかれることはない。

裁判所での口頭弁論期日は、両訴訟代理人による提出書面の陳述の後、まず両当事者に対する事情聴取（Anhörung）を以て開始され、当事者はこの事情聴取において、裁判所が問題とする事情を当事者の見解にもとづいて述べることが要請される。証拠調べは、この事情聴取に引続いて行われる。そののち、裁判所は、当該事案についての一応の法的見解（Vorläufige Rechtsansicht）を、両訴訟代理人及び両当事者に表明の上、和解を試みる。無条件和解が成立しない場合には、――撤回権付和解は、例外的な場合にしか行われない――両訴訟代理人による弁論が行われ、この弁論においては、既に表明された裁判所の見解について充分な反論が加えられることになるが故に、裁判所にとっては特に有意義なものとなる。原則として、この弁論に引続いて、非常に短い期間をおいた判決言渡期日が定められる。もし第一回口頭弁論期日の審理の終りになって、直ちに取調べることができない他の証拠調べの必要が存在することが判明した場合には、そのための口頭弁論期日がさらに定められることになる。

以上が本方式による審理の概況であるが、本方式による審理は、訴訟代理人にとっても反覆してなされる書面作成の手間を省き、長時間を要し且つ数多くの回数を重ねなければならない期日出頭義務を節約することにもなるのであるが、この審理方式を成功に導くためには、前述したように、訴訟代理人の側における強力な協力、即ち、(1) 訴状及び答弁書には、証拠方法を表示し（ドイツ民事訴訟法一三〇条）[12] 且つ書証の写（ドイツ民事訴訟法一二一条）[13] を添付の上、主張事実を洩れなく記載し、この主張事実を裏付けるに必要な文書・設計図・見取図・書簡・医師の証明書等は、すべて当初に訴状及び答弁書とともに提出すること、(2) 書面提出期限は、厳守さるべきこと、(3) 期間延長申請は火急の場合のみに限られ、答弁書の提出期間の延長については、訴状送達より六週間の期間の経過前になさるべきこと、(4) 裁判所外で和解交渉が行われている場合には、このことを裁判所に報告すること等が要請せられることになるのである。

三　特許侵害訴訟手続に関するウィンクラー（Winkler）の提案

A　訴訟手続上の観点よりする訴訟促進方策

民事訴訟法の改革者の重要な関心事は、訴訟遂行を促進することである。このことは、ことのほか特許事件においても希求されるところである。ドイツ連邦裁判所は、実務上、申立にもとづき高等裁判所の判決にもとづく強制執行を停止するのを原則とするが故に、特許権者は、通常、三審級の判決がなされた後に初めて、その差止請求権を実行し得ることになる。これには、最も迅速に審理が行われたとしても、通常、特許侵害訴訟の提起後、五ヵ年を要するのである。鑑定人の鑑定請求を必要とするような難解な事案において、この鑑定が第二審においてのみ行われるとしても、デュッセルドルフ（Düsseldorf）を例にとれば、地方裁判所の審理が約半年、高等裁判所の審理が約二年六ヵ月、連邦裁判所の判決までには更に二ヵ年を要する。このように侵害訴訟の提起後五ヵ年を経過するに至るならば、差止請求権は、保護権（特許権[14]又は実用新案権[15]）の失効によって消滅する場合が往々にして生じ――実用新案権については殆んど常にそうなるのであるが――またその間に技術が進歩するために、侵害者は係争特許に固執しないことによって、特許はその価値を喪失する。また、周知の如く、裁判所は仮処分には非常に慎重[16]であるが故に、これによる救済は殆んど望むべくもない。したがって、訴訟を促進することが急務となるのである。

これについては、如何なる方策が存在するであろうか。

技術素材の簡素化は不可能であり、逆に技術は益々複雑となり、技術者にとってさえも、当該部門の専門家でない限り、これを理解することができない状態である。このことは必然的に特許訴訟手続を益々複雑なものにする。争のある技術的に難解な事案は、第二審においては常に鑑定人の採用を必要ならしめる。経験上、この鑑定人の採用は、訴訟手続を通常二年間延長させることになる。また、鑑定人の選択についても、その鑑定人が果して当該専門分野についての専門的知識を有するや否やの疑念が生じたり、あるいは鑑定人と当事者との間に何等かのつながりが存在したり又はそのようなつながりが推量せられるとかのために、屢々著るしい困難に直面することがある。また更には、多くの場合、一回限りの書面による鑑定では済まず、更に一回または数回の追加鑑定が行われなければならない場合が生じ、しかも殆んど常に、鑑定人は、その後行われる口頭弁論に召喚される（この召喚については、当事者の一方の申立があればよい）。そしてこの口頭弁論において、屢々、即時に鑑定説明することができず、更に書面による鑑定を必要とするような新しい争点が生ずる場合がある。

訴訟手続を促進せんとする絶えざる努力の結果、デュッセルドルフ（Düsseldorf）高等裁判所特許部では、鑑定人による立証に関して、いくらかの成果が得られた。即ち、一連の事案においては、鑑定人は第一回口頭弁論期日前に捜し出されて選任され、第一回口頭弁論期日には出頭する。立証問題は、この第一回口頭弁論期日において、当事者・鑑定人・裁判所間の討議によって正確に特定される。これにより鑑定人は、この口頭弁論後直ちに鑑定書の仕上げに取りかかることができ、鑑定人もこれを歓迎するのである。何故ならば、鑑定人は事案に直接関係することによって、既に事案を理解しており、これにより直ちに結論に到達することが可能であるからである。予定通りに事が運んだ場合には、二乃至三ヶ月後には鑑定が終了し、更にその後、三ヶ月後に最終口頭弁論が開かれることになる。事案によっては、鑑定人はその鑑定事項について、第一回口頭弁論において既に、回答できる場合があり、この場合は審理は直ちに終結することができる。勿論このような事案は例外であり、一つ又は僅かな即答可能な質問内容のものである場合にのみ可能である（ある一つの刊行物の公開内容が問題になる事案が、この場合に該当する）。実質的な第一回口頭弁論期日前に鑑定人を選任することになるこの手続では、鑑定人の選任が無用であることが判明する場合もある。例えば、当事者がその主張を変えたため、侵害問題に争がなくなり、そのため既に選任された鑑定人の召喚が無用になるような場合である。

弁護士ゲビーゼ（Gewiese）氏は「両当事者は、各々その個人的依頼にもとづく鑑定書を裁判所に提出し、裁判所は、裁判所の鑑定人を選任しないで、この両個人的依頼にもとづく鑑定人の見解を比較考量の上、判断を下す」という提案を繰返しなしている。この提案を実行することによって、訴訟手続の本質的な促進が達成せられ得ることは確実であり、私は、大多数の事案においてはこれによって裁判官が正確な結論に到達し得ることは可能であると確信する。しかしながら、このような方式による訴訟の進行は、両当事者が同等の武器を以て抗争し得る場合、即ち両当事者が、特に経済的にも各当事者にとり有利な観点を余すところなく理解し表明し得る有能な鑑定人を、同等に獲得し得る状況にある場合にのみ、実行可能であるにすぎない。実情はこれと異る場合が屢々である。

就中、技術上の問題を訴訟手続において迅速に処理する特許処方なるものは存在しない。この場合、訴訟を長びかせるのは、裁判所並びに裁判所が選任した鑑定人にのみ、その原因があるのではないということが看過されてはならない。即ち訴訟当事者がその意見表明の準備のため再三再四期日の延長を、而も非常に長い期日の延長を希望するのが通例となり、そのため判決が遅延するということである。また他方、最終の事実審にあたる高等裁判所では、如何なる場合においても、迅速な審理のためにいい加減な処理をすることはできないのである。したがって、判決が言渡される前には、すべての重要な問題点は余すところなく主張せられ、討議せられ、また技術上の問題点に存する不明瞭性はすべて、でき得る限り除去されなければならない。即ち、当事者に対し、十分な法律上の聴取が保障せられないことになってはならないのであり、また重要な争点が看過せられるようなことがあってはならない。このようなことがあれば、それは司法に対する信頼を害なうことになるのみならず、その判決は連邦裁判所により破棄差戻を受けることにもなり、このため訴訟は更に長びくことになる。

難解な技術的問題点が問題になる事案において、裁判所による鑑定人を選任しなければならない必要性が常に存在するものとは限らない。即ち、当事者は、技術に関する事柄の如何なる点について争っているかが問題である。若し機械器具又は方法の機能態様乃至作用態様が争いとなっている場合には、勿論、一般的にいえば、技術的鑑定人――この鑑定人は、実際の実験によって、その真相を調査するのであるが――を依頼することを回避することはできない。勿論、口頭弁論における実際の演出によって、問題の機械が如何に作動するかを、鑑定人なくして、確定し得る場合も存在する。これに対し、事物の状態が問題になるのではなくして、技術者が如何に理解しているかが問題になる場合には、問題は全く別である。屢々、係争特許明細書又は先行刊行物が専門家から見て何を公開しているかに、問題が決定的に左右される場合がある。これは、一般的発明思想の保護が主張される場合には常に問題とされ、又就中、発明の高度性の判断――この発明の高度性の判断にとっては、どの程度技術水準の公開内容が及ぶかということが重要であるが――に際しても例外なく問題にされるところである。そして、技術鑑定人即ち当該特殊領域の専門家は、この公開の問題を、個人的印象――この個人的印象は、当該対象に関する個人的知識と個人的経験により非常に異なる場合があるのであるが――に基づいて回答する傾向があるのである。しかし、この公開内容の判断にとっては「大多数の平均的専門家はその公開内容を如何に見るか」ということがその判断の基準となるのであって、所謂一大家――裁判所の選任する鑑定人は殆んどが大家であるが――の意見はその基準とはならない。そして偏見のない公平な局外者は、したがって第三者的思惟方法になりきることをその日常の職務とする裁判官も、比較的正しく、大多数の平均的専門家の印象を判断し得る場合が多い。裁判官は、具体的構成要件外での観点ではあるが屢々重要な意味を有する観点、例えば事案の経過、それが有する長所、当該専門分野での実際上の影響、法的安定性等の観点を斟酌し、更にこれらとの関連において厳格な判断或いは緩和された判断をなすべきかについて事案全体を洞察し且つ評価することに習熟している。したがって、長年特許侵害訴訟手続に従事している裁判官は、一般的には、特許侵害問題に関する限り、充分信頼され得るのであり、時として特許侵害訴訟の鑑定の経験をあまり有しない技術鑑定人よりも遙るかに適している場合が多い。それ故、私は、裁判官には判断の困難な技術上の作用効果が問題となっているのではなく、裁判官にとっても、訴訟資料に基づいて通例容易に判断し得る専門家の意見が問題になっているにすぎない場合には、技術的領域に関する問題についても技術的鑑定人を採用しないで済ますことができ、これにより訴訟手続を根本的に促進することができると信ずるものである。上述したところは、特許明細書の公開の問題についてのみならず、例えば均等の問題――均等の問題においては、就中、変形された作業手段の使用が、平均的専門家にとって推考容易であったか否かが問題となるのであるが――についても同様にいうことができる。しかし、所謂「改悪的実施形態」の問題――この問題においては、純然たる技術上の機能及び作用効果が問題となるのであるが――は、侵害訴訟においては、殆んどすべて技術的専門家による分析に基づいてのみ判断することができることになるであろう。

B　法概念の簡素化の観点よりする訴訟促進方策

以上のように、技術の分野について訴訟手続を一般的に簡素化し促進することが不可能であるとするならば、私は、特許法の法概念を根本的に簡素化することができ、また簡素化しなければならないという見解を有するものであり、これにより個々の事案における法律適用の促進が図られることになるであろう。非法律家にとってはいうに及ばず、特許法に特に精通していない法律家にとっても、例えば、発明の保護範囲を「直接の発明の対象」「発明の対象」「一般的発明思想」に三分する理論、「一見明白な均等」と「一見明白でない均等」の限界、「質的部分利用」と「量的部分利用」の区別等を説明することは殆んど不可能である。熟練せる特許法律家にとってさえ、個々の事案において、これらの問題について回答することが非常に困難である場合が多い(17)。

私が知る範囲では、わがドイツのように複雑な特許法概念を有する国は存在しない。超国家的特許法の創設についての討議が、一時的に数年間休止されていたが、現在再び開始されている。シュトラスブルク（Straßburg）条約の批准及びヨーロッパ経済共同体予備草案の具体化も、徐々に目前に近づきつつある(18)。これらの条約の一つでも現行法となった暁には、わが国の判例は、これら条約の本文と一致せる方向へ転回しなければならなくなるわけである。何故ならば、いつの日にか我々は、超国家的特許法のみならず超国家的特許侵害訴訟裁判所をも持つことになるのであるが、他方、わが国の複雑な法概念に未知である他の関係国の特許法関係者によって承認される可能性も存在するが、この特許侵害訴訟裁判所では少数意見を代表することになり、この少数意見が他国の代表者に承認せられた場合には、我々の法的見解を通すことができるからである。

ヨーロッパ経済共同体予備草案及びシュトラスブルク（Straßburg）条約における保護範囲の決定について重要

な規定は次のとおりである。

ヨーロッパ経済共同体予備草案二一条一項

「ヨーロッパ特許の実質的保護範囲は、特許請求の範囲の項の内容によって決定せられる。しかし明細書の発明の詳細な説明の項及び図面は、特許請求の範囲の項の意味（Tragweite）を明瞭ならしめるために用いられる。」

シュトラスブルク（Straßburg）条約八条三項

「特許の実質的保護範囲は、特許請求の範囲の項の内容によって決定せられる。しかし明細書の発明の詳細な説明の項及び図面は、特許請求の範囲を解釈するために斟酌することができる。」

私は、既にGRUR 一九六四年五二五頁以下[19]において、前記各規定の解釈に関して論じ、結局我々の現行法概念よりすれば、「一見明白な均等」及び「改悪的実施形態」を含む対象に対する侵害は、前記保護範囲に包含されるが、「一般的発明思想」はこれには包含せられない、という結論に到達した。他方、特許侵害問題を数多く取扱った人々は、おそらく「模倣者は、係争特許の発明からみれば全く重要でない特徴を省略しているが、その本来の発明思想は使用されているという場合には、発明の対象即ち特許請求の範囲の項の特徴結合全体を越えた特許保護を与えることが望ましい」という結論に達するであろう。特許権者が、模倣者により省略せられた重要でない特徴を特許請求の範囲の項の文言中に取入れている場合には、――上位概念中に、したがって公知部分に取入れている場合にも――我々の現行制度からすれば、一般的発明思想の適用によってのみ模倣者を捕捉することができるのである。それ故、他の国の法思考にとって未知であり且つ我国においても概して人気がなく難解な「一般的発明思想」を適用することなしに、何かより簡明な理解し易い解決を示すことによって、かかる模倣者を捕捉する方法が求められなければならない。

しかしこのために、何か新しい概念を探究する必要は全く存在しない。ライヒ裁判所が、リンデンマイアー（Lindenmaier）による一般的発明思想の概念を導入する以前においても、同裁判所は特許請求の範囲の項の文言の特徴を全部含んでいない模倣を特許侵害として把握していたのである。即ち例えば、第二次大戦前における化学の領域における数少い判決の一つ（一九二二年三月八日の判決[20]）において、ライヒ裁判所は「後願の出願者が、先願の出願者の本質的に重要な発明思想（wesentliche Erfindungsgedanken）を使用している場合には、たとえ当該特許との関係で同価値の作業手段（特徴）が使用せられていない場合においても、従属性が――したがって特許侵害が――存在する」ということを明らかにした。元来、「一般的発明思想」の理論を導入することにより、従前よりも広い保護範囲を与えることが企図せられたのではなくて、逆に従前よりも狭い保護範囲を与えることが企図せられたのである。リンデンマイアー（Lindenmaier）は、その「特許の保護範囲に関するライヒ裁判所の最近の判例」と題する論文[21]において、「ライヒ裁判所は、一般的発明思想を、特許の有する技術理論の本質的に重要な核心（wesentlicher Kern der Patentlehre）に保護を与え、且つ、同一の作用効果を有する特許の技術理論の核心を使用する解決手段に、特許を拡張せんとする努力から、逸脱した方向に向わしめるに至った」と述べている。したがって、特許明細書に公開せられている発明思想がすべて特許保護を受けるのではなくて、真に特許の技術理論の核心を構成する発明思想のみが保護せられるということになるであろう。一般的発明思想の保護に関する理論をライヒ裁判所から引継いだ連邦裁判所も、そのノーベルト・ブント „Nobelt-Bund“ 判決[22]において「従来の判例は、一般的発明思想なる名称の下に、特許の技術理論の本質的に重要な核心に特許保護を与えてきた」ことを明確に強調し、また最新のベンカート（Benkard）コンメンタール一九六九年第五版にも「一般的

発明思想なる理論は、特許の技術理論の本質的に重要な核心にその保護を与えることになる」と述べている。(23)

若し一般的発明思想に関する理論が、再び「本質的に重要な核心」なる概念に復帰するならば、この理論は簡素化されることになるのみならず、シュトラスブルク（Straßburg）条約及びヨーロッパ経済共同体予備草案にも組込まれ得るものと私は考える。既述の如く、シュトラスブルク（Straßburg）条約及びヨーロッパ経済共同体予備草案によれば、特許の保護範囲は特許請求の範囲の項の内容によって決定せられる。私の考えでは、AIPPIは「特許請求の範囲の項の内容は、文言的な内容を意味するのではなく実質的な内容を意味する」という正しい見解を主張し、これに対応して予備草案第二一条のフランス語のテキストについて、「本文（teneur）」という表現に代えて「内容（contenu）」という表現を用いることを提案した。(24)しかも、少しく有利に解釈する場合には、特許請求の範囲の項の実質的内容を、特許の技術理論の本質的に重要な核心をも意味するものとして解釈することができるのである。「一般的発明思想」なる概念は、不明瞭であり、したがって、かような概念に未知な国々に受入れられないことは確実であるのに反し、「発明の核心」なる概念は、全く容易に理解し得る概念であるが故に、実用主義的なアングロサクソン民族の法思考にも取入れられ得ることになるであろう。

これまで実務において行われてきた「一般的発明思想」なる概念に依るべきか、或いは「特許の技術理論にとって本質的に重要な核心」なる概念に依るべきか、即ち何れの概念に依る方がより簡単に処理し得るかという重要な問題に関して私の意見を述べるならば、私の経験上、はっきりと後者であるということができる。一般的発明思想なる概念は、判例による実務が示す如く、我々法律家に対してのみならず技術者に対してさえも、屢々非常に大きな苦慮を与え、また侵害問題の判断に際して不安定性を生ぜしめるに至った。個々の事案において、如何なる場合に一般的発明思想は特許請求の範囲の項の文言から導き出され得ることになるか：如何なる場合に一般的発明思想は、発明的所与なくして平均的専門家にとって特許請求の範囲の項の文言にもとづいて模倣し得る如く、公開されていることになるか・如何なる場合に一般的発明思想は特許所与手続の過程及び技術水準よりして特許保護能力を有することになるか・これらの問題はすべて、屢々大きな不確定要因を含む問題となる。これに対し、侵害実施形態が特許の技術理論の「本質的に重要な核心」を使用しているか否かを確定することは、一般的にはさして大きな困難は存在しない。何故なれば、技術者は、如何なる点に発明の「秘訣（Pfiff）」が存在するかを正確に知っているからである。

一般的にいえば、発明固有の核心は、特許付与手続——この特許付与手続においては、徐々にではあるが絶えずその範囲を拡げる技術水準のために、常に発明の限界が更新されるのであるが——においても、非常に好都合に抽出され得る。勿論、既存の技術水準は何か・この技術水準に対して発明者には何が課題として客観的に存在したか・発明者はこの課題の解決として何を齎らしたか等についての正確な分析が常に必要とされる。それ故、これらの事柄を各々の事案において確定することは、必ずしも容易なことではない。何故なれば、発明者は実際の技術水準より遙るかに低い技術水準から出発していることが多く、したがってこのため、技術水準を完全に斟酌した場合に発明として残存するものとは全く異なったものを、その課題並びに解決思想として、その特許出願に示している場合があるからである。しかし、これを矯正することは、さして困難なことではない。この場合、その意味を明瞭ならしめるためには、もちろん、特許請求の範囲の項の文言のみならず明細書の全般にわたって、その修正がなされなければならない。特許庁は、この点を更に徹底して行わなければならないことが多くなるであろう。又審査官は、現在より以上に、その指導性を発揮しなければならないであろうし、又明細書の表現を、出願者——出願者は特許明細書に無意味なことを意味ありげに附加するのに汲々としているのが常であるが——

に委かせるべきではないであろう。かくして、特許出願が、審査官・出願人・異議申立人の間を往復する間に、発明固有の本質的に重要な特徴は奈辺に存するかが、かなり明白に抽出されることになるのである。

以上のように、「発明の核心」なる基準に基づいて判断がなされる場合には、侵害訴訟裁判官は、既に保護範囲測定についての実質的にして、かなり正確な基礎を得ていることになるのである。就中、前記の基準に基づいて判断がなされる場合には、一般的発明思想を特許請求の範囲の項の文言から導き出すこと、一般的発明思想の公開、平均的専門家の知識及び能力、等の正確に固定し得ない不完全な尺度に依る明細書の解釈に伴う困難な思考が不必要となる。デュッセルドルフ（Düsseldorf）高等裁判所特許部は、既に「発明の本質的に重要な核心」なる理論に基づいて数多くの判決をなしてきたが、その場合、鑑定人を採用しないのを通例としている。何故なれば、発明の核心は、技術水準・課題・解決方法を分析すること及び特許付与手続の過程の調査によって、比較的容易に探究せられ得るからである。勿論、これらの判決は、未だ確定するには至っていない。以上の次第であるが、連邦裁判所においても、近い将来本問題に関して論ぜられるであろうことを希望するものである。これに関連して、連邦裁判所が既に「シュトラスブルク（Straßburg）条約の来るべき批准に備え、わが国の法律及び判例を同条約に同調させることが得策である」と述べている[25]のは注目に値するところである。したがって、従来用いられている「一般的発明思想」なる概念を廃棄し、これに代わってシュトラスブルク（Straßburg）条約による特許の保護範囲に組込み得る概念を定立することが、同草案に適合せしめる所以であろう。

C　立法論的観点よりする訴訟促進方策

以上、現行法の立場から、如何にすれば特許訴訟手続の簡素化並びに促進が達成せられ得るかという私の試案を述べた。立法論の立場からすれば、無効手続における如く二審制[26]を採用するならば、特許訴訟手続の期間は著しく短縮せしめられることになるであろう。私は、一般的にいって、二審制を採用しても差支えないという見解を持っている。勿論、特許訴訟手続は、経済的に非常に重要な係争事案に関し且つその差止請求により侵害者に対し非常に大きな効力を有する判決に関するものであるが故に、最も重要な訴訟手続に属するということができる。刑事被告人にとって、特許侵害事件の侵害者に対するよりも更に大きな影響を与える刑事事件においては、二審制[27]即ち事実審と法律審のみから構成されているにすぎないが、刑事事件が重要な事件であることには変りがない。これに対し、私は、特許事件においては、二つの事実審が絶対に必要であると考える。即ち第一審は迅速審理審（Schnellinstanz）として、鑑定を採用することなしに――したがって技術的実体の最終的な細部には立入らないことが多いであろうが――、原則的には第一回口頭弁論だけで半年以内に判決を下すことができるように運用されなければならない。急速に進歩する技術の分野においては、その紛争が、できるだけ迅速に中立的な機関によって、その判断を受け得るということが重要である。技術的問題の判断に関する裁判所による万一の誤認は、技術的専門家でさえ見落す場合が往々にしてあるのであり、そしてこのことは、この誤認の除去が判決において如何に達成せられているかを知ることによって、正しく認識され得るのである。即ち、デュッセルドルフ（Düsseldorf）における一九六八年の例をとれば、特許並びに実用新案の侵害訴訟事件において、第一審である地方裁判所の判決の半数以下の事案について控訴が提起せられ、この控訴が提起された一四件の事案の内一件のみが、侵害問題について原審と異なった判断のために変更を受け、残りの一三件の事案は原審通り認定せられたのであるが、この事実は、鑑定人に依存することがなくとも、殆んどの事案について、第一審裁判所は侵害問題を正当に判断することができることを示している。

第一審に迅速手続を採用する場合には、技術的構成要件についてのさらに必要な説明を鑑定人によって補うために、第二審はもちろん事実審として構成されなければならない。上告審の任務は、判例の統一並びに法律解釈の進展を図ることである。私が前述したところは特許法における法解釈の進展に関するものであった。しかし特許法の分野においては——競業法の分野とは異なって——概して一般化された法律概念が変更を受けるということは稀れである。特許侵害訴訟において、時として困難なことがありとすれば、それは個々の技術的構成要件を法的に正しく当嵌めることである。一例を挙げるならば、特許侵害として問題になっている機械器具は係争特許の発明の対象の「改悪的実施形態」であるのか、それとも「一般的発明思想」に該当するのか、或いはそれとも係争特許の保護範囲には抵触しないのか、を確定することがこれである。しかし、これらは単に個々の事案に対する法の適用の問題であるにすぎない。以上の如き事案について上告を必要とするか否かは甚だ疑問である。何故なれば、このような事案においては全独逸における統一的な法の確保を図るという連邦裁判所本来の任務が充たされないからである。何れにしても控訴審判決が変更される場合が稀れである場合には、かような個々の事案のための上告は大してその必要性が存在しないということになる。私は、侵害問題に関して、現在既に一般的に前記のような状態であるか否かを結論づけることはできないが、さきに私が提案したような法概念の簡素化がなされ、更に次に述べることが考慮される場合には、控訴審裁判所による特許侵害問題についての誤った法的判断が生ずることを、そう大して懸念する必要がないと私は信ずるものである。そして、この場合には、私の見解では、上告審による基本的法律問題の判断が省略されることになったとしても、特許侵害事件の上告審を個々の事案に応じて許される上告審として存続せしめる必要性は存在しない——もちろん、事案の技術的側面が控訴審において完全に解明されることを前提としてではあるが——と考えるものである。

さて、前記に関して二つの方策が存在する。即ち特許付与手続における場合と同様に、根本的に重要な法律問題についてのみ許可上告（Zulaßungsrevision）を認めるか、または特許無効事件における場合のように、連邦裁判所に対する控訴をその管轄として認め、控訴審としての高等裁判所は廃止するかである。私は、後者の場合、連邦裁判所が既に早くから無効訴訟事件において行ってきているように、係争事案の事実点についても判断しなければならないとすることに反対の意見を持っていないが、そうした場合には、訴訟が現在よりも更に長期にわたり連邦裁判所に係属することになるという意味でその負担が加重されることになるであろう。私の見る限りでは、僅かな数の高等裁判所が多数の特許事件を処理している現状においては、連邦裁判所がその控訴を高等裁判所に代って引受けることになれば、従来より著しい負担が連邦裁判所に課せられることになるであろう。特許侵害事件における上告の数は、控訴の数に比較すれば僅少である。即ち一九八六年におけるその比率は、デュッセルドルフ（Düsseldorf）では一対八であった。それ故、比較的賢明な解決策は、控訴審としての高等裁判所を存置し、純然たる許可上告制度を導入することであると私は考える。この場合、上告を許すか否かの決定についての制禦を十全ならしめるため、この決定権を高等裁判所にではなく、連邦裁判所に与えるのが望ましいのではないかと考えられる。

D　熟練裁判官養成の観点よりする訴訟促進方策

最後に私が強調したいことは、特許訴訟の審理期間は、個人的事情即ち裁判官の個性によってのみならず、特に弁護士及び弁理士の個性によって非常に影響を受けるということである。私は長年の間、ベルリン（Berlin）、リントホルスト（Lindhorst）、デュッセルドルフ（Düsseldorf）の第一審地方裁判所特許部で奉職していたのであるが、通例、三つの書状（訴状、技術水準についての記載を含む答弁書、原告の再答弁書）の提出後判決を言渡すことができたのであるが、これは我々の弁護士・弁理士が模範的な明確さと完璧さを以て、我々法律家に最も難解な技術的構成要件――この技術的構成要件は、真の争点を摘出し、すべての不必要なものを取去ったものである――の手ほどきをしたからに外ならない。我々が他の訴訟手続において屡々経験するような所謂「ナンセンス」――例えば長時間の証拠調べを必要とすることになる全く不当な原告の当事者適格（Aktivlegitimation）についての被告の否認――には、我々は一度も遭遇したことはなかった。弁護士及び弁理士にして高水準の質が保たれている限り自由な競争が確保されるが故に、如何なる憂慮も存在しない。しかし裁判所の側については事態は深刻である。絶えず複雑さの度を加え且つ法律家には無縁の技術に取組むことは、法律家にとって非常に大きい過重労働と精力を必要とする。統計上の調査が示すところに依れば、特許事件の処理は、平均して「通常事件」の処理に要する時間の六倍乃至一〇倍の時間を必要とする。益々拡まる傾向にある物質主義と安楽を追求する現代の世相においては、他と同一の俸給で数倍の仕事を行わなければならないことになる理想主義者を見出すことは、時とともに益々困難となるであろう。工業所有権法を担当する裁判官の後継者の状況は、デュッセルドルフ（Düsseldorf）では、かなり不安定な状況にある。したがって、特に若年の裁判官に特許事件を担当することに魅力を生ずるような方策が見出されなければならない。就中、地方裁判所の特許部部長は、特許事件に未だ習熟していない若手陪席判事を養成する最も困難な任務を遂行しなければならないのであるから、この地方裁判所の特許部部長に対しては大きな特典が与えられなければならない。もし前記地方裁判所特許部部長の職務に対し、よりよい待遇がなされないならば、近い将来その人材を見出すことが困難となるであろう。

E　概　括

特許侵害訴訟の比較的迅速な処理は、次の各項目を実行することにより達成せられ且つ正当づけられる。

1　第一審の判決は、原則として鑑定人の採用なしに行うこと。

2　第二審における鑑定人の採用は、原則として純粋に技術的な作用効果乃至機能上の問題に限り、且つ次のように運用されること。

(a)　口頭弁論期日における検証のみでは事案を明瞭ならしめることができないと思われる場合に限り、

(b)　第一回口頭弁論期日前に選任し、

(c)　第一回口頭弁論期日には鑑定人を召喚の上、鑑定人を加えた下での証拠問題についての討議をなし、問題が簡単な事案では、即時その鑑定意見が調書に記載せられる様に運用されること。

3　就中、超国家法への同調のため、法概念を簡素化すること、そのため特に「一般的発明思想」なる概念を廃棄すること。

4　上告の制限、即ち、上告を、連邦裁判所の判例が存在しない法律問題、又は連邦裁判所の判例と異なる控訴裁判所による法律問題の判断に制限すること。

5　特に有能な若手裁判官を養成すること。

四　結　語

特許侵害訴訟においては、通常事件の訴訟とは異なり、技術的問題の理解がその前提となるため、専ら比較的単純な通常事件をのみその対象としているシュトゥトガルト（Stuttgart）迅速審理方式を、直ちにこれに適用することはできないであろうが、他面、殆んどの事案について証人尋問を必要としない特許侵害訴訟において、本稿においてウィンクラー（Winkler）が主張するように、少なくとも第一審手続においては鑑定を採用しないという形態で訴訟が運用されるならば、[28] これにシュトゥトガルト（Stuttgart）迅速審理方式を加味することは可能ではないかと考えられる。何れにしても、先進国に共通の訴訟遅延の問題について、今後ドイツの実務が如何に対処し、その成果を達成するかを注目したい。

（1）　ウィンクラー（Winkler）氏は、デュッセルドルフ（Düsseldorf）高等裁判所の部長裁判官である。

（2）　本論文は、ドイツ弁理士時報（Mitteilungen der deutschen Patentanwälte）誌、一九六九年一一月＝一二月号の合併号として、カール・ナステルスキー博士（Dr. Karl Nastelski）の七〇歳祝賀論文集として発刊されたものに掲載されたものである（一九七一年九月二二日その翻訳許可を得た。訳者）。

（3）　一九六四年連邦司法省民事訴訟法改正準備委員会の答申に基づく民事訴訟法改正法案（Entwurf eines Gesetzes zur Änderung der Zivilprozeßordnung）が、連邦参議院の審議を経たのち、連邦政府の意見を附して、一九七〇年五月一五日、連邦議会に提出された。同法案は、民事訴訟法の改正のうち、特に緊急を要するものと見做される部分を立法化せんとしたもので、訴訟促進・上訴制限等を内容とする。

（4）　このシュトゥトガルター・モデール „Stuttgarter Modell" による迅速審理方式に関しては、ジュリスト四四六号（一九七〇・三・一五）に掲載の木川統一郎教授「西ドイツ民訴法改正問題と三ヵ月裁判」及びジュリスト五〇六号（一九七二・六・一）に掲載の木川統一郎教授、馬越道夫「西ドイツにおける大司法改革と集中審理方式」に詳しい紹介がある。

（5）　ミュンヘン（München）第一区地方裁判所第七民事部（工業所有権部）を例にとると、事件は訴えの提起後約四週間で第一回口頭弁論が開かれ、判決は訴えの提起後約四カ月で言い渡され、証人尋問を要する事件（特許侵害以外の事件）においても五ヵ月乃至六ヵ月後には判決が言渡される。また、ミュンヘン（München）所在の連邦特許裁判所の審理も、ドイツ特許法四一条b第二項及び同法四一条i第一項の要請もあって、審理は原則として一回の口頭弁論期日を以て終結し、その判決も二〇分ないし一時間後には言渡される。また、カールスルーエ（Karlsruhe）所在のドイツ連邦裁判所の審理も一回の口頭弁論期日を以て終結し、その判決も数日中には言渡される。もっとも、現在、相当数の未済事件があるため、上告又は控訴（特許裁判所を第一審とする事件では、連邦裁判所は控訴審にして最終審である）後、口頭弁論期日まで平均約二ヵ年を要する。

(6)　ドイツ民事訴訟法二七二条b「裁判長又ハ其ノ定メタル受訴裁判所ノ部員ハ、口頭弁論ニ先チ、訴訟ガ成ルベク一回ノ口頭弁論ニテ完結スル為適当ト認メラルル一切ノ指図ヲ為スコトヲ要ス。

此ノ目的ノ為ニ、裁判長又ハ判事ハ特ニ次ノ諸件ヲ為スコトヲ得。

1　当事者ニ其ノ準備書面ノ補充又ハ説明ヲ命ジ竝ニ証書、系譜、設計書、模写図及図面ヲ提出スルコト

2　官庁又ハ官吏ニ対シ、証書ノ通知又ハ公ノ報告ノ付与ヲ嘱託スルコト

3　当事者ノ自身出頭ヲ命ズルコト

4　当事者ノ一方ノ援用シタル証人ヲ口頭弁論ニ呼出シ、又ハ第三七七条第三項、第四項ノ規定ノ定ムル所ニ従ヒテ、此ノ証人ヨリ報告書ヲ徴スルコト

5　検証竝ニ鑑定人ニ依ル鑑定ヲ命ジ且之ヲ実施シ、又ハ鑑定人ヲ口頭弁論ニ呼出スコト

第四号、第五号ニ掲ゲタル種類ノ指図ハ、被告ガ訴ノ請求ニ付既ニ異議ヲ述ベタル場合ニ限リ、之ヲ為スベシ。此ノ指図ヲ実施スル為、期日ノ開始ヲ必要トスルトキハ、此ノ期日ハ、成ルベク口頭弁論期日ト併合スベシ。

当事者ニハ各指図ヲ通知スベシ。裁判長又ハ其ノ委託ヲ受ケタル部員ノ裁量ニ依リ、権利ノ保護ニ付、口頭弁論ノ期日ニ先チ、其ノ指図ヲ知ラシムルコトヲ要セズト認ムルトキハ、其ノ通知ヲ為スコトヲ要セズ。当事者ノ自身出頭ヲ命ジタルトキハ、第一四一条第二項、第三項ノ規定ヲ準用ス。」（現代外国法典叢書の訳文による。以下同）

(7)　ドイツ民事訴訟法二七九条「当事者ノ一方ガ時期ニ後レテ提出シタル攻撃又ハ防禦ノ方法ハ、之ヲ許スニ於テハ訴訟ノ完結ヲ遅延ナラシムベク且裁判所ノ自由ナル心証上其ノ当事者ハ訴訟ヲ遅延セシムルノ故意ヲ以テ又ハ甚ダシキ怠慢ニ因リ、早ク之ヲ提出セザリシモノナルコトヲ認メタルトキハ、之ヲ却下スルコトヲ得。

準備書面（第二七二条）ニ依リ、適当ナル時期ニ当事者ニ通知ヲ為サザリシ攻撃及防禦方法ハ、尚第一項ニ掲ゲタル条件ノ下ニ之ヲ却下スルコトヲ得」

(8)　ドイツ民事訴訟法二七八条「攻撃及防禦ノ方法（抗弁、反訴、再抗弁其ノ他）ハ、判決ニ接着スル口頭弁論ノ終結ニ至ルマデ、之ヲ主張スルコトヲ得。

攻撃又ハ防禦ノ方法ノ時期ニ後レタル提出ニ因リ訴訟ノ完結ガ遅延シタルトキハ、裁判所ハ判事ノ自由ナル心証上、攻撃又ハ防禦ノ方法ヲ適当ナル時期ニ於テ主張スルコトヲ得ベカリシ状況ニ在リト認メタル勝訴者ニ、訴訟費用ノ全部又ハ一部ヲ負担セシムルコトヲ得。」

(9)　ドイツ裁判所費用法四七条「民事訴訟法第三三五条に規定せる場合を除いて、当事者又は訴訟代理人の責に帰すべき事由により、口頭弁論期日の延期又は新しい口頭弁論期日の指定を必要とするとき、又は、訴訟の終結が、早期に提出が可能であった攻撃又は防禦方法、証拠方法、証拠抗弁を時期に後れて提出したことにより遅延したときは、裁判所は職権により当事者に対しその費用の全額に至るまで負担させることができる。但し、その費用は四分の一まで減額することができる。

訴訟費用の決定に対しては、民事訴訟法第五六七条第二項第三項及び同法第五六八条乃至第五七五条並びに本法第四条第三項の規定により、抗告が許される。」

(10)　ドイツ民事訴訟法一三九条「裁判長ハ、当事者ヲシテ重要ナル一切ノ事実ニ付充分ニ陳述ヲ為シ且適当ナル申立ヲ為シ、特ニ主張シタル事実ノ不十分ナル開示ヲモ補充シ及証拠方法ヲ表示セシムルヤウ努ムルコトヲ要ス。裁判長ハ、此ノ目的ノ為、必要ナル限リハ、事実関係及訴訟関係ヲ、事実上及法律上ノ両面ニ互リ当事者ト共ニ解明シ且之ニ対シ問ヲ発スルコトヲ要ス。

裁判長ハ、職務上斟酌スベキ点ニ関シテ存スル疑ニ付、注意ヲ為スコトヲ要ス。
裁判長ハ、裁判所ノ各部員ノ求ニ応ジ、発問ヲ許スコトヲ要ス。」

(11)　ドイツ民事訴訟法第二七九条a「裁判所ガ特定ノ点ニ関シ説明ヲ為サシムベキ必要アリト認メタルトキハ、其ノ争アル点ニ関シ、一定ノ期間内ニ陳述ヲ為スベキ旨ヲ当事者ニ命ズベシ。此ノ命令ニ従ハザルトキハ、陳述ハ、後ニ至リ追完セラルルモ、当事者ニ於テ其ノ時期ニ後レタルコトガ自己ノ過失ニ基カザル旨ヲ充分ニ弁明セザル場合ニハ、其ノ審級ニ於テ之ヲ斟酌セザルコトヲ得。」

(12)　ドイツ民事訴訟法一三〇条「準備書面ハ次ノ諸件ヲ掲グベシ：
1　（略）
2　（略）
3　（略）
4　（略）
5　当事者ガ事実上ノ主張ノ証明又ハ攻撃ノ為、用ヒントスル証拠方法ノ表示竝ニ相手方ヨリ表示シタル証拠方法ニ対スル陳述
6　（略）」

(13)　ドイツ民事訴訟法一三一条「準備書面ニハ、当事者ノ手中ニ存スル証書ニシテ、其ノ書面ニ引用シタルモノノ原本又ハ謄本ヲ添付スベシ。
証書ノ一部ノミヲ必要トスルトキハ、其ノ冒頭、事件ニ属スル部分、終尾、日附及署名ヲ包含スル抄本ヲ添附スルヲ以テ足ル。

証書ガ相手方ニ既ニ知レアルトキ又ハ大部ナルトキハ、其ノ証書ヲ明細ニ表示シテ之ヲ閲覧セシメント欲スル旨ヲ附記スルヲ以テ足ル」

(14)　特許権の存続期間は、出願の日の翌日から起算して一八年である（ドイツ特許法一〇条一項）。

（15）実用新案権の存在期間は、出願の日の翌日から起算して三年であるが、更に三年の延長が許される。（ドイツ実用新案法一四条一項二項）

（16）ミュンヘン（München）第一区地方裁判所第七民事部では、特許及び実用新案に関する仮処分申請が認められたことは皆無に近い。

（17）これらの点に関しては、拙稿「一八七七年より一九三〇年までの間のドイツに於ける権利範囲解釈について」工業所有権法の諸問題四八頁以下、「ドイツにおける権利範囲解釈についての最近の動向」特許管理二一巻六号五一九頁以下参照。

（18）この予備草案については、既に一九七〇年四月、「ヨーロッパ特許付与手続に関する協定の第一予備草案」（特許管理二一巻二号一二一頁に佐藤義彦氏の、また、AIPPI 一六巻一二号四一三頁以下に村井高一氏の訳がある）と「共同市場のためのヨーロッパ特許に関する協定の第一予備草案」（特許管理二一巻八号七五一頁以下に拙訳がある）が公表せられ、また、一九七一年四月には、前者の第二予備草案（AIPPI 一七巻三号三六頁以下に佐藤義彦氏の訳がある）が、さらに一九七一年六月には、後者の第二予備草案がそれぞれ発表された。

（19）工業所有権法・著作権法（Gewerblicher Rechtsschutz Urheberrecht（GRUR））誌掲載の Heinz Winkler, Schutzumfang der Patente, insbesondere im Hinblick auf das Abkommen des Europarats und des Europapatents 参照。

（20）商標権保護と競業（Markenschutz und Wettbewerb（MuW））誌 XXII, 30, 32 参照。

（21）この論文は、Krausse／Katluhn／Lindenmaier（一九四四年、第三版）のコンメンタールに附録として掲載されている。

（22）工業所有権法・著作権法（GRUR）誌一九五五年二九頁以下参照。

（23）第六条側注118参照。

（24）ドイツ弁理士時報（Mitteilungen der deutschen Patentanwälte（Mitt））誌一九六三年二七七頁（二八〇頁）掲

載のヨーロッパ特許法条約草案についての見解として発表せられた „Präsidentenkonferenz der Internationalen Vereinigung für gewerblichen Rechtsschutz ――AIPPI“ 参照。

(25) GRUR 一九六九年三八頁以下掲載のシュヴェンクフェアシュラオブンク „Schwenkverschraubung“ 判決参照。

(26) ドイツでは、連邦特許裁判所が第一審として無効訴訟事件を取扱い、連邦裁判所はその控訴審にして最終審でもある。

(27) ドイツにおいては、比較的軽微な刑事事件は三審制（区裁判所・地方裁判所・高等裁判所）を採用しているのに反し、通常の刑事事件は二審制（地方裁判所・連邦裁判所）である。しかも連邦裁判所は法律審である。

(28) 著者がミュンヘン（München）第一区地方裁判所第七民事部（工業所有権部）部長裁判官ビュルガー（Dr. Bürger）氏より、同裁判所の特許侵害訴訟の審理の運用をお聞きしたところによると、「特許乃至実用新案の侵害事件の審理においては、専門家の鑑定が行なわれることは殆んどなく、二年間に一回程度鑑定が採用される事案があるにすぎない。これは鑑定がなされると鑑定書の提出までに日時を要し審理が長びくこと、及び技術上の問題点については口頭弁論期日の当日、弁護士または弁理士が発明者または技術者を同行し、問題点を裁判所が直接これらの者に質問すれば十分であるためである。ただし、侵害対象についての検証は常に行なわれ、これは口頭弁論期日に当事者より提出させた侵害対象についての現物または模型あるいは侵害対象を描写したパンフレットによって行なわれ、場合によっては侵害対象の存在する工場等で行なわれることもある。次に証人尋問が行なわれることは、侵害事件においては皆無といってよい。何故ならば、侵害事件の審理は、当該特許乃至実用新案と侵害対象との比較が問題点となるのであるが、特許乃至実用新案は明細書により確定することができ、一方、侵害対象については被告が争わなければ、原告の侵害対象についての特定により確定し、被告が争った場合においても上記検証により確定するからである。」とのことである。

事項(人名)索引

【特許法】

〔た〕

〔は〕

〔や〕

〔ら〕

【商標法・不正競争防止法】

【著作権法】

著作者人格権と秘密保持権の関係 …419
著作物の模倣類型図式 ………………407
手紙の公表権 …………………………420
手紙の所有権 …………………………416
手紙の著作物性 ………………………417
盗作的変形 ……………………………405
同一性保持権 …………………………407
ニルク (Nirk) ……408, 411 (注11-1)
パブリシティ (名声保護権)…410(注3)
非自由使用 ……………………………406
プロセス・ヴァリエーション ………368
複　製 …………………………………404
変　容 …………………………………405
翻　案 …………………………………404
法人著作 ……………………………369, 402
「利益」概念…………………………373
「利益」の算定………………………374
レービンダー (Rehbinder) …………410
論述の態様 ……………………………413

判例索引

(日　本)

東京地判　昭50・5・28　写真植字機における間接採字装置事件 …………………215
大阪地判　昭57・10・5　石油燃焼器具用芯事件 ……………………………………203
東京地判　平7・10・30　コンピュータ・プログラム事件 …………………………355
最高裁判　平9・3・11　小僧寿し事件 ………………………………………………275
東京地判　平10・1・30　セゾン・カタログ事件 ……………………………………329
最高裁判　平10・2・24　無限摺動用ボールスプライン軸受事件 ……………………1
最高裁判　平10・9・10　シャネル飲食店事件 ………………………………………303
東京地判　平10・10・29　インタヴュー記事事件 ……………………………………377
東京地判　平11・10・18　三島由紀夫―剣と寒紅事件 ………………………………415
東京地決　平12・6・6　フイルム一体型カメラ事件 …………………………………255

(ドイツ)

ライヒ裁　1908・11・7　Nietzsche-Brief〔ニーチェ書簡事件〕…………………418
連邦裁　1969・4・24　Skistiefelverschluß〔スキー靴留め金事件〕 …………16, 61
連邦裁　1983・1・27　Brombeer-Muster〔ブロムベール・ムスター事件〕……410
連邦裁　1985・5・9　Inkasso-Programm〔インカソ・プログラム事件〕…366, 367
連邦裁　1986・4・29　Formstein〔フォルムシュタイン判決〕………………13, 49
連邦裁　1990・3・23　Telefonnummer 4711〔電話番号4711事件〕………………325
連邦裁　1990・11・29　Salomon〔サロモン事件〕………………………………326

(イギリス)

Marconi v. British Radio Telegraph and Telephone Co. Ltd. (Parker 判事), 1911 ……5
RCA Photphone v. Gaumont-Britisch Picture Corporation (Romer 判事), 1936 ……6, 7
C. Van der Lely N. V. v. Bamfords Ltd. (Reid 判事), 1936 ……6
E. M. I. v. Lissen (Rusell 判事), 1939 ……8
Minerals Separation v. Noranda, 1947 ……8
Catnic Components Ltd. v. Hill & Smith Ltd., 1980 ……9
British United Shoe Machinery Co. Ltd. v. Simon Collier Ltd. ……138

(アメリカ合衆国)

Wilson's Golfball, 1990 ……13, 50
Winans v. Denmead, 1854 ……51
Waner-Jenkinson Co., Lnc. v. Hilton Davis Chemical Co., 1997 ……51

[著者紹介]

布井要太郎（ぬのい・ようたろう）

大正13年2月29日　大阪市に生れる。
昭和26年2月　京都大学法学部大学院中退
昭和26年2月　弁護士登録
昭和44年9月　工業所有権法研究のため渡独。カール・シュラム博士(Dr. Carl Schramm) に師事し、その間、最高裁判所の委嘱およびハンス・ボック博士 (Dr. Hans Bock) の推薦により、ドイツ連邦裁判所第10部（工業所有権部）において実務研修を行う。
＊なお、当時の部長判事は、商標法の分野で著名なヴィルヘルム・トルステット博士 (Wilhelm Trustedt) であり、陪席判事として、後の部長判事になられたブルックハウゼン博士(Dr. Karl Bruchhausen) がおられた。また、ドイツ連邦裁判所の所在地であるカールスルーエ (Karlsruhe) 高等裁判所判事アルヘルト・オール博士 (Dr. Albert Ohl) より、種々ご教示を受けた。
昭和46年11月　帰国
昭和47年1月　判事に任官。東京高等裁判所工業所有権部に勤務
昭和49年10月　判事を退官
昭和49年11月　弁護士に再登録
昭和53年4月　明治大学法学部講師（工業所有権法講座担当）
昭和54年4月　明治学院大学法学部講師（工業所有権法講座担当）

著　書

カール・シュラム『特許侵害訴訟』（共訳、昭和48年・酒井書店）
テツナー『西ドイツ特許制度の解説』（昭和48年・発明協会）
シュトゥンフ『ノーハウ契約の法律実務』（共訳、昭和52年・AIPPI 日本部会）
The Know-How Contract in Germany, Japan and The United States（共著 1984年・Kluwer）

判例知的財産侵害論

2000（平成12）年10月30日　第1版第1刷発行

著　者　布井要太郎
発行者　今井　貴
発行所　株式会社信山社
〒113-0033 東京都文京区本郷6-2-9-102
電　話 03（3818）1019
FAX 03（3818）0344
出版編集　信山社出版株式会社
販売所　信山社販売株式会社
Printed in Japan

ISBN 4-7972-1936-X　C3332
1936-012-050-010
NDC分類 328.501